现代铁路信息技术导论

刘　峰　主　编

马建军　孙远运
刘志明　李红辉　副主编

汪齐贤　主　审

中国铁道出版社有限公司

2025年·北　京

内 容 简 介

全书共九章，主要包括绪论、铁路基础知识、铁路信息化发展概要、铁路信息化体系结构、铁路信息系统建设、铁路信息技术基础、数据处理技术应用、网络技术及应用和软件技术及应用等内容。

本书为高等学校铁路相关专业的本科生与研究生教学用书，也可以作为铁路相关专业高等职业院校的教材，并可供相关企事业单位业务与管理人员的学习和参考。

图书在版编目(CIP)数据

现代铁路信息技术导论 / 刘峰主编．—北京：中国铁道出版社，2010.8（2025.2 重印）

普通高等教育铁道部规划教材

ISBN 978-7-113-11629-3

Ⅰ.①现… Ⅱ.①刘… Ⅲ.①信息技术－应用－铁路工程－高等学校－教材 Ⅳ.①U2－39

中国版本图书馆 CIP 数据核字（2010）第 134488 号

书　　名：**现代铁路信息技术导论**
作　　者：刘　峰

责任编辑：薛丽娜　　**编辑部电话**：（010）51873205　　**电子邮箱**：312705696@qq.com
封面设计：崔丽芳
责任校对：孙　玫
责任印制：赵星辰

出版发行：中国铁道出版社有限公司（100054，北京市西城区右安门西街 8 号）
网　　址：https://www.tdpress.com
印　　刷：三河市宏盛印务有限公司
版　　次：2010 年 8 月第 1 版　　2025 年 2 月第 8 次印刷
开　　本：787 mm×960 mm　1/16　**印张**：17.25　**字数**：366 千
书　　号：ISBN 978-7-113-11629-3
定　　价：49.00 元

前　　言

随着我国铁路信息技术的普及和应用水平的提高,铁路对信息技术的需求不断提高。在铁路行业,信息技术与铁路运输生产和管理的融合越来越紧密,并形成了许多成功的案例。

信息技术极大地提高了铁路运输效率,为行车安全和客货运输质量提供了可靠保障。铁路信息技术已成为世界各国铁路发展战略的重点之一。在铁路运输生产、经营和管理中,现代信息技术、因特网技术、电子商务技术的应用,极大改变了传统运输产业的面貌;迅速提升了企业生产、管理和服务水平;提高了铁路运输行业的效率和效益。

本书以信息技术的知识、原理、实践为主题,理论与实践相结合,介绍铁路行业应用的信息技术原理;讲解运用信息技术解决问题的方法。全书内容共九章。第一章介绍了信息技术的概念和发展史,信息技术与其他学科的关系,信息技术的应用,信息技术人才和知识体系;第二章介绍了铁路基础设施、铁路运输组织、铁路信号和控制系统、铁路通信系统和编组站自动化等铁路基础知识;第三章讲述了中国铁路信息化的发展历程,介绍了国外信息化发展的过程和应用案例;第四、五章介绍了铁路信息化的体系结构和信息系统建设现状,并介绍了目前较为成熟的铁路运输管理信息系统、铁路列车调度指挥系统、铁路客票发售与预订系统等;第六章主要讲述了铁路信息技术的基础知识,包括信息采集、信息存储、信息处理、信息传输、信息安全、信息融合与系统集成以及信息系统设计和开发技术;第七章以铁路运输管理信息系统为例,介绍了数据处理技术中数据采集、组织与管理、交换、信息维护等;第八章以铁路列车调度指挥系统和调度集中系统为例,重点介绍调度集中系统网络结构、组网要求,进而介绍铁路通信网的组成、广域网组网技术、无线网组网技术和计算机网组网技术的应用;第九章重点介绍中间件技术、面向服务的架构技术、工作流技术等软件新技术。

本书适合作为高等学校铁路相关专业的本科生与研究生教学用书。本书的主要内容已在北京交通大学计算机学院2006、2007、2008级三届本科生中进行了教学尝试。通过本书的学习，不仅使学生能对整个铁路行业信息化有一个比较全面的认识和了解，而且有利于掌握相关信息技术基础知识，为学习铁路信息技术相关课程奠定基础。同时，本书也可作为从事铁路信息系统的研究、开发、维护和管理工作者的参考书，以及铁路行业相关从业者的培训教材。

本书由北京交通大学刘峰主编，铁道部信息化领导小组办公室马建军、铁道部信息技术中心孙远运、中国铁道科学研究院刘志明、北京交通大学李红辉副主编，北京交通大学汪齐贤主审。编写分工如下：李红辉、刘峰联合编写第一章；李红辉、钟雁联合编写第二章；刘峰、李红辉联合编写第三章；刘真、马建军联合编写第四章；刘真、张春联合编写第五章；李红辉、徐薇、张宁、张喜联合编写第六章；王占刚、孙远运联合编写第七章；杨芳南、刘志明、孙延涛联合编写第八章；钟雁、刘杰、张宝鹏联合编写第九章。全书由刘峰、刘真、李红辉统稿。

本书在编写过程中，参编者先后多次征求铁道部及相关部门的意见，得到了铁道部信息化领导小组办公室、人事司、运输局、信息技术中心及北京交通大学教务处、计算机与信息技术学院等单位的大力支持。北京交通大学袁保宗教授、阮秋琦教授、纪嘉伦教授对本书的编写给予了积极热情的帮助和指导，并对书中的相关章节提供了宝贵资料和很好的建议；北京交通大学的博士研究生张燕、文波、肖俊、马飞，硕士研究生刘大材、张超进行了资料收集与整理、并仔细阅读了部分初稿，提出了不少宝贵的修改意见。北京交通大学计算机学院铁路信息技术专业方向实验班的同学们在教学实践中为教学讲义的修改提出了许多建设性意见。在此对所有参加编写与修改工作的老师和同学表示衷心感谢。本书参考了大量的文献与书籍，在书末列出了主要参考文献，对这些资料的作者表示感谢。

限于我们的水平，书中不妥和错误之处恳请读者指正。

编　者

2010 年 5 月 10 日

目　　录

第一章 绪论

【本章要点】 信息科学与技术是一门新兴的科学，其内容、体系和范畴还在不断地发展中。作为一个整体，人们对它的认识还很有限。本章从总体轮廓上阐述信息科学与技术的产生、基本概念、信息技术构成以及它与相关学科的关系，以使读者对信息科学与技术有一个比较全面、正确的认识。在此基础上，介绍了以计算机为核心的"现代铁路信息技术"的含义、特点和应用发展，以及信息技术人才知识体系与培养目标。

第一节 信息技术概念

1900 年前后，由于电动机、电话的出现，从物理学科中衍生出了电气工程；1960 年前后，由于三极管、集成电路的发明，从电气工程中分出了电子工程；1965 年前后，由于计算机的出现和广泛使用，从电子工程和数学中产生了计算机科学。互联网在全球的迅速普及，深入到人们社会生活的各个层面，随着人类社会及科学的发展，从计算机、通信和控制科学中产生出了信息技术科学，推动着社会的发展。

要了解信息科学，我们首先需要了解信息的定义。

一、信息的概念

任何一门科学都有自己的基本概念，准确把握基本概念是驾驭一门科学的基础。信息技术科学的基本概念是信息及其相关应用技术。信息既是信息科学的出发点，又是它的过程，也是它的归宿。信息科学的出发点是认识信息的本质；它的过程是要阐明信息的全程运行规律；它的归宿是利用信息来解决各种实际的问题，达到各种具体的目的。对信息概念的理解越准确，对信息的利用就会越深刻，信息科学的作用就会发挥得越充分。

（一）信息定义

究竟什么是信息？信息的本质是什么？人类社会一直都在不断探索。今天，人类已经跨入信息时代，对于信息的本质，我们能做出什么样的解释呢？

信息一词来源于拉丁文"Information"，且在英文、法语、德语、西班牙语中同字，在俄语、南斯拉夫语中同音，表明了它在世界范围内使用的广泛性。我国古人很早就已经知道信息的重要性，认为信息是可以寻觅、获取的。

就一般意义而言，信息实现人类交流的内容并推动社会的发展。信息可以理解成消息、情报、知识、见闻、通知、报告、语音、影像、数据等。但真正被作为一个科学概念来探讨则是20世纪30年代的事，而被作为科学为人们普遍认识和利用则是近几十年的事情。

"信息"使用的广泛性使得我们难以给它下一个确切的定义。专家、学者从不同的角度为信息下的定义多达十几种，下面介绍其中几种定义：

(1)信息论创始人科学家香农(Shannon)从研究通信理论出发，提出：信息是有秩序的量度，是人们对事物了解的不确定性的消除或减少。所谓不确定性，就是对客观事物的不了解、不肯定。因此，信息是用以消除信宿(信息的接收者)对于信源(信息的发出者)发出的那些消息的不确定性。他还用概率统计的数学方法来度量不确定性被消除的量的大小。

(2)控制论创始人之一，科学家维纳(Wiener)发表的著作《控制论——动物和机器中的通信与控制问题》一书中曾经指出："信息就是信息，不是物质，也不是能量"。后来，维纳在《人有人的用处——控制论与社会》一书中写到："信息是在人们适应外部世界的过程中，同外部世界进行互相交换的内容。""要有效地生活，就必须有足够的信息。"

(3)中国的《辞源》对信息定义为："信息就是收信者事先所不知道的报导。"

(4)信息是指对诸如事实、数据或观点之类的知识的传递或描述，这些知识可以存在于任何媒体或形式之中，包括文本形式、数字形式、图表形式、图形形式、叙述形式或视听形式。

对于信息含义，至今仍是众说纷纭，莫衷一是，人们出于不同的研究目的，从不同的角度出发和对信息作用的不同理解而对信息做出了定义。各种信息的定义反映了信息的某些特征。

综上所述，我们采用以下的信息定义：某个事物的信息是该事物的运动状态及其变化方式的表述。

随着时间的推移，时代将赋予信息新的含义。现代"信息"的概念已经与半导体技术、微电子技术、计算机技术、通信技术、网络技术、多媒体技术、信息服务业、信息产业、信息经济、信息化社会、信息管理等含义紧密地联系在一起，但信息的本质仍然是要进一步探讨的问题。

(二)信息生命周期

信息具有生命周期，从产生到消失可以分为以下四个环节：

(1)信息需求。信息的孕育和构思阶段。

(2)信息获取。得到所需信息的阶段(收集、传输、加工和存储)。

(3)信息服务。信息的使用和发挥作用的阶段。

(4)信息退出。信息已经老化、失去使用价值，没有保存必要。

与信息生命周期的四个环节相对应，信息生命周期的处理过程包括以下几个方面：

(1)信息的收集。原始数据的收集，包括数据的识别、采集、整理、表达、录入。

(2)信息的传输。通过通信线路、通信系统,利用通信技术,实现信息从发方到收方的流动,包括声音、数据、图像通信。

(3)信息加工。依据信息需求,对数据进行鉴别、选择、排序、核对、合并、更新、转储和计算,生成适合于应用需求的特定形式。

(4)信息的储存。对获得或加工后的数据进行暂时或长期的保存与管理,主要考虑信息的物理存储和逻辑组织。

(5)信息维护。保持信息处于正常、使用的状态所做的信息活动。

(6)信息使用。信息生命周期和所有信息活动的核心环节,是信息活动的最终环节,信息系统是信息使用深化的主要手段。

(三)信息与数据、消息、信号的区别

在日常生活中,人们并不刻意区别信息、数据、消息和信号,信息的含义则更为深刻和广泛,它不能等同于数据、消息和信号。

1. 数 据

数据是客观实体的一种描述形式,是信息的载体。

信息和数据的区别可以理解为:数据是未加工的信息,而信息是数据经过加工以后能为某个目的使用的数据,信息是数据的内容。将数据加工为信息的过程我们称为信息加工或处理。

数据可分为模拟数据和数字数据两种形式。模拟数据是在某个区间内连续的值(如声音和视频),其强度是连续改变的波形。温度和电流,也都是连续值,而数字数据是离散值。例如,大多数用传感器收集的数据是非连续的值。

2. 消 息

消息的英文是"message"。1928 年,信息论的先驱哈特莱(Hartly)在一篇题为《信息传输》的文献中提出,信息是包含在消息中的抽象量,消息是具体的,其中蕴涵着信息。

按照香农理论,在通信过程中,信息总是经过编码(符号化)成为消息以后,才能经由媒介传播,而信息的接收者收到信息后,总是要经过译码(解读)才能获取其中的信息。

3. 信 号

在通信过程中必须把消息变换成适合信道传输的物理量,这种物理量就成为信号。信号携带消息,是消息的运载工具。

信号是数据的电磁或光脉冲编码,可以分为模拟信号和数字信号。模拟信号是一种随时间而连续变化的信号。数字信号则是在时间上的一种离散信号。

二、信息科学与信息技术

在介绍信息科学与信息技术之前,先介绍科学、技术这两个基本术语。

"科学"与"技术"是两个既有区别又相互联系的哲学术语。科学是指探知事物的本质、特征、内在规律以及与其他事物的联系,是关于自然、社会和思维的发展与变化规律的知识体系;

技术则是人类创造的关于如何认识自然和如何改造自然的工艺方法体系,它从实践过程中被人们逐渐总结出来,或在科学理论指导下被人们发明出来,经过实践的检验而得到确认和应用。科学是认识世界,技术则是改造世界。科学与技术的密切结合成为变革世界的巨大动力。

关于科学和技术的关系,有两种情况:一种是理论领先,带动技术进步,例如,先有电磁理论,后有它的应用;另一种是技术先行,然后才由对技术的概括和提炼上升为理论,例如,激光技术在先,理论在后。在计算机科学技术领域,图灵等人的可计算理论和关于二进制的逻辑运算理论在先,计算机体系结构和运算技术在后。但是,从信息科学知识体系的总体上看,信息科学与信息技术的关系,两种情况皆有,因为在某些领域信息技术发展在先,而它们的理论综合在后。

(一)信息科学

20 世纪 40 年代末,香农提出信息熵的概念,创立了信息论,并在通信工程中得到广泛应用,为信息科学的研究奠定了基础。

随着自动化系统和自动控制理论的出现,对信息的研究开始突破原来仅限于信息传输方面的概念。数学家维纳发表了著名的《控制论》,从控制的观点建立了维纳滤波理论。这时的信息论已从原来的通信领域广泛地渗透到自动控制、计算机及信息处理、系统工程及人工智能等领域,这就要求对信息的本质、信息的语义和效用等问题进行更深入的研究,从而产生了信息科学。

20 世纪 60 年代,由于复杂的工程大系统需要用计算机来控制生产过程,系统辨识就成为重要的研究课题。从信息科学的观点来看,系统辨识就是通过输入/输出信息来研究控制系统的行为和内部结构,并用简明的数学模型来加以表示。控制就是根据系统结构和要求对信息的加工、变换和利用。

20 世纪 70 年代以来,电视、数据通信、遥感和生物医学工程的发展向信息科学提出大量的研究课题,如信息的压缩、增强、恢复等图像处理技术,信息特征的抽取、分类和识别的模式、识别理论和方法,因此,出现了图像处理和模式识别系统。

为了解决控制和决策中的非数值问题和适应 20 世纪 80 年代以后智能系统研究的需要,以及要解决知识信息处理的问题,产生了知识工程、专家系统、自然语言理解系统和智能机器人,为信息科学进一步奠定了基础。

关于信息科学(Information Science)的定义如下:信息科学是以信息为主要研究对象,以信息的运动规律和应用方法为主要研究内容,以计算机等技术为主要研究工具,以扩展人类的信息功能为主要目标的一门新兴的综合性学科。信息科学是由信息论、通信系统、控制论、计算机科学、仿生学、系统工程与人工智能等学科互相渗透、互相结合而形成的。

信息科学以信息为基本研究对象,以信息的运动规律和应用方法为主要研究内容。传统学科都是以物质和能量为研究对象,而信息科学却有其新颖的、独特的研究对象——信息,它既不同于物质,也不同于能量,但又与物质和能量相互联系、相互作用。信息科学之所以能够成为一个新兴学科群体，正是因为有信息这个独特的研究对象，这是信息科学得以存在的前提。

(二)信息科学的研究内容

信息科学正在迅速发展，人们对其研究的范围尚无统一的认识。从信息科学的研究内容来划分，可以将信息科学的基本学科体系分为以下三个层次：

(1)信息科学的哲学层次，包括信息的哲学本质、智能的哲学本质、信息与反映的关系、信息与认识的关系、人工智能与人类智能的关系等。

(2)信息科学的基础理论层次，主要任务是研究信息的一般理论。

(3)信息科学的技术应用层次，主要研究如何应用信息科学理论在技术上拓展人类的信息功能(特别是其中的智力功能)的问题。

总而言之，信息科学以香农创立的信息论为理论基础，以现代科学方法论作为主要研究方法，以研究信息及其运动规律为主要内容，以扩展人的信息功能作为主要研究目标。

(三)信息技术

信息技术(Information Technology，简称IT)是指有关信息的收集、识别、提取、变换、存储、传递、处理、检索、检测、分析和利用等相关的技术。凡涉及这些过程和技术的工作部门都可以称作信息部门。

笼统地说：信息技术是能够延长或扩展人的信息能力的手段和方法。它主要是指利用计算机和现代通信手段实现获取信息、传递信息、存储信息、处理信息、显示信息、分配信息等的相关技术。

信息技术的定义，因其使用目的、范围、层次不同而有不同的表述。我们采用下面的定义：信息技术是指在计算机和通信技术支持下用以获取、加工、存储、变换、显示和传输文字、数据、图像以及声音信息，包括提供设备和提供信息服务两大方面的方法与设备的总称。

信息技术是管理、开发和利用信息资源的有关方法、手段与操作程序的总称。

总之，信息技术既包括有关信息的产生、收集、表示、检测、处理和存储方面的技术，也包括有关信息的传递、交换、显示、识别、提取、控制和利用等方面的技术。

三、信息技术的组成

由于人类的信息活动越来越高级、广泛、复杂。信息技术从某种意义上来说，就是为了不断地扩展人类信息器官功能的一类技术的总称。人的信息器官主要包括以下四类：

(1)感觉器官。感觉器官主要包括视觉器官、听觉器官、嗅觉器官、味觉器官、触觉器官和平衡感觉器官等。

(2)传导神经网络。传导神经网络可以分为导入神经网络和导出神经网络等。

(3)思维器官。思维器官包括记忆系统、联想系统、分析推理和决策系统等。

(4)效应器官。效应器官包括操作器官(手)、行走器官(脚)和语言器官(口)等。

人们同外部世界沟通的过程首先是通过自己的感觉器官从外部世界获得有关的信息,导入神经网络把这些信息由感觉器官传送到思维器官;在这里,对外来信息进行加工处理,并在此基础上再生出主体与世界沟通的策略信息;然后,再经由导出神经网络把策略信息传递给效应器官,后者把策略信息转化为行动,作用于外部世界,使外部世界的事物按照策略信息所规定的方式来改变自己的状态。这就是人们认识世界和改造世界的一个基本过程,如图 1-1 所示。

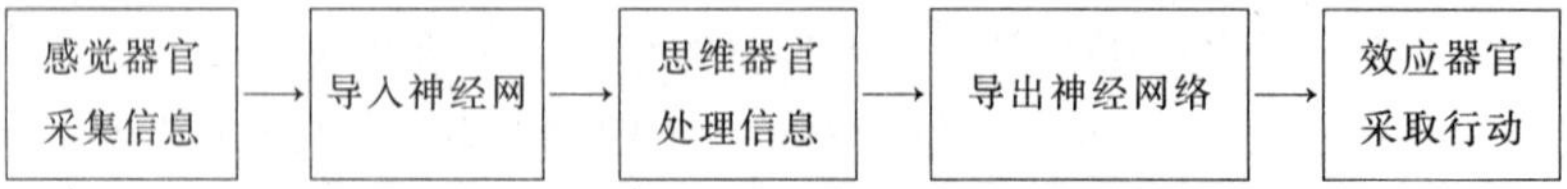

图 1-1　人类认识和改造世界过程

根据信息技术的定义和分析,我们可以得出,信息技术由感测、通信、计算机和控制等四类技术构成。

(1)感测技术——感觉器官功能的延伸。感测技术包括传感技术和测量技术,也包括遥感、遥测技术等。它使人们能更好地从外部世界获得各种有用的信息。

(2)通信技术——传导神经网络功能的延伸。它的作用是传递、交换和分配信息,消除或克服空间上的限制,使人们能更有效地利用信息资源。

(3)计算机技术——思维器官功能的延伸。计算机技术(包括硬件和软件技术)和人工智能技术,使人们能更好地加工和再生信息。

(4)控制技术——效应器官功能的延伸。控制技术的作用是根据输入的指令(决策信息)对外部事物的运动状态实施干预,即信息施效。

信息技术的功能和人的信息器官的功能相比,基本上是一致的,只是在功能水平或性能上各有千秋,如图 1-2 所示。

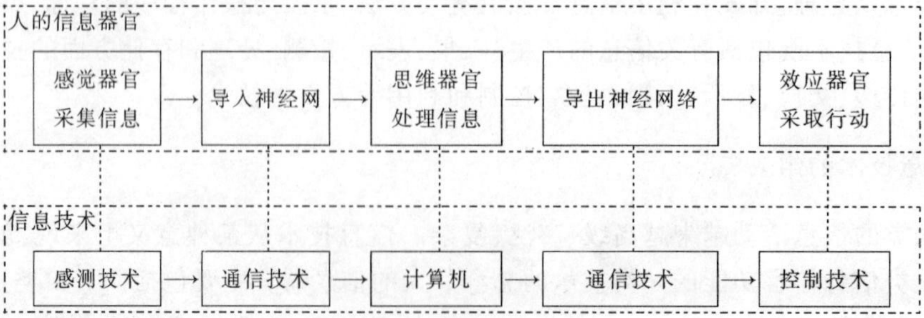

图 1-2　人类信息功能与信息技术比照

从图 1-2 可以看出,通信技术和计算机技术处在整个信息技术的核心位置,感测技术和控制技术则是核心与外部世界之间的接口。没有通信技术和计算机技术,信息技术就失去了基本的意义；而没有感测技术和控制技术，信息技术就失去了基本的作用：一方面没有信息的来源，另一方面失去了信息的归宿。可见，信息技术的四个组成部分是一个完整的体系。

由于在信息技术中信息的传递是通过现代的通信技术来完成的，信息处理是通过各种类型的计算机（智能工具）来完成的，而信息要为人类所利用，必须可以控制，因此，也有人认为信息技术就是 3C（Computer、Communication 和 Control），即 IT = Computer（计算机）+ Communication（通信）+ Control（控制）。这种表述给出了信息技术的最主要的技术特征。

从信息的生命周期来看信息技术，它主要是指利用计算机和现代通信手段实现获取信息、传递信息、存储信息、处理信息、显示信息、分配信息等的相关技术。因此，我们又可以将信息技术划分为信息获取技术、信息传递技术、信息处理与再生技术、信息施用技术等四类技术。

（一）信息获取技术

信息获取技术中最重要的是传感技术，它的作用是扩展人获取信息的感觉器官功能。它包括信息识别、信息提取、信息检测等技术。这类技术的总称是“传感技术”。它几乎可以扩展人类所有感觉器官的传感功能。

传感技术的任务是延伸人的感觉器官收集信息的功能；通信技术的任务是延伸人的神经系统传递信息的功能；计算机技术则是延伸人的思维器官处理信息和决策的功能。当然，这种划分只是相对的、大致的，没有截然的界限。如传感系统里也有信息的处理和收集，而计算机系统里既有信息传递，也有信息收集的问题。

传感器技术是测量技术、半导体技术、计算机技术、信息处理技术、微电子学、光学、声学、精密机械、仿生学、材料学等众多学科相互交叉的综合性高新技术密集型前沿技术之一。传感器已广泛应用于航天、航空、国防科研、信息产业、机械、电力、能源、机器人、家电等诸多领域，可以说几乎渗透到每个领域。

传感技术、测量技术与通信技术相结合而产生的遥感技术，更使人感知信息的能力在距离上得到进一步的加强。

（二）信息传递技术

信息传递技术的主要功能是实现信息快速、可靠、安全的交换与传输。各种通信技术都属于这个范畴，广播技术也是一种传递信息的技术。

由于存储、记录可以看成是从“现在”向“未来”或从“过去”向“现在”传递信息的一种活动，因而也可将存储技术看做是信息传递技术的一种。信息的传递是通过现代的通信技术来完成的。

通信技术的发展速度之快十分惊人。在通信网络及互联网不断更新及扩展支撑下，从传统的电话、电报、收音机、电视到当今的移动电话、传真、卫星通信，这些新的、人人可用的现代通信方式，使得信息的传递效率得到很大的提高，从而使过去必须由专业的电信部门来完成的工作，可由行政、业务部门办公室的工作人员直接方便地来完成。因此，通信技术也成为办公自动化的支撑技术。

（三）信息处理与再生技术

信息处理包括对信息的编码、压缩、加密等。在对信息进行处理的基础上，使信息转换并“再生”。信息的处理与再生都有赖于现代电子计算机的超凡功能。

计算机技术与现代通信技术一起构成了信息技术的核心内容。处理信息是通过各种类型的计算机（智能工具）来完成的。计算机技术同样取得了飞速的发展，体积越来越小，功能越来越强。从大型机、中型机、小型机到微型机、笔记本式计算机、便携式计算机等，计算机的应用取得了很大的发展。计算机从诞生起就在不停地为人们处理大量的信息，而且随着计算机技术的不断发展，处理信息的能力也在不断加强。计算机应用已经渗透到人们社会生活的每一个方面，个人计算机配上各种软件能够帮助人们工作和生活。例如，电子出版系统的应用改变了的传统印刷、出版业，出现了电子图书这样的新一代电子出版物；计算机文字处理系统的应用使作家改变了原来的写作方式，也称作“换笔”革命；光盘的应用使人类的信息存储能力得到了很大程度的延伸，多媒体技术的发展使音乐创作、动画制作等成为普通人可以涉足的领域。

（四）信息施用技术

信息施用技术是信息生命周期中最重要的环节，它包括控制技术、显示技术等。信息要为人类所利用，必须可以控制。直观地说，控制就是指施控主体对受控客体的一种能动作用，这种作用能够使得受控客体根据施控主体的预定目标而动作，并最终达到统一目标。

计算机控制技术是计算机技术与控制理论、自动化技术结合的产物。在控制系统中引进计算机，就可以充分运用计算机强大的计算、逻辑判断和记忆等信息加工能力。只要运用微处理器的各种指令，就能变出符合某种控制规律的程序，实现对被控对象的控制。

总之，感测技术、通信技术、计算机技术和控制技术是信息技术的四大核心内容，其中计算机技术和通信技术是信息技术的两大支柱。

四、信息系统概念

信息系统是信息利用的最有效的手段。信息系统由人、硬件、软件和数据资源组成，对信息进行采集、处理、存贮、检索和传输，并向有关人员提供有用信息的系统。

信息系统通常包括信息处理系统和信息传输系统两部分。

信息处理系统对数据进行处理，产生新结构、新形态的数据。例如，计算机系统就是一种信息处理系统，通过对输入数据的处理获得不同形态的新数据。信息传输系统的作用是将信息从一处传输到另一处。信息的作用只有在广泛的交流中才能充分发挥出来，因此，通信技术的进步极大地促进料信息系统的发展。

信息系统按照处理的对象可分为作业信息系统和管理信息系统两大类。

作业信息系统的任务是处理组织的业务、控制生产过程和支持办公事物。它通常由以下三部分组成：

(1)业务处理系统。它的目标是迅速、及时、正确地处理大量信息，提高管理工作的效率和水平。如产量统计、成本计算和库存记录等。

(2)过程控制系统。过程控制系统主要指用计算机控制正在进行的生产过程。

(3)办公自动化系统。办公自动化系统指以先进技术和办公自动化设备支持人的部分办公业务活动。

管理信息系统是对一个组织进行全面管理的人和计算机相结合的系统，它综合运用计算机技术、管理技术和决策技术，与现代管理思想、方法和手段结合起来，辅助管理人员进行管理和决策的人机系统。

由于实现目标、功能不同，每个信息系统都有自己的结构。信息系统结构是指信息系统内部的各个组成部分所构成的框架结构。从不同的角度可以得出不同的结构模式。

信息系统的结构从不同角度看包括概念结构、功能结构、软件结构和物理结构。我们这里只介绍功能结构和物理结构。

(一)功能结构

从使用的角度看，每个系统具有一个目标和多种功能，各种功能之间又有各种信息联系，构成一个有机结合的整体，形成一个功能结构。

例如，铁路客票发售与预订系统，从行政上可分为中国国家铁路集团有限公司(以下简称"国铁集团")、地区中心和车站三级，其功能结构如图 1-3 所示。该系统包括综合查询、营销分析、计划管理、数据维护等 12 个功能模块，这些模块可以再细分成子模块，如计划管理模块

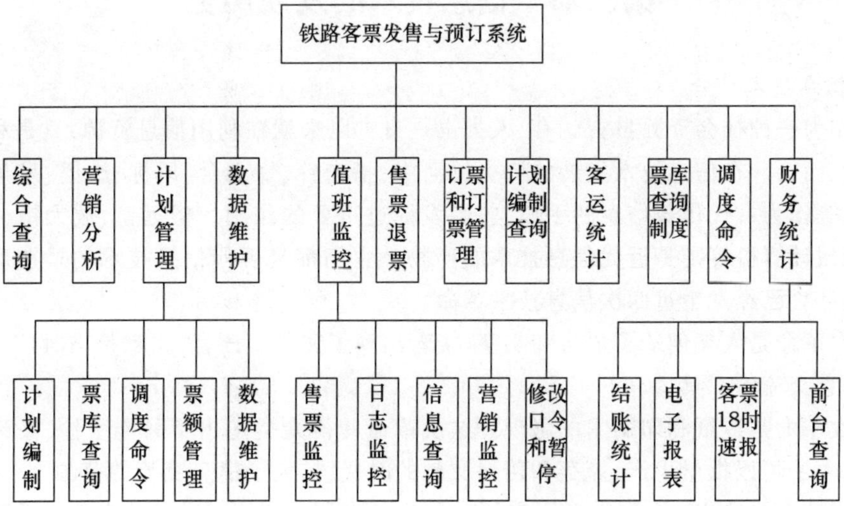

图 1-3　铁路客票发售与预订系统功能结构

又可细分为计划编制、票库查询、调度命令、票额管理、数据维护等 5 个功能,形成了一个层次结构。

(二)物理结构

信息系统的物理结构指信息系统的硬件配置、组成及网络连接方式。常用物理结构有两种:一种是集中式,服务器常采用双机热备份,客户端使用终端设备;另一种是分布式,通过局域网联结连接服务器、客户端微机、打印机等设备。图 1-4 所示为铁路局集团公司的计划调度管理系统的物理结构。

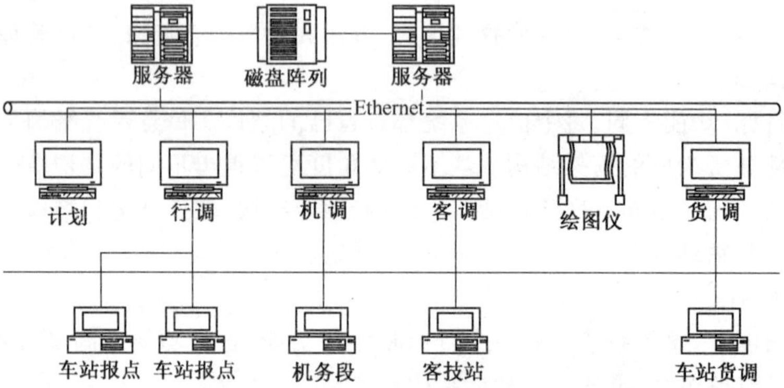

图 1-4　计划调度管理系统物理结构

第二节　信息技术的发展历史

(一)信息技术革命

信息作为一种社会资源自古就有,人类也是自古以来就在利用信息资源,只是利用的能力和水平很低而已。在信息技术发展的历史长河中,指南针、烽火台、风标、旗语、号角、语言、文字、印刷术等作为古代传载信息的手段,曾经发挥过重要的作用。望远镜、放大镜、显微镜、算盘、手摇机械计算机等则是近代信息技术的产物。它们都是现代信息技术的早期形式。迄今为止,人类社会已经发生过四次信息技术革命。

第一次革命是人类创造了语言和文字,接着出现了文献。语言、文献是当时信息存在的形式,也是信息交流的工具。

第二次革命是造纸和印刷术的出现。这次革命使得人类走出了只能手抄、篆刻文献的时代,从而进入了可以批量生产、储存和传播文献的时代,扩大了信息交流的范围。

第三次革命是电报、电话、电视及其通信技术的发明和应用。它是信息传递手段的历史性变革,使人类走出了依靠烽火、驿站传递信息的时代,大大加快了信息传递的速度。

第四次革命是计算机和现代通信技术在日常工作中的应用。计算机技术与通信技术的结合使得信息的处理速度、传递速度大大提高。从此，人类处理信息、利用信息的能力发生了惊人的提高。

(二)信息技术的发展

如前所述，信息技术包括计算机技术、通信技术、感测技术及控制技术四类技术。但是，无论是信息的获取(感测系统)、信息的传递(通信系统)、信息的处理与再生(计算机与智能系统)，还是信息的施用(控制系统)，都要通过机械的、电子或微电子的、激光的、生物的技术手段来具体实现。因为，一切信息技术都要通过某种(或者某些)支撑技术的手段来实现。信息技术(特别是现代信息技术)的支撑技术主要是指电子与微电子技术、机械技术、光电子技术和生物技术等。

信息技术的发展随着计算机技术、通信技术、感测技术及控制技术的进步而发展。

1. 计算机技术

计算机技术的发展不仅体现在硬件和软件技术上，还表现在信息的交流上。坐在家里或办公室里，足不出户，就可以看到世界主要国家当天的报纸杂志，将千里之外的资料为我所用，信息高速公路已成为人类交流信息的快捷通道。

计算机技术的进步使大量的体力劳动被观察活动取代，危险和有害健康的工作被淘汰，进而对就业结构产生了重大影响。在世界各国，网络工程师正在成为新型的热门职业，大量的计算机联网为互联网上的通信建立技术基础。

多媒体技术是20世纪80年代才兴起的一门技术，它把文字、数据、图形、语音等信息，通过计算机进行综合处理，使人们得到更全面、直观的综合信息。信息处理的很大一部分是音频、图像和视频，因而，多媒体技术也是信息技术的一个研究热点。

计算机信息处理能力在某些方面甚至已经超过了人脑在信息处理方面的能力，如记忆能力、计算能力等。但在许多方面，却仍然逊色于人脑，如文字识别、语音识别、模糊判断、模糊推理等。而且人脑可以通过自学习、自组织、自适应，不断提高信息处理的能力；而计算机的所有能力都是人们通过编制程序赋予它的，与人脑相比，它是机械的且无法自我提高的。所以，计算机的智能化研究是未来研究的一个重要方向。

2. 通信技术

如何有效地、快捷地、可靠地进行通信就一直是人们努力追求的目标。1842年，西班牙皇后伊沙贝拉过了半年才得知哥伦布探险的信息；而1969年，阿波罗火箭将宇航员送上月球的消息只用了1.3 s就传遍全球。借助于通信技术，人们可在任何时候、任何地方与需要的人直接取得联系，人们的时空观发生了根本的变化，似乎地球变得越来越小，人们之间的距离变得越来越近。

人类在通信技术方面的发展取得了前所未有的成绩。例如，可以覆盖地球各个角落的通信卫星，使万里之遥的人们近在咫尺；航天飞机、宇宙空间站以及不断发往茫茫星际的飞船已经成为现实,中国载人航天计划已成为实现。可视电话系统正逐步成为21世纪通信技术发展、普及的新领域。

今天的网络应用已经发展到高带宽、高性能并支持对综合数字业务,如现场实况转播、网络电话和视频会议、WWW等多种信息服务的方式。网络服务、信息服务正被越来越多的人使用。所有这些,带给人们更方便、更快捷地获取信息和合作的途径,网络在很大程度上消除了时间和空间上的限制。

3. 感测技术

感测技术是当今世界令人瞩目的迅猛发展起来的高新技术之一,也是当代科学技术发展的一个重要标志,它与计算机技术、通信技术、微电子技术一起构成信息产业的支柱。

感测技术已经发展了一大批敏感元件,除了普通的照相机能够收集可见光波的信息、微音器能够收集声波信息之外,已经有了红外、紫外等光波波段的敏感元件,帮助人们提取那些人眼见不到的重要信息。还有超声和次声传感器,可以帮助人们获得那些人耳听不到的信息。不仅如此,人们还制造了各种嗅敏、味敏、光敏、热敏、磁敏、湿敏以及一些综合敏感元件。通过各种感测技术可以把那些人类感觉器官收集不到的各种有用信息提取出来,从而延长和扩展人类收集信息的功能。

4. 控制技术

近几十年来,控制理论的发展经历了古典控制理论、现代控制理论和智能控制理论3个阶段:智能控制又包括逻辑控制、神经网络控制、专家系统、学习控制、分层阶梯控制等。在古典控制理论中应用最成功的是比例积分微分控制。它是一种在工业生产中广泛应用的常规控制算法,属于线性控制。这种控制方式的最大优点是结构简单,使用方便,可以不用被控对象的模型参数,直接根据输出的偏差进行调节。但是当被控对象比较复杂时,便难以以取得满意的控制效果。

计算机的应用促进了控制理论的发展。先进的控制理论和计算机技术的发展推动了工业控制的计算机、智能化、网络化和先进控制理论的应用。同时,成功的应用也促进了控制理论持续、深入的开展。

人工智能的出现和发展促进了自动控制系统向更高层次即智能控制的发展。智能控制是一种无需人工干预就能够自主地驱动智能机器实现其目标的过程,是用机器模拟人类智能的一个重要领域。智能控制技术包括模糊控制技术、专家控制技术、机器学习技术等。

5. 微电子技术

微电子也是支持信息技术的核心技术。通信系统、计算机与网络设备、数字家电等,都是在微电子技术的基础上发展起来的。

微电子技术的发展使得器件的尺寸不断缩小,集成度不断提高,功耗降低,器件性能得到提高。随着系统向高速度、低功耗、低电压和多媒体、网络化、移动化方向的发展,系统对电路的要求越来越高,传统集成电路设计技术已无法满足性能日益提高的整机系统的要求。随着集成电路(Integrated Circuit,简称 IC)设计与工艺技术水平的提高,集成电路规模越来越大,复杂程度越来越高,已经可以将整个系统集成为一个芯片,也就是片上系统(System On Chip,简称 SOC)。

数字信号处理器(Digital Signal Processor,简称 DSP)是在模拟信号变换成数字信号以后进行高速实时处理的专用处理器。DSP 芯片的价格越来越低,性能价格比日益提高,具有巨大的应用潜力。DSP 芯片的应用主要有信号处理、通信、语音、图形、图像、军事、仪器仪表、自动控制、医疗及家用电器等诸多行业。特别应当指出 DSP 的主要应用市场为通信、计算机、消费类三大领域,约占整个应用需求的 90%。从品种繁多的电子产品中不难看出,DSP 将是未来集成电路中发展最快的电子产品,并成为电子产品更新换代的决定因素,它将彻底改变人们的工作、学习和生活方式。

总体来说,现代信息技术正在朝着网络化、数字化、多媒体化、智能化和虚拟化的方向发展。典型的发展方向如下:

(1)超高速集成电路。由硅纳米时代的硅电子到硅光子集成技术。

(2)海量存储及数据挖掘。计算机速度每秒亿万次以上,海量存储万亿以上字节,传输速率每秒万亿比特以上。

(3)智能计算机。

(4)宽带、高速和多媒体通信网络及计算机网络技术。

(5)多媒体与虚拟现实技术。

(6)高精度实时控制技术。

(7)各种语言、系统软件、工具和应用软件系统。

(8)电子商务、电子政务、电子教学等电子事物处理系统。

(9)计算机支持协同工作系统、网格技术和云计算技术。

(10)面向服务架构的技术。

第三节 信息技术与其他学科的关系

在过去的几十年间,以信息科学与信息技术为核心的科学技术日益显示出强大的生命力。无论是理论方面(如信息论、通信理论、控制论、系统科学、可计算理论等),还是应用方面(如微电子技术、计算机技术、通信与网络技术、人工智能等),无不与信息相关。科学技术发展呈现出科学“转向”技术的趋势。信息社会使人们的生存方式发生了巨大的变革,同时也对其他学科也产生了巨大的影响。

一、计算机科学

信息科学与计算机科学具有天然的联系。计算机科学是对描述和变换信息的算法过程的系统研究,包括其理论、分析、设计、效率分析、实现和应用系统的研究。计算机科学的基本思路是从理论研究到模型抽象及工程设计。理论研究是基础,是连接学科科学研究与工程应用开发研究的重要环节;模型抽象是对客观现象和规律的描述和刻画;工程设计是对科学理论的工程化实现。理论研究是基于计算机科学的数学基础和计算机科学理论,广泛采用数学的研究方法;模型抽象是基于计算机科学的实验科学方法,广泛采用实验物理研究方法;工程设计广泛采用工程科学的研究方法。按照为解决某一问题而构造系统或装置的过程,这个学科形态广泛出现在计算机科学中与硬件、软件、应用有关的设计和实现之中。

对现实世界中被研究的对象进行抽象,建立必要的基本概念,运用数学工具和方法对其进行基础和应用基础研究,为实验设计和工程设计提供方法和技术,并开展实验和工程设计与现实工作是计算机科学学科的基本工作流程方式。

计算机科学是研究计算机及其周围各种现象与规模的科学,研究内容主要包括计算机系统结构、理论计算机学、程序设计科学与方法论、软件工程基础理论、人工智能与知识处理和网络、数据库及各种计算机辅助技术等。

二、系统科学

系统科学(Systems Science)作为一个大门类的新兴学科,经历了孕育、形成和发展的漫长过程。系统思想就其最基本的含义来说,是关于事物的整体性观念、相互联系的观念、演化发展的观念。

现代科学通常是相互交叉的,系统科学与信息科学等其他学科存在许多交集。系统科学是一系统思想为中心的一类新型的科学群。它包括系统论、信息论、控制论、耗散结构论、协同论以及运筹学、系统工程、信息传播技术、控制管理技术等许多学科在内,是 20 世纪中叶以来发展最快的一大类综合性科学。这些学科是分别在不同领域中诞生和发展起来的,例如,系统论是在 20 世纪 30 年代由贝塔朗菲在理论生物学中提出来的;信息论则是香农为解决现代通信问题而创立的;控制论是维纳在解决自动控制技术问题中建立的;运筹学是一些科学家应用数学和自然科学方法参与第二次世界大战中的军事问题的决策而形成的;系统工程则是为解决现代化大科学工程项目的组织管理问题而诞生的;耗散结构论、协同论等则是理论物理学家为解决自然系统有序发展的控制问题而创立的。它们本来都是独立形成的科学理论,但它们紧密联系、互相渗透,在发展中趋向综合、统一,有形成统一学科的趋势。因此,国内外许多学者认为,把以系统为中心的这一大类新兴科学联系起来,可以形成一门具有严密理论体系的系统科学。

三、数　学

数学是对现实世界数与形简洁、高效、优美的描述,是有内部抽象性和外部有效性的学科。数学不仅是一门独立的学科,而且还为其他科学、技术和工程提供描述问题的语言与解决问题的工具。数学在人类认识世界、描述和发现规律以及培养创造性思维的过程中有着不可替代的作用。

从某种意义上说,计算机科学是研究数学成果及其实现的科学。21 世纪数学发展的重要特征之一就是数学科学与其他科学的交叉与联系更加深入、广泛,并且在更高的层次和更广泛的领域体现数学的应用。而信息科学在其发展过程和前沿领域研究中,又对数学科学提出亟待解决的数学问题。这些问题的解决将促进现代科学和数学科学共同发展。

四、认知科学与认知心理学

认知科学(Cognitive Science)被称为 21 世纪智力革命的前沿,它的创立标志着以现代科学为基础,对人类自身特有的心理活动、脑和心智关系以及人工的智能的研究已经进入一个新阶段。认知科学的研究对象还不十分明确。大致说来,它是利用心理学、计算机科学、神经科学、语言科学、哲学和人类学等学科综合起来研究认识过程结构的学科。

认知心理学(Cognitive Psychology)是 20 世纪 50 年代中期在西方兴起的一种心理学思潮,20 世纪 70 年代成为西方心理学的一个主要研究方向。它研究人的高级心理过程,主要是认识过程,如注意、知觉、表象、记忆、思维和语言等。

认知心理学的主要理论是信息加工理论,以信息加工观点研究认知过程是现代认知心理学的主流,可以说认知心理学相当于信息加工心理学。认知心理学是心理学以外的其他学科对心理学发生影响的典型例子。第二次世界大战期间迅速发展起来的通信技术,特别是信息论和控制论的出现,使心理学家看到人类认知过程与通信系统有一定的相似性,于是借用通信工程师描述信息通信的概念来描述人的认知过程。它将人看作是一个信息加工的系统,认为人的认知过程就是信息加工,包括感觉输入的变换、编码、加工、存储、译码、输出和使用的全过程。按照这一观点,认知可以分解为一系列阶段,每个阶段是一个对输入的信息进行某些特定操作的单元,而反应则是这一系列阶段和操作的产物。信息加工系统的各个组成部分之间都以某种方式相互联系着。

控制论、信息论、计算机科学对认知心理学的发展有着深远的影响。认知心理学和计算机科学相结合,产生了人工智能这一新学科。人工智能及认知心理学关系极为密切,计算机的出现使人们找到了分析人的内部心理过程和状态的新途径。

第四节 铁路信息技术及应用

一、铁路信息技术

在世界范围,信息技术首先在铁路通信领域内有所突破,开始使用电话、电报、传真等,后逐步建设相应通信网络。继而,将控制技术应用于铁路信息号系统,实现区间闭塞、道岔控制、列车控制等。

20世纪60年代,信息技术开始应用于铁路运输业务系统,先期主要是计算机应用。20世纪70年代,随着先进的牵引动力和通信信号设备采用,计算机网络技术发展,美国、加拿大、日本开始将信息技术与铁路运输管理结合,逐步形成了铁路运输管理信息系统。

在中国,信息技术于20世纪70年代开始应用于铁路运输业务系统。20世纪80年代逐步深化信息技术应用,20世纪90年代展开全面应用,已形成全国范围的铁路运输管理信息系统,可支持财务、统计、机务、电务、工务、车辆等业务管理信息系统,为办公自动化、社会化服务、决策支持等综合管理信息系统提供准确、及时和完整的运输生产信息。

前面已经讲到"信息技术"的概念。那么,"铁路信息技术"又是什么?这是多年来从事铁路信息化的技术与研究人员一直在思索的一个问题。通过多年的发展,近年来对"铁路信息技术"的认识趋于一致,但定义还在发展中。

这里将"铁路信息技术"定义如下:铁路信息技术是指将计算机、通信、控制等信息技术应用于现代铁路运输生产、管理和营销,从而提高生产效率、减轻劳动强度,保障运营安全的一门综合性技术科学。

而"现代铁路信息技术",则是指以计算机为核心的铁路信息技术,它是指20世纪60年代以来伴随着计算机应用在铁路行业的普及和深入,与通信、控制等融合技术的总称。

现代铁路信息技术的应用使铁路的信息化水平越来越高,而铁路信息系统智能化程度的提高则是铁路行业多年努力的目标。人们希望能早日建成铁路智能运输信息系统(Railway Intelligent Transport Information System,简称RITS)。

铁路智能运输信息系统指利用信息技术,以实现信息采集、传输、处理和共享为基础的,通过高效利用与铁路运输相关的所有移动、固定、空间、时间和人力资源的,以较低成本达到保障安全,提高运输效率,改善管理,提高服务品质的新一代运输管理系统。

RITS具有以下一些特征:

(1)系统目标的集成。RITS由经济、技术、社会、效能等多目标集成。

(2)系统功能集成。RITS由确认、定位、检测、控制、监视、通信、信息处理、宏观与微观决策支持等多功能集成。

(3)开放的系统结构。RITS实现铁路运营管理系统、运营指挥系统、运输生产系统有机结合,使固定设施、移动设施和维修设施有效协调为一体。同时还需要能适应内外环境的变化,可与其他运输方式进行信息共享与交换。

(4)智能技术的广泛使用。信息采集、信息传输、信息处理、运输管理决策、运输服务等智能化,各子系统有机互联,信息高度共享,行车控制、综合调度、资源管理、运营管理组合成一个整体,形成一个智能化的铁路生产运营体系。

二、国外铁路信息技术应用

20世纪60年代 美国太平洋铁路公司开始采用综合运营管理信息系统(Total Operations

Processing System,简称 TOPS),这是信息技术在铁路运输应用的里程碑。之后,北美铁路和英国铁路等十几家公司引进 TOPS 加以改造完善,形成各自铁路运营管理系统。西欧各国、日本也建立了相似的系统。

20 世纪 60 年代,加拿大国铁在引进 TOPS 基础上,通过改造形成了运输报告和管理系统(Traffic Reporting And Control System,简称 TRACS),该系统以铁路编组站现车管理系统为基础,使系统结构更加合理、功能更加完善,适应性更好。

20 世纪 70 年代,北美铁路协会(AAR)在北美各铁路公司运营信息系统基础上组建了铁路货车管理自动化信息网(Freight Management Automation Information Network,简称 TRAIN)。英国在 TOPS 基础上增加了客运管理系统功能;法国铁路建立了货运集中管理系统;德国铁路建立了综合运输管理系统;罗马尼亚和波兰也曾计划建立类似系统。

20 世纪 80 年代,发达国家开始将信息技术用于行车调度指挥系统中。1983 年,美国和加拿大联合开发了先进列车控制系统,通过无线技术将指挥中心计算机与列车微机形成闭环,组成综合铁路指令和控制系统,实现列车运行自动调整。1986 年,法国铁路研制了连续实时列车运行自动化系统,系统可通过移动设备改造来集中控制列车,以数据来管理列车运行。1987 年,日本对 1972 年上线运行的计算机辅助运输控制系统(Computer aided Traffic Control System,简称 COMTRAC)进行了功能完善和系统更新,使系统具备了进路控制、编制调整运行图,列车运行显示自动化等功能。

20 世纪 90 年代,随着网络技术的发展,多个国家之间的铁路运输信息系统的互联互通飞速发展。1995 年,意大利国铁(FS)、法铁(SNCF)、德铁(DBAG)联合开发了欧洲铁路运输管理系统(European Rail Traffic Management System,简称 ERTMS),实现了欧洲列车运行控制和超速防护系统的协同,以保证互通性和替换过境列车上的列控设备,将运行图编制系统、列控系统、超速防护系统、运价系统组合成一体,系统于 2000 年 3 月完成互通实验。

三、中国铁路信息技术应用

20 世纪 60 年代开始,信息技术在中国铁路开始应用。通信系统建设首当其冲,在原有铁路电话、通信网络基础上,建设了以光纤传输为主体的准同步数字系统(Plesiochronous Digital Hierarchy,简称 PDH)及同步数字系统(Synchronous Digital Hierarchy,简称 SDH)传输网,极大地拓宽传输带宽,并于 20 世纪 90 年代分三期组建了以异步转移模式(Asynchronous Transfer Mode,简称 ATM)、帧中继(Frame Relay,简称 FR)及 X.25 分组交换为设备的数据网。继而强化了铁路互联网建设,实现了国铁集团、铁路局集团公司、基层站段的计算机局域网互联互通。移动通信也快速发展,实现由模拟集群通信向数字通信的过渡,并实现了 GSM－R 的建设。

信号系统先期是启动调动集中系统的引进和开发,即将调度区段内电气集中和区间的自动闭塞(半自动)结合起来,建立一个以计算机网络为基础,由列车调度员操纵的信号遥控综合系统。20 世纪 80 年代,我国开始自主研制计算机联锁系统,它利用计算机逻辑处理能力,可靠性和容错技术,对车站的信号、道岔和进路之间的制约关系(联锁关系)进行逻辑判断,并使他们有序动作和建立进路,从而确保行车安全。1984 年,用于工矿铁路的计算机联锁系统投入使用;1989 年编组站驼峰尾部的计算机联锁系统投入使用;20 世纪 90 年代用于区段站的计算机联锁系统投入使用,并开始大面积推广应用。

我国铁路运输系统应用信息技术,以"铁路运输管理信息系统(Transportation Management Information System,简称 TMIS)"的建设为标志。20 世纪 60 年代开始,计算机技术主要用于模拟人工编制、汇总铁路运输计划,运输指标日常统计,铁路物质统计等;20 世纪 70 年代开始着手规划铁路计算机技术应用;20 世纪 80 年代计算机在铁路运输应用范围逐步扩大,部分项目发展到联网运行。

1991 年底,铁道部启动了铁路运输管理信息系统的专题研讨,并列为国家"八五"重点项目。1992 年底完成 TMIS 总体设计并通过评审。1994 年开始 TMIS 工程实施,2004 年完成。其中,由于技术发展和 TMIS 的实施进度情况,2001 年末对 TMIS 系统的体系结构、应用目标进行了调整。TMIS 系统为我国的铁路运输生产服务,大大提高了生产效率,减轻了作业人员的劳动强度。在 TMIS 开发并投入运用的同时,我国铁路也开始并实施了其他一些铁路信息系统,如列车调度指挥信息系统、客票发售票与预订系统、调度集中系统等,大大推进了我国铁路现代化的管理水平。

第五节　信息技术人才与知识体系

随着计算机软硬件及通信技术的发展,计算的概念发生了巨大的变化,已经拓展到难以用一个学科来定义的境地。以"培养规格分类"为核心思想的计算机专业发展思路,从两个不同层面将计算机本科专业划分为三种类型,即研究型(或者说科学型)、工程型和应用型。

其中,研究型以知识创新为基本使命,研究计算机软件与理论、计算机系统结构、计算机应用技术;工程型强调基本理论和原理的综合应用能力,能承担计算机系统和计算机产品软硬件的设计、建造、实现和维护的任务;应用型则以承担信息化建设为核心任务,掌握各种计算机软/硬件系统的功能和性能,善于对系统进行集成和配置,并有能力管理和维护复杂信息系统的运行。因此,针对不同的人才需求,教育部计算机教学指导委员会提出计算机专业可设置四个独立的专业方向,即计算机科学(研究型)、计算机工程(工程型)、软件工程(工程型)和信息技术(应用型)。

本节主要介绍信息技术方向的人才需求、培养目标和知识体系。

一、信息社会对信息技术人才的需求

如果说我们计算机专业培养人才针对中国信息化进程,那么信息化社会所需要的究竟是

什么样的计算机人才？为什么需要这样的计算机人才？

(1)国家和社会对计算机、通信及控制专业本科生的人才需求,必然与国家信息化的目标、进程密切相关。计算机市场很大程度上决定着对计算机人才的层次结构、就业去向、能力与素质等方面的具体要求。计算机人才培养应当是金字塔结构,与社会需求的金字塔结构相匹配,满足社会需求,降低企业的再培养成本。

(2)从国家利益的高度来看,必须有一支信息技术基础理论与核心技术的创新研究队伍,需要高等学校计算机专业培养相应的研究型人才。

(3)国内的信息技术企业,他们把满足国家信息化的需求作为本企业产品的主要发展方向,他们需要高等学校计算机专业培养的工程型人才。

(4)由于国家信息化进程已经涉及的各行各业,相关企事业单位和国家机关将是应用计算机产品的主要用户,他们需要高等学校培养大批信息化类型人才。

(5)企业对素质的认识与高等学校通行的素质教育在内涵上有较大的差异。以学习能力为代表的发展潜力,是用人单位最关注的素质之一。

(6)实际动手能力亟待大幅度提高。计算机专业的基础理论课程比重并不小,但相当多的学生还没有掌握将理论与实际结合的方法与手段。

二、信息技术专业方向的产生

为什么会出现“信息技术专业方向”？其根本的原因在于人们认识到随着网络技术的普及和应用的深入,作为信息化社会的需要,出现了一类有明显特征的人才需求。这类人才在各种企事业单位承担信息化建设的核心任务。

与 IT 人才相比,对他们没有探索新的计算理论的要求,也没有设计复杂算法的预期;与计算机工程人才相比,不要求他们了解微处理器设计的细节,也不要求他们具备设计新型计算机系统的能力;与软件工程人才相比,不要求他们懂得系统的软件测试,也不指望他们参与大型软件的编写。对他们的核心要求是能够熟练地应用各种软硬件系统知识构建优化的信息系统,他们更了解各种计算机软硬件系统的功能和性能,更善于系统的集成和配置,更有能力管理和维护复杂信息系统的运行。

信息技术作为大学人才培养的一个知识体系,其基本目标是围绕社会中各种组织机构(以及个人)的需求,通过对计算技术的选择、应用和集成,创建优化的信息系统并对其运行实行有效的技术维护和管理。

信息技术人才的知识面应包括:数学与信息技术基础、程序设计基础、系统平台技术、计算机网络、控制技术、信息管理与安全、人机交互、集成程序开发、系统架构与集成、Web 与数字媒体技术、工程实施、职业操守等。

面对五彩缤纷的需求,背靠飞速发展的软/硬件技术和产品,经济有效地构建信息系统并使其能够令人满意地运行,并不是一件轻松的事情。完成这类工作的人需要有专门的知识结构。

对各种计算技术的理解是基础,这种理解应该能够直接指导为满足用户需求而进行的技术选择和应用。在实践上,信息技术人才应该善于系统集成,理解用户需求和提供最优的技术路线,有效地对系统运行实施技术性管理。

三、信息技术人才培养目标

信息技术人才的基本素质特征是能将不同的技术集成到应用系统中并使系统和所属组织机构的日常运作整合。

他们必须具备基本能力、专业综合素质、团队和社会交流能力等三个层面的能力。

(一)基本能力

1. 能熟练运用信息技术领域的核心技术和概念

对信息技术学科知识和技能的掌握是从事信息技术领域工作的基础。信息技术学科的核心知识涉及信息技术基础、程序设计基础、计算机平台技术、系统管理和维护、网络应用及管理、Web 技术、人机交互、集成编程技术、信息管理、信息控制与安全、系统集成与体系结构、信息技术与社会环境。

2. 能系统地分析、确定和阐明用户的需求

信息技术专业人员作为用户和技术之间的桥梁,首先应能帮助用户明确需求,将用户的需求用技术语言清晰的表达。他们应有良好的沟通和交流能力,谙熟科学、逻辑地思维方法,具有需求分析、抽象问题和建模的能力。由于工作环境涉及面宽,因此,要求具有迅速领会非本专业领域知识的能力。

3. 能设计高效实用的信息技术解决方案,并善于将解决方案与用户环境整合

信息技术专业人员应具有系统架构设计能力、项目管理能力。信息技术专业人员需要特别关注解决方案和用户环境的关系,从用户的角度出发,进行方案的实施;要有良好的适应能力,适应用户的技术环境,不仅能紧跟技术发展,还能处理遗留的技术问题;能帮助建立有效的项目计划,利用成熟的信息技术和工具来构建满足需求的计算机应用系统,并能管理系统,在系统的各个阶段都关注信息安全问题;具有创新精神、工程意识、管理和经济效益意识。

(二)专业综合素质

1. 能鉴别和评价当前流行的新兴技术,根据用户需求评估其适用性

由于信息技术快速发展的特性,使得信息技术专业人员应具有突出的信息获取能力,不仅要熟悉原有的技术,还应能对新兴技术做出快速的反应,引入新技术;不但要能学习新技术,还需要能够应用基本原理和经验,针对用户需求和应用环境做出评估。

2. 能分析技术对个人、组织、社会带来的影响,包括伦理、法律和政策等各方面问题

信息社会的到来使得信息技术和社会环境的互相影响变得尤为显著和重要。信息技术人

员处于技术和社会关联的第一线，要求信息技术专业人员对技术的社会影响有专业的判断力。同时要关心社会，对社会有高度责任感，具有良好的职业操守。

3. 能深刻理解、运用成功的经验和标准

技术标准和成功经验是前人劳动的结晶，学习标准和经验能够更快更深的理解技术原理。标准和经验对系统开发、运行和升级都有重要影响，要求能够熟练运用。

4. 具有独立思考和解决问题的能力

这是信息技术的实践应用特性所必需的。信息技术专业人员应能对实际问题形成自己的见解，并能实施解决。不仅掌握专业技术知识，同时要掌握专业原理，形成专业思想，适应环境的变化和技术的进步。

（三）团队和社会交流能力

1. 能与团队合作融合，通过协调来实现团队的共同目标

信息技术的解决方案大都是由各种不同技术和专业背景的人员组成的团队来协同完成，因此，信息技术专业人员需要在复杂团队中有效地工作，他们必须具有出众的团队协作能力。

2. 能运用恰当的专业词汇和客户、用户及同伴进行有效的交流和沟通

信息技术专业人员需要掌握各种有效的口头和书面表达技巧，以及倾听的技巧。应具有在用户语言和技术语言之间相互转换的能力。他们应能正确评价不同组织机构的作用，了解它们的文化，对在处理问题中出现的各种不同的观点、意见和建议能够倾听和正确评价。同时，为了适应国际化需要，应具备良好的外语交流能力。

3. 具有终身学习的意识

信息技术日新月异，需要培养终身学习，不断更新知识的意识，同时掌握各种理论和实践的学习方法，具备良好的信息获取能力和自学习能力。

四、信息技术知识领域

信息技术专业方向与其他三个方向相比，对知识结构的描述存在较大的差异。按照《高等学校计算机科学与技术专业战略研究报告暨专业规范（试行）》要求，计算机科学与技术专业各个方向的公共核心知识体系包括以下 8 个知识领域：

（1）离散结构（Discrete Structures）。

（2）程序设计基础（Program Design Foundation）。

（3）算法（Algorithm）。

（4）计算机体系结构与组织（Computer Architecture and Organization）。

（5）操作系统（Operating system）。

（6）网络及其计算（Network and its computing）。

（7）程序设计语言（Programming Language）。

(8)信息管理(Information Management)。

公共核心课程可以包括程序设计、离散数学、数据结构、计算机组成、计算机网络、操作系统、数据库系统等7门。

信息技术专业方向应包括12个知识领域,具体内容如表1-1所示。

表1-1　信息技术专业方向知识领域

知识领域	知识单元
信息技术基础 (Information Technology Foundation)	基本概念、信息技术发展史、信息技术与其他学科的关系、数学与统计学在信息技术中的应用、典型应用领域、机构信息化
人机交互 (Human-Computer Interaction)	人的因素、以用户为中心的软件开发、开发有效的人机界面、应用领域的人机交互、以人为中心的评价、新兴技术、易用性
信息保障和安全 (Information Security and Safety)	基本知识、安全机制(对策)、实施信息安全的相关任务和问题、策略、攻击、安全域、事故调查、信息状态、安全服务、威胁分析模型、漏洞
信息管理 (Information Management)	数据库查询语言、信息管理的概念和基础知识、数据组织和体系结构、数据建模、数据库环境的管理、特殊用途的数据库
集成程序设计及技术(Integrated Program Design and Technology)	系统间通信技术、数据映射与数据交换、集成编码、脚本技术、软件安全实践、各种技术、程序语言概述
计算机网络 (Computer Network)	网络基础、物理层、安全、网络管理、网络应用领域、路由和交换
程序设计基础 (Basic Program Design)	基本数据结构、程序设计基本结构、面向对象程序设计、算法和问题解决、事件驱动程序设计、递归
平台技术 (Platform Technology)	操作系统、计算机组织和结构、计算机系统基础设施、企业级软件、固件和硬件
系统管理和维护 (System Management and Maintenance)	操作系统、应用系统、管理活动、管理域
系统集成和体系结构 (Systems Integration and Architecture)	组织环境、需求、体系结构、集成、采购、项目管理、测试和质量保证
信息技术与社会环境 (Information Technology and the Social Environment)	信息技术行业与教育发展史、计算的社会环境、隐私和公民权利、职业操守规范与责任、知识产权、信息技术应用涉及的法律问题、团队合作、机构环境、信息技术专业写作
系统和技术(Systems and Technology)	Web技术、信息体系结构、数字媒体、Web开发、漏洞、社会软件

按照信息技术专业方向必修知识体系的要求,典型的信息技术课程可以有信息技术导论、离散结构、程序设计、数据结构、计算机组成、计算机网络、操作系统、软件工程、数据库系统、应用集成原理与工具、Web系统与技术、人机交互、面向对象方法、信息保障与安全、信息系统工程与实践、系统管理与维护、社会与职业道德等。

当然,结合行业信息化应用特点可以设计出更具特色的课程体系,例如,面向铁路行业设计了有特色的课程体系，包括铁路信息技术导论、铁路运营维护支撑技术、铁路信息系统集成与应用、铁路信息管理技术、铁路通信与控制基础、软件测试、信息系统工程与实践和铁路信息安全技术等。

小 结

信息是在人们适应外部世界的过程中，同外部世界进行互相交换的内容。信息具有生命周期，包括需求、获取、服务、退出等四个环节，对应的信息处理过程包括收集、传输、加工、储存、维护和使用等环节。

信息技术是能够延长或扩展人的信息能力的手段和方法，主要是指利用计算机和现代通信手段实现信息处理过程的相关技术。

现代铁路信息技术，则是指以计算机为核心的、融合通信和控制的综合技术，用于铁路运输生产、管理和营销，从而提高生产效率、减轻劳动强度、保障运营安全。

复习思考题

1. 请简要描述信息技术的含义。
2. 信息技术由哪几类技术组成？
3. 请给出铁路信息技术的含义及其产生背景。
4. 简述我国铁路信息技术在计算机、通信及信号控制等方面的发展状况。
5. 简要描述信息技术人才的基本要求。

第二章

铁路基础知识

【本章要点】 本章主要介绍了本书涉及的有关铁路信息技术及其应用相关的铁路基础知识,其内容涵盖了铁路主要专业领域知识,包括铁路基础设施、铁路运输组织、铁路通信与信号系统、铁路编组站自动化系统等。读者通过本章学习,可对铁路信息技术应用领域的专业基础知识有初步了解,并为学习后续章节奠定铁路领域知识基础。

第一节　铁路基础设施

一、概　　述

1. 铁路运输的特点

铁路运输是以固定轨道作为运输道路,由轨道机械动力牵引车辆运送旅客和货物的运输方式。

从生产要素的角度来讲,铁路运输生产中,铁路职工是劳动力,旅客和货物是服务对象,线路、站场、机车车辆等各种固定和移动的设备,是铁路运输业从事物质生产的劳动资料。铁路运输生产的过程就是铁路职工按照旅客和货主的要求安全可靠地按时将旅客货物运送到目的地,并提供相应保障措施。

运输业的产品是旅客和货物的位移,因此它的计算单位是“人 · km”或“t · km”。为了方便统计,通常采用换算吨公里来计算。

铁路运输与其他运输方式相比较,有以下几个主要特点:

(1)在现代技术条件下,铁路受地理条件的限制较小,几乎可以在任何地方修建。

(2)能担负大量的客货运输任务。

(3)运输成本较低,投资效果较好。

(4)有较高的送达速度。

(5)受气候条件影响小,能保证运输的准确性和经常性。

(6)在能源利用和环境保护方面具有可持续发展的优势。

(7)适宜于担负中长距离大宗旅客、货物运输。

铁路运输业自身的特点可以概括为高、大、半。“高”是指“高度集中”的统一指挥、统一列车运行图和统一的规章制度；“大”是指“大联动机”线长、点多、面广，车、机、工、电、辆等各部门、各种工序必须日夜作业，紧密配合，协同工作；“半”则是指“半军事化”，在铁路运输中，必须贯彻高度集中、统一指挥的原则。

2. 铁路运输业发展史

17 世纪前后，英国的煤矿开始使用木轨和有轮缘车轮的车辆运输煤和矿石。蒸汽机的发明和锻铁铁轨的出现，促使铁路获得了巨大的发展。

1825 年世界第一条公用铁路，英国斯托克顿—达林顿铁路建成，揭开了铁路运输发展的大幕，此后，美国、法国、加拿大等国家都步入了铁路建设高潮时期，横贯美国大陆的铁路就是这个时候建成的。19 世纪后半期，又扩展到了非洲、南美洲和亚洲各国。19 世纪末世界铁路总长已达到 65 万 km，20 世纪 20 年代达到了 127 万 km。其后由于公路、航空运输的迅速发展，世界铁路的修筑速度才逐渐减缓。至 20 世纪末，世界铁路营运里程已达 130 万 km，其中美洲铁路占 2/5，欧洲占 1/3，其他合计不到 1/3。

中国的铁路是在遭受帝国主义侵略中诞生的。1876 年，由英国人在上海修建的吴淞铁路，是中国领土出现的第一条铁路。这条铁路从上海—吴淞镇，全长 14. 5 km，轨距是 762 mm 的窄轨。

中国自己创办的第一条铁路是 1881 年修建的唐胥铁路（唐山—胥各庄）。该铁路因清政府为解决开平矿物公司的煤炭运输而修建，全长 9. 7 km，后发展为现在的京沈铁路。1905 ~ 1909 年，由詹天佑领导设计、施工的京张铁路（北京—张家口），是由我国技术人员自己主持、设计、施工的铁路，全长 201 km，采用1 435 mm轨距。京张铁路工程相当艰巨，由于这一带地势很陡，坡度很大，为使列车安全通过，詹天佑在青龙桥车站设计了“人”字形爬坡线路，解决了这一难题。

从 1876 年到 1949 年，新中国成立前总共修建铁路 2. 1 万多公里。新中国成立以后，铁路建设事业发展迅速。从 1950 年开始修建成渝铁路，先后修建了天兰、兰新、宝成、包兰、鹰厦、成昆等 30 多条干线和 60 多条支线。

3. 中国铁路的中长期规划

为适应全面建设小康社会的目标要求，铁路网要扩大规模，完善结构，提高质量，快速扩充运输能力，迅速提高装备水平，国务院于 2004 年批准了《中长期铁路网规划》（以下简称《规划》），并在 2008 年对其做了部分调整。《规划》是截至 2020 年我国铁路建设的蓝图。按照《规划》，到 2020 年，全国铁路营业里程将达到 12 万 km 以上，复线率和电化率分别达到 50% 和 60% 以上，主要繁忙干线实现客货分线，基本形成布局合理、结构清晰、功能完善、衔接顺畅的铁路网络，运输能力满足国民经济和社会发展需要，主要技术装备达到或接近国际先进水平。

《规划》的主要内容如下：

(1)建立省会城市及大中城市间的快速客运通道,规划"四纵四横"铁路快速客运通道以及三个城际快速客运系统。建设客运专线1.2万km以上,客车速度目标值达到200 km以上。

(2)加快完善路网布局,以扩大西部路网规模为主,形成西部铁路网骨架,完善中东部铁路网结构,提高对地区经济发展的适应能力。规划建设新线约4.1万km。

(3)加强既有路网技术改造和枢纽建设,提高路网既有通道能力。规划既有线增建二线1.9万km,既有线电气化2.5万km。建立十大煤炭外运基地和新疆地区,形成大能力煤运通道;结合客运专线的建设,对"五纵五横"综合运输大通道内既有干线进行复线建设和电气化改造;按照综合交通枢纽布局和城市发展规划,加强主要客货枢纽建设,注重与城市轨道交通等公交系统以及公路、民航和港口等其他交通方式的衔接。以北京、上海、广州、武汉、成都、西安枢纽为重点,调整编组站、改造客运站,建设机车车辆检修基地,完善枢纽结构,使铁路点线能力协调发展;还拟建设全国集装箱运输网络,改造集装箱运输集中的线路,开行双层集装箱列车。

(4)在技术装备提高上,一方面继续支持自主研制,自主研发,自主生产,立足国产化;另一方面积极引进国外先进成熟技术,通过消化吸收,大力推进装备国产化工作。

按照《规划》,到2010年,全国铁路营业里程达到9万km以上,其中客运专线约7 000 km,复线、电化率均达到45%以上;到2020年全国铁路营业里程达总长达12万km以上,其中客运专线总长达12 000 km。《规划》的完全实施(到2020年)需要投资2万亿元,2003~2007年需投资4 500亿元,2008年拟投资1 000亿元。

4. 铁路运输设备

铁路运输业是一个庞大的物质生产部门,它拥有大量的技术设备。为完成客货运输任务所必需的基本设备有以下几类:

(1)线路设备。线路设备是机车、车辆和列车的运行基础。

(2)车站设备。车站设备是办理旅客和货物运输的基地。

(3)机车设备。机车设备是牵引列车和调车的基本动力。

(4)车辆设备。车辆设备是装载货物和运送旅客的工具。

(5)通信和信号设备。通信和信号设备是确保行车安全和提高运输效率的必要手段。

为了进行各种运输设备的保养和检修工作,铁路还设置了不同专业的修理工厂、业务段和检修所。

二、铁路线路

1. 线路等级

铁路线路是为进行铁路运输所修建的固定路线,是铁路固定基础设施的主体。它直接承受机车车辆轮对传来的压力,保证列车能按规定的最高速度安全、平稳和不间断地运行,使铁路运输部门能够质量良好地完成客货运输任务。

铁路线路是由路基、桥隧建筑物和轨道组成的一个整体工程结构。在设计铁路时,首先要确定铁路等级,铁路等级是铁路线路的基本标准,根据线路意义及其在整个铁路网中的作用,我国规定,我国铁路划分为4个等级。

Ⅰ级铁路:保证全国运输联系,具有重要政治、经济、国防意义和在铁路网中起骨干作用的铁路,或近期年客货运量大于或等于2 000万t。

Ⅱ级铁路:具有一定的政治、经济、国防意义,在铁路网中起联络、辅助作用的铁路,或近期年客货运量小于2 000万t且大于等于1 000万t。

Ⅲ级铁路:为某一地区或企业服务的铁路,近期年客货运量小于1 000万t且大于或等于500万t。

Ⅳ铁路:为某一地区或企业服务的铁路,近期年客货运量小于500万t。

按正线数目,铁路线路可划分为单线铁路、双线铁路、部分双线铁路、多线铁路。

按最高速度划分,铁路线路可分为普通铁路(120 km/h)、快速铁路(120~200 km/h)、高速铁路(200~350 km/h)和超高速铁路(350 km/h)。

铁路主要技术标准包括:正线数目、限制坡度、最小曲线半径、牵引种类、机车类型、机车交路、车站分布、到发线有效长度和闭塞类型等。这些标准是铁路能力大小的决定因素,一条铁路选用不同的标准对设计线的工程造价和运营质量有重大影响,同时又是确定设计线的工程标准和设备类型的依据。

2. 线路的组成

铁路线路在空间的位置是用它的中心线表示的。线路的平面和纵断面确定了线路在空间的位置,同时也为路基、桥涵、隧道及车站等其他设备的设置提供了依据,对铁路通过能力及输送能力的大小都有直接影响。

铁路路基是为满足轨道铺设和运营条件而修建的木土构筑物,是铁路线路的重要组成部分,它直接承受轨道的重量、由轨道传来的机车车辆及其载荷的压力。路基必须保证轨顶设计标高,并与桥梁隧道连接组成完整贯通的铁路线路。路基面应当平顺,应用足够的宽度,符合轨道铺设、附属构筑物设置和线路养护维修作业的要求。

当铁路线路要通过江河、溪沟、谷地以及山岭等天然屏障或要跨越公路、铁路时,就需要修建桥隧建筑物,以使铁路线路得以继续向前延伸。桥隧建筑物包括桥梁、涵洞、明渠、隧道等。

在路基、桥隧建筑物修成以后,就可以在上面铺设轨道了。轨道由钢轨、轨枕、连接零件、道床、防爬设备和道岔等主要部件组成。轨道起着机车车辆运行的导向作用,直接承受由车轮传来的巨大压力,并把它传给路基或桥隧建筑物。我国铁路正线轨道分为特重型、重型、次重型、中型、轻型五种类型。轨道的基本组成如图2-1所示。

道床是铺设在路基面上的石砟垫层。其主要作用是支撑轨枕,把从轨枕上部的压力均匀地传递给路基;并固定轨枕的位置,阻止轨枕纵向或横向移动;缓和机车车辆轮对对钢轨的冲击。

轨枕是钢轨的支座,它除了承受钢轨传来的压力并将其转给道床外,还起着保持钢轨位置和轨距的作用。我国普通轨枕的长度是 2.5 m。每公里铺设的轨枕数目在 1 520 ~ 1 840 根之间。

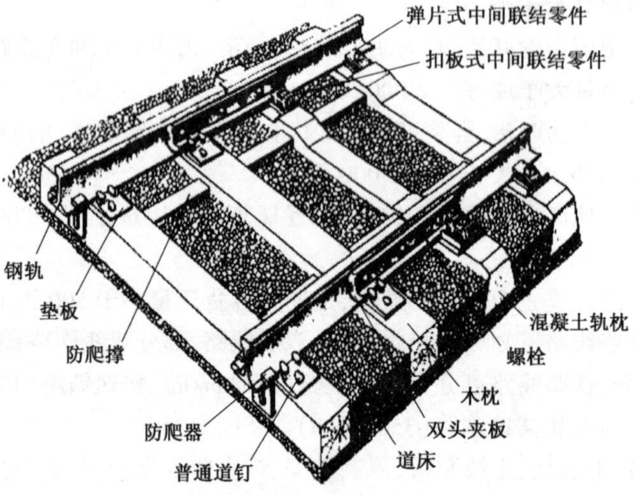

图 2-1　轨道的基本组成

钢轨的作用是直接承受车轮的巨大压力并引导车轮的运行方向,因而它应当具备足够的强度、稳定性和耐磨性。为了使钢轨具有最佳的抗弯性能,钢轨的断面形状采用“工”字形,上中下三部分分别称作轨头、轨腰和轨底。在我国,钢轨的类型或强度以每米长度的重量表示,现行的标准钢轨类型有 75 kg/m、60 kg/m、50 kg/m。我国钢轨的标准长度有 25 m 和12.5 m 两种。

联结零件是用来联结钢轨间的接头的,包括鱼尾板(又称接头夹板)、螺栓、螺帽和弹性垫圈等部分。

列车运行时由于纵向力的作用,使钢轨产生纵向移动,有时甚至带动轨枕一起移动,这种想象叫轨道爬行。轨道爬行往往引起轨缝不匀、轨枕歪斜等线路危害,对轨道的危害极大,严重时还会危机行车安全。因此必须采取有效措施加以防止。通常的做法是,一方面加强轨枕与钢轨的扣压力和道床阻力;另一方面设置防爬设备。

道岔是一种能使机车车辆从一股道转入另一股道的线路连接设备,在车站上大量铺设。我国生产的普通单开道岔主要有 9、12、18、30 号等型号,它们所允许的侧向过岔最高速度分别为 30 km/h、45 km/h、80 km/h、140 km/h。

3. 线路其他相关内容

轨距是两股钢轨头部顶面下 16 mm 处的距离,我国和大多数国家主要采用 1 435 mm 的标准轨距。

为了列车行驶和线路养护维修等工作的需要,在铁路沿线设有各种线路标志,常见的线路标志有里程标、曲线标、圆曲线与缓和曲线始终点标、桥梁标、坡度标及管界标等。线路标志一般埋设在里程增加方向的线路左侧的地点。

为了确保机车车辆在铁路线路上运行的安全,防止机车车辆碰撞邻近的建筑物和设备,而对机车车辆和接近线路的建筑物、设备规定了不允许超过的轮廓尺寸线,这就是限界。限界有机车车辆限界和建筑物限界两种。

铁路的养护与维修主要由工务段负责。线路维修的目的是保持线路状态良好,使列车能以规定的速度安全、平稳和不间断运行,并尽量延长设备的使用寿命。维修工作包括综合维修、经常保养、临时补修、道口看守和巡道工作等。

三、铁路车站

车站是铁路运输的基层生产单位,它集中了与运输有关的各项技术设备,如客、货、运转设备,机务、车辆检修设备和信联闭设备等。车站通过办理旅客的上下车和货物装卸车及其相关作业等业务,使铁路生产与国民经济的发展和市场的需求联系起来。除了上述各项作业外,车站还要办理与列车运行有关的各项作业,如列车的接发、会让与越行,车列的解体和编组,机车的换挂与整备,车辆的检查与修理等。车站不仅是铁路内部各项作业的汇合点,也是提高铁路运输效率和运输安全的保证。

(一)基本概念

车站是指在铁路线上设有一定数量配线的分界点。分界点是指车站、线路所及自动闭塞区段的通过信号机。为了保证行车安全和必要的线路通过能力,铁路线上每隔一定距离(10 km左右)要设置一个车站或线路所。车站和线路所将铁路线划分为若干个长度不等的区段即区间。自动闭塞区段上通过信号机之间的段落称为闭塞分区。两相邻技术站间的铁路线段通常称为区段,它包含了若干个区间和分界点。

车站应设有正线,根据车站作业的需要还需配置各种用途的站线。正线即直接与区间连通的线路,站线则包括到发线、牵出线、调车线、货物线及站内指定用途的其他线。到发线是用于接发旅客列车与货物列车的线路;牵出线是用于进行调车作业时将车辆牵出的线路;货物线是指用于货物装卸作业的货物列车停留线路;调车线是用于车列解体和编组并存放车辆的线路;站内指定用途的其他线路主要有机车走行线、车辆站修线、驼峰迂回线及驼峰禁溜线等。

(二)车站分类与等级

车站按技术作业的不同可分为编组站、区段站和中间站,编组站和区段站总称为技术站,如图 2-2 所示。按业务性质不同又分为货运站、客运站和客货运站,货运站含工业站、港湾站、换装站。

(1)中间站:除办理会让、越行站的工作以外,还办理摘挂列车的作业和较大的客运业务、整车货运业务并设有货场的车站。

(2)区段站:设置在区段车流集散的地点。主要办理货物列车的中转作业、解体与编组区段、摘挂列车,更换货运机车和乘务人员,进行车辆技术检修和货运检查整理。

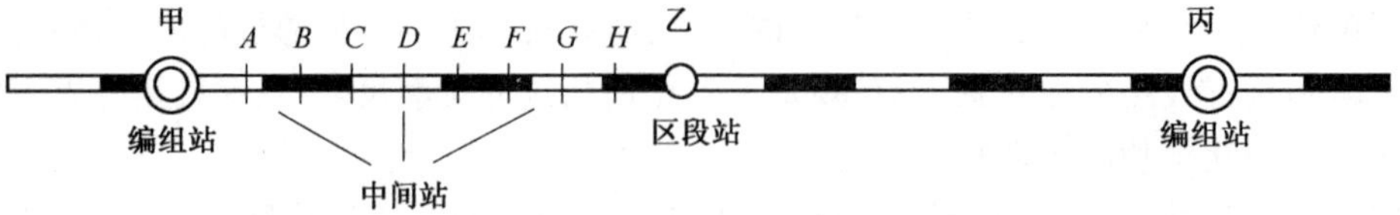

图 2-2　铁路线路示意图

(3)编组站:设置在大量车流集散的地点。担当大量货物列车的解编作业,编组直达、直通、区段和摘挂列车,更换货运机车和乘务人员,进行车辆技术检修和货运检查整理。

(4)客运站:设在大中城市、旅游胜地、经济开发区和客运专线上。专门办理客运业务,担当旅客列车的始发、终到和通过作业。设有客运站房、站场、机务段、客车整备场、车辆段等设备。

(5)货运站:设在大中城市,专门办理各种货物的运输业务,主要担当货物列车的始发、终到和有关调车作业。

我国铁路上有大小车站几千个,根据它们担负的任务量和在国家政治上、经济上的地位,分为特、一、二、三、四、五等站。

对以单项业务为主的客运站或货运站及编组站,根据国铁集团文件,按条件划分为特、一、二等站。

对办理客、货业务及货物列车编解等技术作业的综合性车站,划分为特、一、二、三、四、五等。

(三)铁路车站布置

1. 中间站布置

中间站布置图按到发线的相互位置,主要分为横列式和纵列式两种。一般来讲,中间站都采用横列式布置。横列式具有站坪长度短,工程投资少,在紧迫导线地段可缩短线路长度,车站值班员对两端咽喉有较好的瞭望条件,便于管理,摘挂列车调车时车辆走行距离短,节省运营费,到发线使用灵活,站场布置紧凑等优点。

图 2-3 为单线横列式中间站布置图,图 2-4 为双线横列式中间站布置图。这两种图形具有保证旅客安全,车辆摘挂方便,列车待避条件好,有利于工务部门养护和方便改造、扩建等优点。

2. 区段站布置

区段站常见的布置图有横列式、纵列式及客货纵列式三类。

当上下行到发线平行布置在正线一侧,调车场在到发场的一侧时,称为横列式区段站布置图,如图 2-5 所示。这种布置图的主要优点是布置紧凑,站坪长度短,占地少设备集中,管理方便,作业灵活性大,对各种不同地形的适应性强。缺点是一个方向的列车机车出入段走行距离长,对站房同侧的货物取送车和正线有交叉干扰。

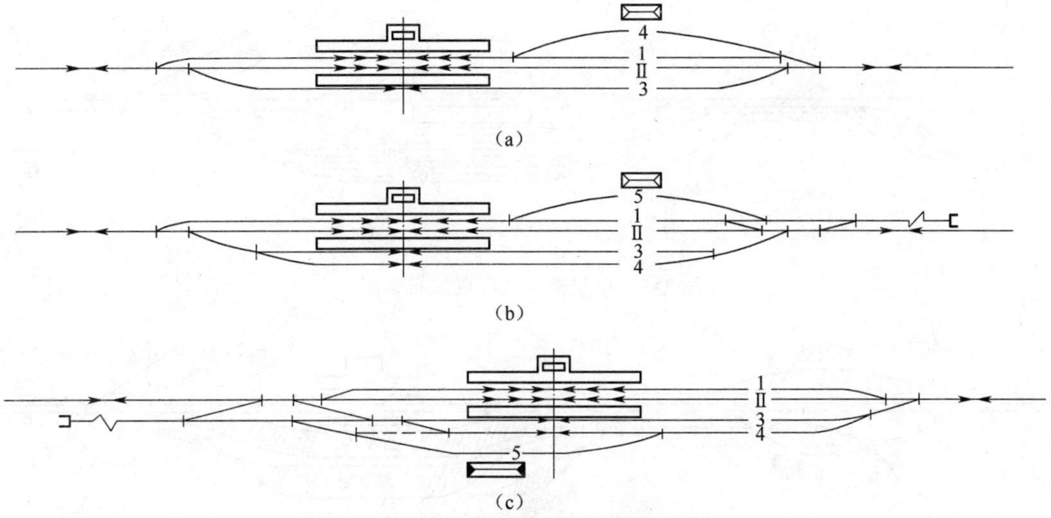

图 2-3 单线横列式中间站布置图

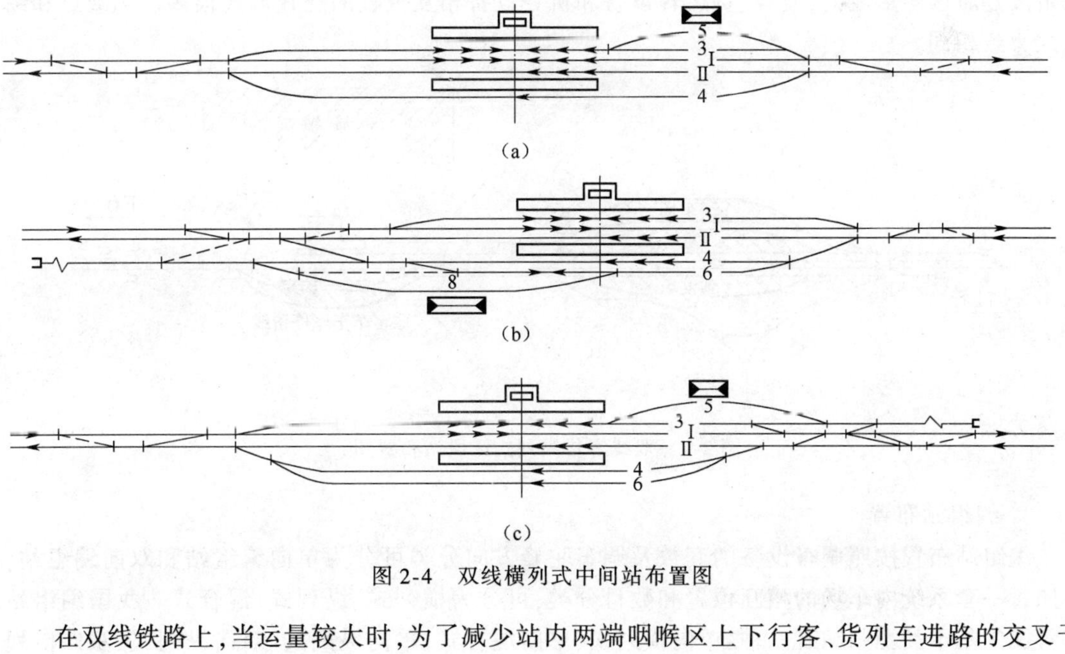

图 2-4 双线横列式中间站布置图

在双线铁路上,当运量较大时,为了减少站内两端咽喉区上下行客、货列车进路的交叉干扰,区段站可采用纵列式布置图。在区段站上,当上、下行到发场分设在正线两侧,并逆运行方向全部错移，在其中一个到发场一侧，设一个双方向共用的调车场时，称纵列式区段站布置图，如图 2-6 所示。

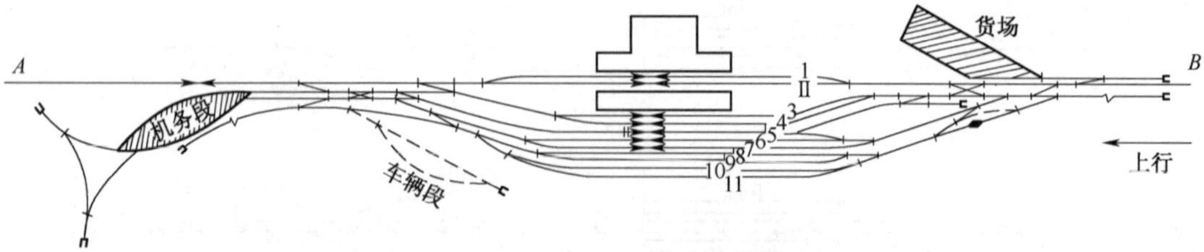

图 2-5　单线横列式区段站布置图

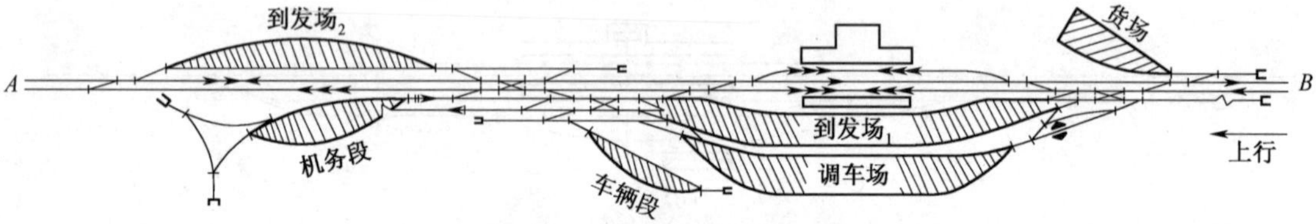

图 2-6　双线纵列式区段布置图

客货纵列式区段站是客运运转设备与货运运转设备纵向配列，如图 2-7 所示，这种配置往往是改建时逐步形成的，故客、货运转设备和机务设备相互位置的配置形式很多。优缺点和纵列式大致相同。

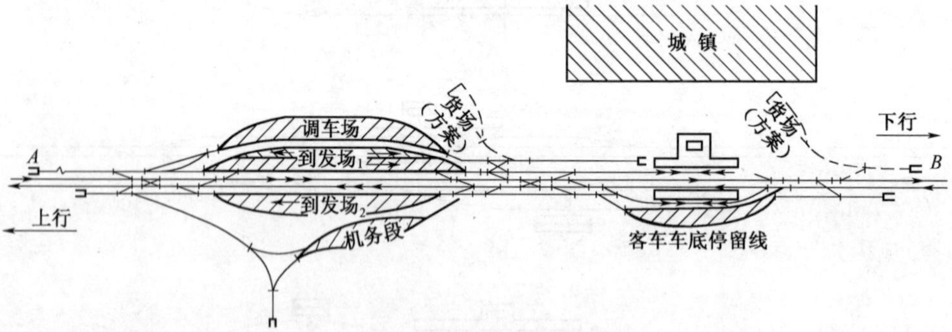

图 2-7　双线客货纵列式区段站布置图

3. 编组站布置

编组站布置按照调车设备的套数及调车驼峰方向分类可分为单向编组站和双向编组站；按照每一套系统内车场的相互位置和数目分类，可分为横列式、纵列式、混合式。我国编组站布置图的基本类型归纳有六种：单向横列式、单向混合式、单向纵列式、双向纵列式、双向横列式、双向混合式，其他类型都是在这些图的基础上派生出来的。

此外,我国铁路现场对编组站图在习惯上称为"几级几场"。"级"是指同一调车系统中到达场、调车场、发车场纵向排列数。"场"是指车场,车站有几个车场,就叫做几场。如图 2-8 即为单向三级三场纵列式布置图。

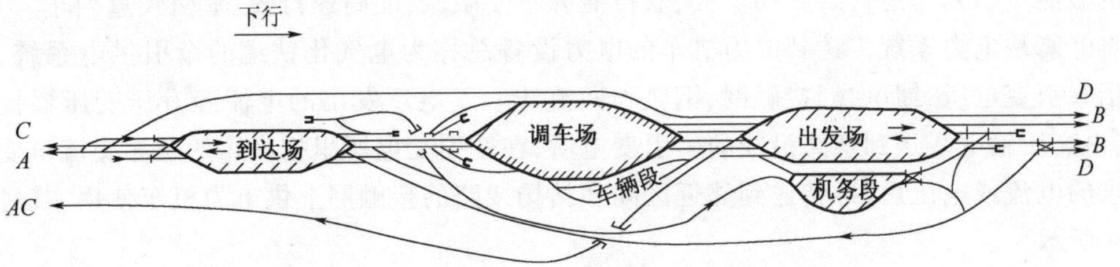

图 2-8 单向三级三场纵列式编组站布置图

(四)铁路枢纽

在有几条铁路干、支线交汇衔接地点或终端地区,根据运输需求,需修建多条线路引入线、各种专业车站以及连接这些线路和车站的联络线、环线、进出站线路等,这些设备组成的整体称为铁路枢纽。

铁路枢纽除了办理以上各专业车站的作业之外,还办理枢纽内各站间的小运转列车,枢纽衔接线路间的货物中转、旅客换乘、行包转运等业务。

铁路枢纽是运输枢纽的重要组成部分,因而还要承办铁路与其他各运输方式的联运业务,以及国际的联运业务。

四、铁路机车

铁路运输的载运工具是机车车辆,俗称"火车",又称"列车"。列车在铁路线上飞驰,是靠铁路机车牵引来实现的。铁路机车是铁路运输的基本动力,由于铁路车辆大多不具备动力装置,需要把客车或货车连挂成列,由机车牵引沿着钢轨运行。

铁路机车按应用分为客运机车、货运机车、调车机车;铁路机车按原动力可分为蒸汽机车、内燃机车、电力机车。

1. 蒸汽机车

蒸汽机车是通过蒸汽机把燃料的热能转换成机械能,用来牵引列车的一种机车。其构造简单,制造维修比较容易,成本比较低,最早被世界各国铁路采用。但其热效率低,煤水消耗量大,环境污染严重,功率小速度低,蒸汽机车乘务员劳动强度大等缺陷,使其已逐渐被取代。

蒸汽机车主要由锅炉、汽机、车架、走行部、煤水车、车钩缓冲装置、制动装置七个部分组成。

2. 内燃机车

内燃机车是以内燃机为原动力的一种机车,是将燃料的热能转换为机械能。其热效率高,具有独立性强,线路投资省,见效快等优点。

内燃机车组成包括柴油机、传动装置、走行部、车体、车钩缓冲装置、制动装置和辅助装置。

3. 电力机车

电力机车本身不带动力装置，它是从外部获取电源用以向列车牵引电动机供电，将电能转换为机械能牵引列车运行。其功率大，获得能源不受限制，能高速行驶，牵引较重列车。

将电能从电力系统传送到电力机车的电力设备总称为电气化铁道的牵引供电系统，其主要包括牵引变电所、馈电线、接触网、钢轨和回流线。发电厂发出的电流经升压变压器提高电压后，由高压输电线送到铁路沿线的牵引变电所，在牵引变电所里把高压的三相交流电变换成所要求的电流或电压后，再转送到邻近区间和站场线路的接触网上供电力机车使用，其过程如图 2-9 所示。

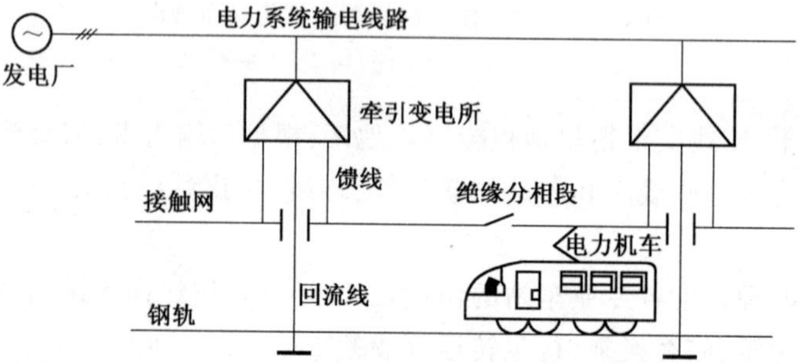

图 2-9　电气化铁路供电系统示意图

电力机车由三大部分组成：

(1)机械部分。这部分主要包括车体、车底架、走行部、车钩缓冲装置等，各具体结构与电力传动的内燃机车相似。

(2)电气部分。这部分主要包括机车上各种电气设备及其连接导线，主要由主电路、辅助电路和控制电路三个系统组成。

(3)制动部分。电动机车制动时，除使用空气制动装置外，还可以辅以电阻制动。

五、铁路车辆

铁路车辆是铁路运送旅客和货物的乘载工具，除动车组的动车外，它一般没有动力传动装置，需要把许多车辆连挂在一起，由铁路机车牵引在轨道上运行。

(一)车辆分类

铁路车辆有多种分类方式。按用途分可分为客车、货车和特殊用途车三大类；按每辆车车轴数可分为四轴车、六轴车和多轴车等，我国铁路车辆以四轴车为主；货车按每辆载重量不同又可分为 50 t、60 t、75 t、90 t、150 t、280 t、370 t 等。

客车是指运送旅客和为旅客服务的车辆。运送旅客的车辆可分为普通客车和双层客车。

普通客车包括硬座车、软座车、硬卧车和软卧车；双层客车设有上下客室，大多用于短程运送旅客或高速铁路使用。为旅客服务的车辆主要有餐车、行李车和发电车等。

货车主要用来装运货物。按其用途分为通用货车、专用货车和特种货车。通用货车是指能装运多种货物的车辆，主要包括棚车、敞车和平车；专用货车是指专供装运某些种类货物的车辆，如家畜车、罐车、冷藏车、水泥车、集装箱车等；特种货车是指专供运送特大、特重、特长货物的车辆。

特种用途车是指不直接用于运送客、货，有特殊用途的车辆，如邮政车、卫生车、文教车、检衡车、发电车、救援车和扫雪车等。

（二）车辆标记

为了表示车辆的类型和特征，满足运用、检修、管理和统计上的需要，每一铁路车辆上均按有关规定涂打各种标记。车辆标记通常又分为运用、产权、制造、检修4类。

1. 运用标记

运用标记是铁路运输部门如何运用车辆的依据，有以下六个方面：

（1）车号。车号是车辆的主要标志，必须涂刷在侧墙的明显位置，一般由基本型号、辅助型号及号码三部分组成。基本型号用汉语拼音自语表示，代表车辆种类；辅助型号代表同一车型中车辆结构特征；号码是表示车辆的唯一编号，同种车具有一个顺序的编号范围。

例如，C_{80}4768533，C为基本型号，表示敞车；80为辅助型号，代表载重量；最后为号码。又如，YW_{25G}678536，YW代表硬卧车；25G为辅助型号，代表车长和结构；最后为号码。

（2）自重、载重及容积。自重是空车时车辆本身的重量，以t为单位，保留一位小数。载重是车辆允许的最大装载重量，以t为单位。容积是货车内部可容纳货物的体积，以车体内部长、宽、高的乘积表示。

（3）车辆全长及换长。车辆全长是在无纵向外力作用的情况下，车辆两端车钩在锁闭位置时两钩舌内侧面间水平的距离，以m为单位。换长是为了编组列车时统计工作的方便，将车辆全长换算成辆数来表示的长度。换算时以载重30 t的敞车（全长11 m）为换算标准，即换长＝车辆全长/11。

（4）车辆定位标记。装有手制动机或制动缸活塞杆伸出方向为一位端，另一端为二位端。

（5）表示车辆设备、用途及结构特点的各种标记。如表示可以参加国际联运的客货车；表示禁止通过机械化驼峰的车辆，如长大货物车、压缩气体或液化气体的罐车、自翻车、底开门式车等。

（6）客车车种汉字标记及定员标记。为了便于旅客识别，在客车侧墙上会与车号一起涂打汉字车中名称。定员标记用于标明按坐席或铺位可容纳的定员数。

2. 产权标记

产权标记包含国徽、路徽、企业标记和配属标记等。凡参加国际联运的客车必须在侧墙外中部悬挂国徽；凡产权归国铁集团的车辆均应在侧墙或端墙适当位置涂刷路徽。对于货车还应该在侧梁适当位置安装产权牌;路外厂矿企业的自备车因运送货物或委托路内厂、段检修而需要在正线上行驶时,一般在侧墙上或其他相应部位用汉字涂打上"××企业自备车"字样;所有客车以及个别有固定配属的货车,必须涂刷上所属局、段的简称。

3. 检修标记

检修标记是便于车辆计划预防性修理制度执行与管理的标记,即厂修、段修标记和辅修标记及轴检标记。它记下本次修程、类型及检修责任单位并提醒下次同类修程在何时进行等。

如$\frac{\text{08. 03 05. 09 南昌}}{\text{12. 04 02. 04 四厂}}$,其中左侧为下次检修年月,右侧为本次检修年月及检修单位的简称。上面为段修标记,下面为厂修标记。辅修和轴检是定期进行的,辅修周期为6个月;轴检须视轴承的不同形式规定周期,有3个月、6个月等。货车由于无配属段,故必须涂打标记以备查考;客车有配属段,不比涂打辅修标记。

(三)车辆构造

铁路车辆的种类很多,但基本构造都是相似的。铁路车辆主要由车体及车底架、走行部、车钩缓冲装置制动装置和车辆内部设施等五部分组成。

1. 车体及车底架

车辆供旅客乘坐和装载货物的部分叫车体。货车车体既要确保货物运输安全,又要考虑货物装卸方便,加之货物品类繁多,所以其车体的结构形式是多种多样的,一般由地板、侧墙、端墙、车门及车顶组成。客车车体的骨架为钢材,多由底架、侧墙、端墙和车顶四个部分焊接而成,骨架外面包有地板、侧板、端板和顶板,形成一个上部带圆弧下部为矩形的封闭客体,简称筒形结构车体。

车底架是车体的基础,他与车体构成一个整体,支承在转向架上。车底架承受车体和货物的重量,并通过上下心盘将其重量传给走行部,在列车运行时,它还承受机车牵引力和各种冲击力。

2. 走行部

走行部的作用是引导车辆沿着轨道运行,并把车辆的全部重量传给钢轨。对于四轴车,走行部由两台二轴转向架组成。转向架由两组轮对和侧架、摇枕弹簧减震装置、轴箱油润装置等组成一个整体,又称台车。

3. 车钩缓冲装置

车钩缓冲装置的作用是使机车和车辆以及车辆和车辆之间实现连挂,传递牵引力和制动力,缓和列车运行或调车作业时所产生的冲击力。它由车钩、缓冲器、钩尾框、从板等组成,安装在车底架中梁的两端。

4. 制动装置

制动装置是用外力迫使运行中的机车车辆减速或停车的一种设备。它是列车安全运行的重要保证,一般由制动机和基础制动装置两部分组成。

第二节　铁路运输组织

铁路运输生产过程每一个环节的工作以及整个生产过程的计划、组织与指挥都属于铁路运输组织工作范围。简单地说，铁路运输组织包括旅客运输组织、货物运输组织和行车组织三个部分。凡处理有关旅客行李和包裹等方面的工作，属于旅客运输范围；凡处理有关货物以及铁路和托运人、收货人关系方面的工作，属于货物运输范围；而处理运输中的有关机车、车辆和列车的工作，则属于行车组织范围。

一、旅客运输组织

1. 概　　述

旅客运输就是要最大限度地满足旅客在旅行上的需要，安全、迅速、准确、便捷的运送旅客、包裹和邮件，保证旅途中的舒适。

旅客运输组织的特点：

(1)旅客运输的主要服务对象是广大旅客，其次是行李、包裹和邮件。因此，要求铁路集人、车、路为一体，不断加强铁路技术装备和服务设施的现代化水平，扩大服务内容，提高服务质量，最大限度地满足不同层次旅客在旅行中的物质和文化生活的需要。

(2)旅客运输需求的时空不均衡性。从空间上看，居民消费水平高的发达地区，旅客出行的需求总量较大；客流量在某些阶段内波动较大。因此要求铁路客运技术设备及其运输能力必须预留一定的后备。

(3)旅客列车的编组一般是固定的，其始发、终到站以及到、发和途中运行的时刻也是固定的。因此，对旅客列车的运行组织，在准确性、安全性、可靠性和方便性上的要求远比货物列车严格。

(4)旅客车辆一般都是按铁路局集团公司固定配属于各客运车辆段。

(5)旅客运输计划只有年度的客运量计划和客运机车和客车车底的运用计划。

(6)客运站的位置要求紧靠城市，并且要与市内运输及其他各种交通工具有密切的配合。

(7)选择旅客列车的重量标准、速度和密度时，应根据运输市场竞争的需求，注重提高旅客列车的速度，缩减旅客在旅途中的时间，提供优质的运输服务。

2. 客流及列车种类

旅客根据出行需要，按照自己的支付能力，选择一定的运输方式，在一定时间和空间范围内作有目的的移动，便形成了所谓客流。客流由流量、流向、流距、要素组成，分别表示客流的数量、方向、行程和客流产生的时间。

根据铁路运输及其管理的特点，一般将客流分为直通客流（乘车距离跨路局集团公司）、管内客流、市郊客流。直通客流即履行距离跨及两个及以上铁路局集团公司的客流；管内客流即旅行距离在一个铁路局集团公司范围以内的客流;市郊客流是往返于大城市和附近郊区之间的客流。

根据不同的客流及旅行需求特点,要求不同的线路设备和机车车辆装备条件,还需开行不同等级的旅客列车。我国铁路 2004 年列车运行图规定,旅客列车分为四个等级:直达特快旅客列车、特快旅客列车、快速旅客列车和普通旅客列车。席别分为四种:硬座、硬卧、软座、软卧。为了区别不同方向、不同种类、不同区段和不同时刻的列车,需要为每一列车编定一个标识码,这就是车次。为了保证行车安全,维护运输秩序,国铁集团规定,全路向北京、支线向干线或指定方向为上行方向的车次,均编为双数车次,反之为下行方向,编为单数。采用的车次代码方案为:临时、行包列车由 1 ~ 3 位数字组成,其他列车由一位字母和 1 ~ 4 位数字组成。我国主要旅客列车种类及车次编码的规定如表 2-1 所示。

表 2-1　主要旅客列车种类及车次编号表

<table>
<tr><th>类别顺号</th><th colspan="3">列 车 种 类</th><th>车　次</th></tr>
<tr><td rowspan="2">1</td><td colspan="2" rowspan="2">高速动车组旅客列车</td><td>跨　局</td><td>G1 ~ G5998</td></tr>
<tr><td>管　内</td><td>G6001 ~ G9998</td></tr>
<tr><td rowspan="2">2</td><td colspan="2" rowspan="2">城际动车组旅客列车</td><td>跨　局</td><td>C1 ~ C1998</td></tr>
<tr><td>管　内</td><td>C2001 ~ C9998</td></tr>
<tr><td rowspan="2">3</td><td colspan="2" rowspan="2">动车组旅客列车</td><td>跨　局</td><td>D1 ~ D3998</td></tr>
<tr><td>管　内</td><td>D4001 ~ D9998</td></tr>
<tr><td>4</td><td colspan="2">直达特快旅客列车</td><td>跨　局</td><td>Z1 ~ Z9998</td></tr>
<tr><td rowspan="2">5</td><td colspan="2" rowspan="2">特快旅客列车</td><td>跨　局</td><td>T1 ~ T4998</td></tr>
<tr><td>管　内</td><td>T5001 ~ T9998</td></tr>
<tr><td rowspan="2">6</td><td colspan="2" rowspan="2">快速旅客列车</td><td>跨　局</td><td>K1 ~ K6998</td></tr>
<tr><td>管　内</td><td>K7001 ~ K9998</td></tr>
<tr><td rowspan="5">7</td><td rowspan="5">普通旅客列车</td><td rowspan="3">普通旅客快车</td><td>跨三局及以上</td><td>1001 ~ 1998</td></tr>
<tr><td>跨两局</td><td>2001 ~ 3998</td></tr>
<tr><td>管　内</td><td>4001 ~ 5998</td></tr>
<tr><td rowspan="2">普通旅客慢车</td><td>跨　局</td><td>6001 ~ 6198</td></tr>
<tr><td>管　内</td><td>6201 ~ 7598</td></tr>
<tr><td rowspan="2">8</td><td colspan="2" rowspan="2">临时旅客列车</td><td>跨　局</td><td>L1 ~ L6998</td></tr>
<tr><td>管　内</td><td>L7001 ~ L9998</td></tr>
<tr><td rowspan="2">9</td><td colspan="2" rowspan="2">旅游列车</td><td>跨　局</td><td>Y1 ~ Y498</td></tr>
<tr><td>管　内</td><td>Y501 ~ Y998</td></tr>
</table>

3. 旅客运输计划

铁路旅客运输计划的目的是为了充分挖掘运输潜力,组织旅客均匀运输,提高客运服务质

量,保证旅客安全、迅速、准确、便利地旅行。旅客运输计划根据执行期间的不同,可以分为如下几种:

(1)长远计划。一般为五年或更长期的计划,根据国民经济规划的期间(五年规划)进行编制,主要是规定旅客运输的发展方向、特点、速度及有关的主要指标。

(2)年度计划。根据长远计划和年度的具体情况编制,是旅客运输的任务计划。

(3)日常计划。根据年度计划任务,考虑到旅客运输节假日、季节及日常波动情况进行编制,它是指导日常旅客运输工作,保证合理运用技术设备,及时输送客流的重要依据。

4. 客运站工作组织

铁路旅客运输生产的主要过程为:售票→候车→检票→旅客上车→列车服务→旅客下车→出站。车票是铁路旅客运输合同的基本凭证。铁路旅客运输合同从售出车票时成立,自旅客进站检验车票为合同开始履行,至票面规定运输结束,旅客出站时止,合同履行完毕。

客运站是铁路旅客运输的基层生产单位,专门办理旅客运输业务,是客运部门与旅客之间联系的纽带。客运站的主要任务是保证旅客安全、迅速、便捷地办理一切旅行手续,安全地承运、装卸、保管、中转与交付行李、包裹 ,及时地组织旅客列车的到达、出发和旅客列车车底的去送。客运站的工作主要体现在生产管理、技术管理和财务管理几个方面。生产管理也称业务管理,主要包括售票、行包、乘降、服务四个方面的组织与管理;技术管理包括车站线路固定使用方法,旅客列车到、发和通过技术作业过程,客车车底整备作业过程以及调车机车运用,行包仓库运用等内容;财务管理包括固定资金管理、流动资金管理、成本管理、运输收入管理、运输进款管理和专用基金管理等。

二、货物运输组织

1. 货物运输及种类

铁路货物运输是利用铁路运输工具将货物从发站运往到站的运输生产过程,在法律上体现为铁路运输合同关系。

根据托运人托运货物的数量、性质、形状和运输条件等,铁路货物运输分为整车、零担和集装箱运输三类。

"批"是铁路承运货物合计算运输费用的单位。一批指使用一张运单和一份货票,按照同一运输条件运输的货物,即托运人、收货人、发站、到站和装卸地点相同。

一批货物的重量、体积或形状需要以一辆及以上货车运输的,应按整车托运;一批货物的重量、体积和形状不够以整车运输的,应按零担托运;托运人托运的货物符合集装箱运输条件的,使用铁路集装箱或自备集装箱装运,可按集装箱托运。

货物运到期限是指铁路在现有技术设备和运输组织水平的条件下,将货物运送一定距离所需要的时间。从承运人承运货物的次日起算,至到站卸车完了时止或货车调到卸车地点、货车交接地点时止的时间。

2. 货物运输生产过程

按发送作业、途中作业和到达作业分类。

(1)发送作业:包括货物的托运、受理、进货与验货、制票、承运和装车作业。

(2)途中作业:包括货物的交接检查、货物的换装整理、货物运输合同的变更和解除、运输阻碍的处理。

(3)到达作业:重车和票据的接收、卸车作业、货物的催领和保管、交付。

3. 货运计划

铁路部门根据铁路货运市场需要并考虑铁路运输能力,具体安排铁路运输企业生产任务计划。

按其实施期限的长短分为长远货物运输计划、年度货物运输计划和月度货物运输计划。长远货物运输计划是较长期间的远景规划,它根据国民经济和社会发展的远景规划编制,通常是五年计划或十年规划;年度货物运输计划是计划年度国民经济发展要求铁路完成的运输任务,根据计划年度国民经济各部门对铁路运输的要求,通过经济调查核定进行编制;月度货物运输计划是保证年度货物运输计划在计划月份的具体安排,但不是年度计划的平均数,而是以计划月份国民经济各部门的生产、供应和销售计划对运输的需要为依据,按照国家的运输政策并兼顾运输企业效益进行物资排队,经过综合平衡进行编制。

三、行车组织

铁路行车组织是铁路运输组织的重要组成部分,是铁路综合运用各种技术设备,合理组织列车运行,实现旅客和货物运输过程的计划和组织工作。

1. 列车的编组

铁路车辆按照规定重量、长度及编挂条件编成车列,并挂有机车及规定的列车标注时,称为列车。列车按运输性质和用途分为旅客列车(动车组、直达特快旅客列车、特快旅客列车、快速旅客列车、普通旅客列车、通勤列车、临时旅客列车、旅游列车)、货物列车("五定"班列、快运、重载、直达、直通、冷藏、军用、自备车、区段、摘挂、超限及小运转列车)、行包快运专列以及单机和路用列车等。

在一定时期内,货物由发送地点向到达地点输送就形成了货流,车流是指在一定时期内,在某一方向、某一区段或某一车站上,车辆的去向或到站和数量的总称。货流是车流组织的基础,货流通过货车运送转化为车流。

在铁路上,如何将发、到站各不相同的重车流及不同车种的空车流合理地组织起来,在适当的地点编组各种不同去向和种类的列车,并使之互相配合、互相衔接,保证各站产生的车流都能迅速而经济地运送的目的地,就是车流组织所要解决的问题。对此铁路通过制定货物列车编组计划来进行车流组织。货物列车编组计划根据全路车流结构、各站设备能力和作业条件,统一安排全路各站的解编作业任务,具体规定全路各货运站、编组站和区段站编组货物列车的种类、到站及车组编挂方法。

2. 车站行车组织工作

车站行车组织工作的主要内容包括接发列车工作和调车工作等。

铁路行车和公路行车不同，列车的会让和越行往往必须在车站上进行，因此要办理接发列车作业，保证不间断的接发列车、严格按列车运行图行车是对车站接发列车工作的基本要求。车站内的接发列车工作有车站值班员统一指挥。接发列车工作包括办理闭塞、布置进路、开闭信号、接送列车。

列车的形成离不开调车，除了列车在车站到、发、通过及在区间的运行外，凡是机车车辆在站线或者其他线路上进行的一切有目的的移动，统称为调车。调车工作是列车解编、摘挂、车辆取送过程中不可缺失的重要环节。对于编组站来说，调车工作更是它的主要生产活动。车站的调车工作，统一由车站调度员指挥。

调车按作业目的不同可分为解体调车、编组调车、摘挂调车、取送调车和其他调车。按调车作业方法不同可分为牵出线调车和驼峰调车。

3. 列车运行图及通过能力

列车运行图是列车运行的图解，是全路组织列车运行的基础。运行图规定了各次列车占用区间的次序，在每个车站的到、发、通过时刻，列车在区间内的运行时间和在车站的停留时间及机车交路、列车重量和长度标准等。运行图的分类如下：

(1)按区间正线数目分为单线运行图、双线运行图、单双线运行图。

单线运行图是指在单区段上，上下行列车都在同一条正线上运行，如图2-10所示；双线运行图是指在双线区段上，上下行列车在各自的正线上运行，互不干扰，如图2-11所示；单双线运行图是指在有部分双线的区段上，铺画出的运行图，分别具有单线和双向运行图的特征。

(2)按同方向列车运行速度不同分为平行运行图、非平行运行图。

平行运行图指在同一区间内，同方向列车运行速度相同，因而铺画出的列车运行线相互平行，如图2-10所示；非平行运行图是指在同方向列车运行的速度不相同，因而铺画出的列车运行线出现不平行，如图2-11所示。

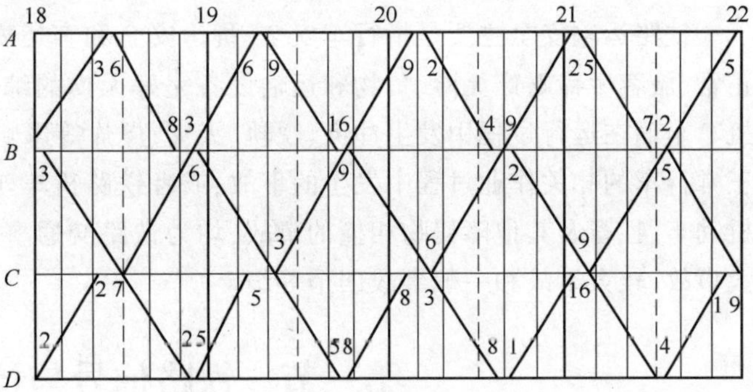

图2-10　单线非追踪平行运行图

(3)按上下行列车数目不同分为成对运行图和非成对运行图。

在成对运行图上，上下行列车数目相等，而不成对运行图中上下行的列车数目不相等。

(4)按同方向列车运行方式不同分为追踪运行图和非追踪运行图。

追踪运行图是指在自动闭塞的双线区段上，同方向列车以闭塞分区为间隔，实行追踪运行，如图 2-11 所示;非追踪运行图是指在非自动闭塞的单线区段上,同方向列车以站间或所间区间为间隔,实行非追踪运行。

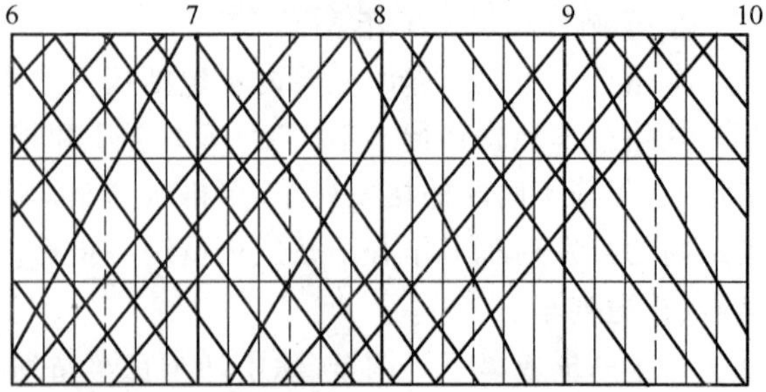

图 2-11　双线追踪非平行运行图

应该指出,上述分类都是针对列车运行图的某一特点而加以区别的,实际上每张列车运行图都具有多方面的特点,例如,某一区段的列车运行图,它既是双线的、非平行的,又是追踪的。

铁路区段通过能力是指在一定的机车车辆类型和一定的行车组织条件下,铁路区段内的各种固定设备,在单位时间(通常 24 h)所能通过或接发的列车对数或列数。

车站通过能力是指车站在现有设备条件下,采用合理的技术作业过程,在 24 h 内所能通过或接发的列车对数或列数。包括咽喉通过能力和到发线通过能力两部分。

4. 铁路运输调度指挥

铁路具有点多,线长,部门分工细,各作业环节紧密联系等特点。运输生产过程是在长距离的连续空间带上进行的,涉及部门多,变化大,时间性强,常常是一点不通影响一线,一线不畅影响一片。为使铁路这一庞大而复杂的系统能够不间断地、均衡地、高效地运转,就必须对铁路的日常生产活动实行分级管理,集中统一指挥。

四、铁路运输安全

铁路运输安全主要是指行车安全、货运安全和客运安全等。它是运输生产系统运行秩序正常、旅客生命财产无险、货物和运输设备完好无损的综合表现,具有极其重要的意义。铁路机车车辆在运行过程中发生冲突、脱轨、火灾、爆炸等影响铁路正常行车的事故,包括影响铁路正常行车的相关作业过程中发生的事故;或者铁路机车车辆在运行过程中与行人、机动车、非机动车、牲畜及其他障碍物相撞的事故,均为铁路交通事故。事故一般分为特别重大事故、重大事故、较大事故和一般事故四个等级。

第三节　铁路信号与控制系统

一、铁路信号

铁路信号是用于保证列车安全、有效运行的手段,是指示列车运行和调车工作的命令,有关行车人员必须严格执行。

铁路信号分为视觉信号和听觉信号两类。视觉信号指信号机、信号牌、信号旗、火炬等设备显示的信号,分为固定、移动和手信号三大类;听觉信号指以号角、口笛和响墩发出的声音和机车、动车组、自轮运转特种设备的鸣笛声表示的信号。

铁路信号设备是铁路信号、车站联锁、区间闭塞设备的总称。它的重要作用是保证列车运行与调车工作的安全,提高铁路通过能力,同时对增加铁路运输经济效益、改善铁路职工劳动条件也起着重要作用。

二、固定信号机种类

固定信号机是固定安装在一定位置的信号机,主要有进站信号机、出站信号机、调车信号机、进路信号机、通过信号机、遮断信号机、预告信号机、复示信号机、驼峰信号机。

三、色灯信号机显示方式

色灯信号机是用灯光的颜色、数目及亮灯状态表达信号含义的信号机。灯光颜色包括红、黄、绿三种基本色,月白和蓝色为辅助颜色。不同颜色含义如下:

红(H)表示禁止运行;

黄(U)表示注意或减速运行;

绿(L)表示按规定速度运行;

月白(B)表示允许调车或引导信号;

蓝色(A)表示禁止调车或允许信号。

色灯信号机的颜色也可以用图形表示,具体如下:

●红灯;○绿灯;⊘黄灯;◎月白灯;◉蓝灯。

四、计算机联锁设备

为了保证列车运行及调车作业的安全,在有关的道岔、进路与信号机之间建立的一种互相制约的关系称为联锁。为了完成联锁关系而安装的技术设备称为联锁设备。

联锁设备主要分为电锁器联锁、电气集中联锁以及计算机联锁。其中,电锁器联锁是早期的联锁设备类型;电气集中联锁是以前使用较为广泛的联锁设备类型;计算机联锁是一种更为高效的和安全的联锁设备。

计算机联锁是在电气集中联锁的基础上,使用计算机实现联锁关系,用计算机对道岔、轨道电路、信号机等设备进行信息的采集,同时利用计算机对车站作业人员的操作命令及现场表示的信息进行逻辑运算,从而实现对信号机及道岔等进行集中控制。计算机联锁系统原理框图如图 2-12 所示。

计算机联锁系统包括硬件设备和应用软件。硬件设备包括联锁计算机(用于现场信息采集,并将其与值班员操作进行联锁运算,对设备发出控制命令)、安全检验计算机(用以检验联锁计算机的运行情况,发现故障控制导向安全)、监视器、微型集中操纵台、安全继电输入输出接口柜、计算机联锁专用电源屏以及室外的现场设备(如信号机、转辙机、轨道电路等)。

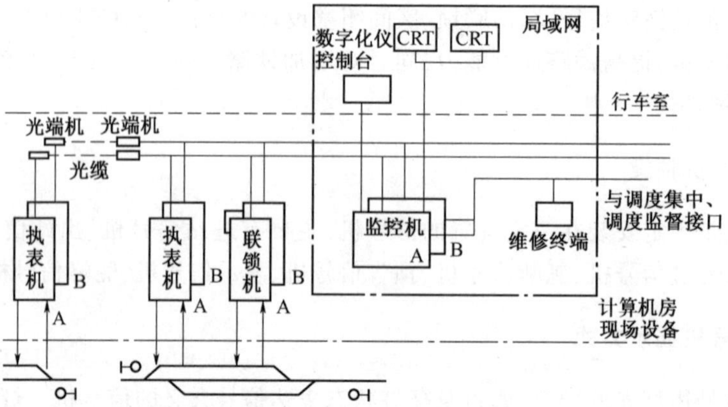

图 2-12　计算机联锁系统

应用软件是实现进路、信号机和道岔相互制约的核心部分,由两部分组成:一是参与联锁运算的车站数据库;二是进行联锁逻辑运算,完成联锁功能的应用程序。车站数据库包括车站赋值表、车站联锁表、按钮进路表、车站显示数据等。应用程序由多个程序模块组成,包括系统管理程序模块、时钟中断管理程序模块、表示信息采集及信息处理程序模块、操作命令输入及分析程序模块、选路及转岔程序模块、信号开放程序模块、解锁程序模块和站场监视器显示程序模块等。

五、列车自动控制系统

列车自动控制系统(Automatic Train Control System,简称 ATCS)主要用于高速动车组,可以实现列车自动驾驶、列车自动跟踪和列车的自动调度。ATCS 包括列车自动监控(Automatic Train Supervision,简称 ATS)系统、列车自动防护(Automatic Train Protection,简称 ATP)系统、列车自动运行(Automatic Train Operation,简称 ATO)系统等三个子系统。

ATS 系统是通过计算机来组织和控制行车的一套完整的行车指挥系统。列车控制中心计算机系统根据计划运行图及列车实际运行情况实时控制、指挥列车运行。各车站的计算机直接控制信号、道岔以及排列列车进路。ATS 系统可根据需要修改列车运行图,合理调整列车运行。列车的实际运行情况,由中心计算机进行实时数据采集,绘制实绩运行图并可完成各种数据的统计、打印、编制报表等功能。ATS 系统的控制方式分为集中控制、集中与分散控制、分散自治控制三种。ATS 系统设备包括控制中心系统和集中控制站设备,具体包括线路模拟表示盘、计算机、打印机、监视器和控制台等。

ATP 系统是保障列车运行安全的基础设备,它的主要功能是检测列车的实际位置,限制列车在安全速度以下运行,保证列车的安全制动距离。ATP 系统采用自动闭塞方式,也就是将轨道线路划分成若干个小区间,称为闭塞分区。每个闭塞分区都装有轨道电路,轨道电路内有列车检测信号的发送和接受装置以及机车信号的发送装置。ATP 系统的工作原理:自动检测列车实际运行位置,自动确定列车最大安全运行速度,连续不间断地实行速度监督,实现超速防护,自动监测列车运行间隔,以保证实现规定地行车间隔。

ATO 系统用于代替司机来自动驾驶,包括控制列车按照预先设计的最佳运行曲线进行列车操纵,保证进站后定点停车,并可根据控制中心的实时指令调整列车速度,确保列车的最小追踪距离,以提高运行效率。ATO 系统工作原理:接受来自 ATP 系统的信息,包括 ATP 系统速度指令、列车实际速度和列车走行距离;从 ATS 系统和地面标志线圈接收列车运行等级等信息;根据以上信息,ATO 系统通过牵引/制动线控制列车,使其维持在一个参考速度上运行,并在站台准确停车。

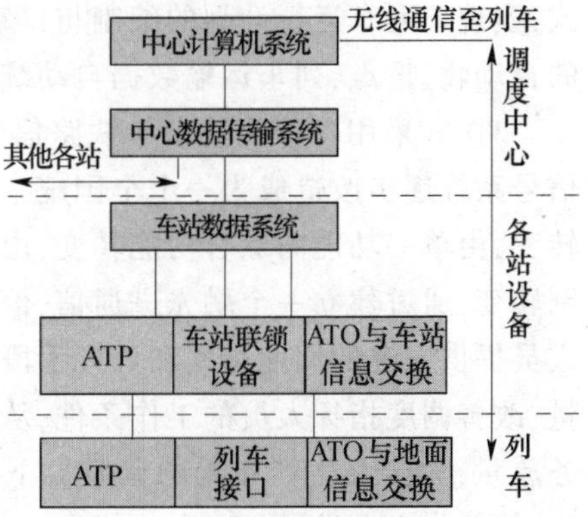

图 2-13　ATCS 整体框图

ATCS 整体框图如图 2-13 所示。

六、调度集中与调度监督系统

调度集中系统(Centralized Train Control,简称 CTC)是调度中心对某一区段内的信号设备进行集中控制,对列车运行直接指挥、管理的技术装备。它是以列车运行调整计划控制为中心,兼顾列车与调车作业的高度自动化的调度指挥系统。它将调度区段内各中间站(或大站上的部分区域)的电气集中(或计算机联锁)及区间的自动闭塞结合起来,建立一个由列车调度员直接操纵的信号通信与遥控的综合系统。CTC 能使调度员通过遥控设备直接控制所管辖区段内各车站的道岔和信号设备,办理列车进路,组织和指挥列车运行;并通过通信设备使调度员在调度所及时了解现场道岔、信号设备状况和列车运行情况。

CTC 主要由设置于调度所的调度集中总机和设置于车站的调度集中分机组成。CTC 的总体功能可概括为:中心实现计划管理、车站完成进路自动控制。车站根据计划生成进路命令,交由车站联锁系统排列进路;进路控制以列车计划为主、调车作业为辅,在保证列车计划顺利执行的前提下,实现对调车作业的约束管理。

调度监督系统与调度集中相比,区别在于,它只有监督功能,没有控制功能。调度监督系统主要实现监视所管辖区段内各车站的道岔和信号设备状态,使调度员及时了解现场道岔、信号设备状况和列车运行情况。调度监督有区段调度监督、枢纽调度监督、分界口调度监督等多种形式。

七、铁路运输调度指挥系统

铁路运输调度指挥系统(Train Operation Dispatching Command System,简称 TDCS)是覆盖全路的调度指挥管理系统,能及时、准确地为全路各级调度指挥管理人员提供现代化的调度指挥管理平台。TDCS 作为其所辖区域铁路行车调度指挥系统,改变了调度人员传统的作业方式,实现了列车运行计划的编制与自动调整,列车计划和调度命令的自动下达,列车运行时分的自动收、报点,列车运输数据自动统计的各项性能和功能,是重要的铁路行车设备。

TDCS 采用各种新技术与铁路信号技术的特点相互融合,把传统的以车站为单位的分散信号系统逐步改造成为一个全国统一的网络信号系统,由提高安全提高效率向提高运输效能转变,由单一功能向综合功能转变,由模拟传输向数字传输转变,由手工绘制向辅助及自动绘制转变;通过建立一个融先进通信、信号、计算机、多媒体技术为一体的信息系统,为各级调度人员提供先进的调度指挥和处理手段,提高应变和处理能力,减少调度人员通话和手工制表数量,改善调度指挥人员的工作条件,从而提高铁路运输组织的科学性、劳动生产效率和铁路服务质量,为全路生产布局的调整打下了坚实的基础。TDCS 带动了整个铁路信号系统向网络化、智能化方向发展。

第四节　铁路通信系统

铁路是国民经济的大动脉,铁路运输具有高度集中、半军事化和各个工作环节紧密联系、协同动作的特点。为了使铁路沿线、车站和作业场的各部门、各工种安全、准确、迅速、协调地进行运输生产活动,铁路企业本身必须具备良好的通信联络设备。

一、中国铁路通信历史

(一)铁路通信的初创时期

世界上自从铁路运营以来,铁路通信就是不可缺少的技术基础。1825 年英国建成第一条铁路,采用人工执旗引导的通信联络方式;1839 年英国人发明了指针式电报机。中国铁路通信从 1876 年的吴淞铁路采用指针式电报开始,至今已经历一百多年历史。

从 1876 ~ 1920 年为铁路通信的初创时期,在此期间,报话业务始终存在,只是通信技术和服务范围不断更新。1881 年,中国政府修建的唐山—胥各庄铁路(后来扩建为京奉铁路)采用了莫尔斯电报机,作为站间闭塞和联络使用。1896 年,京奉铁路在电报线上开通风拿波式电话,在 1899 年开通了磁石电话,1903 年使用了路签机电话,1918 年使用了自动电话。这些通信设备,均通过沿铁路架设的架空电线路连通。早期的铁路通信,在运营中又由单纯的行车闭塞电报电话,发展为各种行车部门指挥联络服务的专用电话,个别铁路甚至设立交换局,使铁路通信成为铁路内外共同使用的公用通信设施,但铁路通信处于分散状态,技术规格不统一,不成系统，也没有网络。

(二) 区域性网络形成发展期

从1920～1949年是铁路通信区域性网络形成和发展期，各线铁路通信开始分片联网，尤其东北、华北区域的铁路通信网规模较大，东北、华北、华东地区之间的通信由中继线连接。通过对铁路实施较统一的管理，同时改造和建设在其辖区内的铁路通信网，形成区域性通信网的雏形，东北、华北地区的铁路通信相继开通了大量载波电路，长途通信有了进一步发展。这一时期的其他铁路也不断改进了通信设备，无线通信也被广泛使用。

(三) 全路网络形成及模拟通信发展时期

1949年新中国成立以来，中国铁路通信在铁道部的统一领导下获得了长足的发展。截至1950年，初步形成了以铁道部为中心的铁道部、铁路局、铁路局办事处(原铁路分局)三级辐射的铁路长途通信网。

经过40多年的发展，全国铁路模拟通信网基本形成。通信传输线路历经架空明线、长途对称电缆、小同轴电缆三代发展；载波复用话路从单路、3路开始，提高到12路、高12路、超12路、300路、960路的大话路容量；电话交换机则跨越了磁石式、共电式、步进制、纵横制四代交换技术的更新；有线调度电话也经历了磁石式、脉冲选叫式和音频选叫式三代改进；列车无线调度电话从TW－1型电台开始，发展到TW－8A、TW－12等各型电台的推广应用，成为机车“三大件”之一。

1990年，铁道部宣布停止新建小同轴电缆线路，从此，就开始了光纤传输通信系统的建设，进而集中力量由模拟通信向数字通信过渡。

二、铁路通信网

铁路通信网可分为传送网、接入网、电话交换网、电报、传真与数据通信网、会议电话和会议电视网、无线通信专用网、支撑网等。

高速铁路对信息的安全性、可靠性以及系统的可维护性有更高的要求，高速铁路行车安全和运营管理的大量语音和非语音信息的实时、准确、可靠传诵，是铁路通信网的主要任务。

(一) 传送网和接入网

传送网是承载多种通信业务的公用传送网络。它为交换中心之间提供链路构成通信业务网和支撑网，为通信终端设备之间提供信道构成通信系统。

随着铁路运输生产发展的需要，传送网不仅容量在增大，而且经历了架空明线、对称电缆和小同轴综合电缆、光纤等的传输介质的不断更新，网络布局也不断优化。20世纪80年代中期以前，以话音为主，传送网主要为长途电话、区段电话、普通电报、确报提供通道。进入20世纪80年代中期以后，多种数据业务以及图文业务、可视会议电话、事故救援等图像业务相继投入使用，要求传送网能为它们提供更安全、可靠的通道。

截至2000年，铁路骨干传送网，传输最高带宽仅为622 Mb/s。后经不断地优化改造，已形成由京沪穗、东南、东北、西南、西北五大光缆环网组成的高速骨干光传送网。该网络采用先进的密集型光波复用(Dense Wavelength Division Multiplexing，简称DWDM)技术，最高传输速率达400G，覆盖全国31个省、市、自治区的绝大部分城市，总长10万km。现已形成一个以光缆为主、卫星和微波为辅的大容量、高速率、全国统一的数字化传输网络。

铁路接入网是组织区段通信网的主要手段，利用电缆载波电路和低频电缆实回线及接入的模拟集中机、音频分机、模拟调度总机实现的区段通信，仅能提供普通语音业务。随着铁路数字化的飞速发展，现有专网已不能满足铁路快速发展的需要，对接入网的业务功能提出了更高的要求，要采用先进的有线、无线通信相结合接入方式，为各类管理信息系统、办公信息系统、调度通信系统、自动电话用户、综合业务数字网(Integrated Services Digital Network，简称ISDN)终端、音频终端，有线电视(Cable Television，简称CATV)用户提供灵活多样的接口，实现话音、数据、图像综合的接入。

铁路通信建设采用三层组网方式，第一层为长途传送网，提供铁路局集团公司之间的长途通道，采用2.5 G或SDH光传输系统或微波系统；第二层是本地中继网，提供铁路局集团公司以下各通信端站的中继通道，多采用622 M或155 M SDH光传输系统，也可采用微波系统；第三层是本地接入网，提供本地接入通道，多采用155 M SDH光传输系统。

(二)电话交换网

铁路电话交换网由长途电话交换网和本地电话交换网组成。铁路长途电话交换网由一级交换中心C_1和二级交换中心C_2组成，必要时设三级交换中心C_3。铁路电话交换网与公用网本地电话交换网互联互通。一个本地电话交换网为一个长途编号区，设一个长途交换中心。如因网路安全需要，可设两个或以上长途交换中心。铁路本地电话交换网由汇接电话所和分电话所组成。铁路沿线中间站的用户通过接入网纳入铁路本地电话交换网。从1984年铁路开始引进数字程控交换设备，1989年全路总枢纽长市合一的5ESS数字程控交换机开通，实现了干线长途自动电话汇接，标志着铁路长途自动电话交换网开始形成。随着国内厂家研制出一些技术先进、质量可靠、拥有自主产权、价格低廉的大型局用交换机，铁路开始大量使用国产程控交换机。数字程控交换机大大改善了铁路通信能力，为进一步发展打下了良好的基础。

(三)电报、传真和数据通信网

电报是伴随铁路出现的最早的铁路通信系统，电报在铁路中的基本功能可分为三类：用于站间形成闭塞的闭塞电报，用于铁路公务通信的普通电报(普报)和用于确认列车编组信息的确报电报。随着铁路信号闭塞系统的发展，其他闭塞系统(路签闭塞、半自动闭塞和自动闭塞系统)已完全取代了电报闭塞方式。20世纪80年代后期，普报业务量呈下降趋势，确报电报达到了业务量的最高峰。20世纪80年代开始发展的铁路运输管理信息系统实现用电子计算机系统解决运输管理信息的采集、传递和处理。

为满足运输调度人员直接发送书面调度命令和通知的需要,传真通信首先被引入铁路干、局线调度通信系统使用,用于铁路普报业务的传真机开通在铁路电话交换网上。随着铁路传输线路和交换机数字化进程的发展,不少铁路部门的电话用户自行安装了用户传真机,在电话交换网上开展用户传真业务,效果较好。

数据通信是计算机技术和通信技术相结合的一种新的通信方式,它是计算机网络得以建立的基础。我国铁路探索数据通信应用的工作开展较早,已有40多年历史。1991年铁道部进行分组交换数据网国际采购招标,长远规划的最终目标是建立一个以支持铁路信息化业务的网络平台,开始是X.25网,以后又增加了帧中继和ATM网。20世纪90年代末,开始建设基于TCP/IP(Transmission Control Protocol/Internet Protocol,传输控制协议/因特网互联协议)的铁路互联网。随着铁路信息化的发展,越来越多的信息系统自行组网,铁路数据通信形成了多网并存的局面。

(四)会议电话和会议电视网

我国铁路会议电话网由国铁集团、铁路局集团公司和铁路局集团公司以下的汇接点呈星状结构汇接而成,第一级由国铁集团至各铁路局集团公司,第二级由各铁路局集团公司至各铁路局集团公司所属站、段。该网只具有电话功能。会议电话的传送通路由音频通路按四线制构成。地区部分线路条件不具备时,也可采用二线收听。国铁集团、铁路局集团公司间设专用主、备用会议电话通路,铁路局集团公司以下设专用会议电话通路。

铁路会议电视网采用两级管理的方式,国铁集团和铁路局集团公司设有会议电视专用的网管设备。铁路会议电视网能分别满足以国铁集团、铁路局集团公司等为中心召开多种形式的电视会议的需要,并能为各级与会者实时地提供双向语音、彩色活动图像和静止图文等业务。

国铁集团、铁路局集团公司专线会议电视网满足国际ITU-T H.320建议,多点控制单元(Multipoint Control Units,简称MCU)及站段IP会议电视网满足国际ITU-T H.323建议,终端与MCU间为非固定连接。专线会议电视网与IP会议电视网通过网关互通。

(五)支撑网

同步网、信令网和网络管理网都属于铁路通信网的支撑网。

随着通信网中节点和通道的数字化,通信业务从单一的电话业务向综合的数字业务发展,同步网因此变得越来越重要。1993年,铁道部制定了《铁路数字网时钟和同步设备的进网要求》,同时对数字程控交换机的时钟配置等级做了规定。时钟等级定为二级(A,B类)、三级和四级时钟,并规定电话交换网各级时钟采用主从同步方式。1999年铁道部明确了铁路数字同步网由三级构成。

铁路电话交换网广泛使用No.7信令,它不仅支持电话业务,还能支持ISDN综合业务、智能网业务和数字移动通信业务。铁路No.7信令网为高级信令传送点(High Signal Transfer Point,简称HSTP)和信令点(Signaling Point,简称SP)二级网组。根据业务发展的需要和数字通道条件，在铁路局集团公司范围内增设低级信令传送点（Low Signal Transfer Point，简称LSTP）或 HSTP。最终建成铁路三级 No. 7 信令网。

网络管理网是为实现铁路通信网的网络管理而建立的。网络管理提供对通信网的性能管理、配置管理、故障管理、安全管理和计费管理等功能，分别实现性能统计、自动灵活配置、拓扑显示与发现、故障告警及预警、网络安全及计费等功能，是网络优质、安全、可靠运行的重要保障。我国铁路通信网包括多厂家设备、多种网络的异构和混合网络结构。

（六）无线通信专用网

随着公网移动通信业务的快速发展，铁路无线通信专网也已经从话音为主的调度电话发展到综合话音和数据业务的移动通信网络，铁路专用综合无线通信系统已成为现代铁路的重要支柱。

早在 20 世纪 70 年代，铁路运输生产指挥就采用了列车无线调度通信系统，并在 20 世纪 80 年代后期作为安全措施在全路普及。在无线列调、平面调车、区间移动、单信道对讲机、道口无线，TDCS 无线车次号传输、红外轴温无线传输、车号识别等方面都有较大的发展，成为保障铁路运输安全生产的重要手段。

1. 列车无线调度电话

根据中国铁路运输的特点，参考 UIC 751 标准开发的中国无线列调主要是频率为 450 MHz A、B、C 三种制式的单工或双工通信系统，铁路沿线的无线列调普及率已达 95% 以上，能够完成列车调度员、车站值班员与进入其管辖区段内的机车司机、运转车长之间的通话。

除了上述的几种标准无线列调制式设备，各设备生产厂家还根据现场的实际需要开发出一些新的满足铁路生产需要的无线产品，在功能上有许多扩展，也承载了许多新业务，主要包括机车出入库检修电台、场强自动测试电台、区间互控式遥控电台等无线列调产品，监护道口无线报警系统、TDCS 无线车次号传输、调度命令无线传送等设备也已经开始在铁路使用。

2. 站场无线通信系统

平面无线调车系统解决峰头、峰尾之间编组场内的调车问题，由调车区长台、机车台、手持台构成，不仅提供了语音通话功能，而且提供包括信令传输、灯光显示、语音提示等一系列符合现场使用要求的专用功能，满足了调车指挥的需要，在全路得到了广泛的采用。

3. 各种独立单工通信系统

为了满足其他工种的作业通信要求和车站内部指挥的需要，在站场内及铁路沿线还存在大量独立的单工通信系统，如工务、公安、电力、水电、电务维修、列检、施工等无线对讲系统。这部分系统均以单工通信方式，独立使用，没有统一的规划和集中管理。

4. 集群移动通信系统

集群移动通信系统是多信道综合业务无线移动通信系统，可以为行车调度、客货站场调度指挥、公安保卫、施工维修等运输生产部门提供移动通信手段。为加速铁路专用移动通信的发展，从 1991 年起中国铁路开始研究开发集群移动通信系统在铁路上的应用，并安装了多套 800 MHz 单基站模拟集群移动通信系统进行试用，在柳州—南宁铁路区段建设模拟集群移动通信系统试验线，主要开展移动话音业务。2003 年在秦（皇岛）沈（阳）试验线开通了泛欧集群无线电（Trans European Trunked Radio，简称 TETRA）数字集群通信系统。

5. GSM－R 系统

铁路现代化对综合无线通信系统的迫切需求及 GSM－R 系统在欧洲的成功经验促使了 GSM－R 在中国铁路的发展。随着对 GSM－R 的研究开发和试验，为保证中国 GSM－R 健康、有序发展，规范网络及终端等产品的功能和性能，中国 GSM－R 的相关技术标准已陆续制定。

2003 年 5 月，铁道部明确 GSM－R 技术发展政策，并且在信息化发展规划中将全国 GSM－R 网络建设作为重点。2003 年 9 月铁道部获得 GSM－R 运营所需的频率，为 GSM－R 的发展创造了基础条件。之后的一年多时间内，铁道部先后与华为公司、北电网络、西门子签订了大秦铁路、青藏铁路试验段和胶济铁路三条 GSM－R 网络试验线路协议。不仅大秦铁路、青藏铁路、胶济铁路三线 GSM－R 均已开通运行，其他新建客运专线的 GSM－R 也在陆续投入使用。

（七）微波和卫星通信

微波通信一般指传输载频高于 1GHz 的地面无线通信方式。我国铁路采用的微波通信均为视距微波通信。视距微波通信要求相邻两微波站的收发天线处在相互可视范围内，长距离通信时，需要多个微波站接力转发传输，故视距微波通信又称微波中继通信。

1988 年，中国铁路第一条采用引进数字微波设备的衡阳—广州 480 路数字微波通信线路建成投入运用。进入 20 世纪 90 年代，由于光缆通信具有容量大、传轴稳定、不受气象和气候条件影响等优势，使微波通信受到极大的挑战。但微波作为一种无线通信方式仍有其固有特点，有线通信方式遭到破坏时，可采用微波通信作为应急手段。

铁路对卫星通信的应用探讨起始于 20 世纪 80 年代初，1987 年卫星通信在铁路真正使用，铁道部参与了由中国广播卫星公司经营管理的国内第一个 VSAT 卫星通信网的建设，共设了铁道部直属通信处、柳州、兰州、乌鲁木齐 4 座 TDM/SCPC（时分复用/单路单载波）地球站，开通了四地之间的数据传输通道，速率为 2.4 Kb/s。

1993 年铁道部初步确立了铁路卫星通信网的建设规模和技术体制，铁路卫星通信网是铁路通信网的重要组成部分。在灾害情况下，也是保证通信畅通的重要应急手段。

1995 年 1 月，铁道部开始铁路卫星通信网一期工程建设。工程建设地点包括哈尔滨、沈阳、呼和浩特、郑州、济南、上海、柳州、成都、兰州、乌鲁木齐铁路局通信段，广州铁路（集团）通信段、铁道部直属通信处等。1998 年铁路卫星通信网第二期工程启动，对既有铁路卫星通信网扩容，使之成为覆盖铁道部下属全部铁路局，提供铁道部与各铁路局之间的高质量全数字传输通道，支持话音、数据、电视会议、应急前线图像等通信业务的综合性通信网络。

三、铁路通信设备

铁路通信主要由长途通信、地区通信和专用通信组成。其中专用通信是直接为运输生产一线服务的；长途通信以光纤数字通信为主；地区通信以数字程控交换为主。利用长途和地区通信设备，全路各部门得以紧密联系在一起。

铁路的专用通信设备是模拟设备和数字设备并存，未来将朝移动、数字、多功能方向发展。本部分重点介绍铁路专用通信设备和铁路无线通信设备。

（一）铁路专用通信设备

铁路的专用通信设备主要包括区段通信设备、站场通信设备、会议电视设备三类。

1. 区段通信设备

区段通信设备包括调度电话（干线列调电话、局线列调电话、货调电话、电调电话）以及其他业务专用电话（如车站、养路、水电、站间行车等）。

区段通信设备主要采用程控调度电话设备，以计算机程序控制其各种功能的实现。除站间行车（闭塞）电话为直通电话外，其他均纳入程控数字交换机，或采用程控共线电话，或综合数字专用通信系统。

2. 站场通信设备

站场通信设备包括站场电话设备、站场扩音对讲设备和客运广播设备。

站场电话设备主要是为站内运输人员指挥行车、调车作业及联系车站日常运输组织工作用。一般设集中机，有模拟、程控、数字等多种模式，未来将朝综合数字通信系统发展。

站场扩音对讲设备主要提供给行车和调车作业使用，以完成接发列车、列车技术检查、列车解体、溜放和编组作业。已由计算机控制的站场广播设备取代。

客运广播设备是为客运作业设置。所使用的客运自动广播系统，利用计算机控制，应用语音合成技术，实现全自动、半自动、人工和应急广播。

3. 会议电视设备

会议电视系统包括会议终端、网络节点多点控制单元、传输网络和网络管理系统等设备，如图 2-14 所示。

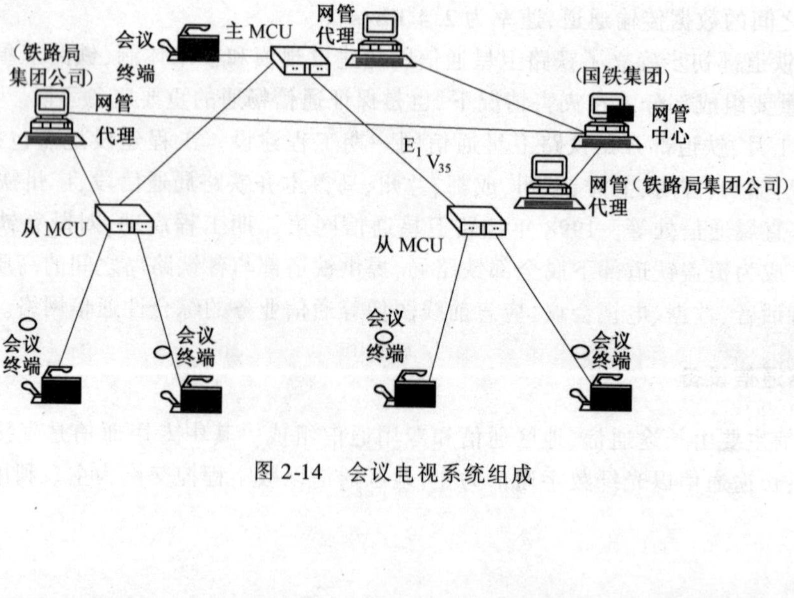

图 2-14 会议电视系统组成

会议终端由视频输入设备（如摄像机、录放像机）、视频输出设备（如电视机、投影机、显示器）、音频输出设备（如话筒、扬声器、混响器、音响、功放）、数据通信设备（如电子白板、传真机、书写电话）、视音频编解码器、多路复用设备等组成。

MCU设置于网络节点处，可供多个地点的会议同时进行通信。

传输网络将会议终端连接到MCU，而网络管理系统则负责控制和管理会议电视系统。

（二）铁路无线通信设备

铁路无线通信设备包括列车无线调度电话、站场无线电话、列车无线公用电话、微波中继和卫星通信。

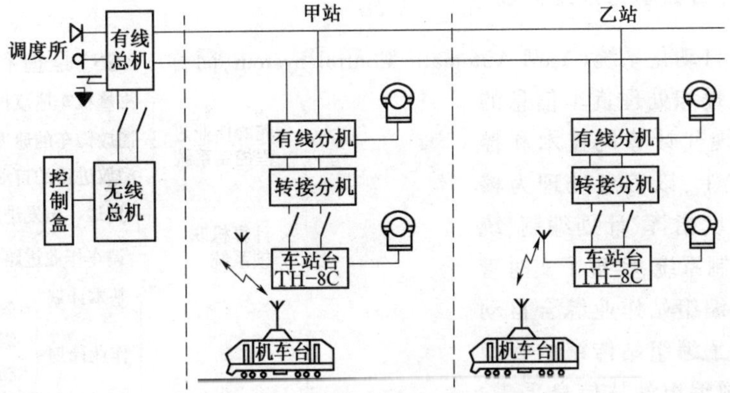

图2-15　列车无线调度电话设备

列车无线调度电话组成如图2-15所示，它主要供列车调度员、机车调度员、车站值班员直接与列车司机通话。系统主要包括车站台、机车台、无线有线转界设备。

站场无线电话是为站内流动作业人员（调车人员、车号员等）之间以及与固定人员之间通信设置的。其设备包括值班室的固定电台和流动人员配带的便携电台。

列车无线公用电话主要用于行车人员、列检人员、公安人员及时与地面通信，以处理紧急事务，对旅客服务有待发展。

微波中继通信用于铁路干线长途通信。

卫星通信主要用于国铁集团与边远地区的通信，是干线线路的补充和应急抢险的通信手段。

第五节　编组站自动化系统

编组站是铁路运输网络上的重要结点，担负着大量列车解体、集结、编组和部分装卸业务。由于编组站作业复杂，情况千变万化，车流变化大，作业计划的变更频繁，运输任务繁重，运输生产组织指挥及作业人员的劳动强度很大。因此,铁路运输生产迫切需要实现编组站作业自动化。编组站作业自动化对于扩大铁路运输能力,全面提高作业效率,加速全路车辆周转,提高编组站运营管理水平,改善劳动条件,保证运输安全等都将发挥重要作用。

世界上第一个较为完善的综合自动化编组站是1964年建成的盖特威编组站。此后,加拿大、德国、法国、日本等国家也建立了各种程度的编组站综合自动化系统。我国在20世纪70年代中期开始编组站自动化系统的研究工作,相继在多处编组站实现了不同程度、调速工具多样的自动化系统。如1990年建成并投入运营的郑州北编组站,是我国第一个综合自动化编组站,其主要运营指标达到了世界先进水平。

一、编组站综合自动化系统构成

编组站综合自动化系统(Yard Automatic Control System,简称YACS)是指利用计算机控制编组站的作业过程和处理货车信息的系统,是建立在现代计算机技术和控制理论的基础之上,以信息处理为核心的编组站的调度指挥、计划编制、统计分析及作业控制系统,实现了实时管理和实时控制。编组站作业综合自动化系统彻底改变了编组站传统的管理和作业方式,实现编组站从信息采集、处理的调度指挥、调车作业、统计分析及检查监督的全过程实现自动化。

YACS主要包括货车信息处理和作业过程控制两大部分,作业过程控制又分为驼峰过程控制与进路自动控制两部分。编组站综合自动化系统由"货车管理信息系统"、"驼峰作业过程控制系统"、"计算机联锁系统(含编尾平面调车计算机联锁系统、编组站各车场计算机联锁系统)"、"枢纽调度监督系统"、"车号自动识别系统"等系统组成。编组站综合自动化系统构成如图2-16所示。

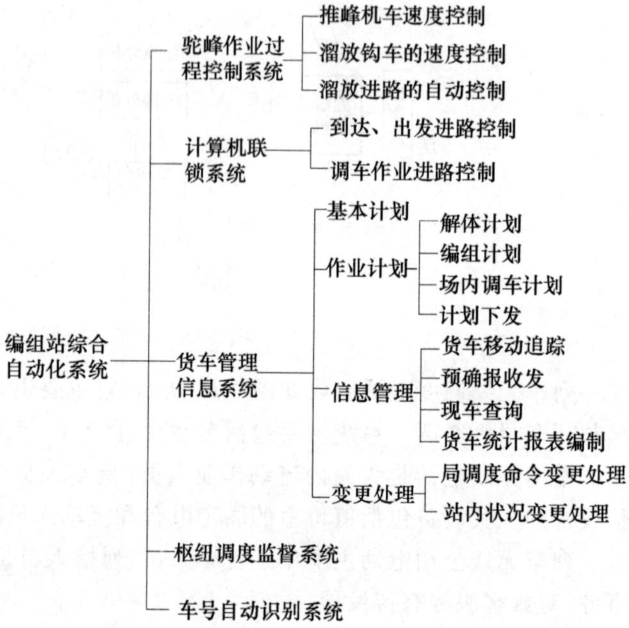

图2-16　编组站作业综合自动化系统构成

除上述系统外,未来的编组站综合自动化系统还应包括自动提钩、自动摘(接)风管等项内容。

二、货车管理信息系统

信息处理是编组站综合自动化的基础与核心,是编组站所有作业的依据和控制者。编组站货车管理信息系统(Yard Information System,简称 YIS)是指以编组站设备及到达列车所包含的信息为基础,根据高层管理(国铁集团、铁路局集团公司)和现场作业的实际要求,制定车站工作的基本计划和作业计划,管理全场的现有车,进行各项统计和预确报处理,并和驼峰过程控制系统进行通信的信息系统。编组站货车信息处理系统利用计算机硬件、软件及通信手段实现编组站信息处理自动化,为编组站提供一个现代化的、实用的、规范的信息环境,充分利用实时、准确、全面的现车信息资源,对车辆进行实时跟踪处理,提高设备利用率,使整个铁路运输生产信息准确、高速、畅通。

货车管理信息系统主要内容如下:

1. 制定基本计划

基本计划主要包括日班计划和阶段计划,基本计划的编制涉及车流预测、推算以及机车、线路和设备的动态运用。其编制过程是一个旋进的滚动式过程,需借助于人工智能和决策科学,采用智能决策支持系统解决此问题。

2. 编制作业计划

依据基本计划及现在车等信息自动生成各种调车作业计划,包括车列的解体钩计划、编组钩计划、车辆取送钩计划等,并完成计划的修订、打印和传递等。

3. 信息管理

自动完成列车预确报的接收、处理和发送,自动实现对编组站内现在车的动态追踪,满足各种不同要求的现车查询,并能根据车站运输管理的需求编制各种货报和统计报表。

4. 变更处理

铁路运输生产中经常出现由于某种特殊原因致使车站作业发生变更的情况,主要包括站内作业或车流变化所需的即时变更处理、计算机系统发生故障后的运转恢复变更处理以及根据铁路局集团公司调度命令进行的变更处理。

三、驼峰作业过程控制系统

驼峰作业过程控制又称驼峰溜放作业自动化控制系统,是编组站自动化系统中过程控制的核心部分,包括推峰机车速度控制、溜放钩车的速度控制和溜放进路的自动控制。

驼峰作业过程控制系统是指溜放车组由峰顶溜至调车线停车点,计算机不断取得各种信息并对推峰机车、溜放车组以及道岔、信号进行控制的全过程。它是一个实时过程控制系统,其功能包括从推峰机车挂上待解车列开始,预推、主推,自动控制输入解体钩计划,自动预排溜放进路、转换道岔,自动控制调整溜放车组的速度以保证必要的间隔和在调车线内与停留车达到安全连挂,自动控制反馈溜放结果的信息,实现车辆追踪和现车管理。计算机自动控制除提钩外的整个解体作业过程,同时进行监测和记录。

1. 推峰机车速度控制

系统根据信息处理系统送入的列车解体作业钩计划,按每钩车的长度、重量、溜入股道中前钩车的位置,计算确定推峰机车的推送速度,通过无线电遥控装置,自动控制驼峰机车的起、停及每钩车的推进速度,以提高解体作业效率。

编组站驼峰机车推峰速度的控制有两种:一是机车推峰速度的遥控控制;二是机车推峰速度的自动控制。机车遥控是由驼峰值班员控制推峰速度,机车自控则是由计算机给定推峰速度。

2. 溜放钩车的速度控制

溜放钩车的速度控制是驼峰溜放作业自动控制的核心所在,其目的是保证钩车间必要的间隔和保证溜放车组以允许的速度与股道内停留的车辆安全连挂。计算机根据钩计划钩车的参数,在溜放过程中实时测重、测长、测阻、测风力、测速度,计算确定各个位置的减速器和其他调速工具的出口速度并进行自动控制,以保证钩车间必要的作业间隔和与股道内车辆的安全连挂。

驼峰溜放速度自动控制系统是根据驼峰使用的调速工具及合理的平纵断面,配置相应的自动化测量、计算及控制设备,对驼峰溜行钩车全过程的速度进行监控。

在驼峰溜放过程中,必须对钩车的溜放速度进行调整,使其以合理的溜放速度溜放,才能保证前后行钩车的安全间隔,并以允许的连挂速度与调车线上的停留车安全连挂。根据采用的调速工具类型和配置的不同,对货车溜放速度的调整一般分为点式、连续式和点连式三种制式。

3. 钩车溜放进路的自动控制

在驼峰溜放作业过程中,根据解体作业钩计划和存储的进路表,利用两钩车的间隔时间控制驼峰自动集中设备,自动排列溜放进路。

驼峰溜放进路控制是指根据解体作业计划,逐一控制有关分路道岔的动作。自动选排溜放进路,开通进路,将钩车安全地输送到相应的调车线。

驼峰溜放进路的特点是有共同的进路始端和不同的进路终端,因此,它们是一些部分重叠的进路。由于溜放过程是连续的,可能同时有几个车组在分路道岔控制区域内,其位置是随机的,并且车组长短不同,各车组的溜放进路只能逐段建立、逐段使用、逐段取消,亦即溜放进路要按分路道岔分段。这要求前行车组一旦出清分路道岔轨道区段,就要及时控制该道岔的位置转换,为紧接其后的下一车组准备好一段进路。所以,对溜放进路上的道岔控制要求有实时的反应速度、较高的分析判断能力和极强的适应性。

四、计算机联锁系统

进路自动控制是指除驼峰溜放进路以外的列车到发、调车作业和机车出入库的进路自动控制,包括列车到达进路自动控制、列车出发进路自动控制、调车进路自动控制、机车走行进路自动控制。

进路自动控制通过各车场设置的计算机联锁系统来实现,包括编尾平面调车计算机联锁系统和编组站各车场计算机联锁系统。各计算机联锁系统根据到达或出发列车计划或调车计划需求,由计算机控制站内联锁设备,自动排列列车到达、出发或调车进路,并开放相应信号机。

同时,计算机联锁系统能够方便地实现与调度监督系统及调度集中系统的联系,可向旅客服务系统、运输管理信息系统等提供信息。

五、枢纽调度监督系统

利用调度监督总机及若干台调度监督分机,收集枢纽(或编组站)各运转车场、相关货场、工业站、专用线、信号所及周边信号设备的运用状态,实时地显示在大屏幕上,为枢纽调度员提供各种进路开通、占用和出清、信号打开与关闭、股道及各种接近区段的占用、编组场调车线存车数及空闲长度等信息,支持正确的调度决策。

六、编组站自动化系统的工作过程

编组站自动化系统的工作过程如图 2-17 所示,可分为以下步骤:

(1)列车到达前,通过网络将到达列车确报送入信息处理系统,信息系统将确报处理后打印成编组顺序表送给调度指挥人员,并预先编制该列车的解体作业钩计划。

(2)列车到达时,过程控制系统根据列车到达计划和控制表,自动排列列车到达进路。

(3)列车到达后,向系统报告到达时刻,然后核对到达车辆是否与确报一致,并根据核对结果修改系统存储的确报信息,根据实际的到达列车信息修改预先编制的解体作业钩计划,并将钩计划送入过程控制系统。

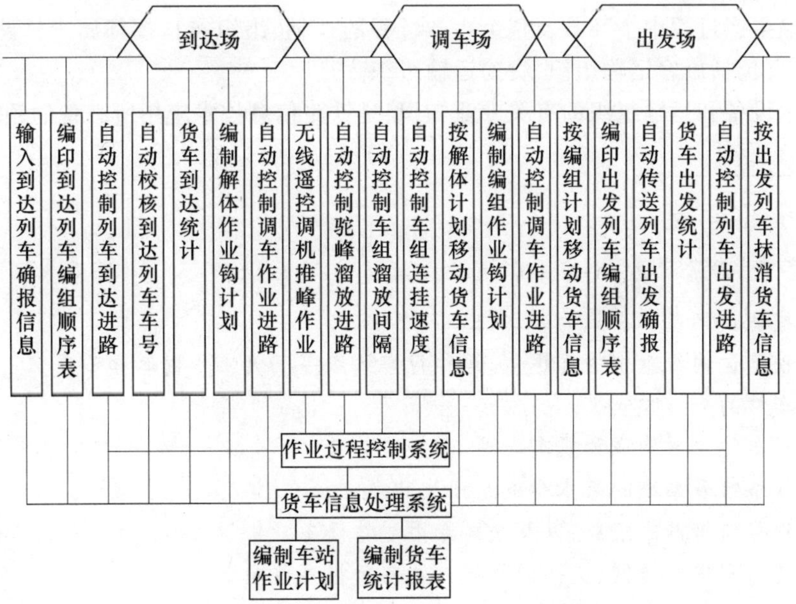

图 2-17 编组站自动化系统的工作过程

(4)过程控制系统按钩计划控制驼峰进行解体作业(包括调车进路和溜放进路的自动控制,无线遥控调机推峰,溜放车组的间隔控制及车组与股道车辆的连挂控制),并将解体作业完成信息反馈给信息系统。

(5)信息系统根据过程控制系统反馈的信息变更现车信息实现站内货车追踪管理,根据调车场股道车辆集结情况编制编组作业钩计划,并将该计划送入过程控制系统。

(6)过程控制系统按计划排列编组作业进路,完成列车编组工作并将信息反馈给信息系统。

(7)信息系统按实际执行的编组作业钩计划变更现车信息并编制出发列车编组顺序表。

(8)过程控制系统按发车计划排列发车进路,新编列车按运行图规定时刻出发。

(9)向信息系统输入列车出发时刻,自动向前方编组站发出确报信息。

(10)系统将根据编组站作业实绩信息编制车站货车统计报表。

小　　结

铁路运输是在固定道路上由轨道机械动力牵引车辆运送旅客和货物的运输方式,其产品是旅客和货物的位移。

铁路技术设备主要包括线路、车站、机车、车辆、通信和信号,这些设备是保障铁路客货运输任务的重要基础设施。

铁路运输生产过程中个环节及整个生产过程的计划、组织与指挥都属于铁路运输组织的工作范围,主要包括旅客运输组织、货物运输组织。

铁路技术设备和运输组织的有关专业知识,是铁路信息技术应用所必备的领域知识。

复习思考题

1. 简要描述铁路基础设施的基本内容。
2. 给出铁路运输组织中的客运、货运和行车组织等三大工作内容和作用。
3. 简述车站的分类和含义。
4. 简述机车的主要构成和机车类型。
5. 描述铁路信号系统的基本构成。
6. 描述铁路通信网的组成,以及铁路专用通信设备。
7. 铁路通信网中传送网、交换网及接入网各负担哪些功能?
8. 编组站作业综合自动化系统的含义是什么?它主要由哪些系统组成?

第三章

铁路信息化发展概要

【本章要点】 本章介绍了铁路运输业对信息技术的需求，并介绍了铁路信息化特点。在此基础上，简要描述了国内铁路信息化建设的演进历程，以及世界先进铁路信息技术的发展动态，并重点介绍了国际上较有影响力的信息系统。通过了解国内外铁路信息化的发展，可进一步理解“现代铁路信息技术”的内涵、地位和作用，并对铁路信息技术的发展和演进有比较深刻的认识。

第一节 铁路信息技术需求概要

现代铁路信息技术，是以计算机为核心的用于支撑现代铁路运营、维护、安全和管理的信息技术，按照铁路信息化需求开发的多种管理信息系统，为铁路运营及管理提供了可靠的保障，使铁路信息化由传统进入现代化历程。

本节将以中国铁路为例，在介绍铁路运输生产特点的基础上，给出铁路信息化的特点分析，并简要描述了铁路信息技术与铁路信息化的关系。

一、铁路运输生产特点及其对信息技术的需求

考察和分析作为服务业的铁路运输业对信息技术的需求，应从其核心业务和市场竞争环境等方面入手。

铁路运输作为一种陆地运输方式，用以载运旅客和货物，以机车或动车牵引车辆，组成列车，借助通信和信号的联络，沿着铺有轨道的线路运行，用以载运旅客和货物，实现人或物的位移。因此，铁路运输生产的实质是保证安全、可靠、准时地将人或物送到目的地。

通过对铁路运输业的进一步分析和考察，可以看出，铁路运输生产是由遍布全国铁路的站段在各级管理机构统一协调组织管理下共同完成的，运输设备的广域性、分散性，与运输生产的连续性、实时性及管理的集中性，造成信息量巨大，信息上下左右交换频繁，造成信息处理中各单位的信息互为原始信息，这就要求运输生产的信息必须正确、完整、及时，这就决定了运输管理信息系统必须是一个覆盖全国铁路生产单位的信息系统，才能体现运输生产过程的实质，

才能真正发挥信息系统实质性的作用。

此外，作为运输产业的五种重要行业之一，铁路还将和公路、水运、航空、管道等其他运输行业存在联合运输和市场竞争压力。这同样对信息技术提出了更高要求（信息共享、信息安全、客货营销智能化等）。

铁路运输业务需求直接推动了铁路信息技术的发展和成长，而作为铁路信息化水平（即铁路信息技术在铁路行业的应用效果），将直接制约铁路运输业的市场竞争力。

可以看出，铁路信息技术不仅限于支持支持运输业务需要，而且，它还可以在某些方面引领和推动业务变革，实现信息化的更大价值。

二、铁路信息化的特点

我国铁路以运输组织、客货营销、经营管理为信息化三大应用建设重点，其应用涉及铁路运输调度指挥、列车运行控制、行车安全监控、货物实时追踪、旅客服务、电子商务和物流等，以及通信网络、信息共享、信息安全等公共平台。

从信息技术应用角度看，铁路信息化主要包括以下特点：

（一）信息量与处理量巨大

铁路运输生产的组织、管理、指挥是通过交换信息来完成的，各部门完成运输生产业绩的考核同样也是通过交换信息来完成的，所以要收集、处理、存储、传输在客货运输生产过程中产生的数量巨大的信息。此外，行车安全监控系统中的全面检测、预警及安全管理等应用系统，将产生大量包含数据、语音、视频等多媒体数据的信息。

（二）信息采集与交换要求及时和完整

用于铁路运输的动车组、机车、车辆、集装箱、列车等都在不停地移动，为了及时掌握它们位置、状态（运用、故障等），安全高效地组织指挥运输生产，必须及时获得相应的信息。同时，信息必须完整，不完整的信息无法用于安全地调度指挥运输生产。

（三）以现代通信网络为依托

由于在运输生产的组织指挥过程中需要及时收集、传输、处理分布铁路沿线、遍布全国的大量数据，要求有可靠的通信网络作为依托，并提供及时、安全且可靠的信息传输。通信网络包括有线和无线通信，并且随着通信技术的发展，移动通信正在成为现代铁路的应用热点。

（四）管控一体化

铁路是一架包括车、机、工、电、辆等诸多工种的联动机，涉及运输管理、列车运行与控制、机车车辆维护、电力调度、轨道桥梁检测等应用领域，并且相互联动，是典型的管控一体化系统。

（五）应用系统多，信息共享需求迫切

由于信息系统建设的不平衡等原因，依据管理业务分类独立建设的大型信息系统达数十

种，应用系统多而庞大，功能复杂，信息共享需求迫切。

（六）正在实现以运输为中心向以客货服务为中心的变革

在铁路信息化初期，应用系统的目标是提高运输组织与管理水平，提高运输效益和优质服务。随着市场竞争的加剧，信息化正在成为满足客户需求、提高市场竞争能力的手段。铁路运输正在实现以运输为中心向以客货服务为中心的变革，并逐步融入全社会的综合服务体系。该变革为铁路信息技术的建设、应用、维护等诸方面提出了新的挑战。

第二节　中国铁路信息化发展历程

以计算机为核心的 IT 技术，构造了现代铁路信息技术的重要技术基础。因此，考察和了解 IT 管理的阶段理论，将有助于我们考察和分析我国铁路信息技术应用的演进进程。

IT 管理的阶段理论，最早提出于 1973 年，现在这一理论已经成为 IT 管理的标准理论。这一理论是基于这样一个观念，即计算机技术的复杂性会在组织内部产生一套有效管理 IT 的知识体系。因此，计算机技术的消化吸收，或者更广泛地说是信息技术的消化吸收，往往需要大胆的尝试，这种尝试和学习可以分为四个阶段，称为组织学习的四个阶段。

阶段一：引入阶段。企业对 IT 投资有限，只在小范围试探，以验证技术对企业的价值。

阶段二：扩展阶段。引入阶段过后，"S"形曲线迅速提升的部分，反映的是组织的快速学习的过程，信息技术的应用处于一种相对缺乏控制的状态。

阶段三：控制阶段。缺乏控制的增长最终导致了效率低下，这就对控制产生了需求，企业会希望通过控制将 IT 扩散速度降低到一个可管理的水平。

阶段四：集成阶段。曲线变得平缓，企业通过学习的积累，终于在控制和增长之间实现了平衡。企业组织掌握了某项技术的主导设计范式，从而奠定了良好的基础。同时，可以通过再引入对主导范式的重大改进，实现下一轮（即下一条"S"形曲线所代表的时代）的数量级的增长。

人类经历的主要几种主导设计范式主要包括大型机、小型机、微型机和网络化的客户机/服务器系统。图 3-1 通过"S"形曲线向我们阐释了三个应用时代，即数据处理时代（1960 ~ 1980 年）、微机时代（1980 ~ 1995 年）、网络时代（1995 至今）。这三种主导设计范式有些已经融入组织，有些正在逐步融入组织中。

任何一个行业或每个行业中的任何一个组织，在学习吸收每项技术的过程中都可能领先或落后几年，组织中的高层管理人员和 IT 管理水平直接影响这种学习吸收过程的步伐。

按照 IT 管理的阶段理论，图 3-2 给出我国铁路信息技术的发展"S"形曲线图，来描述我国铁路信息技术的发展历程。当然，在铁路信息化的进程中，其主导设计范式除计算机机软硬件技术、网络技术之外,还包括应用软件等。我们将铁路信息技术的发展主要划分为五个时期:技术探索、网络基础、重点应用、专业应用、信息融合。

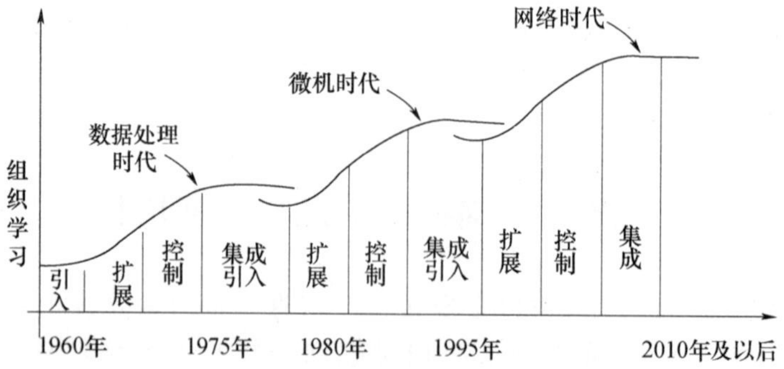

图 3-1 IT 管理的阶段理论的"S"形曲线

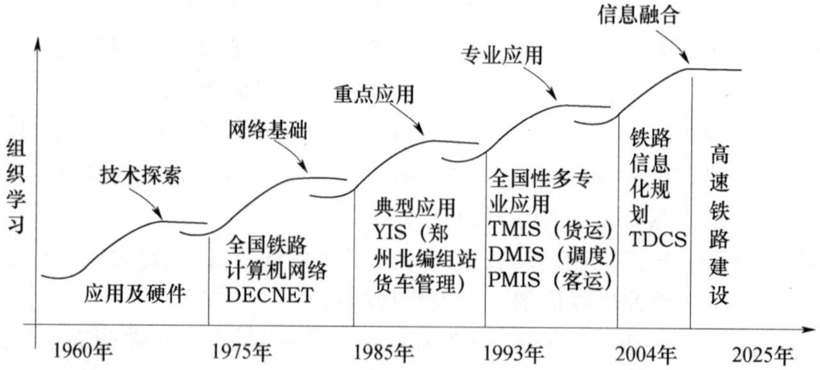

图 3-2 我国铁路信息技术发展的"S"形曲线图

下面将按照铁路运输业务应用计算机技术的状态所划分的五个时代,比较深入地考察中国铁路信息化建设的发展历程。

(一)第一时期:技术探索时期(1960~1974 年)

在本时期,我国铁路不仅开始尝试应用计算机进行运输计划的编制,而且还自主研制成功计算机系统,并在铁路编组站自动化和铁路调度指挥方面进行了有益尝试。

我国铁路使用电子计算机始于 20 世纪 50 年代末,铁路购置了一台国产第一代 103 电子管计算机,开始技术计划编制、合理运输、运行图编制的研究工作;1965 年铁路引进了一台法国生产的第二代 SEA-3900 型晶体管商用计算机,进行铁路客货运输统计、月度货物运输计划、技术计划的编制应用试验。

1969 年制造 DJS-C1 型计算机,进行旬、月统计报告和客货运输统计的应用,1970 年在开展了南仓编组站半自动化和京津铁路调度指挥自动化的研究试验。南仓编组站半自动化主要内容是编组站作业的信息处理，并由北方交通大学（现北京交通大学）承担制造BJD－1专用计算机，组织了中国科学院计算机技术研究所、北方交通大学（现北京交通大学）、中国铁道科学研究院、南仓编组站等单位研究开发软件，在SEA－3900计算机上完成了软件的开发调试。京津调度指挥自动化研发工作由中国铁道科学研究院承担。这两个项目都进行了大量的试验研究，由于国产计算机硬件无法承担现场实时生产任务，国外机器又被禁运封锁，两个项目都未能投产，但其对编组站信息处理系统和调度指挥自动化做了有益的探索。

可以看出，由于当时历史条件所限，我国铁路开展计算机应用首先面临计算机硬件条件无法满足的困难，也迫使技术人员必须在研制计算机硬件方面作出努力。

值得指出的是，我国铁路在起步阶段所进行的对应用和研发计算机的不懈努力，不仅为铁路信息化建设积累了宝贵的经验，而且为铁路信息化的建设培养了计算机人才队伍。

（二）第二时期：网络基础时期（1975～1984年）

在本时期，我国铁路信息技术领域建设重点是IT基础设施，重点是建设全国计算机网络系统。铁道部设置了专门的机构开展电子计算技术的应用和推广，并开始批量引进中小型计算机系统，建立了国内最早的全国计算机网络系统。同时，铁道部组织完成“全国铁路运营管理系统”首次规划。

进入20世纪70年代，经过十几年的研究、试验和探索，计算技术应用逐步引起了各方面的关注。1975年，铁道部为采用电子技术来提高铁路管理水平，以适应运输事业不断发展的需要，成立了铁道部直属电子计算所。1977年为了适应铁路科学技术现代化的发展，铁道部成立了电子计算技术管理局筹备组，以加速实现铁路运营管理现代化。1979年经国务院批准，铁道部将电子计算技术管理局筹备组和直属电子计算所合并，成立铁道部电子计算技术中心，以完成应用软件开发、信息工程建设等任务，对全路计算技术应用的开展发挥了重要作用。

从此，铁路应用电子计算技术进入了全路性信息系统初步规划和试验阶段，开始系统地研究如何建设铁路计算机网络，如何实现铁路运输信息化问题，探讨建立计算机网络和全路计算机设备选型的问题。铁路运输24 h不间断生产，铁路有自己的专用通信网，有比较严格的管理体制和制度，报表系列比较完整，因此有必要和有条件建立计算机网络和实时信息处理系统。根据当时的实践经验，同时参考国外的情况，制定了铁路计算机网络和信息处理系统建设的方针，要具有高度可靠性、稳定性、连续性；要具有较强的数据传输、存贮、处理能力；要具有较强的网络软件和实施联机运作的功能；要大、中、小型机配套，软硬件向上兼容；要具有较强的可扩展性、可维护性。

1979年铁道部成功引进4台PDP－11计算机，紧接着又为北京、济南、上海铁路局各引进2台PDP－11计算机，随后又引进了意大利“Olivetti”公司的终端计算机开展货运管理试点。

这些设备的引进，对铁路计算机应用的发展、计算机网络建设，以及人才培养等方面，均起到了极大的推动作用。

1980 年底，完成了铁道部至北京、济南、上海铁路局的联网试验，采用 DEC 公司研发的网络规程为 DECNET(Phase Ⅱ)，链路级规程为数字数据通信报文规程(Digital Data Communications Message Protocol，简称 DDCMP)，通信线路为铁道部电务部门提供的专线，速率为 1 200 b/s。在当时，这是全国最早建立、功能较为完整的计算机网络。

1977 年，铁道部组织制定了"铁路运营管理系统"总体规划，提出在 10 年或更多一点的时间，初步建成一个以铁道部为中心的、集中型的、实时联机的全国铁路运营管理自动化系统，同时在部分主要编组站、客货运站建成作业自动化系统，在一条主要干线建成行车指挥自动化系统。运营管理自动化系统设想以铁道部为主体多级计算机网络，在主要信息源点设置不同规格的终端设备，通过网络，由下而上地实时传输、集中有关运输信息，经过各级计算机处理成为综合的或分类的各项最新的统计资料；自上而下地下达有关运输工作计划，提供有关运输的车流、货流、客流的预报资料，为各级有关管理人员及时地提供运输情况，以便组织运输生产。这是第一个建设全路性信息系统的规划，尽管是一个初步规划，但相对于当时的技术水平和环境条件，这个总体规划体现了当时的一流水平，基本描绘了铁路运营管理应用计算机的前景。

(三)第三时期：重点应用时期(1985～1992 年)

20 世纪 80 年代，针对如何实现铁路运营管理系统总体规划，铁道部决定与加拿大国铁(CN)合作，以借鉴国外的成功经验。CN 在吸收美国 TOPS 经验基础上，成功地实施了 TRACS，共同完成了建设中国铁路运营管理信息系统的可行性研究。双方专家组认为当时要在中国铁路全面开展铁路运营管理信息系统建设有很大困难，一是由于巴黎统筹委员会的禁运无法引进大型计算机；二是中国铁路通信网基础太差；三是基层站段缺乏计算机应用人才，铁路员工文化水平较低。于是决定先在北京、济南、上海三个运量较大、基础较好的铁路局建立信息系统，以此为基础逐步向全路推广，逐步形成全路运营管理信息系统。

其建设思路是：建设京沪圈铁路运营管理系统(北京、济南、上海铁路局范围)，由铁道部、铁路局、原分局的计算机系统和基层站段的微处理机和终端组成的计算机网络联网的处理系统，首先在该范围内建立起一个主要为日常调度和运输组织指挥服务的电子计算机网络和信息处理系统，逐步升级向全路推广。根据这个思路，铁道部会战组组成了京沪圈运营管理总体设计组，总体设计组于 1985 年完成了"京沪圈铁路运营管理系统"总体设计。1986 年 3 月该总体设计通过了路内外专家和有关领导的评审，得到了肯定和好评，被列为当时国家应用计算机的重点开发项目。后来由于各种原因京沪圈铁路运营管理系统没有全部实施，只是对主要子系统(如车流预确报、月度货运计划和技术计划的编制、编组站现在车管理、货运站运营管理、机务段信息管理以及计算机网络等)在不同程度地分别实施，部分项目扩展到全路。

到20世纪90年代初,全路拥有中、小型计算机600多台,微型计算机20 000多台。在铁路信息化初期研究开发的应用项目(系统)主要有:

1. 车流预确报系统

以货运站的货运工作日况报告附表(即运货5)和技术站的列车编组顺序表(即运统1)为信息源,利用计算机处理运统1,减少了运统1的处理环节,提高了工效和运统1的质量,取得了较好的效果。这是利用计算机和计算机网络处理运统1的开始。

1985年确定逐步建立起以"运货5"为信息源的全路"分局别使用车去向报告系统",系统于1986年建成投产。该系统不仅能向铁道部调度提供分局别、车种别、日装车和使用车去向的详细资料,而且由计算机自动处理交换,给各铁路局和原铁路分局返回其需要的信息,增强了车流的预见性。

2. 计算机网络

1986年6月,在铁道部的领导下完成了铁道部—铁路局—铁路分局的三级星状计算机网络建设。所用的网络规程仍为DECNET(Phase Ⅲ),线路为专线,传输速率为2 400 /4 800 b/s。原铁路分局又开始将网络向编组站、大型区段站和大型货运站延伸。

3. 计算机编制货票

利用微机编制货票始于20世纪80年代,到20世纪90年代初,全路约有200多个货运站使用各种微机和软件,为整车或零担货物核算运费和制票。

4. 编组站现车系统

从20世纪70年代开始,铁道部组织有关科技人员先后在南仓、南翔、丰台西等编组站进行了大量的研究和试验,在技术上取得了很大突破。1986年株洲北编组站现车管理系统通过部级鉴定,正式投产使用。郑州北编组站于1985年引进了加拿大国铁的编组站管理信息系统(YIS),经过铁道部电子计算中心、北方交通大学(现北京交通大学)、郑州铁路局的技术人员联合攻关,在CN的YIS系统上进行了移植,并结合中国铁路编组站的实际情况进行二次开发,成功地实现了郑州北编组站货车管理信息系统。该系统与编组站作业控制系统联网,构成了信息管理与控制系统的联动系统,实现了我国铁路首个综合自动化系统。该系统有效提高了编组站作业效率,产生了良好的经济效益。该系统于1988年通过国家级鉴定,并正式投产,1990年获得铁道部科技一等奖,1991年获国家科技进步一等奖。该系统的成功,为引进消化吸收国外铁路先进信息技术积累了宝贵经验。

5. 货运站管理系统

货运站作业工种多、范围广,信息化的难度更大。从1980年在广安门站试点开始,到20世纪90年代初,先后有广安门、上海西、郑州东、广州南等近20个主要货运站不同程度地建成货运站管理系统,取得了明显的经济效益和社会效益。

综上所述,我国铁路建设在这一时期的IT应用项目基本上是局部的、区域性的,许多项目得到了实际上的应用,取得了较好的效果,为20世纪90年代计算机应用第四阶段的全国性应用系统(如 TMIS 等)的建设打下了基础。

(四)第四时期:专业应用时期(1993 ~2003 年)

本时期的重要特征是,我国铁路完成了若干全国性大型应用系统,并开始尝试解决信息系统融合问题。

全国性大型应用系统包括铁路运输管理信息系统(TMIS)、调度指挥管理信息系统(Dispatching Management Information,System,简称 DMIS)、客票发售与预订系统(Ticketing & Reservation System,简称 TRS)、车号自动识别系统(Automatic Train Identification System,简称 ATIS)、货物运输管理系统(Freight Transport Management System,简称 FTMS)、财务会计管理信息系统(Finance and Accounting Management Information System,简称 FAMIS)、办公信息系统(Office Management Information System,简称 OMIS)等。其中,最有代表性的系统为 TMIS、DMIS。

1. 铁路运输管理信息系统

1993 年,在我国信息化建设进入了蓬勃发展的新时期,中国铁路信息化建设也进入了鼎盛时期。1993 年铁道部党组做出了一个重大决策——建设中国铁路的运输管理信息系统。1993 年铁道部组织力量进行了总体设计,1994 年正式立项,投入资金总计达 26 亿元,1995 年开始全面实施。由于铁路是由众多工种、众多部门组成的一架复杂的联动机,信息化涉及的范围非常广泛,包括货运、客运、机务、车辆、工务、电务、财务、物资、计划、人劳等众多部门,但这些部门都是为运输服务的,所以运输管理信息系统是铁路信息化的核心。运输管理信息系统的建设为铁路其他部门提供了信息化的基础平台,也带动了铁路信息化的发展。

TMIS 通过计算机网络从全路 2 000 多个站段,实时收集列车、机车、车辆、集装箱以及所运货物的动态信息,对列车、车辆、集装箱和货物进行节点式追踪,为全路各级运输管理人员提供及时、准确和完整的运输信息和辅助决策方案,实现紧密运输、均衡运输,提高运输生产效率,改善客户服务质量。

完成于 1992 年的 TMIS 总体规划在体系结构设计主要参照了加拿大国铁的 TRACS 系统模式,并结合中国铁路运输管理体制的实际情况进行了二次开发。该设计具有以下特点:

(1)采用集中建库与分布处理相结合的原则,在铁道部建立中央实时信息库,直接从基层站(段)获取原始信息,经过必要的加工后供全路各有关部门使用,同时,以定时方式将有关信息按阶段返回铁路局,实现分布式处理。

(2)采用平面式网络体系结构,允许多协议并存。

(3)采用主机/终端模式构建各级系统。

(4)中央实时信息库采用文件系统实现数据组织和管理,以提高响应速度。

(5)TMIS 的功能设计主要考虑铁路运输管理过程的需求,未能充分考虑社会化服务的需求。

缘于技术发展水平和认识上的局限性,1992 年规划设计的 TMIS 体系结构已不能很好地满足运输管理需求,也不适应信息技术发展,因而,2001 年铁道部再次组织了一个 TMIS 总体设计组,对 TMIS 的应用目标和技术方案工程目标进行了一次全面的和系统的调整,制定《铁路运输管理信息系统调整方案总体设计》,并于 2004 年完成相应工程。

2. 铁路运输调度指挥管理信息系统

DMIS 是一个覆盖全国铁路的大型网络系统,是我国铁路运输调度指挥系统现代化建设的标志,也是中国铁路信号系统从传统的独立的联锁设备向新型的数字化、网络化、信息化方向发展的起步工程。它由国铁集团、铁路局集团公司及基层车站、枢纽和编组站、区段、分界口、港口和口岸、大企业站和煤炭装卸点构成的多级网络。该系统 20 世纪 90 年代开始建设并投入运营,2005 年在与 TMIS 结合的基础上,演进为 TDCS。

该系统将现代计算机技术、网络通信技术与铁路信号技术的特点相互融合,把传统的以车站为单位的分散信号系统逐步改造成为一个全国统一的网络信号系统,构成一个覆盖全国铁路的大型计算机网络,实现全国铁路系统内有关列车运行、数据统计、运行调整及数据资料的数据共享、自动处理与查询。这一项目的实施使中国铁路的调度指挥管理达到世界先进水平,从而最终实现对全国铁路运输的集中监视的指挥。DMIS 的实施将不仅可以大大提高铁路运输生产效率、改善调度指挥人员工作条件,也将极大地提高了信号系统的技术、管理和维护水平。

DMIS 功能主要功能包括调度监督、计算机辅助调度、列车运行信息的采集、信号设备部分状况信息的采集、本站和相邻站站场显示等。

(五)第五时期:信息融合时期(2004～2025 年)

在本时期,注重信息技术的融合,其中以 2005 年发布的《铁路信息化总体规划》的诞生为重要标志。该规划强调信息共享,在系统建设实践上,则以融合 DMIS 和 TMIS 的 TDCS 的建设为代表。同时,以高速铁路建设为特征的铁路大发展,对信息技术的建设提出了更高要求。

在信息融合时期,典型代表系统有以融合不同业务系统的 TDCS 及以现代移动通信技术为特征的 CTCS 系统。

1. 列车调度指挥系统

2005 年,根据铁路信息化总体规划,在原有 DMIS 的 TMIS 的基础上,融合产生了 TDCS,其目标是建立以 TDCS 为平台、CTC 为核心的我国铁路现代化调度指挥系统。

TDCS 网络是一个全国性的,以 IP 核心的网络,是实现铁路各级运输调度对列车运行实行透明指挥、实时调整、集中控制的现代化信息系统。

TDCS 的体系设计充分考虑了我国铁路调度指挥管理的特点,即以行车调度为核心,以站、段为基础,实行国铁集团和铁路局集团公司两级调度指挥管理的体制。按照分层设计的思想,TDCS 设计为国铁集团、铁路局集团公司和车站三级行车调度指挥系统。

2. 中国列车运行控制系统

中国列车运行控制系统(China Train Control System,简称 CTCS)是我国列车运行控制系统的技术标准体系,它是我国铁路在借鉴 ETCS 发展思路,结合国外高速铁路列车控制系统运用经验和我国铁路运输特点的基础上产生的。

CTCS 的目标是提高铁路安全性能和运输效率,满足铁路对不同列车控制系统的互通运营,规范系统设计,适应铁路发展的需要。

CTCS 技术标准体系,共分为五级(即 CTCS－0、CTCS－1、CTCS－2、CTCS－3、CTCS－4)。CTCS－0 级是既有铁路现状,地面为自动闭塞或半自动闭塞,车载设备由列车运行监控记录装置和通用机车信号组成;CTCS－2 级是基于轨道电路和应答器传输列车行车许可;CTCS－3 级系统主要是基于 GSM－R 无线通信实现车—地双向传输。

第三节　国外铁路信息化发展

铁路运输自 1825 年在英国诞生以来,主要经历了开创时期、发展时期、成熟时期、新发展时期等四个发展时期。铁路运输的问世,标志着社会生产力达到了一个新的水平,是适应工业大生产的需要而发展(煤炭、钢铁、廉价货物运输等),铁路运输已成为是影响国家经济、文化、国防安全的重要因素。

在国外铁路发展的历程中,产业革命为铁路发展创造了技术基础和市场条件。世界铁路历程由开创时期(1825 ~1860 年)的 26 个国家、19.4 万 km,到发展时期(1860 ~1920 年)的 60 国家、84 万 km 铁路。其中,仅美国 1916 年达到建设的最高峰 42 万 km。1920 年底,世界铁路建设里程 103.3 万 km。随着外部环境的变化,特别是面临公路、民航、管道运输等市场竞争的挑战,世界铁路的发展进入以更新技术和改造设备为特征的成熟时期(1920 ~1960 年)。

以 1964 年日本新干线高速铁路诞生(东京—大阪 515 km,速度 210 km/h)为标志的新发展时期(1960 ~今),这期间意大利、英国、西班牙、瑞典、德国、韩国等多个国家先后开通了高速铁路。其技术特征为通过采用计算机来建立多项作业控制系统,以提高自动化水平和市场竞争力。这期间,重载列车的快速发展也得益于以计算机为核心的信息技术应用。

20 世纪 80 年代以来,以信息技术提升旅客运输质量和货物运输效率,已成为世界各国铁路发展战略的重点之一。在铁路运输生产、经营和管理中,现代信息技术、因特网技术、电子商务技术的应用,极大改变了传统运输产业的面貌,迅速提升了企业生产、管理和服务水平,提高了铁路运输行业的效率和效益。日本和西欧发达国家,铁路旅客运输基本实现了信息化,旅客在旅行全过程可享有问讯、预订客票、了解列车运行情况、预订旅馆和机票、获取公共汽车信息等全方位的信息服务,客运质量得到了根本性的提高。在铁路行车控制技术方面,国外主要采用综合调度系统和列车运行自动控制系统,实现通信信号一体化、机电一体化、车站区间一体化和地车控制的统一指挥与管理,提高了铁路运输效率和行车安全的可靠性。

本节将重点讲述国际上铁路发达国家的铁路信息技术发展情况(主要是北美、欧洲和日本),通过了解铁路信息技术在重载列车货物运输和高速铁路旅客运输方面的应用情况,初步掌握国际上先进铁路信息技术的发展潮流和应用动态。

一、美国铁路

美国铁路公司的主营业务是大宗货物的长途运输,由于其社会整体信息化水平高及与其他运输工具市场竞争激烈等原因,美国铁路公司高度关注运输生产信息系统的建设,其铁路货运信息技术处于世界领先地位。

美国铁路信息技术的应用特点主要表现为以下几方面:

1. 关注提高设备利用率和劳动生产率,以大幅度减少员工和降低运行成本

例如,美国北柏林顿铁路公司调度指挥中心共设230个调度台,有1 100名调度人员,负责53 000 km铁路、1 400列车的调度指挥,实现了调度指挥的集中化、自动化和智能化。

2. 强调增加客户满意度,以提高铁路在市场中的竞争力

铁路信息技术的应用目标是如何更好地接近客户,主动提供新的服务产品和提高服务质量,增加客户满意度,从而巩固原有铁路市场,提高铁路在市场中的竞争力,争取从其他运输方式那里夺取更多市场份额。

美国主要铁路公司正广泛使用网络技术支持可增加附加价值的电子商务、电子交易,使客户可以在任何地方、任何时候获取所需信息。其结果是进一步提高了铁路资产利用率,改变了铁路的服务水平,增加了客户满意度和社会知名度,彻底改变了社会上认为铁路是“低价低质量”服务企业的认识,树立起“优价优质量”的新形象。

例如,堪萨斯南方铁路公司(KCS)开发和实施的管理控制系统(Management Control System,简称MCS)是一个较好的典型。它广泛使用了Web浏览器,用户可以方便地得到所需的各种信息(如铁路提供的各种服务、价格,向铁路申请车辆、查询货物的流转情况和铁路进行清算等)。这个系统也为公司内部提供了可靠的决策数据,提高和改进了运营水平。

3. 强调信息技术必须实现企业的战略规划,业务观念必须通过信息技术得到革新

美国最大的铁路运输公司UP(美国联合太平洋铁路),信息系统开发主要围绕其运输产品,以客户服务为中心,通过在安全、效率、服务三个方面进行技术革新,在机车车辆、基础设施、运营管理自动化、信息技术等领域开发了信息系统等技术。

UP主要业务是货物运输,并以大宗货物长途运输为主业,与大的生产企业和远洋运输企业建立了长期稳定的合作关系,并以集装箱多式联合运输为业务的主要增长点。针对其业务特点,UP非常重视信息技术的研发,并从三个层面对行车调度、货运营销、企业管理等运营业务进行支持。

(1)战略:运输预测、运输和资源规划、运输模拟。

(2)战术:运输和资源管理、路网监测。

(3)日常生产。

UP强调IT战略在企业运营中扮演着重要的角色。信息技术的支出是对未来的投资,信息技术必须实现企业的战略规划,业务观念必须通过信息技术得到革新。信息系统的设

计则以流程再造为基础，彻底改变了过去的程序设计方法，使企业的数据库、信息知识组织更有效更好地为整个企业服务，避免了传统上各业务部门按职能、按条目重复开发系统的弊病。

4. 关注重载运输的安全监测和列车运行控制等核心应用，技术创新立足于计算机、通信、控制的融合技术

美国铁路是适应其工业大生产的需要而发展，铁路信息技术领域的许多重要技术诞生于美国，如 CTC 于 1927 年产生于美国，利用信号直接给列车下达行车命令（代替"行车"凭证），该技术标志着行车方式的革新，及铁路信号制式的诞生。到 20 世纪 60 年代，CTC 已经成为世界铁路的发展方向。

美国的铁路信息技术的研究与应用，主要包括以下几大领域：

(1) 重载运输。信息技术在重载运输方面的应用主要包括重载列车网络控制技术、重载机车故障遥测监控技术和重载机车无线遥控操纵系统等。

(2) 安全监测技术。信息技术在安全监测方面的应用主要包括集成型路旁安全监测系统、先进的轨检车及钢轨探伤车、采用地面探测雷达对路基状态作出评价和重载列车控制技术等。

(3) 基于无线通信的列车自动运行控制（Communications-Based Train Control，简称 CBTC）系统。美国、加拿大在 2000 年开始实施一项列车自动运行控制系统的研究计划，研究基于无线通信的列车自动运行控制系统。该系统是以基于 GPS 的局部决策系统为核心，包含了决策管理、速度自动控制、列车故障控制、路旁集成检测监控、道口报警、机车动力控制及安全警报、车站进路优化、列车自动操纵（无司机）等子系统。

通过以上对美国铁路信息技术先进产品的技术描述，可以看出，将计算机、通信、控制技术有机融合，是其技术创新的共同特征。

二、欧洲铁路

世界第一条铁路诞生于欧洲。1825 年，在英国产生了由蒸汽机车牵引、铁路长度为 32 km、运行速度为 24 km/h 的货物运营铁路，专门用于煤炭运输。

铁路运输的问世，标志着社会生产力达到了一个新的水平，是适应工业大生产的需要而发展（煤炭、钢铁、廉价货物运输等），并逐步成为影响国家经济、文化、国防安全的重要因素。

欧洲不仅是铁路的发源地，也是现代铁路最发达、最复杂的地区。今天欧洲铁路运营超过 40 万 km，对欧洲经济发展起着不可忽视的作用。欧洲先进铁路技术国家以德国、法国、英国为代表。

欧洲铁路信息技术的应用特点主要表现为以下几方面：

1. 针对业务发展，制定 IT 发展战略

在这里以德国国家铁路（DB）为例进行说明。DB 是一家同时经营客运和货运运输业务的

铁路运输企业,是欧洲铁路的佼佼者,该公司的客运量和货运量都位居欧洲首位。DB 拥有铁路总运营里程近 4 万 km,按照业务划分的三个主要的公司:客运、货运与物流、基础设施和服务。

DB 从 1999 年开始实施其“价值管理系统”,旨在通过提高企业的运营效率和管理水平来提高竞争力。基于该目标,不同的分公司制定了各自不同的市场和业务发展目标。如客运分公司目标为“以坚守德国国内市场的优势地位、在欧洲范围内扩展多种业务”;货运与物流分公司目标为“扩大在欧洲范围内的货运和物流业务”;基础设施和服务分公司则以“大幅度地提高基础设施和服务的质量、性能和效率,节约企业运营成本”为目标。

针对其业务发展战略,DB 制定了其 IT 发展战略,主要包括 IT 管控战略、应用战略、平台战略和采购战略。其中,IT 管控战略用于规划参与各方的角色、职责和业务流程,以及开发和运营活动;应用战略用于协调所有业务部门的需求并作出 IT 预算计划;平台战略则以节约成本为目标定义开发、测试、运营所使用的平台;采购战略则是规定了针对 IT 供应商的开发、维护和运营等方面的管理。

可见,以业务为中心、注重于价值的创造,是先进铁路 IT 发展战略的核心内容。

2. 高度重视通信与控制技术的结合,特别强调移动通信技术的应用

伴随着 IT 产业计算机技术、通信技术和控制技术的发展和融合,用 3C 技术(Computer、Communication、Control)替代轨道电路为信息传输介质,以构造新型的列车控制系统已成为技术潮流。

ERTMS/ETCS(欧洲铁路运输管理系统/欧洲列车控制系统)是欧盟支持的统一的行车控制系统,采用移动通信 GSM－R(欧洲铁路综合移动通信系统)为传输系统,加快了铁路通信信号一体化的技术演讲进程。其目标是以无线通信技术为基础,实现低成本、高性能的列车运行控制系统。

(1)欧洲铁路综合移动通信系统(GSM－R)。GSM－R 技术产生的背景是为满足欧洲 21 世纪铁路网络一体化进程,解决铁路提速、跨国运行所带来的语音数据的可靠传输、超速防护的互操作性问题,针对欧盟提出泛欧高速铁路系统互操作性规定,国际铁路联盟(UIC)向欧委会推荐了 GSM－R。

GSM－R 为铁路专用 GSM 蜂窝系统,主要技术特性为:添加了先进语音呼叫业务特性,灵活提供专网所需的语音调度服务;增加了铁路的集群通信功能;无线列控、无线列调、编组调车通信、应急通信等语音通信功能,具有功能寻址、基于位置路由等特性; 提供火车快速移动时的切换;隧道内的覆盖、车站和编组站场内覆盖要好。

(2)欧洲列车控制系统(European Train Control System,简称 ETCS)。ETCS 是欧盟支持的统一的行车控制系统,其产生原因主要是解决当时欧洲存在的十几种列车控制系统,因都是采用专用技术而导致列车无法实现跨国运行的问题。其技术特征是通过采用统一标准/规范,实现不同系统间的互联互通。

列车控制系统是确保铁路行车安全的信号系统(即控制系统),是通过利用地面提供的线路信息、前目标距离和轨道进路状况,由车载设备自动生成列车允许的速度控制模式曲线,并实时与列车运行速度进行比较,超速后及时进行控制。

欧洲铁路列车控制系统的发展方向是 ETCS－2 级,即采用 GSM－R 无线网络实现车—地双向信息传输。ETCS－2 级是经过多个试验项目的测试和认证后,已进行了商业项目的建设,如德国铁路计划到 2021 年在所有的高速铁路装备 ETCS－2 级设备。

三、日本铁路

日本铁路的历史开始于 1872 年(新桥—横滨 29 km),运营铁路近 27 600 km,主要以客运为主。

由于日本独特的地理环境和经济模式,日本铁路和欧美铁路的路网结构和技术发展方向都有很大的不同。主要表现在:一方面,其主要业务以旅客运输为主,日本年客运量居世界首位;另一方面,由于日本的国土面积有限,且以山地为主,因此,日本铁路技术的发展主要围绕铁路隧道、铁路桥梁等。此外,由于日本是世界上最早开通高速客运专线并将其运营的国家(1964 年,东海道新干线),日本的行车安全控制技术和环境保护技术在世界上处于先进行列。

(一)日本铁路信息技术的应用特点

日本铁路信息技术的应用特点主要表现为以下几个方面:

1. 信息技术高度融合,系统集成程度高

以新干线计算机辅助安全运营维护系统(Computerized Safety Maintenance and Operation Systems of Shinkansen,简称 COSMOS)为例,COSMOS 将与旅客运输有关的子系统都很好地结合起来,使开放运营的铁路系统在信息传输上形成相对的闭环系统,是现代控制技术与计算机技术、网络技术和控制技术的有机结合。同时,各功能单元之间结合紧密,信息共享顺畅。

2. 业务覆盖面广,各子系统有机结合

日本铁路信息技术突出以运营管理为核心,几乎涵盖了铁路客运运输业务的所有系统,将客运运营有关的系统都有机地结合起来,保证系统有效地运行。

3. 运营与维护自动化程度高

日本铁路信息技术在信息管理和自动控制方面有较高的自动化水平,如行车计划和维修计划的自动生成、列车运行自动控制等。

4. 注重安全检测技术的综合化

日本铁路信息技术在安全防灾、基础设施实时监控等方面有大量的技术创新成果,如世界首列高速铁路综合检测车(Doctor－Yello),实现了将铁路几乎所有基础设施(轨道、桥梁、通信、信号等)的在线综合检测。

(二)日本最有代表性的信息系统

日本最有代表性的信息系统为新干线计算机辅助安全运营维护系统和新干线综合检测

列车。

1. 新干线计算机辅助安全运营维护系统

COSMOS是日本新干线高速铁路综合调度系统,它以运营管理为核心,将客运运营有关的系统都有机地结合起来,使运营信息可以在该系统中快捷有效地进行共享,所有涉及运营工作的状态都得到及时有效地跟踪和管理,运营工作计划自动产生,列车实现自动控制,为新干线的快捷、安全的运营提供了强有力的支持。

2. 新干线综合检测列车

用于东海道和山阳新干线上的铁道监测和维护列车,由7节车厢组成,全身涂成醒目的橘黄色,给人以安全感。由于其任务是为铁路运营监测和维护,故被称为黄色医生。第一列Doctor - Yellow出现在1974年,主要用于保证新干线的安全畅通。

Doctor - Yellow的最高时速是210 km。Doctor - Yellow有规律的在日本各条新干线上运行,每6天重复检察同一条线路,车上装有探伤设备,具备高速行驶同时监测铁路状况。监测的主要内容为铁路线路质量、电缆线、通信电路和其他信号设备。车上的设备是世界上最先进的,是IT先进技术应用的典范。

第四节 国外铁路信息技术应用案例

基于计算机的铁路信息技术,已成为国际上铁路装备现代化的不可分割的重要组成部分。本节将以日本新干线计算机辅助安全运营维护系统为例,介绍高速铁路信息技术的应用概况。

一、COSMOS的研发情况

1. COSMOS发展里程

COSMOS是随着日本高速铁路的发展而不断完善的,在1964年新干线建成时,其调度指挥系统采用的是CTC,实现对各站的进路控制和全线列车整体运行情况的监视。随着技术的进步和行车量的增加,铁路部门认为有必要采用计算机取代人力来处理大量的数据,以减少误差,保证行车安全,从1972年开始,COSMOS启用了在CTC基础上扩充了时刻表管理、进路控制和运行信息显示功能,形成了计算机辅助运输控制系统(COMTRAC)。

随着计算机技术和通信、控制技术的提升,旅客对运输质量要求的提高和为了便于更合理、有效的运用资源,东日本铁路公司(JR)在COMTRAC的基础上,先后增加了维护作业管理、车辆管理、站内作业管理、电力系统控制、集中信息监控和设备管理系统,最终形成了一套完整的计算机辅助安全运营维护系统,并于1995年开始采用。日本COSMOS发展历程如图3-3所示。

2. COSMOS的研发与建设

COSMOS经历了制定基本构想、编制功能规格要求、开发、工厂内试验和综合试验、联

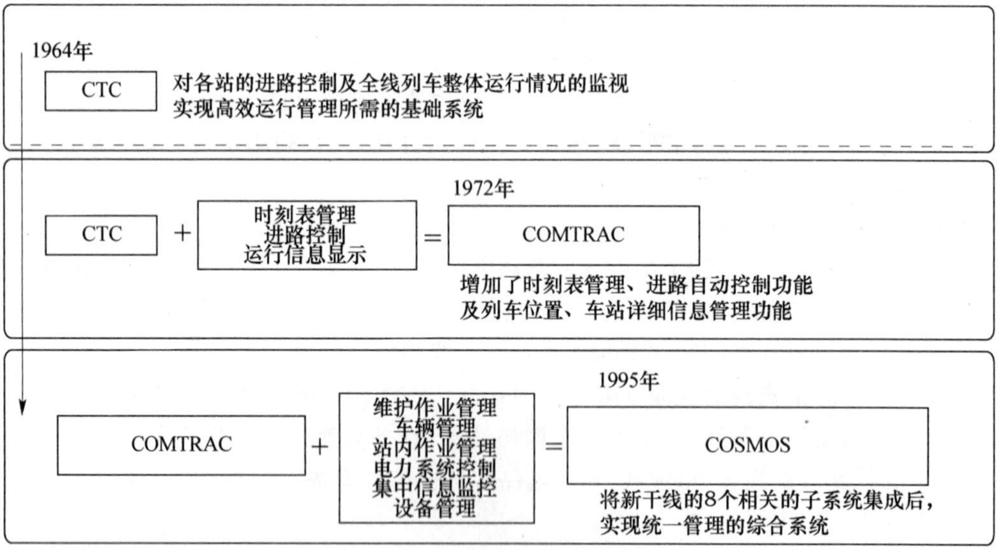

图 3-3　日本 COSMOS 发展历程

调、试运行、正式使用、日常维护和升级等阶段。COSMOS 从 1990 年 12 月由 JR 运输车辆部门提出并立项，到 1995 年 11 月正式投入运用，整个周期花费了 5 年时间。加上后续两年的系统功能扩充和进一步完善。

其组织形式是，JR 成立了一家全资子公司——东日本信息技术公司（JEIS），专门从事全公司信息系统的建设。其主要职责是担负项目管理，组织东日本铁路公司内系统的具体使用部门提出用户需求，在此基础上确定系统功能，并委托开发商（日立制作所等）进行系统开发和安装，在开发期间 JEIS 在工厂内对系统进行详细的、全面的功能测试，并进行验收。系统的日常维护由 JR 运行本部技术人员、JEIS 的技术人员和相关供应商承担，在系统日常运用出现重大技术问题或需要升级改造时，由 JEIS 委托系统开发商（日立制作所等）承担。

二、COSMOS 的组成

（一）COSMOS 的构成

应用于东日本铁路公司 COSMOS 包括运输计划、运行管理（列车调度和旅客服务）、电力系统控制、信息集中监控、设备管理、维护作业管理、车辆管理和段内作业管理等 8 个主要子系统，其结构如图 3-4 所示。

（二）COSMOS 的特点

COSMOS 完全按照公司的管理理念进行设计、开发与建设，确保新干线安全、可靠运行和整体运营效率的发挥，并贯彻新干线运营管理信息的共享和运力资源综合运用、坚持以

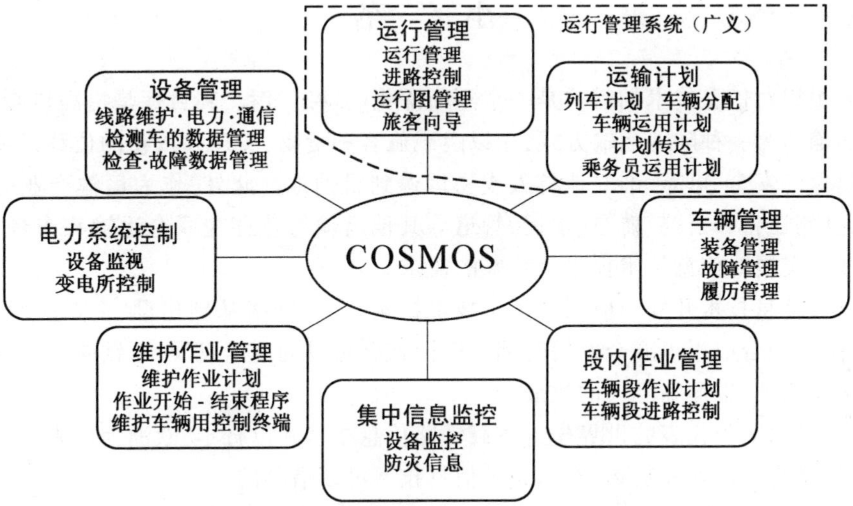

图3-4　东日本铁路公司COSMOS结构

运输计划为主脉和基于分散自律的反映调度员意图的自动控制的设计理念，其主要技术特点如下：

(1)提供适合高速、高密度运行，具有实际业绩的运行管理技术。系统设计和建设基于广域大规模分散自律方针的车站分散控制系统(快速响应性自动控制系统)，通过实时列车行驶模拟(预测)实现运行调整辅助功能，并传递运输计划(时刻表)的变更(命令传达功能)，保证系统分段实施的同时不间断运行。

(2)实现对运输计划、车辆运用、列车运行和旅客服务相关信息、列车运行和维修作业的综合管理。在系统设计和建设过程中，在运营生产管理全过程体现以运输计划为主脉。运输计划包括基本计划和实施计划，涵盖运营管理所涉及业务的全部计划，包括列车运行计划、动车组运用和分配计划、乘务计划、车辆维修计划、施工作业计划等，并包含了列车运行进路、车辆全年运用和乘务人员全年司乘计划等所有内容，确保运营的高效率。

系统实现了对新干线运营管理从计划到实施和实绩等各项业务的综合管理，对系统内关键设备实行统一管理，不仅为行车安全提供了可靠的保证，同时可以对设备的运用进行优化，提高设备的运用效率，降低运行成本。

(3)将系统的管理和控制范围扩大到车站、车辆段、维护中心等运营生产最基层单元，实现运营的一元化管理。系统制定了包括站段作业计划和维修计划，并通过分散自律和相关手段对站段作业和维修作业进行直接控制和管理。

(4)突出以旅客为服务对象的信息服务功能。通过对列车运行和旅客信息的实时掌握，制定出服务于旅客的运输计划和实时调整计划，并将相关信息实时传递给旅客(客运服务系统)。

小　结

企业和组织对信息技术的需求是一个不断深化的动态过程，其目标是提高核心竞争力。

铁路运输作为一种陆地运输方式，用以运载旅客和货物，实现人或物的位移。铁路运输生产的实质是保证安全、可靠、准时地将人或物运送到目的地。此外，作为运输产业的五个重要行业之一，铁路还将和公路、航空、水运、管道等其他运输行业存在联合运输和市场竞争压力。铁路运输业的发展对信息技术提出了特殊的需求。

中国铁路信息技术开发与应用经历了技术探索、全国网络基础建设、重点应用、分专业全国性应用、信息融合应用等五个发展时期。中国铁路建设的高速发展，对铁路信息技术的研究与应用提供了机遇，也面临巨大的挑战。

国际上，以北美为代表的世界先进重载铁路信息技术和以日本、欧洲为代表的客运高速铁路信息技术，都是我国发展货运、客运先进信息技术可以借鉴的。

复习思考题

1. 简要描述铁路行业对信息技术的需求。

2. 简要说明中国铁路信息化发展的发展历程及各发展时期中的信息技术应用概况，并给出一个铁路信息技术应用案例的简要功能描述。

3. 请分别描述欧洲、北美洲和日本铁路信息技术的发展特点，并分析给出其中哪些经验对我国的铁路信息化建设具有借鉴意义。

4. 请分别给出国内和国外铁路信息技术的应用案例(应用需求、主要技术内容)。

5. 请结合国内国外铁路信息技术的发展历程，简要说明现代铁路信息技术的内涵和作用。

第四章 铁路信息化体系结构

【本章要点】 铁路信息化是铁路行业发展的战略制高点和现代化的主要标志。我国在铁路信息化建设中基本建成铁路运输信息系统。在对铁路基础知识、铁路信息化发展了解的基础上,本章重点介绍铁路的信息化总体结构及应用,铁路信息化公共基础平台及信息化标准体系。体系结构及相关支撑平台是整个铁路信息系统顶层设计的重点,对于大型铁路系统综合集成或铁路信息化建设项目发挥着至关重要的作用。

《铁路信息化总体规划》中指出:以运输组织、客货营销、经营管理为信息化建设的重点,至2020年在全路建成中国特色的铁路智能运输信息系统。简言之,铁路信息化的总体目标是逐步使现有的铁路运输信息系统更具智能化。读者围绕铁路智能运输信息系统的特点及建设重点,了解铁路信息化的总体结构、应用结构和公共基础平台,对于掌握铁路各应用领域的信息系统的设计、集成及关键技术等是十分重要的前提。

第一节 铁路智能运输信息系统

一、铁路运输信息系统

信息化是当今世界经济社会发展的必然趋势,已经成为推动人类社会高速发展的强大动力,成为各个国家实现现代化的重大发展战略。20世纪中期以来,在世界范围内,信息技术带动了铁路行业整体技术的迅猛发展,行车指挥自动化、客货快运网络化、市场营销信息化、安全装备系统化,使铁路行业的面貌焕然一新。实践证明,铁路信息化是铁路行业发展的战略制高点和现代化的主要标志。

运输组织、客货营销、经营管理是铁路信息化的三大应用领域,我国在铁路信息化建设中基本建成铁路运输信息系统,并在这三大领域中发挥了重要作用。信息化基础设施已具规模,客票发售与预订、财会管理、车号自动识别等系统全面投入运用,运输调度指挥管理信息系统部分投入运用,新一代调度集中系统试点成功,办公管理信息系统联网运行。

铁路运输信息系统的发展目标是继续以三大应用领域为信息化建设重点,加强基础建设,整合既有资源,经过5~10年的努力,在东部地区和六大干线基本建成中国特色的铁路运输信息系统。

二、铁路智能运输信息系统

“智能”是指在铁路运输信息系统的发展目标前提下，实现调度指挥智能化、客货营销社会化、经营管理现代化。目标是到2020年在全路建成技术先进、结构合理、功能完善、管理科学、经济适用、安全可靠、具有中国特色的铁路智能运输信息系统，其总体水平跃居世界先进行列。在提高运输效率、扩大运输能力、优化资源配置、保障运输安全、改进服务质量、提升管理水平、增加经济效益等方面发挥明显作用，为铁路跨越式发展提供技术支撑与保障。

铁路智能运输信息系统主要包括以下内容：

（一）全面实现铁路运输调度指挥智能化

（1）结合中长期铁路网规划，在客运专线、城际铁路、煤运通道和其他路网干线（覆盖率达到55%以上）建成调度集中系统。

（2）建成若干个以地域或线别为控制模式的大型综合调度指挥中心，促进铁路运输调度指挥组织模式的根本转变。

（3）在全路自动闭塞区段全面实现制式统一和主体化机车信号系统。在繁忙干线、提速线路、客运专线、城际铁路等全面建成列车运行控制系统。

（4）在客运专线、城际铁路和路网干线建成行车安全监控系统，实现对机车、车辆、线路、信号、电网和列车运行状态的全面监测、预警及安全管理。

（5）全面实现列车、机车、车辆、货物、集装箱的实时追踪，在客货运组织的各主要环节实现计算机管理。

（二）建成铁路电子商务及现代物流系统

（1）以电子商务系统为平台，建设若干个客户服务中心，向社会提供充分的信息交流和互动式服务，实现客、货运业务的网上办理与支付，全部客运站和旅客列车建成完善的旅客服务系统。

（2）充分发挥铁路运输的优势，发展现代物流，推动铁路运输由以运输组织为中心向以客货营销为中心的变革，促进铁路运输融入全社会的综合服务体系。

（三）实现经营管理现代化

（1）实现机车、车辆修程修制的改革和铁路运力资源管理的科学化，全面建成各业务信息管理系统。

（2）实现全面预算和工程建设管理的信息化，实现人力资源、财会、清算、统计等经营资源管理的合理配置及有效利用。

（3）实现网络化、智能化办公。

（4）建成铁路决策支持系统，实现个性化、专题化、智能化的决策支持。

（四）形成完整的铁路信息化体系

(1)形成覆盖全路的高速宽带数字通信基础传输网和业务应用网,全面满足铁路信息系统、多媒体通信、综合数字移动通信等所需通道的要求。

(2)与 CTC、铁路中长期路网新线建设及既有线改造同步,统筹建设中国铁路 GSM－R 网络。

(3)建成支持电子交易与社会化服务的计算机安全网络。

(4)建立完善的信息资源体系和信息共享平台;完成信息系统的整合,全面实现信息共享与综合利用。

(5)建成铁路地理信息系统,构建数字化铁路。

(6)建立完善的铁路信息系统运行维护的保障机制。

第二节　铁路信息化总体结构

围绕铁路智能运输信息系统的总体目标,铁路信息化关注运输组织、客货营销、经营管理三大应用领域,因此,铁路信息化体系必然涉及这些领域的信息系统及其支持保障平台。铁路信息化的总体结构即体现了信息化体系中各组成要素之间的相互关系。

一、铁路信息化体系

铁路信息化体系的组成要素包括运输组织领域的信息系统、客货营销领域的信息系统、经营管理领域的信息系统以及公共基础平台,如图 4-1 所示。

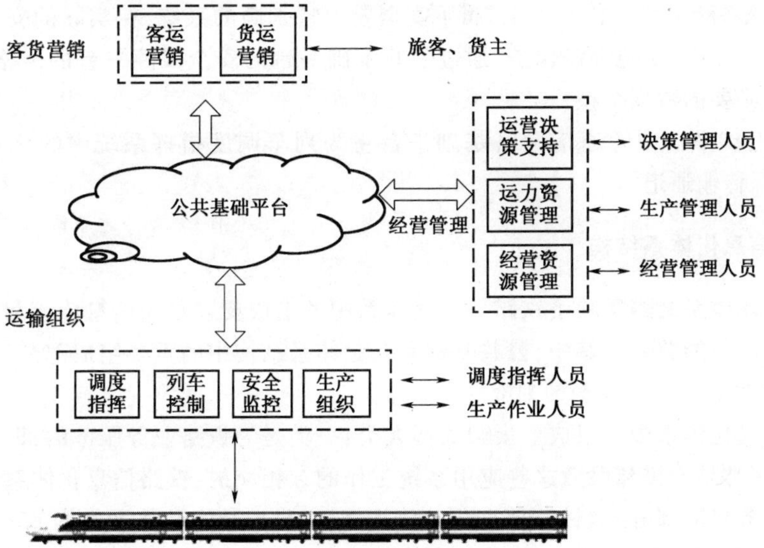

图 4-1　铁路信息化体系示意图

（一）铁路信息化体系组成

(1)运输组织领域的信息系统。该系统主要服务于铁路运输的调度指挥、生产作业部门和人员，以提高运输生产效率和保障运输安全为目标，涵盖运输生产的各主要环节。该系统主要分为运输调度指挥、运输生产组织、列车运行控制、行车安全监控四大类。

(2)客货营销领域的信息系统。该系统主要服务于铁路市场营销人员和旅客、货主，以提高铁路运输市场竞争能力、增运增收为目标，向旅客和货主提供优质服务。该系统主要分为客运营销和货运营销两大类。

(3)经营管理领域的信息系统。该系统主要服务于运力资源、经营资源管理与运营决策支持的部门和人员，以保障铁路运输的运力资源的优化配置和降低运输成本为目标，提高铁路运输效益。该系统主要分运力资源管理、经营资源管理、办公信息管理和决策支持四大类。

(4)公共基础平台是保障铁路信息化的基础，主要包括通信网络基础平台、信息共享平台、信息安全保障平台、公用基础信息平台和铁路门户。

在该体系中，各组成要素间的关系表现为：公共基础平台是各领域信息系统的有力保障；各领域的信息系统服务于不同的对象，并通过公共基础平台实现各系统间信息的安全传递和共享。

（二）信息化体系中各组成要素间的相互关系

以运输组织领域的列车调度指挥系统为例，其各组成要素间关系如下：

(1)依据计划调度管理系统制定的列车运行日计划，通过与供电调度、客运调度、行车安全监控与救援指挥等系统接口获取列车调度的相关信息，组织实施列车运行，处理各种故障情况。

(2)由于该系统关系到行车安全，属于安全要求特别高的系统，在实际的安全生产网中有独立的业务系统专网，实施强制保护，通过公共基础平台的安全保障平台的严格控制，与其他信息系统进行必要的数据交换。

(3)公共基础平台中的通信网络基础平台将为列车调度指挥系统中的移动通信提供语音、数据和图像传输通道。

二、铁路信息化体系结构

铁路信息化体系结构反映了铁路信息化体系中各组成要素之间信息传递和共享以及信息的安全保障各环节的关系。其中，公共基础平台是体系结构中的重要组成部分。

（一）铁路信息化体系结构的划分

可以把信息化体系中的组成要素归为两大类：一类是为铁路业务服务的，即各应用领域的应用系统；另一类是支撑和保障这些应用系统工作的。相应的，铁路信息化体系结构分为业务应用部分和业务保障部分。《铁路信息化总体规划》中铁路信息化体系结构如图 4-2 所示。

虚线框内为业务应用部分，是铁路信息化体系的应用领域实现层，每个应用领域包含若干主要方面，每个主要方面由多个相关的信息系统支撑，主要方面和信息系统可以根据发展的需要进行重组和扩充。

虚线框外的部分为业务保障部分,也即铁路信息化的公共基础平台,为业务应用层的各系统提供公用的基础环境。

图中箭头相关联的两者之间通过接口相互传递信息,箭头的方向表示的是信息的流向。

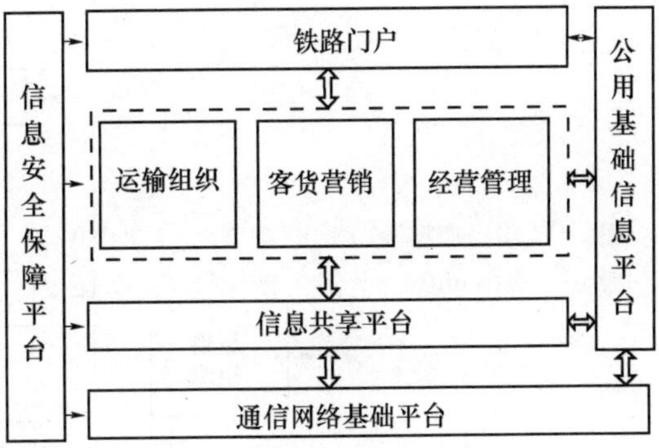

图 4-2 铁路信息化体系结构

(二)公共基础平台的组成

1. 通信网络基础平台

该平台构建完善的铁路宽带高速通信网络,满足信息系统语音、数据、图像传输的要求;建设安全可靠的铁路计算机网络,满足应用系统互联互通和社会化服务的需要。

2. 信息共享平台

该平台遵循统一的铁路信息系统交换、共享规范,建立信息系统的信息传输交换及共享机制,实现三大领域信息系统间信息共享。

3. 公用基础信息平台

该平台实现公用基础信息(基础编码、铁路空间信息、运输基础信息等)的统一维护,为各信息系统提供标准的中间件服务。

4. 信息安全保障平台

该平台建立铁路信息化完备的信息安全保障体系,为各信息系统和系统间数据交换提供保障信息安全的标准服务。

5. 铁路门户

该平台主要提供铁路信息系统对外的统一通道和服务。

第三节 铁路信息化应用结构

一、铁路信息化应用的层次结构

根据铁路信息化的体系结构,铁路信息化涵盖了运输组织、客货营销、经营管理三大应用领域的各主要业务环节,这些领域的信息系统构成了铁路信息化的应用体系。我国铁路信息化建设经过了二十多年的努力,已经建成若干信息系统,这些专业化信息系统将实现铁路行业的自动化和网络化,强有力地辅助支持了铁路各应用领域多项业务的开展。

本节主要介绍铁路的 3 大领域、10 个方面的 38 个信息系统,这是将信息系统按照业务性质和所属应用领域的不同进行归类的,层次结构如图 4-3 所示。

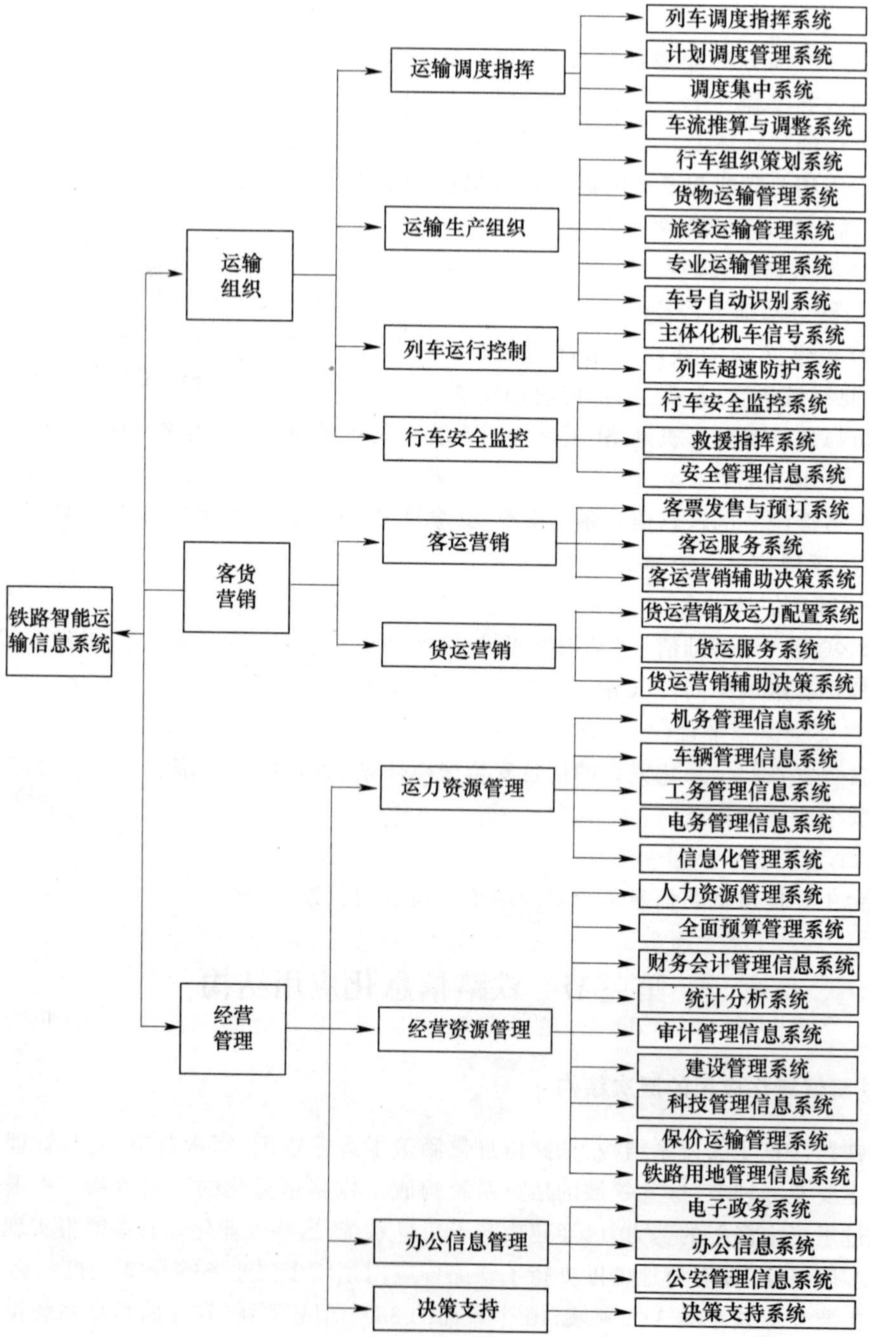

图 4-3　铁路信息化应用体系层次结构

二、应用系统与主要功能

下面分三大应用领域将一些重要的应用系统及其主要功能列举如下：

(一)运输组织领域应用系统与主要功能

运输组织领域根据职能的不同又划分为运输调度指挥、运输生产组织、列车运行控制、行车安全监控等几个主要方面。

1. 运输调度指挥

(1)列车调度指挥系统(TDCS)。其主要服务于列车调度的计算机管理与指挥。

(2)计划调度管理系统(Operation Planning Management System，简称 OPMS)。其主要服务于计划、机车、货运等调度的计算机管理。

(3)调度集中系统(CTC)。其主要完成列车调度计算机集中控制与指挥。

(4)车流推算与调整系统(Car Flow Calculating & Regulation System，简称 CFCRS)。其主要完成车流预测、车流调整的自动计算和管理以及运输能力的动态测算与分析。

2. 运输生产组织

(1)行车组织策划系统(TOPS)。其主要完成列车运行图、列车编组计划的编制、管理及信息服务。

(2)货物运输管理系统(FTMS)。其主要完成货运制票，技术站、货运站管理，车务段管理，列车预确报，货运安全管理，货车追踪等。

(3)旅客运输管理系统(Passenger Transport Management System，简称 PTMS)。其主要完成客运规章、质量、安全等管理，客运组织及客运站、段管理等。

(4)专业运输管理系统(Specialized Transport Management System，简称 STMS)。其主要完成集装箱、行包、特货等专业运输管理。

(5)车号自动识别系统(ATIS)。其主要完成自动采集机车、车辆相关信息。

3. 列车运行控制

(1)主体化机车信号系统(Locomotive Based Signaling，简称 LBS)。统一自动闭塞制式、电码化制式和机车信号低频信息码，装备主体化机车信号车载设备。

(2)列车超速防护系统(ATP)。根据不同线路的运输需求，选择不同等级的 CTCS 系统配置，实现列车运行控制。

4. 行车安全监控

(1)行车安全监控系统(Train Operation Safety Monitoring System，简称 TOSMS)。自动采集机车、车辆、线路、桥隧、信号、电网、气象、自然灾害等监测信息，实现集中监控、预警，提供安全信息综合分析及决策支持。

(2)救援指挥系统(Rescue Command System，简称 RCS)。利用多种应急通信手段，共享各类信息资源，快速反应、科学决策、综合指挥，实现跨部门、跨区域的联合救援行动。

(3)安全管理信息系统(Safety Management Information System, 简称 SMIS)。其主要完成行车、路内外伤亡事故、治安事件等信息管理。

(二)客货营销领域应用系统与主要功能

客货营销领域根据职能的不同主要划分为客运营销和货运营销两个方面。

1. 客运营销

(1)客票发售与预订系统(TRS)。其主要服务于客票发售与预订、客运售票组织等,是与普通百姓最密切相关的系统,也是全国范围内全面应用良好的一个系统。

(2)客运服务系统(Passenger Transport Service System, 简称 PTSS)。其主要完成客运站、列车旅客服务,客户服务中心及对外信息服务等。

(3)客运营销辅助决策系统(Passenger transport Marketing aided Decision System, 简称 PMDS)。其主要完成客运市场调查与预测、客运产品开发与设计、定价策略、经济评估等。

2. 货运营销

(1)货运营销及运力配置系统(Freight transport Marketing & Capacity Optimization System, 简称 FMCOS)。其主要服务于货运计划、技术计划管理,空车优化配置、路网整体使用效率和效益最大化等。

(2)货运服务系统(Freight Transport Service System, 简称 FTSS)。其主要服务于货运服务中心、客户关系管理、对外信息服务等。

(3)货运营销辅助决策系统(Freight transport Marketing aided Decision System, 简称 FMDS)。其主要服务于车流径路优化、货运市场预测分析、货运产品开发与设计、运价调整、经济评估等。

(三)经营管理领域应用系统与主要功能

经营管理领域根据职能的不同主要划分运力资源管理、经营资源管理、办公信息管理以及决策支持四个方面。

1. 运力资源管理

(1)机务管理信息系统(Locomotive Management Information System,简称 LMIS)。其主要服务于机车运用安全、检修与运用、备件、牵引供电、机务段、水电段管理等。

(2)车辆管理信息系统(Car Management Information System, 简称 CMIS)。其主要服务于客车、货车、动车组技术与使用管理,检修与运用、车辆段、车辆工厂安全质量及生产管理等。

(3)工务管理信息系统(Permanent Way Management Information System, 简称 PWMIS)。其主要服务于线路、桥隧、房建及大型设备管理,工务段管理,施工安全管理等。

(4)电务管理信息系统(Communication & Signal Management Information System, 简称 CS-MIS)。其主要服务于电务设备检修、运用、安全、质量管理,铁路无线电管理,电务段管理等。

(5)信息化管理系统(Information Technology Management System, 简称 ITMS)。其主要服务于信息化规划、计划、标准、规范、软件开发及版本、工程建设、主要设备等管理。

2. 经营资源管理

(1)人力资源管理系统(Human Resource Management System, 简称 HRMS)。其主要服务于人事档案、人才市场、劳资管理等。

(2)财务会计管理信息系统(FAMIS)。其主要服务于会计核算与管理、预算与收入管理、资金结算、成本计算、收入清算、资产管理、经济活动分析等。

(3)统计分析系统(Statistical Analysis System, 简称 SAS)。该系统充分利用信息资源,汇总、加工、处理、生成各类相关报表,统一统计口径计算,统一统计指标发布。

(4)建设管理系统(Construction Management System, 简称 CMS)。其主要服务于投资计划管理,建设项目的立项、设计、施工管理,竣工验收及后评估等。

(5)铁路用地管理信息系统(Railway Land Management Information System, 简称 RLMIS)。其主要管理铁路的用地。

3. 办公信息管理

(1)电子政务系统(Electronic Government System, 简称 EGS)。其主要服务于是国铁集团政府网站及政府专网网站建设。

(2)办公信息系统(OMIS)。其主要管理全路电子公文、电子邮件、信息服务、会议、信访等信息。

(3)公安管理信息系统(Public Security Management Information System, 简称 PSMIS)。其主要服务于警衔管理、指纹识别、刑事案件管理、站车治安管理等。

4. 决策支持

决策支持系统(Decision Support System,简称 DSS)。其主要是对铁路的运输经营决策、路网规划、生产力布局、运输组织进行辅助的决策支持。

第四节　铁路公共基础平台

在图 4-2 中可以看到,公共基础平台是铁路信息化体系结构中的重要组成部分。公共基础平台的五个组成部分缺一不可,才能高效有力地保障和支撑着铁路信息化的各信息系统,从而保证了铁路行业各项业务的顺利开展和业务交互。

本节涉及的内容,部分将以客运专线为实例来进行说明。客运专线是为满足快速增长的旅客运输需求应运而生的综合集成创新的工程,“十一五”期间将建立省会城市及大中城市间的快速客运通道,规划“四纵四横”铁路快速客运通道及三个城际快速客运系统,建设客运专线 7 000 km。到 2020 年,建设客运专线 15 000 km 以上,客车速度目标值达到 200 km/h 及以上。随着客运专线的建设,列车的运行速度将更快,对客运的质量、安全、人性化要求更高。因此,选择客运专线的公共基础平台建设为实例是具有代表性的。

一、通信网络基础平台

(一)基础通信平台

铁路信息化基础通信平台由传输网、电话交换网、数据交换网、移动通信系统等构成,为铁路信息化各信息系统提供语音、数据和图像传输通道。通信网采用先进、成熟的通信技术,适应信息通道的宽带、可靠、高效、灵活性要求。为提高传输和接入能力,大力发展光纤通信等多种技术。同时,铁路的安全生产对传输网络的迂回保护能力也提出了很高的要求。随着技术的发展和行业通信需求,GSM－R 数字移动通信、WiMAX 宽带无线通信等多种技术成为铁路移动通信应用和研究的热点。

(二)计算机网络平台

安全、可靠、高效的计算机网络是铁路信息系统的重要组成部分和基础设施,铁路计算机网络结构如图 4-4 所示。

铁路计算机网络是一个由国铁集团、铁路局集团公司、基层站段三级局域网互联构成的全国性计算机网络。铁路计算机网络在三级局域网中实行网络的物理或逻辑分离,划分为安全生产网、内部服务网和外部服务网。在安全生产网中部署直接关系铁路运输生产的信息系统,如计划调度管理系统、货物运输管理系统等;在内部服务网中部署向铁路内部提供一般性服务的信息系统,如办公信息系统、建设管理系统等;在外部服务网中部署面向社会提供公共服务的应用系统,如电子商务、电子政务等。

对于个别直接关系到行车安全、资金往来、机密业务等安全要求特别高的系统,如列车调度指挥系统、调度集中系统、客票发售与预订系统、财务会计管理信息系统等,在安全生产网中划分出独立的业务系统专网,实施安全保护,在严格可控的前提下,与其他信息系统进行必要的数据交换。

二、信息安全保障平台

信息系统是铁路运输生产的重要组成部分,必须具备严格的安全防范机制,对系统的网络安全、应用安全、系统安全和管理安全进行严格的分析,确定相应的安全保护等级,制定科学、完整、详细的铁路信息系统安全策略。

信息安全保障平台综合采用了多种技术手段,包括网络隔离技术、多层交换技术、虚拟局域网技术、现代密码技术、身份识别技术、网络防火墙、访问控制入侵检测和病毒防护等技术,能够确保铁路信息系统的可靠性、可用性、保密性、完整性、真实性和可控性。

信息安全保障平台采用的具体措施主要包括以下几个方面:

(1)统一铁路信息系统 IP 网络地址。

(2)建立铁路数字证书认证体系。

(3)通过身份认证和访问授权技术,实行分等级、分权限的访问控制。

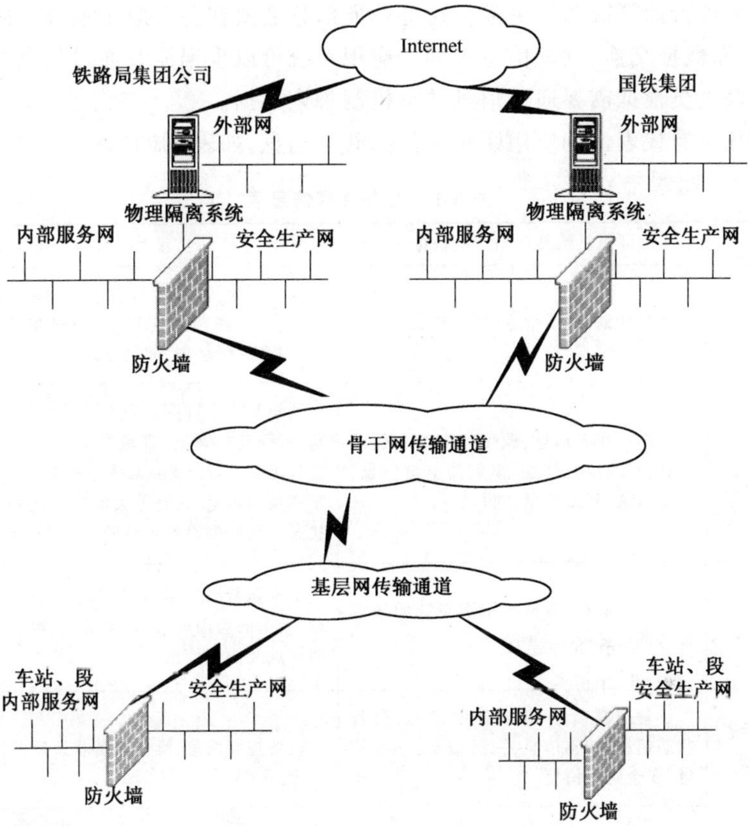

图 4-4　铁路计算机网络结构示意图

(4)对重要和机密的信息实行加密传输和数字签名。

(5)在内部服务网和安全生产网间采用防火墙和虚拟专网等技术实施隔离和保护。

(6)在内部服务网和外部服务网间采用动态物理隔离和访问代理机制实行高强度防卫。

(7)在公用网络和业务系统专网间采用专用网络协议。

(8)采用病毒防护、入侵监测、内容过滤和日志审计等多种技术手段,形成纵深的综合防御体系。

(9)统一规划建立灾难备份中心,对重要的信息系统和数据中心提供灾难备份。

三、信息共享平台

(一)信息共享的概念

铁路行业在生产和管理中会产生大量的业务信息及各种统计汇总信息,例如每日、旬、月、季、年的生产管理计划、实际完成情况等。铁路信息化建成的各种信息系统就是以这些业务信息为基本数据来进行计算或辅助决策。这些业务信息需要在各个应用系统之间共享。共享方式一般有两种,即数据交换、共享信息查询。应用系统可以根据需要通过信息共享机制下载数据或是各级管理人员根据需要通过信息共享机制查询数据。

下面列举几个有代表性的应用系统交换的共享信息,如表 4-1 所示。

表 4-1　业务共享信息表

系统名称	可提供给其他系统的数据	接受其他系统的数据
计划调度管理系统	日班计划,编图指令、编图参数	调度命令,基本运行图、分号图,过表信息,列车运行情况,动车底调配信息,供电及电力调度计划、维修计划,综合维修计划,邻局日班计划
列车调度指导系统	列车正晚点信息,调度命令行车凭证信息,车辆位置信息,车辆的空重信息、车次信息、到站信息,列车运行计划	列车基本运行图时刻信息,列车运行实际信息,列车基本运行图、确报、日班开车计划,临台交换计划信息、临台拒收阶段计划,无线车次号信息,灾害状况、机车、车辆及动车组、线路等关键行车设备的安全质量和运用状态以及监测设备自身的运行状态信息
行车组织策划系统	运行图信息,普通线编图系统的接点及协调信息	基本运行图时刻信息,编图所需的各类指令、参数信息,动车的运用信息,客流信息,给普通线编图系统之间的接点及协调信息
行车安全监控系统及救援指挥系统	设备控制信息、模式控制信息,设备状态信息、灾害信息,视频信息,环境信息,安全防范信息	设备控制信息,维修设备状态反馈信息
客票发售与预订系统	售票存根,包括售票、退、废、改签存根,剩余席位,客票剩余信息,车票发售人数,预约预订票的约单和订单信息,售票的财务结账信息	列车票额分配方案信息,列车票额调整方案、区段调整以及交路变化等建议数据,订票信息,列车增开、停运、晚点、改点信息,列车加挂甩挂信息

因此,为适应铁路信息化特点和发展需要,建立信息共享机制和进行系统整合是必须解决的一个重要问题。

(二)信息共享平台的功能和结构

1. 平台功能

信息共享平台的根本目的是使各信息系统既相对独立运行,又相互支撑,互联互通,使系统最大限度地发挥效益。因此,平台的基本功能是能提供良好的数据交换功能,使得各应用系统之间可以进行有效的数据交换;此外,它是由各级管理人员及部分业务人员使用的,为了保证操作的一致性,应该具备一个统一的查询界面。信息共享平台的具体功能主要包括以下几个方面:

(1)配置文件维护。对数据源文件、数据主题文件、数据映射文件等各种配置文件的内容进行添加、删除、修改等操作。

(2)信息查询。根据用户输入的查询条件查询数据库,并把查询结果返回给用户。例如,客运统计查询、财务汇总查询等。

(3)为各个信息系统提供标准的中间件服务。例如,消息队列中间件,它负责处理应用程序的上传/下载请求。

(4)数据交换。提供各个信息系统之间的数据交换。为了隔离各应用系统的变化对其他系统造成影响,信息共享平台为各应用系统建立了标准的数据描述。

2. 平台结构

共享信息查询是多表联合查询,有时还需要调用数据库的存储过程来进行查询,查询条件的预处理也比较复杂。对于异构数据源的跨系统的综合查询,则更加复杂,因为要涉及多个子查询结果的合并。

铁路信息共享平台体系结构如图 4-5 所示。

信息交换管理是信息共享平台的中枢,为各个系统间的信息交换与共享提供公共的数据交换、存储、访问服务。安全访问控制层在数据交换和共享时,对系统的访问进行安全认证、协议转换、格式识别,对交换的信息进行内容过滤,保证数据交换的合法性与合理性。各应用系统经整合后,以插件方式通过接口与安全访问控制层相连,提供或访问共享信息。

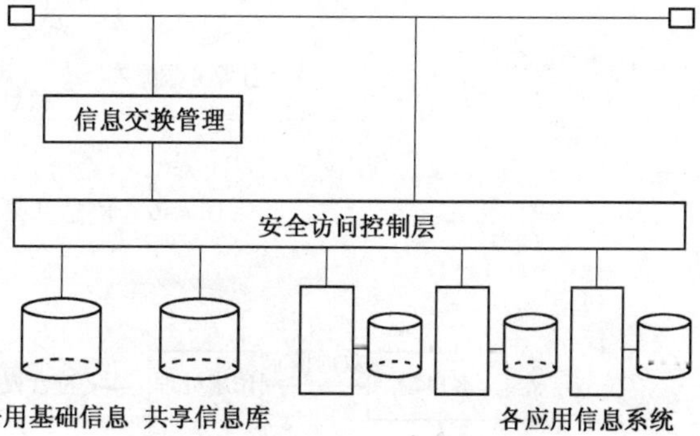

图 4-5　铁路信息共享平台体系结构

从系统的逻辑结构来说,信息共享平台在逻辑上分为四层:数据层、中间件层、应用层、表示层,它的逻辑结构如图 4-6 所示。应用层中的数据交换应用的功能是接收各个应用系统上传的数据并导入共享数据库;接收各个应用系统的数据请求,根据请求从共享数据库中抽取符合要求的数据,再发送给相应应用系统。

(四)信息共享平台常用的关键技术

1. 信息查询技术

信息共享平台中的信息查询是根据信息共享需求形成多个信息查询功能来实现的。信息查询功能可以根据业务需要增加、删除、修改信息查询功能。这些查询都可以实现对同一个数据库的查询;还可以实现对多个数据库的综合查询,多个数据库可以是异构数据库。实现种类繁多的信息查询需要访问多个异构数据库,这使信息查询功能的开发变得复杂。为了提高开发效率,在开发信息查询功能时,使用了商用中间件把这些异构数据库在逻辑上集成起来,通过统一的界面访问数据。信息查询流程如图 4-7 所示。

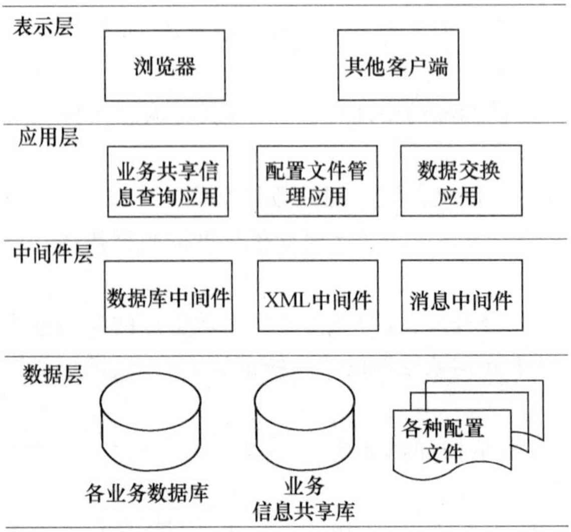

图 4-6　信息共享平台逻辑结构图

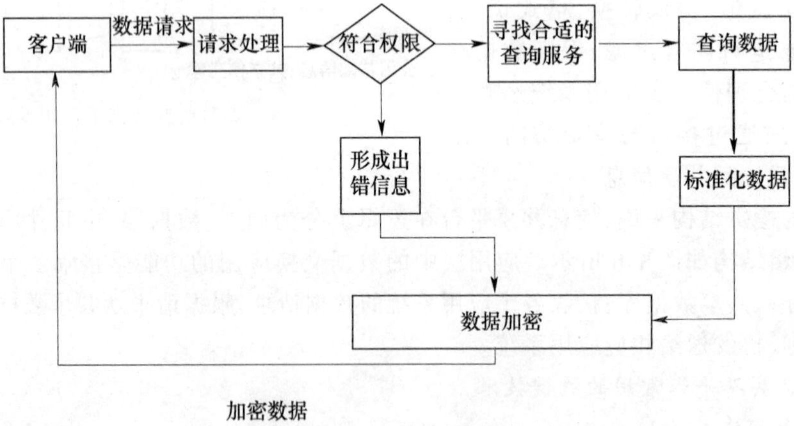

图 4-7　信息查询流程

2. 数据交换技术

信息共享平台的数据交换是这样实现的：各个应用系统把本系统能够被其他系统所共享的数据上传给共享平台的共享数据库；各应用系统还可以从平台中的共享数据库下载所需的其他应用系统提供的共享数据。通过共享平台这一个中间媒介，各个应用系统之间实现了数据交换。

数据的交换方式是根据所发布的共享信息主题来获取共享信息,其中需要的几个配置文件为:数据源文件、数据主题文件、数据映射文件。数据源文件描述数据源类型、位置、账号和密码、映射文件。数据主题文件描述主题的数据及属性。数据映射文件将主题和具体数据库模式联系起来,它描述了数据主题中的属性和数据库表中字段的对应关系。

数据下载流程如图 4-8 所示。数据上传时,数据下载流程图中共享平台处理的数据抽取过程由向平台上传数据的应用程序完成。在数据交换时,被下载或上传的数据均采用 XML 技术实现交换,即数据封装成加密 XML 文件后再进行传输。

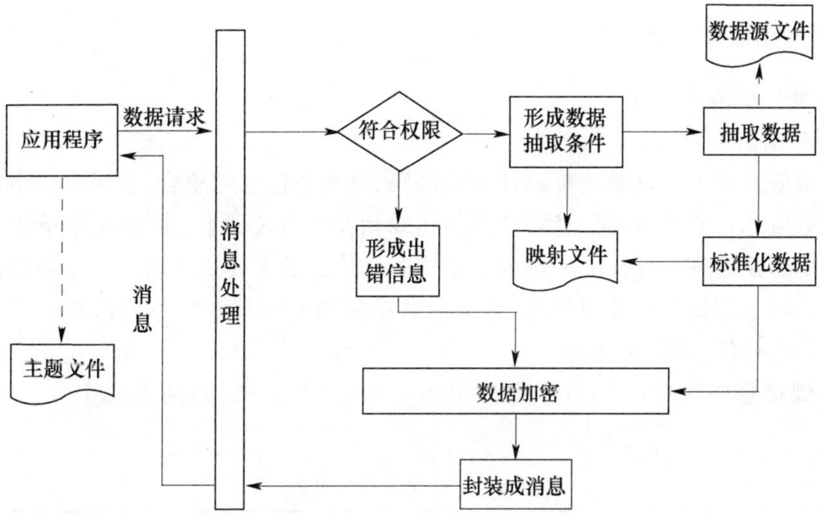

图 4-8　数据下载流程

3. XML 技术

在信息共享平台中,数据传输是通过加密 XML 文件的方式进行的。因此,该共享系统需要大量使用 XML 技术。

XML 通过简单明了的标记形式来描述数据,所以 XML 最适合作为数据交换的标准。XML 的相关技术包括定义 XML 数据结构、显示、打印、数据结构的变更等。

4. 消息队列中间件技术

信息共享平台的数据交换要具有良好的可伸缩性,即当数据交换请求数量巨大时,系统应该能够维持一定的响应速度。为实现大量的数据交换请求,信息共享平台采用了消息队列(Message Queue,简称 MQ)中间件技术。

5. 数据库中间件技术

信息共享平台用到的数据库中间件有两种:商用数据库中间件和自主开发的中间件。

商用数据库中间件可以提供对任意数量数据库的访问,而不需考虑数据库的模型和运行平台,这样无论是哪一种数据库都可以同时通过同一界面进行访问。通过这种机制,可以把不同类型的源数据库和目标数据库映射成相同的模型,使它们易于集成。商用数据库中间件提供的功能还包括:应用程序接口将应用程序语言转化为可被目标数据库理解的语言。

自主开发的中间件实现数据在异构数据源之间的转换、导入和导出。当某个应用程序和共享平台进行数据交换时,平台中的数据库中间件抽取数据并根据用户需要包装成用户所需的格式,应用程序接收到数据后,用户端的数据库中间件对把该数据转换成所需格式,然后导入相应数据库。

四、公用基础信息平台

(一)公用基础编码平台

1. 公用基础信息

公用基础信息是各信息系统普遍使用的编码、字典类信息的集合,它区别于由应用系统产生的各种业务信息。公用基础信息处在原始运输信息的核心地位,是其他原始运输信息的抽象和其他原始运输信息不可分的一部分。公用基础信息的主要用途是同其他原始运输信息相结合。由于公用基础信息的重要作用,各个信息系统的公用基础信息要保持一致。这种数据一致性是自动进行的,是强制性的。

公用基础信息平台中的信息主要分组织机构、经营资源、路网等几个大方面,如表 4-2 所示。

表 4-2　公用基础信息表

基础编码类	公用基础信息
组织机构	客运公司,车站,综合维修段,动车段,车务段,列车段,列检所,站修所
经营资源	员工基本属性信息、岗位信息、文化程度、技能等级、职称对照表、职务对照表;铁路企业决算单位,独立清算企业(国铁/地方),资产分类,成本定额,清算单价,铁路行政单位,国家行政区域及相关单位
路　网	线路,车站,股道,道岔,区间,区段,分界口,管界标、桥、隧、涵,水准基点,限速,起讫,里程库,坡度,曲线,方向号;线路车站里程信息,线路区间信息,线路区段信息,车站和区段关系信息,车站和车务段关联信息等
动　车	车号,组号,车种,车型,自重,动车配属,换长,定员,动车修程,动车故障,动车制造单位,动车履历
客　车	车号,车种,车型,自重,载重,换长,定员,客车修程,客车制造单位,客车配件,客车故障,客车类型,客车履历,检修设备
客　运	车厢属性信息,车厢特殊含义信息,某次列车的编组信息,线路所含区段的属性信息,担当企业信息;基础计费,车次基本信息,列车担当信息,列车等级信息,列车基本信息;列车经由信息,列车类型,列车停靠站信息,大区基础信息,客票联网信息,客票特价线信息,席位特征信息,票种信息,地区字典等

续上表

基础编码类	公用基础信息
运营指挥	车流经路与改编地点信息，编组去向车流吸引范围，列车编组信息，主要支点站间 OD 信息，计划运行图信息，客车车底计划周转图信息；路局集团公司调度台信息，列车信息，列车经由信息，列车停靠站信息，规划年度内的支点流径路信息，列车车次分类信息
电　务	有线、无线、光电缆设备履历信息，无线列调制式信息；信号闭塞制式，联锁类型、列发线有效场信息，调度指挥方式，编组站驼峰类型信息，微机监测信息，信号机分布信息

2. 公用基础编码平台特点

公用基础编码平台实现公用基础信息如基础编码、铁路空间信息、运输基础信息等的统一维护，并为各个信息系统提供标准的中间件服务，还要提供公用基础信息的一致性。

公用基础编码平台的核心是要实现公用基础信息的维护功能，保持公用基础信息的一致性。为实现这两大功能，还需要其他辅助功能。其中数据库中间件是其中的一项重要内容，它为应用程序访问数据库提供标准接口。

公用基础编码平台的使用者是负责维护公用基础信息库的维护人员、负责各个业务信息系统本身公用基础信息维护的维护人员、站段负责各个业务信息系统本身公用基础信息维护的维护人员、需要使用公用基础编码平台的其他人员。

3. 公用基础编码平台结构和功能

(1)平台结构

公用基础编码平台由三个子层组成，第一层为规范子层，包括国际、国家的信息化标准，铁路内部的行业标准、规范，以及由此制订的铁路信息系统基础数据编码规范；第二层为编码子层，主要由实行版本控制的形式化的各类基础数据编码组成，是基础数据编码的实体。基础数据编码可分为三大类，分别是通用基础数据编码、业务基础数据编码以及其他基础数据编码；第三层为应用子层，主要由基础数据的维护管理和接口服务组成。公用基础编码平台结构如图 4-9 所示。

(2)平台功能

公用基础编码平台功能主要包括以下几个方面：

① 公用基础信息维护。其主要包括添加、删除、修改功能。

② 公用基础信息查询。提供对组织机构、组织机构、路网等几大类信息的编码查询。

③ 保持公用基础信息一致性。以客运专线为例，为保持公用基础信息的一致，国铁集团向客运专线公司统一发布公用基础信息，客运专线公司的公用基础编码平台通知各业务信息系统到共享库取得公用基础信息。在客运专线公司信息系统建设初期，由于系统建设的不同步，也存在业务信息系统把自已维护的公用基础信息发送到共享库，再由平台通知相关业务系统来取得新数据。

④ 为各个信息系统提供标准的中间件服务。例如，用于数据集成目的的商用数据库中间件，它通过把异构的数据库集成起来，以统一的界面访问数据。公用基础信息维护和查询是通

过数据库中间件访问不同类型的数据库。

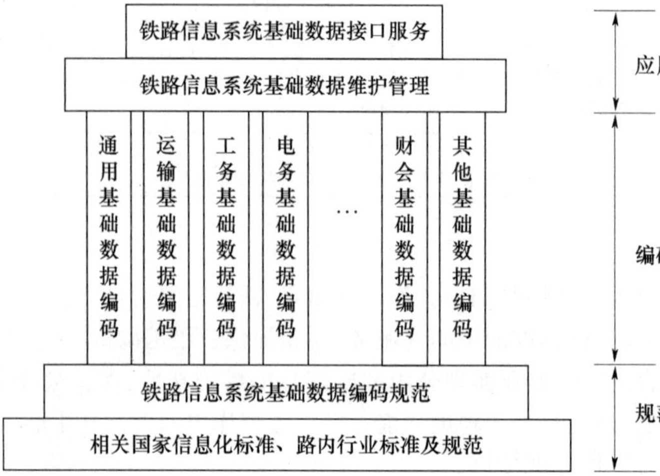

图 4-9　公用基础编码平台结构

（二）地理信息共享平台

1. 铁路地理信息系统现状

全国铁路范围内已成功实施了大量的信息系统如客票发售与预订系统、铁路运输管理信息系统、列车调度指挥系统、车号自动识别系统、办公信息系统及高速通信网发挥了重大作用。但是，由于缺乏提供和处理铁路空间数据的平台及工具，现有信息系统难以充分表达、利用和处理铁路运输系统设备和信息内在的空间分布性，造成铁路基础数据管理的不完善，基于空间数据的信息综合难以实现，与空间位置相关的分析、决策及服务难以开展，大大制约了铁路基础设施综合管理和维护、基于全球定位系统（Global Positioning System，简称 GPS）的调度指挥、信息系统的整合和综合利用以及各类辅助决策系统的发展。

很多铁路局集团公司已认识到地理信息系统（Geographic Information System，简称 GIS）的重要性，都在不同程度上将 GIS 的概念引入各自的管理信息系统中，用直观的电子地图方式来综合现有信息资源，为铁路行车调度、基础维护、设备管理、建设规划提供更好的数据服务和决策支持。部分铁路局集团公司与部门也已着手建立一些专项地理信息应用系统，并见成效。我国各铁路局集团公司的铁路 GIS 应用主要分为 8 个方面，分别是铁路基础设施管理、铁路列车调度指挥 GIS 应用、铁路行车安全保障、事故救援 GIS 应用、货运营销 GIS 应用、客运营销 GIS 应用、国铁集团运输局假日运输管理系统、铁路勘测设计方面 GIS 应用、铁路用地（环境保护）GIS 应用、三维可视化及视频技术在铁路中的应用。

在国外发达铁路行业（德国、日本、澳大利亚、加拿大等）以及美国的城市轨道交通的信息系统建设中都普遍实施了 GIS，而且它们的应用往往都是针对全行业范围内的，通过统一的地理信息系统服务平台向其他系统提供深层次的应用。这些 GIS 主要针对铁路的基础设施管理，首先利用 GIS 将全行业的空间数据及其相关的基础设施信息统一管理起来，形成空间信息可共享及空间信息服务统一接入的 GIS 平台，然后为工务、电务、水电、运行调度、行车安全、勘测设计、客货运电子商务、模拟驾驶、客车及车站旅客实时信息服务等应用提供服务。比较典型的有斯洛文尼亚铁路公司地理信息系统、德国铁路线路数据管理系统、奥地利联邦铁路公司（OEBB）的地理信息系统、挪威国家铁路基于 GIS 的路网信息系统、澳大利亚新南威尔士的基础设施地理信息系统以及美国旧金山市政铁路公司的列车定位服务地理信息系统等。

2. 地理信息共享平台的主要功能

客运专线地理信息共享平台作为客运专线地理信息的信息共享平台，负责实现客运专线铁路空间信息的统一管理和维护，并为各个信息系统提供标准的数据和功能中间件服务。客运专线地理信息共享系统功能包括基础共用功能及专业应用功能。其中，基础共用功能是指共享平台中所包括的通用功能；专业应用功能则是指面向客运专线各项业务应用所开发的特有系统功能。

根据地理数据的来源和性质，客运专线共享的地理信息可以分为铁路基础地理信息和铁路专题地理信息两类。其中，铁路基础地理信息主要是指各信息系统都可能使用到的国家基础地理要素和铁路路网基础地理要素数据，如国家基础地理要素数据、铁路路网基础地理要素数据（指铁路线路、车站、桥梁、隧道、沿线行车设备，主要附属设备等）；铁路专题地理信息指铁路各专业系统使用的具有空间位置属性的特定专题信息，包括铁路综合维修、动车、运输、水电、用地等业务中使用的各类具有详尽专业属性的地理信息，如综合维修综合图、车站信号联锁图、运输调度示意图、铁路用地分布图等。这些专题地理信息主要表现为大比例尺的二维电子地图和示意图形式。该类数据主要由客运专线的各个业务信息系统采集维护，并传输给客运专线地理信息共享系统进行统一定位、配准、格式转换处理后进行交换和共享。具体的内容如下：

（1）地理信息相关数据管理。统一管理和维护客运专线铁路地理信息基础空间数据；统一管理客运专线各种业务相关的空间数据及其历史数据，为其维护提供统一的接口；统一管理和维护客运专线铁路地理信息的风格数据、地图组织数据和属性数据关联配置和配置访问接口；统一管理地理信息数据的访问。

（2）地理数据共享与交换。地理数据信息的发布及交换是通过网络和数据中心的。共享与交换的内容包括基础地理信息的数据、业务相关地理信息的数据、地理信息组织和风格信息。

从地理信息数据的共享和交换形式主要有空间相关数据导出、空间相关数据的访问。

（3）访问权限管理。在客运专线信息系统对人员和角色的统一管理和验证的基础上，为地理信息的访问提供统一的权限控制。

（4）元数据管理。客运专线的元数据管理主要由元数据库管理系统、元数据发布系统和元数据编辑工具三部分组成，具备元数据采集、管理、发布的体系结构。元数据的管理包括元数据采集、元数据存储、元数据的分发、元数据发布、元数据访问统一接口、元数据服务应用系统。

（5）地理信息相关数据展示。其主要包括空间基础信息的展示、各个业务系统空间信息的展示、空间查询、基于空间关系的查询、基于空间的统计和分析。

(6)地理信息系统高级综合应用。其主要包括多图(电子地图、属性、视频多媒体)综合查询、列车GPS追踪显示、地形地貌及环境监控综合显示、业务专题图浏览查询统计、三维地理信息系统的浏览查询。

五、铁路门户

(一)铁路门户的概念

铁路门户是铁路集成各种应用服务,利用互联网技术与外界交互的统一途径,是为旅客、货主、合作伙伴、政府与行业主管部门提供互动式信息服务,开展电子商务、电子政务、电子协同等应用的共享基础平台,对优化业务模式、扩展市场渠道、改善客户服务和提升铁路形象具有重要意义。

统一的铁路门户框架应实现的目标如下:

(1)共享安全服务。实现数字认证、安全访问控制等安全服务。

(2)共享门户服务。为铁路各应用服务提供灵活、可靠的导航、链接,为各种信息资源的访问/搜索提供高效、快速的工具,为行业间电子协作提供统一的服务接口,为客户提供个性化、专业化服务。

(3)共享商业服务。实现在线电子交易和电子支付等共享服务。

下面同样以客运专线的电子商务与门户为例,来了解铁路门户的相关内容。

(二)铁路门户的功能和结构

1. 铁路门户功能

以客运专线为例,其铁路门户平台,即电子商务与门户系统是以服务客户为中心,提供公共服务功能(如搜索引擎、用户管理、内容管理等),其功能可概括如下:

(1)单点登录。任何地点的任何用户都只能通过门户网站单点登录,经过身份认证后,方可通过电子商务与门户系统提供的接口访问业务服务。

(2)内容管理。其主要包括信息的静态与动态发布,信息的导航与搜索,通过电子公告板、调查问卷等方式的信息收集,以及完成自动创建、索引、归档、分析和索引技术等方式的信息整合功能。使得无论信息存储在何处、格式如何,都可以按照用户指定方式个性化地收集、展现这些信息。

(3)网上订票。网上订票是客票销售与预订系统的延伸功能,包括客票信息查询、订单填写与处理等,并提供必要的支付平台接口服务。

(4)用户管理。其主要包括用户的注册、信息更新与查询等自助服务,以及根据用户的分类(如匿名用户、普通用户、VIP用户等),对用户进行授权。

(5)其他。作为公司内部网络与外部公共网络的唯一通道,电子商务与门户系统还要兼具域名解析服务、电子邮件服务、代理服务、网络流量监控、负载均衡、安全管理以及广告业务管理等功能。

除上述功能,随着业务需求的变化,系统功能也将随之扩充。

2. 铁路门户结构

在逻辑上分成以下三个基本层次:

(1)信息表示层。该层通过门户网站直接面向用户。主要用于提供一致的信息发布和信息收集模式,支持以不同的方式向具有不同要求的用户提供信息服务。

(2)应用接口层。该层为各种相关应用系统提供统一的接口服务。电子商务与门户不是独立存在的单一系统,必然与公司内部其他业务系统密切相关,如客票发售与预订系统、客运服务系统、办公系统等,各系统通过电子商务与门户系统向外提供应用服务,同时获取有用信息。因此,电子商务与门户系统需要对各应用系统进行集成,提供统一的单点登录接口,并进行必要的身份认证及信息预处理工作。

(3)数据层。该层负责电子商务与门户系统的数据存储与处理,是建立在信息共享平台之上。一方面从信息共享平台获取相关数据,另一方面向信息共享平台提供其他系统所需数据。

第五节　铁路信息化标准体系

在我国铁路的现代化建设中,信息化建设是其关键内容。铁路信息化工程的建设涉及计划、管理、技术、应用等诸多方面。这些工程都离不开以计算机为核心的信息处理系统,离不开计算机硬件、各种软件以及构成网络的网络设备和各种协议。同时,各种信息系统协调一致地工作,以实现铁路安全、高效地运行是信息化建设的目标之一。这必然要求信息系统的设计、建设和使用遵循统一技术要求、业务要求和管理要求,能够实现互连、互通、互操作。这就需要有一整套技术标准——信息技术标准体系作为支撑。通过标准化手段,保障信息化建设的相关工程及相关环节的建设在全路范围内有章可循,有法可依,形成一个有机的整体。

信息技术标准化工作是推动我国铁路信息化建设的重要基础性工作。完善的标准体系可以引导相关方集中力量突破技术难关,加快生产技术的更新速度,缩短新产品试制周期和生产准备周期,加速产品的更新换代,从而推动科技进步。可以促使科技成果迅速转化为新产品进而形成产业,加速产业结构优化升级,带动信息化的良性发展。

一、基本概念

1. 标　准

标准是人们为某种目的和需要而提出的统一性要求,是对一定范围内的重复性事务和概念所做的统一规定。标准又是一种特殊的文件,它是为在一定的范围内获得最佳秩序,对活动及其结果规定共同重复使用的规则、指导原则或特性要求。

铁路信息技术标准是针对铁路行业各种信息的采集、表示、输入、处理、存储、输出、传送、交换、组织、管理、应用、安全等方面的规范、设计和开发等信息技术活动而制定的统一规定。

2. 标 准 化

标准化则是制定标准并使其在社会一定范围内得以推广应用的一系列活动,这些活动主要包括制定、发布、实施及修改标准等过程。

3. 标准体系

标准体系是指一定范围内的标准按其内在联系形成的科学的有机整体。标准体系的基本表达形式是标准体系表。标准体系表由结构图和明细表两大部分构成。

4. 信 息 化

信息化是对现实世界各种事物抽象和数字化的过程,它以满足应用需求为目标,以信息资源开发利用为核心,以信息技术(信息采集、传输、交换、存储、处理和运用等)等高科技技术为依托的一种新技术扩散过程。

5. 信息化之标准化

标准化是信息化的重要组成部分,在信息化过程中保障和促进信息共享、业务协同、信息安全以及网络互联互通。信息化标准化是围绕制定和应用信息技术开发、信息产品的研制和信息系统建设、运行与管理等标准而开展的一系列活动。

二、信息技术标准体系

(一)标准体系的研究方法

由于铁路信息化建设是一项涉及铁路多业务、多专业的大系统工程。因此必将涉及大量的标准和规范。只有对这些标准和规范按照内在联系进行有序地整理,才能最终形成一套完整的信息化标准体系。为了便于分析和理解信息化标准体系框架中各类标准之间的相互关系,国内外有关研究人员提出了许多基于不同视角的参考模型。下面介绍其中两种模型。

1. 信息化标准体系的三维空间模型

该模型以信息化建设所涉及的关键技术、项目管理及应用领域为对象,建立了信息化标准的三维空间,更为直观地反映信息化标准所涉及的各个方面,如图 4-10 所示。

在这个信息化标准的三维空间,应用领域是信息化建设的核心内容,信息化建设是通过应用领域的延伸和拓展来实现,体现为具体信息化应用系统;关键技术为信息化建设提供了主要技术手段并直接反映了信息化的发展水平,项目管理为信息化建设提供了科学的管理模式。从该模型可以看出,每一个具体的信息化应用系统(或工程)的标准均会涉及关键技术和项目管理等诸多方面的标准。从而反映了标准之间的内在关系,为我们理解和制定信息化标准体系有所帮助。

2. 信息化标准体系的逻辑模型

信息化标准体系的逻辑模型是将信息化系统建设涉及的各个方面进行抽象和归纳,参考信息化系统建设的特点及层次结构,提出的描述信息化标准之间有机联系的一种方法,如图 4-11 所示。该模型结构将信息技术标准涉及的方面分为七个部分:业务应用层、信息

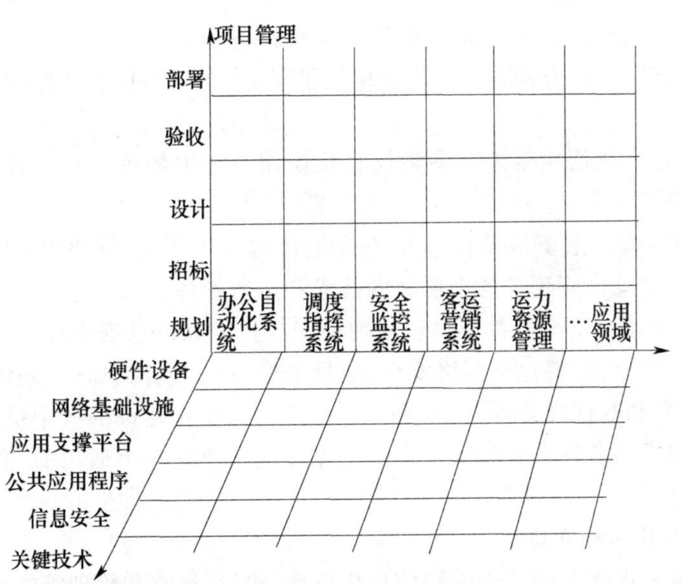

图 4-10 信息化标准体系三维空间模型

资源服务层、应用支撑平台层、网络基础设施层、物理环境层、信息安全支撑环境及项目管理。这种逻辑结构便于对具体的信息化建设任务进行分解,也有助于信息系统建设的统筹规划和分步实施。

图 4-11 信息化标准体系逻辑模型

(1)业务应用层。该层主要面向铁路运输组织、客货营销和经营管理等各类信息化业务系统,针对不同的信息化工程建设项目,建立规范化的业务模型、信息模型以及标准化的数据结构和信息表示等。

(2)信息资源服务层。该层主要为支持信息资源共享等服务,建立规范化的信息描述(包括信息编码等)、信息资源管理和调度、信息资源查询和利用以及多媒体信息服务。

(3)应用支撑平台层。应用支撑平台提供承载最终应用系统的开发、运行和维护等各种功能服务和基本支持。该层主要包括数据管理、信息交换、事务处理和流程控制等的规范性服务和工具软件,以及数据库、操作系统、中间件和编程语言等系统软件和工具。

(4)网络基础设施层。该层主要包括各种网络设备及通信协议,向各类信息化应用系统提供必要的网络基础环境,为各类信息化应用提供可靠、有效的信息传输服务通道,是各类信息的最终承载者。

(5)物理环境层。该层主要涉及各类信息化应用系统中各种信息处理终端设备、信息存储介质及各类外设资源等。

(6)项目管理。该层主要涉及信息化建设项目的物理环境、网络基础设施、应用支撑平台、信息资源服务、信息化应用等各个层面的技术和运营管理。

(7)安全支撑环境。安全支撑环境包括物理安全技术和信息安全技术。前者涉及信息系统各种物理设备的安全,后者包括网络安全、数据安全等(如隔离、加密、病毒防护、访问控制、身份验证、数字签名和数据灾备等)。安全支撑环境为信息化建设的各个层面提供安全保障,并最终为应用系统提供各种安全服务。安全支撑环境是建立一个通用的、高性能的安全信息系统的必要条件。

(二)铁路信息技术标准体系

铁路信息技术标准体系是关于铁路信息化设计、建设、运营和管理等的具有内在联系的标准组成的科学有机整体,是编制和修订相关标准的依据之一,是促进铁路信息技术的标准组成趋向科学合理化的手段,并随着科学技术的发展不断地得到完善和更新。铁路信息化标准体系结构如图 4-12 所示。

信息化标准体系由通用标准、技术标准、面向业务应用标准和项目管理标准四部分组成。

1. 通用标准

该标准包括信息系统的设计、实施、测试、验收、运行以及质量保障、服务保障和文档管理等方面的总体性、框架性、通用性的标准和规范。

2. 技术标准

该标准包括信息化建设所需的信息技术基础性标准、软硬件标准、接口标准、应用支撑平台标准、网络基础设施标准、信息安全标准、物理环境标准等。

3. 应用系统标准

该标准包括面向铁路运输组织、客货营销和经营管理的,有关业务应用标准、信息资源服务标准等。

4. 项目管理标准

该标准包括为确保信息化建设质量所需的有关标准,主要有工程具体设计、施工和验收等工程建设管理方面的标准。

为适应铁路信息化建设高速发展的需要,铁路信息技术标准的增、补和修改的数量也在不断增加,使得铁路信息化标准体系不断的得到充实和完善。图 4-12 所示的标准体系,可以很好地涵盖铁路信息化建设所涉及的各个方面,同时,该结构具有开放性特点,可以较好的适应铁路信息技术不断发展的要求。

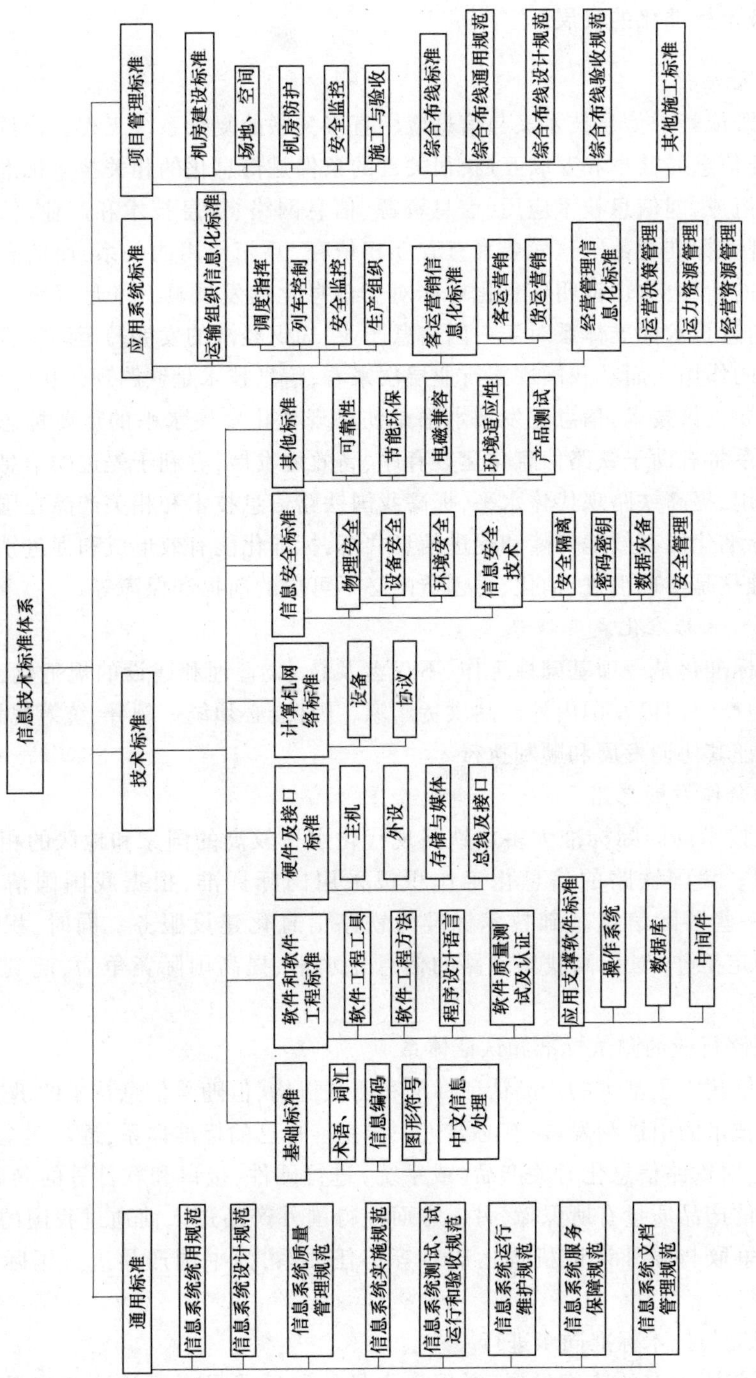

图 4-12　信息化标准体系结构图

三、铁路信息技术标准化的发展

(一)信息化与标准化

信息化是一项既依赖于信息技术又与信息应用直接关联的复杂系统工程。协调技术和应用之间的关系,保证信息的共享和互联互通,很关键的条件是信息化的相关技术标准。信息化体系主要由六要素组成,即信息技术应用、信息资源、信息网络、信息技术和产业、信息技术人才、信息化政策法规和标准规范。这六要素有着互相依存、互相作用的关系,而信息化标准规范是贯穿于六要素的始终,这也证明信息化标准对于信息化的发展具有举足轻重的作用。从国家的层次来看,信息技术标准体系对于一国信息产业、知识经济的发展乃至国家竞争力的提高都有着至关重要的作用。而从我国铁路行业层次来看,信息技术是铁路现代化建设,特别是高速铁路建设的重要支撑技术,信息化发展水平是铁路现代化发展水平的重要标志之一。铁路信息技术标准体系将有助于铁路信息化建设有序、高效地发展,有利于先进的信息技术尽快在铁路行业得到利用,提高铁路现代化水平,提高我国铁路信息技术和相关产品在国际市场上的竞争力。例如,标准化能有效地保障和促进信息共享,标准化能有效形成和促进铁路各业务系统协同工作,标准化是实现引进、消化、再创造的必不可少的前提和保障等。

(二)铁路信息技术标准化发展趋势

铁路信息技术标准化是一项基础性工作,不仅涉及技术、管理和建设的规范化,还涉及铁路各个业务部门、生产部门以及国内外产品供货厂家。因此,必须统一领导、统筹规划、多方参与、分工合作,以保证其协调发展和顺利执行。

1. 走国际化的合作发展之路

铁路行业信息技术的国际标准大多由铁路现代化水平较高的国家和地区的相关标准的基础转化而产生的。我国铁路的信息化工作积极采用国际标准,根据我国国情和发展需要,适时地转化了一些国际信息基础技术标准为铁路信息化建设服务。同时,积极参与国际标准的起草和制定工作,对提高我国铁路的信息化水平、提高国际竞争力,起到一个很好的促进作用。

2. 完善我国铁路行业的测试标准和认证体系

虽然我国铁路已建立了基本的产品认证标准和测试机构,但随着信息技术的迅速发展,特别是高速铁路信息技术的引进和发展,有必要进一步完善自己的标准体系,逐步建全自己的产品测试和认证机构,对铁路信息化有关产品(或系统)进行硬件、接口和软件等的测试和认证。一方面使上线使用的产品质量有所保障,另一方面使得国外产品进入前通过我国的认证。根据对等认证原则,争取与国外认证机构达成对等信任关系,为中国产品进入国际市场打下基础。

3. 科学技术研究与技术标准同步进行

信息技术正以前所未有的速度发展,涌现出大量的科研成果。要让这些成果尽快地转化为生产力，相关标准的制定就必须同步地进行。在科研上一有突破就迅速制定出技术标准，并转化为产品，形成产业化，进而占领市场，使我国企业在国内外市场竞争中处于有利地位。

4. 强化企业的参与

企业是科研成果产业化的主要力量，一项技术产品标准的颁布，如果没有多数主要企业的支持，没有一定量的遵循相应标准产品的上市，标准极有可能成为空中楼阁。因此，激发企业在制定标准中的积极性和主动性，充分发挥企业在制定标准中的作用，是更加充分的发挥标准在引导和规范技术发展中作用的保证之一。企业的积极参与也有利于更好地保护我国自主的知识产权，避免或降低因引用涉及国外知识产权的标准条款，而使我国企业蒙受损失。

铁路信息技术是一门非常活跃的新技术，具有涉及面广、发展快、更新快等特点。这就使得信息技术相关标准的制定和执行上，既要遵从标准的一般发展要求，又要根据实际工程建设的需要，采用更为灵活和迅速的工作策略和方式，使其能够适应我国铁路现代化快速发展的需要。

小　　结

《铁路信息化总体规划》明确将建设中国特色的铁路智能运输信息系统作为总体目标。为了实现该目标，信息化总体规划中明确提出了铁路信息化的体系结构、各领域的主要应用系统及其功能。同时，铁路的信息化也离不开信息技术标准体系作为支撑。

铁路公共基础平台的建设在铁路信息化体系结构中发挥着重要的作用，它将运输组织、客货营销、经营管理等各应用领域的信息化进行了有机结合。公共基础平台涵盖的信息技术极为广泛，包括底层通信网络基础设施、信息共享、信息安全保障等。理解铁路公共基础平台的结构和功能有助于了解整个铁路各应用系统间信息交互、业务流程，更能为规划中的铁路智能运输信息系统的建设提出有益的思路。

复习思考题

1. 铁路智能运输信息系统主要包括哪些领域？信息化建设重点是哪些领域？
2. 铁路信息化体系有哪些构成要素？这些要素在信息化体系结构中的地位如何？
3. 分别从运输组织领域、客货营销领域以及经营管理领域列举出 2 ~3 个铁路应用系统，并简述其主要功能。
4. 铁路公共基础平台主要包括哪些平台？简述这些平台的主要内容。
5. 信息安全保障平台主要包括哪些措施？

6. 简述铁路门户框架实现的目标。
7. 简述铁路信息技术标准体系的构成。
8. 简述信息化与标准化的关系。

第五章

铁路信息系统建设

【本章要点】 本章在第四章的基础上深入介绍中国铁路信息系统应用技术的相关知识。选取了具有代表性的TMIS、TDCS、TRS等重要应用系统，并对OMIS、SAS及客运专线信息系统作了概要介绍。通过本章的学习，可以在实例中了解熟悉国内铁路信息系统应用情况，巩固已学信息技术的相关知识。

第一节 铁路信息技术应用系统建设现状

我国铁路信息化建设经过了数十年的努力，在运输管理信息系统的带动下，客票发售与预订系统、列车调度指挥系统、车号自动识别系统、货运营销信息系统、财务会计管理信息系统、办公信息系统等各系统取得较大发展。

运输管理信息系统的建设完工，进一步提高了铁路运输组织管理能力和反应速度。该系统涵盖了货运营销与生产管理系统、货运制票系统、确报信息系统、车站综合管理系统、车站综合管理等系统。

货运营销与生产管理系统包括货运计划和技术计划两大部分。货运计划部分是在计算机网上完成货运计划的提报和各级的集中，随时、自动审批以及审批信息自动下达。所有提报、批准的信息都能收集到国铁集团数据库中，为铁路货运营销策略的制定提供了科学依据。技术计划部分是用于编制车辆运用计划，通过合理安排各区段车辆的运用，提高车辆运用效率和铁路运输能力，压缩铁路运输成本。

货运制票系统可在货运站利用计算机自动计算货物运输各种费用和打印货票，并将货票信息通过计算机网络自动传送到铁路局集团公司和国铁集团三级货票库，开展各种应用。全路微机制票率达98%，货票入库率达99.8%。

确报信息系统以“列车编组顺序表”为基础信息，以产生列车信息的车站、铁路局集团公司、国铁集团为节点，利用计算机网络实时发送、接收、转发列车确报，并在国铁集团、各铁路局集团公司建立确报信息库，开展综合应用。确报信息系统自全面投入应用以来，运行稳定，运用效果良好，在铁路运输生产组织中发挥了重要作用。

车站综合管理系统主要包括车辆管理和货运管理两大部分,功能涵盖了车站作业生产和管理的各个环节,可以全面提高车站的作业管理水平,减轻作业人员的劳动强度,并为上级管理部门提供各类车站作业信息。全路各类编组站和大部分区段站、货运站已建成该信息系统。

客票发售与预订系统的建设成功,解决了长期存在的买票难问题,提高了铁路客运经营水平和服务质量。计算机售票量达到全路客票销售量的90%以上,售票收入占全路的95%以上。实现了全国范围内的联网发售异地客票的建设目标。

调度集中系统建设应用取得突破,实现了列车进路和调车进路的集中自动控制。

开发建设了铁路车号自动识别系统。在全路主要车站(包括铁路局集团公司分界站、编组站、区段站、大型货运站等)的进/出站信号机附近,安装自动的机车、车辆标签信息接收设备,可对全路货车车辆、列车、机车运行位置进行动态追踪管理。

集装箱追踪管理系统通过铁路通信网络, 从全路600多个集装箱办理站实时收集集装箱运输信息, 在国铁集团建立集装箱动态库,为运输指挥人员和货主提供集装箱运输轨迹和动态信息, 实现集装箱按号码制的全程节点式追踪管理,满足集装箱运输管理和客户信息查询的需要。

办公信息系统已在国铁集团机关和各铁路局集团公司、部分站段开通使用,实现了全路办公信息系统联网运行,并开通了电子邮件系统。国铁集团机关已经开始启动网上办公。按照国办要求,国铁集团办公厅安装和应用了简报管理系统、值班信息管理系统,实现了与国办联网传递政务信息。

财务会计管理信息系统初步完成并推广应用,通用会计核算及管理信息系统完成研制并在全路实施推广,铁道资金管理信息系统完成设计并开始实施,点到点成本计算系统基本完成并投入应用。

随着"数字地球"、"数字中国"观念的深入和普及,"数字铁路"的概念在铁路行业也逐步形成,"数字铁路"是21世纪中国铁路现代化建设的战略目标。

"数字铁路"是"数字地球"、"数字中国"的重要组成部分,是"数字地球"技术在铁路行业中的具体应用,它是综合运用计算机技术、通信技术、信号控制技术、虚拟现实技术、地理信息系统技术、卫星导航定位技术、遥感技术、数据库技术、计算机互联网技术等,在铁路信息基础结构上,把铁路车、机、工、电、辆等各部门的海量的动态和静态的、多分辨率、三维的数据按统一的地理坐标集成起来,通过对各数据进行有效存储管理和综合开发利用,为各类用户提供统一的、丰富的铁路空间信息服务,为各级管理者提供铁路的空间化、网络化、智能化、可视化管理和服务,满足铁路内部运输组织、生产经营管理的要求和社会对铁路信息及互动式服务的外部需求。《铁路信息化总体规划》从铁路信息化发展的思路、建设原则、总体目标、体系结构和实施策略等方面进行了详尽规划。其中,在铁路信息建设目标、应用领域、公共基础平台、信息共享平台等规划内容中实际上已经涵盖了"数字铁路"范畴。

在和谐铁路建设对信息化工作提出了新任务、新要求的形势下,铁路交通具有明显的地域、地理特征,研究并构建"数字铁路",通过空间信息和业务数据的形式,全方位的信息分析、综合，能够全面、直观、准确地对铁路设备、地形、地貌及铁路周边环境信息进行管理，对铁路信息资源进行有效的综合利用，将对提高铁路运营管理水平、铁路现代化建设产生深远的影响。

第二节　铁路运输管理信息系统

一、概　　述

铁路运输管理信息系统是中国铁路第一个覆盖全国铁路的信息系统，也是中国铁路信息化的核心系统。本节主要对 TMIS 的概况和系统功能做一个简单介绍，第七章将以 TMIS 为例，对铁路信息技术的数据处理技术做一个详细介绍。

TMIS 的建设是从 1994 年工程立项开始，到 2004 年 12 月 31 日基本建成，历时整整 10 年。它是一项规模庞大、结构复杂的系统工程，是实现铁路运输管理现代化的重要举措，是一项开拓性的事业。TMIS 工程建设规模之大，系统之复杂，在国内国外铁路信息系统建设史上屈指可数。

TMIS 为财务、统计、机务、电务、工务、车辆、物资等部门业务管理信息系统以及办公自动化、社会化服务、决策支持等综合管理信息系统提供准确、及时和完整的运输生产信息。

TMIS 的建设目标是：TMIS 通过计算机网络从全路 1 800 个信息报告点，实时收集列车、机车、车辆、集装箱以及所运货物的动态信息，对列车、车辆、集装箱和货物进行节点式追踪，为全路各级运输管理人员提供及时、准确和完整的运输信息和辅助决策方案，实现紧密运输、均衡运输，提高运输生产效率，提高运输管理现代化水平。

在铁路信息化蓝图中（如图 5-1 所示），TMIS 系统是业务管理信息系统的重要组成部分，而业务管理信息系统又以 TMIS 为核心。TMIS 系统的性能优劣、功能强弱，直接关系到铁路货运服务产品质量的高低，关系到货主能否得到高水平的服务，甚至影响到整个铁路系统的经济和社会效益。

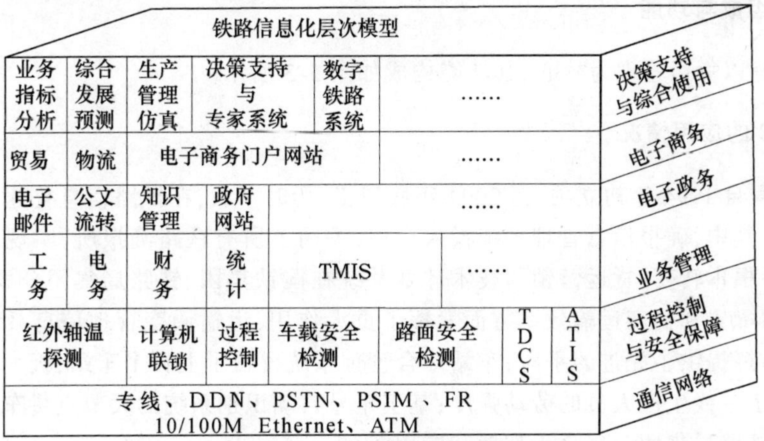

图 5-1　铁路信息化蓝图

TMIS 与铁路信息化其他信息系统间有着密切的联系。其相互依赖关系和数据流向如图 5-2 所示。

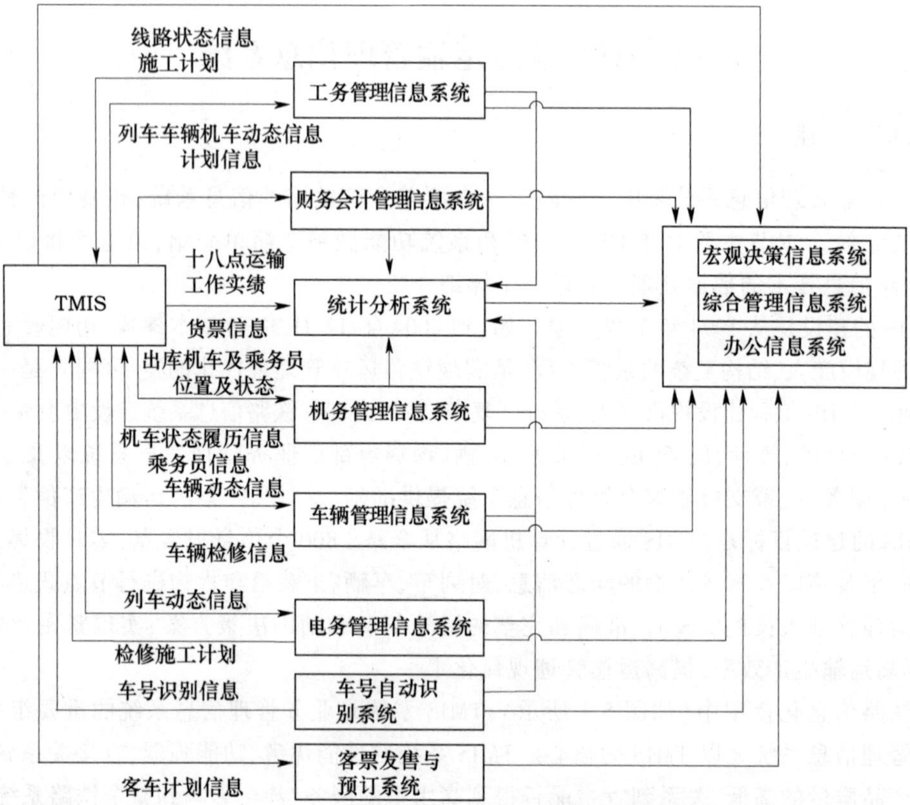

图 5-2　TMIS 与其他信息系统的关系

二、系统组成与功能

TMIS 系统以货运管理为核心,其功能构成如图 5-3 所示。

三、TMIS 的应用情况

TMIS 工程自 1994 年初立项,至 2004 年底竣工,历时十载,在铁路信息化建设道路上竖起了一座丰碑。其中,确报信息管理系统投入运用,关闭了所有铁路确报所,实现了电报确报向计算机确报的根本转变;货运营销与技术计划系统在国铁集团、铁路局集团公司全面应用,在优化运力资源配置和提高运输效率方面发挥了重大作用;运输调度管理信息系统为运输日常组织和调度指挥提供了先进的手段;车站综合管理系统覆盖了上百个车站,极大地提高了运输生产率,降低了一线生产人员的劳动强度;基于车号自动识别系统的大节点货车追踪管理系统在国铁集团、铁路局集团公司全面部署和应用。

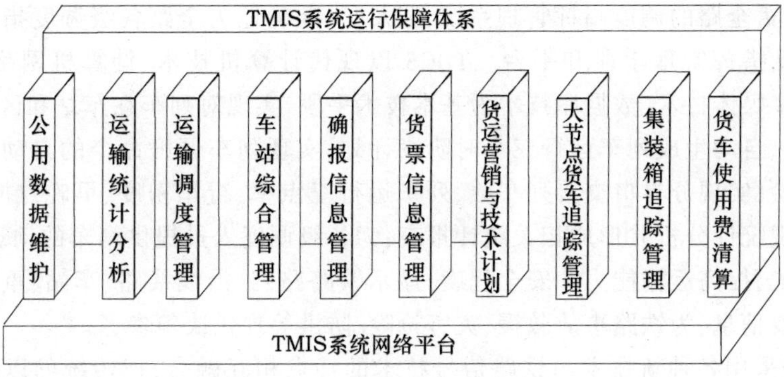

图 5-3 TMIS 功能构成

第三节 列车调度指挥系统和调度集中系统

一、概 述

列车调度指挥系统与调度集中系统是现代铁路信号系统的重要组成部分(车站联锁、列车运行控制系统),是铁路现代化的重要标志,是确保铁路运行正点与安全的重要基础设备,是现代自动控制技术、计算机技术、网络与通信技术和软件开发技术在铁路调度指挥领域的综合应用。

在不同的发展阶段,系统的体系结构也在不断的发展和变换,系统的功能也逐渐趋于完善。随着规划的逐步实施,TDCS 和 CTC 系统也在发展和变化中,以适应高速度、高密度运行的需要,系统的体系结构和集成技术也在逐步完善,未来的系统功能将更加强大,安全性和可靠性将大大提高。铁路调度指挥系统发展不同阶段的技术特征和应用特征,如图 5-4 所示。

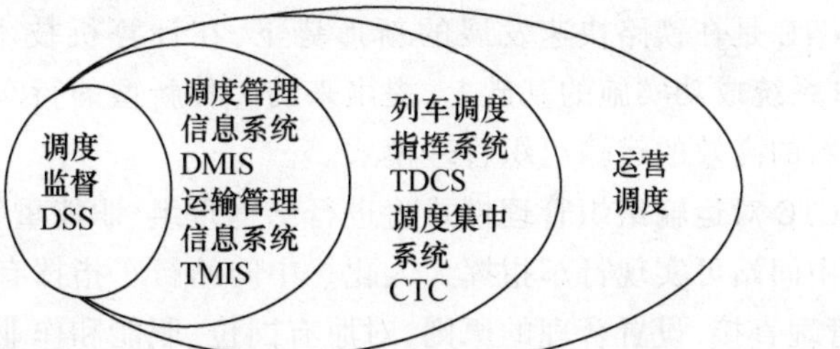

系统特征 System Character	运行监视 Supervision	联网 Network	控制 Control	综合 Integrate
时间 Date	1980 年	1990 年	2000 年	2010 年
列车最高速度 Train Speed	80 km/h	160 km/h	200 km/h	300 km/h
系统应用范围 Application Area	部分区段 Section	部分干线 Line	主要干线 Main Line	客运专线 Passenger Dedicated Line

图 5-4 铁路调度指挥系统的发展历程及技术特征

TDCS 是覆盖全路的调度指挥管理系统,能及时、准确地为全路各级调度指挥管理人员提供现代化的调度指挥管理手段和平台。TDCS 以现代计算机技术、计算机网络技术、通信技术、控制技术、多媒体技术、数据库技术为基本技术手段,实现对列车在车站和区间运行的实时监视,动态调整、自动生成列车运行三小时阶段计划,实现列车调度命令的自动下达和实迹运行图的自动描绘;实现分界口交接列车数、列车运行正点率、行车密度、早晚点原因、重点列车跟踪等实时宏观统计分析并形成相关统计报表;为各级调度人员提供列车的动态运行情况,便于机车合理调配,提高运输能力和安全程度;显示铁路路网、沿线线路、车站、重要列车和救援列车分布等主要信息,为铁路事故救援、灾害抢险、防洪等提供决策参考。

TDCS 系统采用各种新技术与铁路信号技术的特点相互融合,把传统的以车站为单位的分散信号系统逐步改造成为一个全国统一的网络信号系统,由提高安全、提高效率向提高运输效能转变,由单一功能向综合功能转变,由模拟传输向数字传输转变,由手工绘制向辅助及自动绘制转变;通过建立一个融先进通信、信号、计算机网络、数据传输、多媒体技术为一体的现代化信息系统,为各级调度人员提供先进的调度指挥和处理手段,提高应变和处理能力,减少调度人员通话和手工制表数量,改善调度指挥人员的工作条件,从而提高铁路运输组织的科学性、劳动生产效率和铁路服务质量,为全路生产布局的调整打下了坚实的基础。TDCS 是在 DMIS 系统和 TMIS 系统建设达到一定阶段后,国铁集团为充分整合信息化资源,在《铁路信息化总体规划》的基础上提出的阶段性发展目标,系统在充分继承 DMIS 系统的主要功能外,吸收了 TMIS 系统的部分功能,同时增加了一些更加实用的功能,以满足运输生产的实际需要。

CTC 是在铁路快速发展的新形势下,在计算机技术、通信技术、信号技术高度发达以及 DMIS 系统成功实施的基础上,提出来的一种新型的行车指挥和信号控制设备,同时也将带来一种新的高效的运输组织管理模式。

CTC 对运输组织管理模式将进行结构重组、职能重划、分工重调、岗位重定,在没有客货作业的中间站可实现行车指挥无人化。中间站行车指挥有关岗位取消后,按照专业相近、作业关联、管理直接、设置合理的原则,对原有岗位、职能和作业方式重新进行调整和划分。

新一代调度集中系统吸取传统 CTC 的经验和教训,充分考虑中国铁路客货混跑、调车作业多的实际情况,采用“分散自律(Distributed Autonomic System)”的理论,将调车控制纳入到 CTC 功能中来,系统无需切换控制模式即可实现行车作业和调车作业的协调办理,并且能够进行无人值守车站的调车作业,从而将调度集中的优势彻底地发挥出来。

分散自律 CTC 系统包含了 TDCS 的所有功能,如列车运行监视、车次号自动跟踪、到发点自动采集、实际运行图自动生成、阶段计划的自动调整、调度命令的网络下达、车站行车日志自动生成等,在此基础上进一步实现了车站信号设备的集中控制、列车进路的按图排路和调车控制。在软件、硬件设备及网络传输通道上,CTC 系统将最大限度地利用既有 DMIS 系统的资源,以节省铁路局集团公司的投资。

CTC 系统对铁路运输生产过程中的调度指挥工作流程进行了优化处理,由计算机控制程序达到运输组织的智能化目标,最大限度地将行车人员从繁琐的工作及运输安全生产的压力下解放出来。行车调度指挥包括自动建立路网结构、自动关联车站和区间的关系、自动生成列车径路、自动生成列车接发车进路、自动识别列车种类、自动标尺检测、自动站线排列、自动安排列车计划的接发车进路、动态区间冲突检测、动态车站间隔时间冲突检测、动态咽喉进路冲突检测、自动识别反向列车、自动记录列车实时信息、自动冲突疏解、自动生成班计划、自动编制列车运行调整计划、自动网络连接管理、调度命令模板化与词条化管理等。有效地提高了调度人员的工作效率,降低调度工作中的差错率,极大地减轻了调度人员的劳动强度。

二、TDCS 和 CTC 功能构成

(一)TDCS 的功能

1. 运行监视

车站信号设备状态监视和列车运行监视,在电子地图上实时显示铁路局集团公司各个分界口的交接车列车列数。

2. 车站运行及进路排放的历史回放

调度监督显示信息的历史回放,最多可实现 30 d 的历史数据的回放,回放时可以选择加速、减速、单步、向后等回放模式。

3. 列车车次号及早晚点实时显示

站场图上的每列被跟踪的列车都带有车次号显示,并由程序实现逻辑跟踪,保证车次号不丢失,车次号的来源可由无线车次号系统取得,在跟踪过程中由无线车次号系统进行不断的校核。

4. 对车站下达调度命令、阶段计划和其他信息

行车调度员可以编写、存储、通过网络下达调度命令给车站值班员,并监督车站的接收、签收状况,车站未收到时可以定点重发。

行车调度员还可将用 TDCS 系统编制好的列车运行阶段计划通过网络自动下达给所辖车站的车站值班员,以达到其指挥车站行车的目的。下达后可监督车站值班员的接收、签收情况,车站值班员未收到时,可选择定点重发。

此外,行车调度员还可通过 TDCS 系统制定、下达阶段重点注意事项,列车甩挂作业计划等信息。

5. 基本图显示、查找及打印

可以显示该调度区段的基本运行图,并可实现查找列车,更改显示方式(如只显示客车或货车,只显示上行或下行车)。在换新图时可以选择当前使用的基本图。

6. 日班计划的引入及下达

在 TDCS 与 TMIS 计划子系统联网之后,班计划可由 TMIS 系统自动传输至 TDCS 数据库中,在这之前,计划员可在 TDCS 系统的计划员台上实现日班计划的输入,及下达到相关的列

车调度员、机车调度员等工种。

7. 列车运行计划自动调整,并通过网络自动下达

行车调度员负责制定、调整 3 ~4 h 阶段计划,TDCS 系统的 CAD(计算机辅助调度)功能具有非常高的智能性,可以对 3 ~4 h 阶段计划进行自动的调整,为调度员提供阶段计划调整方案,同时也提供快捷、方便的人工调整的操作界面。阶段计划的自动调整主要考虑的因素有:列车的等级、正晚点情况,车站的接发列车的间隔时分,区间的闭塞方式,车站、区间的封锁缓行、机车交路、分界口赶交路等因素。

8. 列车实迹运行图自动生成及绘制

TDCS 系统的最大优势就是自动采集列车到发点,无需车站值班员电话报点。自动采集到发点的原理是利用车次跟踪来实现的,当进站列车经过进站进路,完全进入股道后,系统附加一定的停稳参数(一般为 1 min,不同的车站参数不同)作为列车的到达点。当出站列车车头越过出战信号机时,系统减去一定的启动参数(一般为 1 min,不同的车站参数不同)作为列车的出发点。当列车为通过该站时,取其完全进入股道的时间和车头越过出站信号机的时间的平均值作为列车通过的时间。

有了列车到发点后,系统可自动的生成列车实迹运行图,不同的列车类型用规定的画线类型进行正确的显示。每班交班时,实迹运行图可以通过网络绘图仪进行绘制输出。如不绘制运行图,实迹运行图在数据库中保存,可保存一年的实迹运行图。

9. 列车车次自动跟踪及无线车次自动校核

TDCS 系统可以实现列车车次号的自动跟踪,这是基于逻辑的跟踪方式,列车的车次号跟随列车对轨道电路的占用和出清的次序,不断地跟踪列车。当逻辑跟踪出现失误时,车次号可能会导致丢失,此时系统采用无线车次号发过来的车次号信息进行校核,保证 TDCS 系统的车次号的可靠稳定。

10. 区段间及车站间透明

相邻调度区段台间站及其附近的两个车站的显示透明,以便调度员了解即将进入本区段的列车目前运行位置。

在车站 TDCS 系统的车务终端的调度监督信息显示上,实现了与本站相邻的车站(通常为两个,上行一个,下行一个,最多可达 5 个)的显示透明,以便车站值班员能够了解到即将进入本站的列车目前运行位置,同时也掌握了前方站到发线的占用情况。

11. 相邻调度台间行车计划的自动交换

相邻的行调台之间可通过 TDCS 系统自动交换列车运行计划,邻台计划的传递有主动发送方式和主动申请方式,接收方可根据收到的计划对后面的列车进行同步地调整,并可以选择性地拒绝邻台发送过来的计划。

12. 中间站站存车统计

TDCS 系统的车站值班员每天定时输入中间站的车站存车情况,数据经过网络传输后,存

储于中心服务器里,列车调度员和计划调度员可进行查询、统计和打印。

13. 行车日志自动生成和打印

在车站,TDCS 系统的车务终端可以实现车站行车日志(大站为运统 3,小站为运统 2)的自动生成,它是建立在 TDCS 自动采集到发点的基础上的一个功能。其中,可自动生成本站到发点,后方站到发点,前方站到发点,本站的到发线;可人工记录的数据有同意邻站发车时间,邻站同意发车时间。列车的计划点和规定点由列车调度员下发,自动填记。此外还可以填记列车的注意事项等信息。

14. 各种运输数据分析及统计

TDCS 系统的统计台提供了相关的运输统计功能,主要包括各统计区段的列车到发正晚点统计、各统计区段的列车运行正晚点统计、各统计区段的列车旅行速度统计、各统计区段的列车技术速度统计、各统计区段的货物列车甩挂辆数统计等。

15. 重点列车实时追踪及查询

可显示重点列车的实时追踪,可以跟踪所有客车,也可指定若干个重点列车的跟踪。

16. 列车运行正点率的自动统计和实时显示

在电子地图上以不同的颜色显示出各统计区段的列车运行正点率。

17. 列车运行密度自动统计和实时显示

在电子地图上以不同的颜色显示出各统计区段的列车运行密度(以基本图利用率的方式体现)。

18. 分界口运输状况宏观显示

在电子地图上实时显示铁路局集团公司各个分界口的交接车列车列数。

(二)CTC 的功能

CTC 系统在上述 TDCS 系统功能的基础上增建了自动按图排路和接车进路预告功能。

第四节 客票发售与预订系统

一、概 述

铁路旅客运输是铁路运输生产的重要组成部分,客票作为铁路为旅客提供服务的契约合同和旅客乘车的有效凭证,是一种十分重要的有价证券。中国铁路的客票发售与预订工作最初一直是手工操作,经常发生误售和错售问题,既为旅客的出行带来不便,也影响铁路的声誉。因此,将信息技术应用于铁路旅客运输工作既是旅客运输的客观需求,也是铁路运输现代化的重要标志之一。

TRS 建设自 1996 年启动,十几年来,经历了不断的发展,进行了多次版本升级,能够适应全国统一车站售票、适应地区内联网售票、适应全路联网异地售票、适应客运体制改革和收入清算需求等。

随着客运专线的建设，客运专线的运营生产关键环节之一的客运专线票务系统也将发挥作用，也是建设重点。建成后，将与本节介绍的既有线 TRS 系统并存，在国铁集团中心一级实现与 TRS 的应用衔接，实现客票互售。客运专线的客运服务系统将在本章第七节介绍。

二、功能构成

系统从行政上分为三级（国铁集团、地区中心和车站），系统的功能服务按照系统级别有所不同。

国铁集团客票中心系统主要管理全国铁路客票的宏观售票业务，具有数据维护、综合查询、营销分析、数据传输、复制基础数据、系统监控等模块。它负责维护路网结构、基础字典、基车运价等静态基础数据，赋权地区中心维护列车信息，将基础数据复制到其他数据库，利用综合查询了解整个系统的售票状况和各种信息，利用数据传输收集售票汇总资料，以便进行客票营销分析，指导宏观决策。

地区客票中心系统主要管理本地区铁路客票的售票业务，具有席位管理、数据维护、综合查询、营销分析、交易连接管理、数据传输、复制基础数据、系统监控等模块。它负责管理所辖车站的始发列车信息、列车票价等“动态基础数据”，将基础数据复制到其他数据库，集中管理所辖车站的席位，利用综合查询了解本地区的售票状况和各种信息，利用数据传输收集各站售、退票存根，并初步汇总后传输至国铁集团客票中心，进行客票营销分析指导客运决策。地区客票中心系统与国铁集团客票中心系统分离时，可对所有数据进行维护，组织所辖车站独立运行。

车站系统主要从事直接面向旅客的售票业务，具有售票、订票、退票、余票揭示、席位管理、票卷管理、经由管理、数据维护、综合查询、财务结账、客票统计、软件分发、交易连接管理、数据传输、系统接口、系统监控等模块。车站只有少量数据维护和少量席位管理，除了具有面向旅客的售票、订票、退票、余票揭示等功能外，票卷管理用于保证作为有价证券的票底使用安全无误，经由管理用于优化生成车站至全国各站用于通票发售的若干有救经由，综合查询用于了解车站售票状况和各种信息，数据传输用于将售、退票存根传输至上级地区客票中心，软件分发用于自动更新客户机的应用软件。车站系统还有若干接口，与调度部门连接以便接收调度帝令，与电视台、互联网、显示牌连接以便发布余票等信息，与统计部门连接以便输出用于统计的原始数据。当车站系统与上级地区客票中心系统分离时，可对所有数据进行维护，独立开展正常的售票业务。

第五节　办公信息系统

一、概　　述

铁路机构改革之后，转变管理职能，转变工作方式，对铁路办公信息化工作又提出了进一步的需求。全路 OMIS 建设取得了很大的发展,这样促使各级机关、各个部门内部的办公自动化、管理信息化的水平不断提高,同时促进了领导方式、工作方式的转变。

OMIS 经过多年的建设,已经取得了很大成效:建立了连接到基层站段的全路办公网络;办公部门的信息化应用已经覆盖了主要工作环节,各级办公部门从实际出发,相继开发了电子公文、网络电报和档案、值班、信访、会务、后勤管理等软件,OMIS 已成为日常工作的重要工具;建立了国铁集团政府网站和部分铁路局集团公司外部网站,为宣传铁路工作,促进客货营销发挥了重要作用。

多年来,铁路各单位在基本软件的基础上,纵向深入开发办公部门各项应用功能,横向不断扩展为机关所有部门和全体人员发布、沟通和查询信息的各类服务功能。同时还通过这一系统建立了相应数据网络接口,提取铁路 TMIS、TDCS 等各生产系统的信息进行综合利用,为各级领导和机关人员管理与决策提供了支持。各级 OMIS 平台已经逐步成为各单位内部的门户网站,成为面向机关所有部门和全体人员提供信息服务的综合应用平台。

(1)以统一的铁路计算机网络(生产网、内部服务网、外部服务网)为依托,基本建成国铁集团、铁路局集团公司、基层站段三级贯通、面向全体管理和技术人员办公与管理应用的铁路信息综合共享平台。

(2)实现国铁集团、铁路局集团公司、基层站段三级主要办公业务的电子化、网络化、自动化。

(3)实现内部用户对全路生产和管理信息的实时、充分和分权限的共享。

(4)建成技术先进、功能完善、结构合理、内容丰富、安全可靠的知识型信息化应用和管理体系,为实现铁路经营管理现代化,提供支撑和保障。

二、功能构成

OMIS 是展现和集成各个办公子系统、各类生产业务信息的综合应用平台。它集成各种办公应用功能,同时也可为各业务子系统和各部门网站(网页)提供导航服务,为查询和应用铁路各种信息资源提供支持,为用户提供个性化、专业化服务。因此,将 OMIS 作为办公综合平台,建设基于知识管理的客运专线公司内部信息门户,这是该系统的建设目标。

OMIS 的用户,可利用铁路内部门户的各种不同的客户端(包括浏览器、电子邮件、手机短信等),通过铁路计算机网络安全平台提供的数据安全访问功能,进入门户提供的交互访问方式,获得所需的信息、业务或管理服务。同时门户系统还提供进入铁路生产网的访问方式,请求内部的生产系统,进行最终业务处理。

OMIS 包含的主要功能如图 5-5 所示。

1. 个人事务平台

该平台主要用于管理与个人日常工作息息相关的邮件、代办事宜、通信录及个人文档等。并根据需要提供相应的事务提醒功能,用来协助个人的日常办公。

2. 信息发布与组织文化平台

该平台是一个 Intranet Web 的界面,可以起到信息门户的作用,它在用户面前呈现的是一个通道,提供单一登录、单一界面和相同的风格访问铁路的内容和资源。同时,可作为宣传企

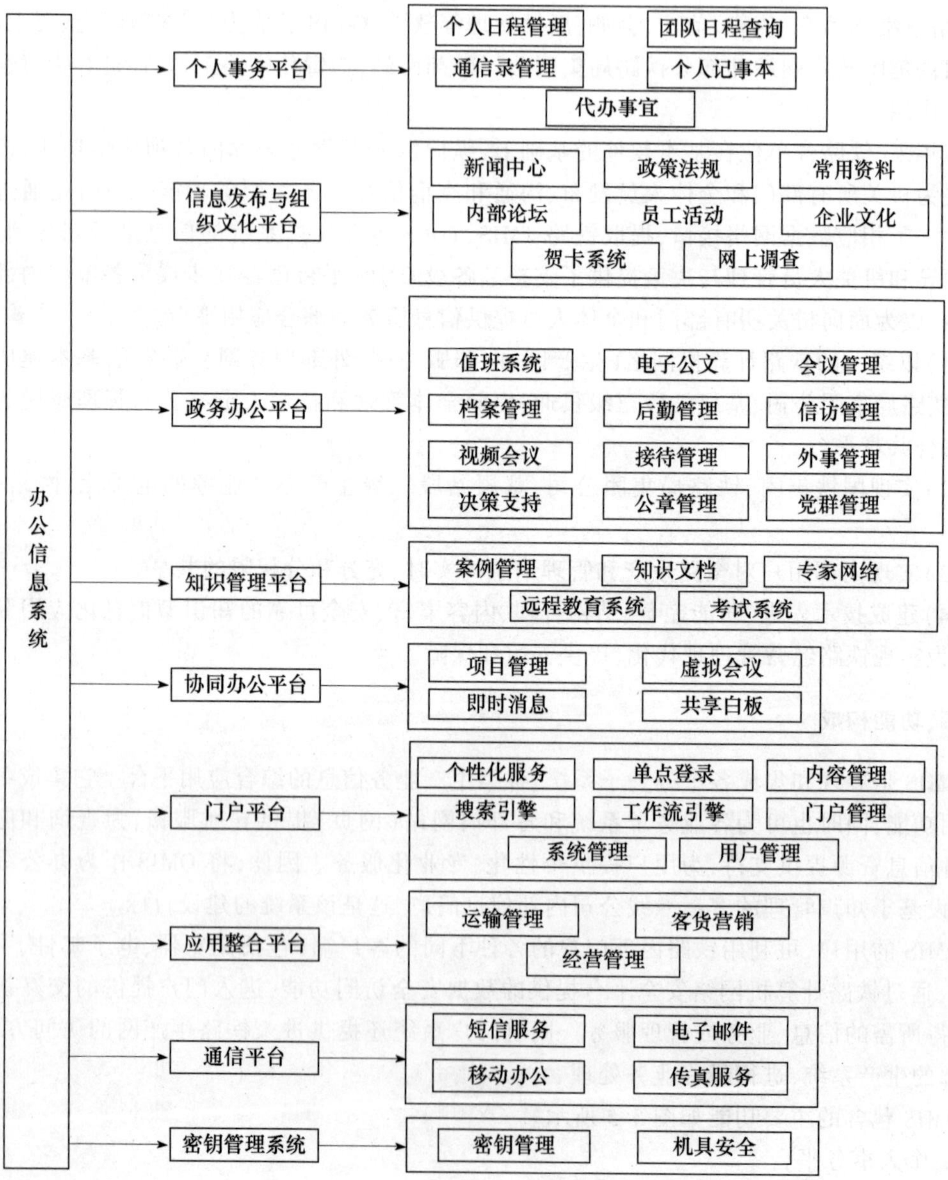

图 5-5　办公信息系统功能构成

业组织文化的窗口，提供员工经常使用的内部资料和外部资料、规章制度查询；进行网上调查；内部论坛可供员工就自己关心的事情进行讨论、交流心得体会；通过员工活动栏目，可以创建活动计划、发布员工活动通知等，方便地进行各种各样文体或其他活动的组织。

3. 政务办公平台

该平台主要提供对电子公文、档案、值班、后勤管理系统等所有办公应用功能的支持。

政务办公平台包括值班子系统、电子公文子系统、档案管理子系统、信访管理子系统、视频会议子系统、会议管理子系统、后勤管理子系统、接待管理子系统、外事管理子系统、决策支持子系统、公章管理子系统、党群管理子系统（党群管理子系统又包括党委管理子系统、工会管理子系统、团委管理子系统、纪委管理子系统）12 个子系统。

4. 知识管理平台

随着铁路业务运作和管理的日渐繁多与复杂，及时、成功地实施知识管理，通过更高效率地集成协同应用来提高企业的整体创新和应变能力，使企业内外实现高效信息沟通，并帮助企业最终实现规范化管理，促进企业从彼此独立、被动的管理模式向一体化、信息共享的统一管理模式，将业务运作与管理模式提升到更高、更新的层次，从而实现企业向知识型、学习型企业的转变和升华，也就成为管理层和员工的一项共识。

在企业内部每天都会产生大量类似的文档，有的是交班记录，有的是技术资料等。所有的文档都是通过人工审批确认、管理，不仅效率低下，而且文档的质量参差不齐，更重要的是无法实现信息共享。实施知识管理之后，将知识文档作为电子文档的主要存放地，通过层次分类功能，可以实现文档分类维护、文档权限控制、审批文档、搜索文档等功能。

知识管理能够起到提高“智商”和避免“组织失忆”的作用。过去，我们花很长的时间和精力去做某件事情，成功时候，需要总结和归纳出来时，随着人员的离职和流失，这些经验和知识很自然地流失了，而知识管理可以避免这一现象的发生。对于研发部门来说，员工在日常工作中对某件事或某件工作的点滴经验、体会等信息沉淀在系统中，并可由员工查询，包括案例查询、案例点评、案例统计等。通过该系统，员工可以书写部门案例和岗位案例，并提交案例；被授以阅读权限的人员可以阅读这些案例，也可以对案例发表自己的意见。

基于知识管理的办公信息系统不仅能够通过协同办公提高办公效率，而且会逐步成为员工日常工作中不断积累知识的得力助手。

通过知识管理平台的建设，探索利用网络培养管理型、知识型人才的新思路，最终实现铁路职工培训的信息化管理，达到创建学习型组织的目标。该平台主要包括案例管理（如铁路行车事故案例）、知识文档（铁路规章、规程、规定、制度和办法等知识库）、专家网络（通过提供专家地图，使员工快速找到各类专家提交问题，问题及专家答复均作为知识被沉淀下来，供后来者分类查阅）、远程教育系统和考试系统。

5. 协同办公平台

实时协作技术提供了一个内部员工利用网络进行即时的通信协作的平台。它可以集成现有的办公管理系统，通过网络会议，减少差旅需求并实现即时通信而降低成本。最重要的是，它可以促进知识共享，使企业能够跨部门和工作程序地利用其员工所知道的一切创造新的知识并提高整体的响应能力、创造力、竞争力以及工作效率。

6. 门户平台

该平台作为信息门户的基础架构，提供门户的公共服务功能，如搜索引擎、用户管理、内容管理等。铁路内部用户可以使用单一的入口访问多种类型信息，无论信息存储在何处(如铁路内部网或 Internet)、无论信息的格式如何，统一信息平台都可以按照用户喜好的方式个性化地收集、展现这些信息，并能够由多种类型的设备(如 PC 的 Web 浏览器，或 WAP 移动电话上的浏览器)来对这些信息进行存储。

内容管理是政务信息管理与控制的关键，内容管理可自动创建、索引、归档、搜索、展示非关系型信息以及相关数据，提供高级检索、分析和索引技术，并可提供更好的访问内容的途径。可以通过浏览器直接实时访问政务内容，以提高公众服务质量。

7. 应用整合平台

根据国铁集团办公平台提供的统一应用接口，连接信息共享平台和内部生产网，实现铁路各系统信息资源共享，实现内部用户对全路生产和管理信息的实时、充分和有权限的共享，并对有关服务性信息进行整合。

8. 通信平台

电子邮件、手机短信、移动办公、传真服务等，通过通信网及计算机网平台实现便捷且可靠的服务。

9. 密钥管理系统

根据国铁集团提供的密钥管理的统一标准和密钥卡结构的规范，建立统一的密钥卡管理系统能够对企业内部系统使用密钥卡进行规范和管理，提高系统的安全性能。

第六节　统计分析系统

一、概　　述

SAS 应该围绕国铁集团制定的实现“行业管理依法规范，方法制度健全完善，指标体系科学合理，调查手段先进适用，数据处理安全快捷，统计信息准确可靠，基础建设扎实有序，咨询服务优质高效”的铁路统计工作发展目标，在国铁集团的统一规划和有序组织下，充分利用国内外先进的信息技术，深入开发、有效利用各种信息系统的资源，建设现代化的铁路统计分析系统，为企业的改革发展、运输指挥、铁路建设、客运营销、货运营销、经营管理和决策咨询提供及时、全面、优质的统计信息服务。

SAS 建设的总体目标如下：

(1)以建立统计整体数据资源库和提供决策支持为核心,采用高新技术设备建成具有开放性、大容量、高速度和多功能支撑能力的统计分析系统平台。

(2)规范统计标准,强化统计数据集成,挖掘统计信息资源,促进统计信息资源共享,真正实现统计业务的完全自动化,为企业改革发展提供优质服务。

(3)以统计信息化为技术手段,带动统计管理制度的变革,真正实现统计管理工作的归口和规范。

(4)以"信息采集自动化、数据管理仓储化、系统应用网络化、统计产品多样化"为SAS建设重点,充分利用先进的信息技术,统一规范和标准,强化系统集成,促进资源共享,为铁路改革发展提供优质的统计信息服务和决策支持。

SAS结构如图5-6所示。

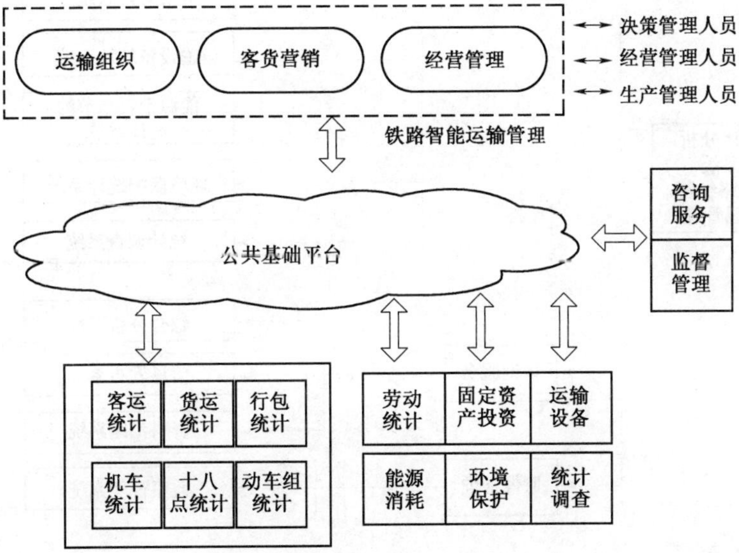

图5-6　SAS结构

SAS以统一的铁路计算机网络(生产网、内部服务网、外部服务网)为依托,构建统计分析系统的国铁集团、铁路局集团公司、基层站段等三级逻辑网,实现统计分析应用系统的三级应用架构。

二、功能构成

SAS涵盖铁路统计各主要业务环节。按照业务性质,SAS应用功能构成如图5-7所示,运输统计各个子系统主要功能如表5-1所示。

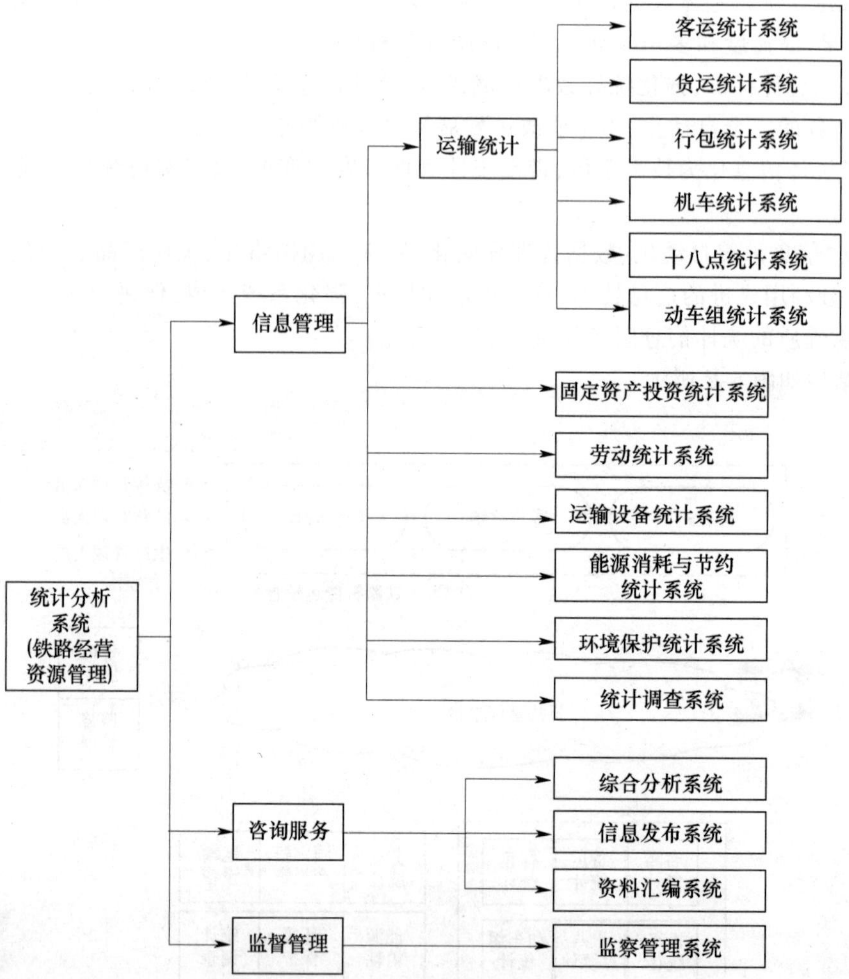

图 5-7　SAS 功能构成

表 5-1　运输统计各子系统主要功能

子系统	基本功能
运输统计基础信息资源子系统	1. 利用运输生产中现有各种系统与即将建成的子系统所产生的原始信息在部、局整合成二级运输统计原始信息综合关联数据库； 2. 在机务(动车)段建成综合数据库，实现司机报单自动录入； 3. 对基础信息资源进行相关性、连续性、逻辑性审核，对存在问题的数据源，提示性报警，产生审核报告，并通过管理对信息源点信息进行规范； 4. 在基层完成基础信息的审核、管理，为统计监察提供监控接口，确保基础信息准确性； 5. 积累完整、全面、连续的运输统计原始信息资料，形成运输统计各专业的原始信息共享平台

续上表

子系统	基本功能
客运统计信息子系统(精密统计)	收集、审核、汇总各类客票信息,生成旅客运输的发送量、收入、到达量、中转量、周转量区段平均密度等指标,实现对旅客运输经营业绩的分析、预测,提供旅客运输管理信息及决策支持。利用国内外成熟的统计分析软件和采用科学计算方法、数学模型等建立客运营销统计分析辅助决策处理模块,充实、更新、完善客运营销统计分析辅助决策信息库,编制客运营销决策统计分析报告,生成客运决策统计分析可视化图表。提供网络反馈数据和为用户提供实时数据查询;实现网络信息发布
货运统计信息子系统(精密统计)	收集、审核、汇总各类货票信息,生成货物运输的发送量、收入、到达量、中转量、周转量区段平均密度等指标,实现对货物运输经营业绩的分析、预测,提供货物运输管理信息及决策支持。利用国内外成熟的统计分析软件和采用科学计算方法、数学模型等建立货物营销统计分析辅助决策处理模块,充实、更新、完善货运营销统计分析辅助决策信息库,编制货运营销决策统计分析报告,生成货运决策统计分析可视化图表。提供网络反馈数据和为用户提供实时数据查询;实现网络信息发布
行包统计信息子系统(精密统计)	收集、审核、汇总各类行包信息和行包中转信息,生成铁路行李包裹运输工作量等指标,实现对铁路行李包裹运输经营效果的分析、预测,提供行李包裹运输管理信息及决策支持。利用国内外成熟的统计分析软件和采用科学计算方法、数学模型等建立行李包裹营销统计分析辅助决策处理模块,充实、更新、完善行李包裹营销统计分析辅助决策信息库,编制行李包裹营销决策统计分析报告,生成行李包裹决策统计分析可视化图表。提供网络反馈数据和为用户提供实时数据查询;实现网络信息发布
机车统计信息子系统	1. 实现以司机报单等原始依据数据的入库、校验、汇总、上报; 2. 形成各级企业客运、货运机车运用与非运用、内部核算、运输生产指挥所需的机车统计信息; 3. 形成各种形式的统计分析报表,满足各级运输部门对机车统计报表的不同需求; 4. 运用统计分析方法对机车运用效率及工作成绩的综合指标进行系统的分析研究,形成机车运用、检修及能源消耗等所需决策信息; 5. 为相关子系统提供所需信息; 6. 统计随机查询
动车组统计信息子系统	1. 按规章和各级企业要求对基础信息进行数据处理; 2. 按照不同的分类分别统计动车组的运用与非运用、内部核算、运输生产指挥所需的动车组统计信息(按牵引方式分为动力集中式和动力分布式,按牵引力类型分为内燃和电力); 3. 实现从动车段、铁路局集团公司、国铁集团按规定的报表信息上报,实现铁路全行业数据处理; 4. 国铁集团与局集团公司、局间、段间信息交换; 5. 超级汇总(由原始信息直接汇总报表); 6. 形成国铁集团、局集团公司、段统计分析、决策、预测预警所需信息; 7. 统计随机查询; 8. 为相关子系统提供所需信息; 9. 提供国家、省市所需统计信息
十八点统计子系统(运量统计)	利用"客票发售与预订系统"、"列车移动补票系统"、"行包管理信息系统"、"行车组织策划系统"中的客票信息、列车运行图信息、车流径路信息、基础字典信息,根据十八点指标定义,自动处理并生成运量相关统计指标

第七节　客运专线信息系统

与铁路信息化的总体规划相适应，铁路客运专线信息化的总体目标是：以运输组织、客运营销、经营管理为建设重点，建成技术先进、结构合理、功能协调、安全可靠的中国铁路客运管理信息系统，其总体水平达到世界一流。实现调度指挥智能化、客运营销自动化、经营管理现代化，为客运专线的高效运作、优良服务、安全运行、科学管理提供强有力的技术保障。

客运专线信息化体系结构与铁路信息化的体系结构组成以及各组成要素完成的功能一致。客运专线信息系统应用结构也与铁路信息化的应用结构领域划分、应用系统层次结构以及应用系统功能类似。

本节将重点介绍客运专线运输组织领域中有代表性的几个信息系统。

一、运营调度系统

（一）概　　述

客运专线运营调度系统是客运专线运输组织指挥的中枢，具有综合管理与实时控制的运营调度系统，能够帮助铁路运营部门追求最大的运营效益。它不仅要控制列车运行，还要管理运输计划、设备维修、牵引供电、机车车辆（动车组）和乘务人员等，甚至管理数据统计等大量办公业务，改变长期以来铁路行车调度工作完全靠人决策的传统，实现系统自主决策、自主控制，可大幅度提高运输效率、降低运输支出。同时，可提高发生事故时采取对策的安全管理能力，从而显著提高整个运输系统的安全水平。

客运专线运营调度系统必须满足时速 300 ~ 350 km 高速列车按 3 min 追踪间隔运行时调度指挥的需要。系统研制中将采用国内外最先进的并具有发展前景的技术，如信号技术、计算机技术、智能决策技术、远程控制技术、地理信息技术、通信技术、网络技术、多媒体技术和数据库技术等，采用国内外最先进的标准和最新的产品，建成分散自律、智能化、高安全、高可靠的新一代运营调度系统，实现铁路运输组织的科学化、现代化。国铁集团客运专线调度指挥中心与各客运专线调度所使用统一技术平台构成一个完整的系统，在界面、功能、数据、系统软件和系统硬件等各个层次上高度统一与协调。硬件平台采用通用的计算机、网络设备，系统软件为统一的、通用的平台，确保国铁集团中心与调度所在管理、数据修改和信息显示等方面的高度一致性，各种数据实施一元化的管理和维护，确保数据的完整性、一致性和准确性。

（二）功能构成

运营调度系统按功能要求划分为计划编制、运行管理、车辆管理、供电管理、客运调度、综合维修六个子系统。调度台与各子系统的对应关系，如图 5-8 所示。

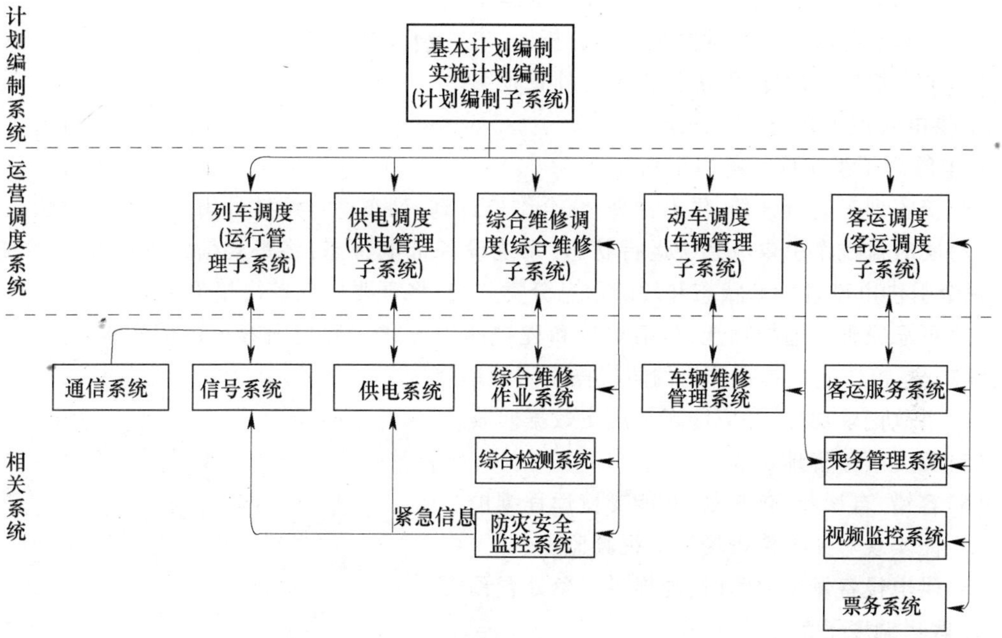

图 5-8 客运专线运营调度系统功能构成

1. 计划编制子系统

国铁集团和各客运专线调度所运输计划编制部门采用统一的计划编制系统,能随时按业务需求的调整进行权限控制和功能切换。

计划编制系统依据计划编制规则要求,提供计算机辅助计划编制方式,具备牵引计算、合理性检查和模拟仿真功能。

2. 运行管理子系统

运行管理系统应具备实施计划接收、人工和自动列车运行计划调整、列车运行监视、列车运行调整计划下达、人工和自动进路控制、实绩运行图描绘、调度命令传送、列车跟踪及车次号校核等功能。

在异常情况下,国铁集团调度指挥中心运行管理系统应能接管客运专线调度所指挥权。

3. 车辆管理子系统

车辆管理子系统应具备以下功能:

(1)接收列车运行计划、动车组交路计划和列车运行调整计划。

(2)实时显示动车组的运行位置、运用情况和动车组状态。

(3)根据列车运行调整计划、车载诊断信息等,制定动车组交路和车辆分配调整计划并发送至有关单位。

(4)接收动车检修部门的动车组相关信息。

(5)查询动车组的修程、修制和与动车组运用相关资料。

(6)动车组各项运用指标的统计与分析。

(7)动车组发生故障时,能提供紧急处置预案。

4. 供电管理子系统

供电管理子系统应具备以下功能:

(1)接收列车运行计划、供电计划、综合维修计划、列车运行调整计划和列车运行状态。

(2)实时监视牵引供电系统运行状态、系统设备带电状态,将重要信息发往相关系统;实时监视牵引供电设备技术状态和故障信息分类归档,将重要信息发往相关系统。

(3)可靠完善的遥控功能,包括单控和程控两种方式。程控内容可由用户根据系统控制需要编制,遥控功能应具有严格的防误操作闭锁措施。

(4)事故记录功能,并应能实现历史数据回放。

(5)调度事务管理功能。

(6)容错、自诊断、自恢复,并能支持远程维护。

(7)能实现对无人值班场所的视频监控。

(8)供电设备发生故障时,能提供紧急处置预案。

5. 客运调度子系统

客运调度子系统应具备以下功能:

(1)接收列车运行计划、动车组交路计划和列车运行调整计划。根据列车运行计划等,自动生成相关的旅客服务信息,并发送到站车及有关单位。

(2)集中管理旅客服务有关各类信息,实时掌握列车运行实绩信息和预测信息。

(3)实时监督管辖范围内客运专线列车编组、上座率、各站中转旅客人数、动车组周转、中转列车接续以及列车乘务组等信息。

(4)制定晚点列车运行调整建议方案,监督晚点列车旅客处理,查询与旅客服务相关的数据,旅客服务相关数据统计和信息汇总。

(5)当发生突发事件时,提出紧急处理预案、旅客疏运方案,提出列车运行调整方案建议。

(6)对大型车站关键场所进行视频监控。

6. 综合维修子系统

综合维修作业管理、防灾安全监控、综合设备管理和综合检测分析。

(三)物理结构

客运专线运营调度系统由国铁集团调度指挥中心、客运专线调度所以及基层站段系统构成。

国铁集团调度指挥中心负责对各客运专线调度所进行直接管理,合理调配客运专线运力资源;协调客运专线间、客运专线与既有线间的运输工作;国铁集团调度指挥中心作为各客运专线调度所的备用中心,必要时接管指定调度所的指挥权,直接负责客运专线的调度指挥;武汉客运专线调度所作为客运专线调度指挥中心的备用中心。

客运专线调度所在国铁集团调度指挥中心的领导下，对管辖范围内的客运专线列车运行进行集中调度指挥；对管辖范围内运力资源进行统一安排和调配；负责客运专线日常运输生产，掌握列车运行状况；在发生自然灾害、行车事故时，指挥灾害、事故的处理；在客运专线运行秩序发生紊乱时，领导、协调制定列车运行调整方案。

车站、动车基地（段、所）、乘务基地（段、所）、综合维修基地（维修工区）作为调度指挥体系的第三层机构，依据调度所计划编制部门编制的实施计划及各调度台的调整计划，实现对现场作业的调度指挥。

规划的运营调度系统物理结构如图 5-9 所示。

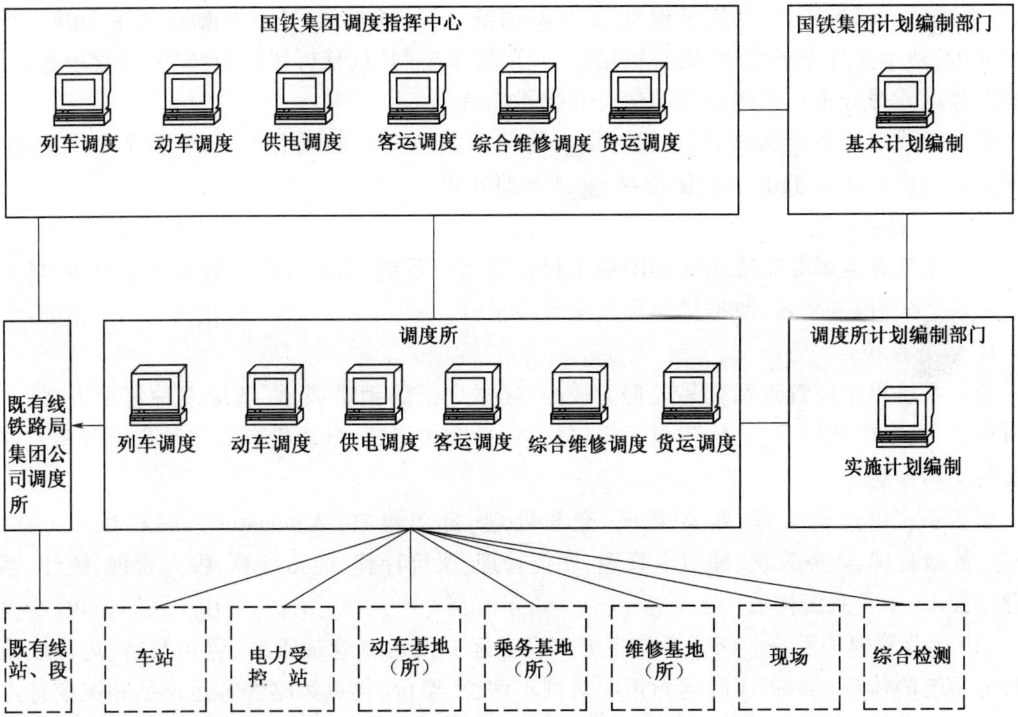

图 5-9　运营调度系统物理结构

二、客运服务系统

（一）概　　述

客运专线的建设极大地扩大了运能，列车开行密度加大，开行径路增多，开行方式更为灵活，营销手段更加多样。一方面旅客出行需求可得到最大限度的满足，“一票难求”的局面将得到缓解和解决；一方面客运专线高质量列车的高密度、多样化开行将刺激旅客出行需求的进一步增长，诱发新的铁路客流。

铁路客运专线客运服务系统是伴随着铁路客运专线建设，在旅客运输能力有较大丰富的前提下，通过多种服务渠道、多样的服务手段为旅客出行提供信息全面、方便快捷、功能丰富的优质客运服务。

为支撑客运专线正常运营，客票发售相关业务是客运专线运营生产中必不可少的一个关键环节。通过客运专线票务系统完成席位集中管理、交易实时处理、基础数据维护、销售策略实施、统计、收入等票务系统核心功能，通过强有力的安全保障措施，确保其安全稳定不间断运行。

为不断提高客运专线运营生产的效益，适应客运市场变化，更好地满足旅客出行要求，客运服务系统还应包括市场营销策划，用以完成客票数据、客服数据、路网数据、地理信息、列车信息、市场信息的采集，数据质量检查，数据的清洗、转换和加载，并在数据仓库上开发市场调查与分析、列车开行方案设计、销售策略制定、票价策略制定、分析评价、客户关系管理等应用，为铁路客运营销分析提供强有力的信息和技术支持。

客运专线票务系统建成后，一段时期内将与第四节介绍的既有线 TRS 系统并存，在国铁集团中心一级实现与 TRS 的应用衔接，实现客票互售。

(二)功能构成

客运专线客运服务系统国铁集团级工程包括票务系统、旅客服务集成管理平台、市场营销策划系统、综合服务平台、数据平台和安全保障平台。

1. 票务系统

票务系统以席位管理和交易处理为核心，建立广泛的销售渠道，适应多种售票方式、多种支付形式、灵活的营销策略，构建包括窗口售票、自助式售票、自动检票等多种售检票模式在内的实时交易系统。

票务系统由运营管理、常客管理、交易处理、自动检票(Automatic Fare Collection，简称AFC)、数据管理、业务管理、储值卡管理、席位管理、票价计算、径路计算、收入管理、统计、系统管理监控 13 个子系统构成。

(1)运营管理子系统。该子系统主要实现客运专线运营管理策略、营销策略、运价政策等在票务系统的体现。根据实际运营情况对列车席位、票价、优惠策略等客运产品相关信息进行管理。

(2)常客管理子系统。该子系统对常客户以实名制的方式进行管理，根据客户持卡类别、积分信息等不同进行分类，灵活设置不同类别常客户享受的优惠规则。

常旅客主要包括持有会员卡、储值卡以及其他优惠卡的旅客，团体订票合同户，以及在实名制条件下由计算机统计出的超过一定乘次或里程的普通旅客(如互联网会员等)。

(3)交易处理子系统。该子系统实现票务系统中有关售票、订票、退票、补票的交易处理功能，接收并处理来自窗口、自动售票机、互联网、呼叫中心等各类终端的交易请求，完成客票发售、预订及相关交易业务。

(4)自动检票子系统。该子系统主要部署在客运车站,完成旅客在进站、出站口自动检票作业,以及相应的管理和监控作业。国铁集团票务处理中心为检票子系统提供检票相关数据服务。

(5)数据管理子系统。该子系统主要完成客运专线票务系统路网数据、列车运行图数据、交易数据以及历史数据的维护、管理功能,为整个客运专线票务系统的正常运转提供数据保障。

(6)业务管理子系统。该子系统实现对票务系统操作人员和操作终端的身份管理、权限管理、票据管理、代理代售实体管理以及系统提供的各类接口的管理功能。

(7)储值卡管理子系统。储值卡是铁路或铁路与银行联合发放的具有储值功能的消费卡,用于旅客购票时支付的一种方式。通过储值卡管理功能实现储值卡的发放、充值、消费等业务的管理。

(8)席位管理子系统。该子系统是客运专线票务系统的核心服务系统,为各个系统提供席位的生成、搜索、占用、修改、删除等关键处理服务,利用先进、成熟的数据处理技术,以高效、可靠的处理策略对席位进行管理,保障席位查询占用的高效性、席位修改与存根记录的一致性、席位利用的可追溯性。

(9)票价计算子系统。该子系统完成客运专线车票票价计算的功能,票价计算依据中国铁路关于客运专线制订的票价业务规则,实现普通票、通票、签证票、优惠票等票价计算功能,提供详细的票价计算结果。

客运专线票务系统与既有线客票系统的票价计算提供接口服务,为两个系统的互售票提供保障,也为其他业务信息系统提供票价服务。

票价计算充分考虑客运专线的特点及各种情况,实现客运专线多种票种、席别,存在多段客运专线,又有补票、改签,多种优惠政策,灵活的票价调整等复杂的票价业务需求,实现实时售票计价的高效、快速的性能需求。

(10)径路计算子系统。根据旅客的旅行线路需求,在列车运行图信息、线路信息以及其他相关的交通线路信息的基础上进行线路连接计算,为旅客提供存在的各种换乘方案,同时能够根据不同的策略对乘车线路进行优化,提供里程、时间及票价等相关信息。

(11)收入管理子系统。该子系统主要满足客运售票、退票款等收入管理的要求和客运专线各级收入部门对旅客运输收入的审核、管理需求,对各类交易数据进行统计汇总。

(12)统计子系统。该子系统为用户提供方便、灵活的报表统计功能,使各级工作人员对于票务系统的业务情况、营业状况有较为全面的了解。统计报表按照车站、区域中心、国铁集团三级权限分级管理,各级按照业务需求,进行不同的统计和查询。

统计子系统主要提供完成售票情况、席位利用情况、收入情况、客运统计、设备布局等统计和报表功能,可根据各级用户的权限和实际情况产生不同的报表。

(13)系统管理监控子系统。该子系统辅助系统管理人员管理、监控系统相关软硬件基础平台、专用硬件设备、业务系统的运行状态、资源使用情况等,保证系统能够安全、稳定、高效的运行。

2. 旅客服务集成管理平台

旅客服务集成管理平台完成公共数据管理和音视频基础信息库制作、视频监控以及对全路旅客投诉信息的集中管理,实现全路旅客服务的监督和统计分析,为铁路客运服务提供可靠、统一的信息支持,在提高运营管理水平和服务质量、保障安全生产,处置突发事件等方面具有重要意义。

(1)旅客服务信息集成。实现全路旅客服务系统公共基础数据、旅客服务信息播出模板、广播语音库、静态揭示信息规范和旅客服务系统运营规范的维护和下发功能。建立旅客服务系统的公用基础信息,遵循统一的铁路旅客服务信息系统交换、共享规范,建立信息系统的信息传输及共享机制,实现旅客服务公共信息的规范和信息共享;实现公用基础信息的统一维护,并存储下发全路旅客服务公共信息。

(2)旅客服务监督和统计分析。从全路的角度对旅客服务系统进行监视和统计分析,采集相关的信息并进行信息的存储、显示、统计,用于旅客服务日常的协调支持及对运营主体的考核,并能提供全路旅客服务系统综合运行报告。系统可对列车运行状况以及车站旅客服务各设备状态等数据进行分析,以提出旅客服务运营优化方案,评价旅客服务各运营主体服务水平。

审定各区域中心运营主体突发事件应急预案。从客运专线全网的角度出发,对各运营主体的应急预案进行审定,提出建议,以提高整个客运专线的应急能力。制定客运专线突发事件总体协调应急预案。

汇总全路旅客服务系统得数据,形成一系列的报表,为领导决策提供统计信息和依据。

(3)旅客服务视频监控。国铁集团级视频监视在需要时能够调阅客运专线全线范围内旅客服务视频监视信息,为部中心浏览全路任何一个车站的视频信息提供支撑。

系统具体包括单画面图像显示功能、多画面图像显示功能、轮巡显示功能、大屏幕显示等功能。

3. 市场营销策划系统

市场营销策划系统以现代营销理念为指导,以科学的数据分析方法为支撑,以先进的信息技术为手段,构建反应敏捷、实时决策、优化方案、综合评价、适应竞争要求的高效系统,为各类管理人员提供信息服务和决策支持。

市场营销策划系统实现市场调查分析与客流预测、销售策略制定、票价策略制定、开行方案设计、相关方案策略及经营结果的分析评价、客户关系管理、分析结果灵活多样的展现、系统及数据的管理等功能,为科学、全面、高效的决策提供辅助支持。国铁集团级系统应用软件完成市场调查预测、辅助决策、分析评价、系统管理、数据管理和客户关系管理(Customer Relationship Management,简称 CRM)等功能。

4. 综合服务平台

综合服务平台整合客运服务系统内部各类服务资源,以互联网、呼叫中心、传真、手机、邮件、即时通信等为主要接入方式,在旅客出行的各环节中为其提供全方位、多渠道的咨询、订票、查询、投诉和建议等服务。

国铁集团级综合服务平台提供互联网和呼叫中心服务,其中互联网服务统一处理网站、电子邮件、即时通信、短信和手机应用的接入请求,呼叫中心用于处理电话、传真接入请求。

5. 数据平台

客运服务系统数据平台作为铁路客运专线客运服务业务系统间信息交换和共享的枢纽,整合客运服务系统各类共享信息,采用统一、规范的数据标准,以数据和应用两种接口形式实现客运服务系统内各子系统间,以及客运服务系统与其他外部系统间的信息交换、数据处理及应用服务,提高信息的共享度、信息交换的透明度和访问效率。数据平台主要提供下列服务:

(1)数据服务。数据服务指以交换数据库为媒介实现业务系统间的信息交换,适合于大批量、与事务控制逻辑无关、纯数据级的数据提取和发送。运用数据传输、数据复制、数据转换等技术将各业务系统的公用数据集中存储到交换数据库中,集中存储需要交换的数据,然后各系统按需提取相关数据,实现系统间信息交换的松耦合、数据资源高效利用。

客运服务系统数据平台提供直接数据库访问方式作为信息交换的辅助手段,为源系统和目标系统间建立安全的数据库连接,不存储交换的数据,以便实现业务信息系统间的快速数据交换。

通过数据平台共享的信息主要包括车站、线路、分界口等路网基础信息,运行图、编组、担当企业、票价等列车信息,常旅客姓名、联系方式、订票记录、投诉建议等客户相关信息,席位、存根、客运统计、收入汇总等业务数据,铁路政策、法规、组织机构、业务流程、运输组织章程等宣传信息。

(2)应用服务。应用服务是指直接从应用层面为业务信息系统提供高频度、与事务控制逻辑相关的数据交换功能和通用的服务共享功能。

以应用集成中间件为基础,对各业务系统中可共享的功能进行封装,实现服务注册与发布,以统一的接口形式和调用方法对外提供服务。通过业务分类、优先级设定、服务队列管理等方法,保证对关键业务的高效处理。

运用科学的计算模型和优化查询算法,实现信息的快速搜索和精确运算,高速处理剩余席位、列车信息等公共信息查询请求。

采用行业标准、XML 标准或自定义格式等定义统一的数据交换格式,实现源系统和目标系统间的数据格式转换。

采用可靠的消息中间件来提供可靠的消息服务和智能路由,动态的识别从源系统发出的消息并且把它发向目标系统,提高系统间数据交换的灵活性和可靠性。

通过数据平台完成的业务应用主要包括订票、售票、票价计算、信息查询、电子支付等应用级服务。

(3)平台管理。提供共享信息的访问权限控制、通信与交互的控制、智能路由、接口的管理与控制、服务的管理与流程控制等。

6. 安全保障平台

客运专线国铁集团级安全保障平台的建设在客运专线客运服务总体规划方案的总体指导下,依据等级保护的核心思想坚持统筹规划、综合防护的原则,遵循国家、铁路关于信息安全的法律、法规、政策和规范,运用先进成熟的信息安全技术,对于票务、营销、服务、呼叫中心和Internet平台采用不同的防御手段、技术、强度、范围,构建综合的防御体系。为保证铁路客运专线客运系统各项业务安全、高效、稳定的运营提供支撑。

国铁集团安全保障平台主要负责解决客运专线国铁集团级系统的管理层、应用层、系统层、网络层、物理层不同层面的安全、防护和管理。

三、动车组管理系统

(一)概　　述

动车组管理信息化是客运专线信息化的重要组成部分,是支撑客运专线运营的必要技术手段。动车组是高新技术集成体,技术含量高,运用、维修方式与既有机车、车辆有较大差异,其特点是高度的专业化、程序化、集约化和社会化,需依托覆盖面广、功能强大、集成度高的管理信息系统,快速、准确、及时地完成各种业务信息的采集、处理和传递,实现生产流程高效运转,充分发挥维修资源能力,保障动车组高效检修、安全运营。

动车组管理信息系统由国铁集团动车组管理信息系统、铁路局集团公司动车组管理信息系统、动车基地管理信息系统、动车运用所管理信息系统组成,划分为三级四层,即国铁集团、铁路局集团公司、动车基地(运用所)三级管理,国铁集团、铁路局集团公司、动车基地、动车运用所四个业务层面,如图5-10所示。

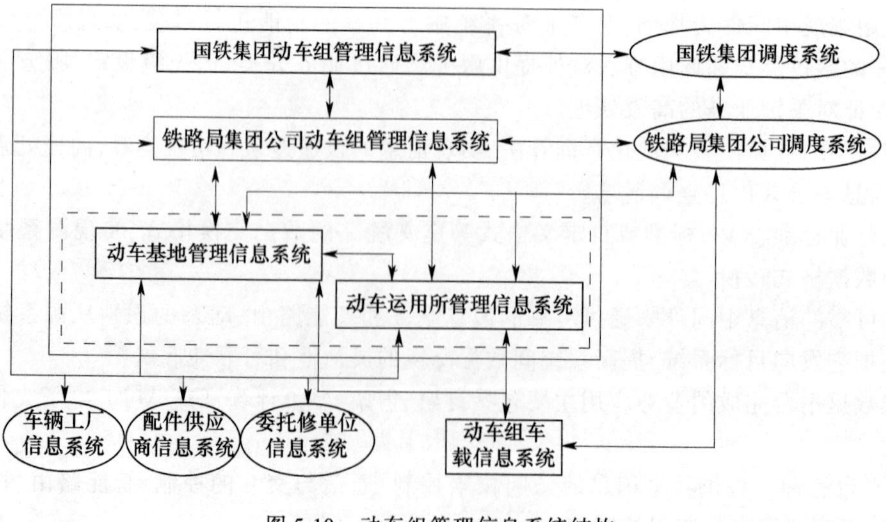

图5-10　动车组管理信息系统结构

国铁集团动车组管理信息系统主要完成全路新造动车组、动车组配属管理，审核全路动车组维修计划、采购计划和关键设备大修更新计划，完成动车组技术资料修订和版本管理；支持国铁集团车辆调度管理，协助国铁集团调度系统审定跨局交路和动车组运用计划；分析全路动车组运用、维修管理情况及动车基地(运用所)总体生产经营情况；提供全路共享信息支持，辅助决策支持。

铁路局集团公司动车组管理信息系统主要完成本局集团公司内动车组配属管理，分析和指导所辖动车基地、运用所的维修、技术、配件和设备管理，支持铁路局车辆调度管理，协助局级调度系统审定本局集团公司管内交路和动车组运用计划，实现所辖动车基地或动车运用所的运用、维修业务管理。

动车基地管理信息系统主要负责提供涵盖一至五级全部修程内主要业务的信息化管理功能，包括调度管理、作业管理、技术管理、物流管理、设备管理、质量管理、安全管理、生产成本管理、综合管理、统计分析 10 个子系统功能模块，并对其辐射范围内动车运用所提供配件配送、委托修服务信息支持及技术指导。

动车运用所管理信息系统主要提供一、二级修程内主要业务的信息化管理功能，包括动车组履历管理、调度管理、作业管理、技术支持、配件管理、设备管理、安全质量管理、综合管理 8 个子系统功能模块。

(二)功能构成

1. 国铁集团、铁路局集团公司动车组管理信息系统主要功能

国铁集团、铁路局集团公司动车组管理信息系统主要功能包括新造管理、配属管理、运用管理、维修管理、技术管理、配件管理、设备管理、报表管理、车辆调度管理九个方面。

(1)新造管理。其主要包括对新造计划、新造合同、新造技术资料、新造车号申请和新造接车的管理。

(2)配属管理。其主要包括配属需求计划、动车组配属管理和报废管理。

(3)运用管理。其主要包括交路管理、运用状态管理、开行计划与实绩和走行公里管理。

(4)维修管理。其主要包括专项修实施管理、高级修车组预测、高级修计划管理、高级修实绩管理和高级修送修管理。

(5)技术管理。其主要包括维修规程与工艺管理、动车组履历管理、关键配件履历管理、故障管理、加装改造管理、技术资料管理和专家库管理。

(6)配件管理。其主要包括采购计划管理、供应商管理、配件动态监控和配件成本管理。

(7)设备管理。其主要包括设备档案资料管理、设备更新管理、设备大修报废管理和设备招标管理。

(8)报表管理。其主要包括报表接收与审核，报表生成、查询，专题信息库、报表数据分析。

(9)车辆调度管理。其主要包括调度报表编制、开行动态管理和开行计划支持。

2. 动车基地管理信息系统主要功能

动车基地管理信息系统的功能构成，如图 5-11 所示。该系统主要以运用、维修、技术、物

流四类核心业务为主线，涵盖生产管理、生产支持、经营管理三方面。其中，生产管理方面包括调度管理、作业管理两个子系统，生产支持方面包括技术管理、物流管理、设备管理、安全管理、质量管理5个子系统，经营管理方面包括生产成本管理、综合管理、统计分析3个子系统。

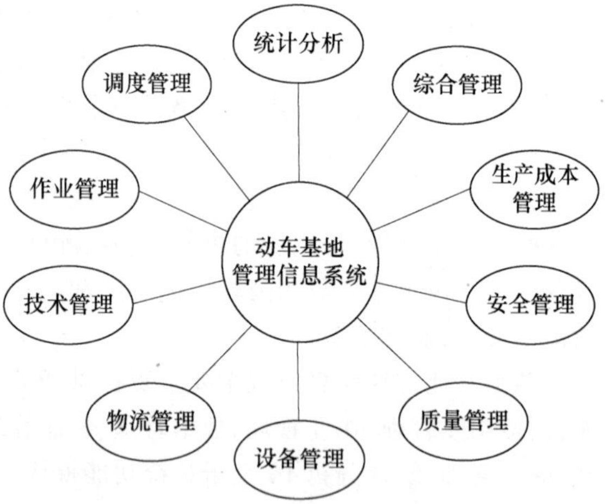

图5-11　动车基地管理信息系统主要功能

主要子系统的具体功能如下：

(1)调度管理。接收上级下达的计划和调度命令，必要时提出变更申请，支持上级系统完成计划实施；编制生产计划并逐级分解和落实，合理、高效地组织生产，实现基地生产均衡、有序、可控；实时掌握生产动态和动车组动态，监控计划执行过程，及时合理调整，确保生产按计划完成；反馈计划执行情况，总结经验和优化生产过程，持续提高生产组织水平；完成调车作业、乘务和接送车管理，指挥和协调基地内作业活动，确保各生产环节紧密衔接，实现动车组运用、维修、客运整备及基地内信号、供电控制的集中调度和一体化管理。

(2)作业管理。依据调度下达的日生产(含运用、检修、客运整备)计划和作业工单，生产管理人员结合人员在岗情况和目前生产能力资源状况，完成作业任务分配，使作业人员了解工作内容和技术标准；依据检修工艺、安全和质量管理要求，监控作业活动，实施一体化作业进度控制、安全卡控和质量管理，规范作业人员行为；提供电子化检修作业记录和记名检修管理，采集工时量、安全质量等信息，为作业任务量化管理、绩效评估与考核、技术管理、安全质量分析、维修工艺流程改进等提供初始数据和分析资料。

(3)技术管理。实现维修规程与工艺、动车组及关键配件履历等主数据的规范管理，为生产组织、安全质量、物流等提供业务基础数据；集中管理和整合生产过程中采集的各类数据，构建技术分析和辅助安全质量评估综合数据管理平台，为改进维修工艺、管理配件寿命、评估运用和造修质量提供依据；建立获取车辆工厂、配件供应单位最新技术资料和进行技术交流的电子化手段，保持相关技术资料及时更新，为现场人员提供快速的资料文件检索及技术支持，信息服务，为运行动车组提供远程技术支持。

(4)物流管理。管理基地内仓储和物料供应需求，保证稳定、可靠的生产物料供应，及时补充、调配库存，有效控制库存量和库存分配；建立物流中心的调度平台，依据生产计划组织配送与回收，对生产活动中以配件为主的物流过程进行跟踪、控制；实现与配件供应单位物流平台的对接，掌握供应物资的生产、采购、储备和配送安排和进度，建立维修相关的材料、配件供求信息网络，确保物资及时供应；提供供应商管理和合同管理，实施重要材料配件准入卡控。

(5)设备管理。管理各种设备设施的技术档案、维修规程、点检和维护记录以及关键设备的运用记录,支持设备设施的使用、维护及更新改造;合理安排设备维护计划,及时实施状态修,确保设备运行经常处于受控状态,并保持良好的技术状态,减少设备故障停时;跟踪和监控关键设备的运用状态,管理和控制设备停机时间,适时安排设备的报废、改造和补充更新,满足生产能力要求,保障生产稳定、有效进行。

(6)生产成本管理。利用生产管理中抽取的原始成本数据,生成基地内维修、委托修、物流管理等方面不同核算粒度的生产成本数据,提供动车组和大部件的分类、分阶段维修成本统计分析,为管控维修成本提供准确、精细的信息。

(7)统计分析。汇总和集成系统相关业务数据,基于数据仓库和OLAP技术,提供面向动车组运用、动车组维修、大部件维修、安全质量、库存、生产成本、生产能力、人员绩效等不同管理主题的统计报表和综合查询功能,支持多角度的业务分析,全面掌握基地生产经营动态和趋势,保证管理决策的及时性、科学性。

3. 动车运用所管理信息系统主要功能

动车运用所管理信息系统主要包括动车组履历管理、调度管理、作业管理、技术支持、配件管理、设备管理、安全质量管理、综合管理8个应用子系统。

(1)动车组履历管理。动车组履历维护与国铁集团动车组履历库实现同步更新,动车组履历的信息查询、检索。

(2)调度管理。接收上级任务,完成生产计划编制,分解生成作业工单并下达,实时监控生产进度、作业活动和设备状态,管理动车组运用状态、运用实绩与走行公里,支持乘务管理,完成生产分析和上报数据审核。

(3)作业管理。接收作业工单,完成作业任务分配,支持故障报告和处理闭环跟踪,管理检修记录台账,通过工位终端刷卡实现作业过程控制。

(4)技术支持。自动接收国铁集团下发的维修规程与工艺,完成配置数据维护;建立本地技术资料库,提供相关规章制度、作业指导书、工艺卡片、图纸、应急处理预案等资料的快速查询、检索;采集和整合人工检查及设备检测、诊断信息,建立故障库和故障维修知识库,支持动车组技术分析和配件寿命管理。

(5)配件管理。提供重要配件履历管理、配件出入库、库存管理、配件维修管理,支持配件成本核算、分析。

(6)设备管理。提供所内配套的各种运用、整备、检修、检测设备设施及工具的台账管理、使用管理、故障管理、维护更新管理,根据设备状态制定维护和更新计划。

(7)安全质量管理。质量、安全检查记录管理,鉴定记录管理,支持安全和质量分析。

(8)综合管理。支持培训计划编制,管理培训记录;实现一卡通卡务管理,提供权限认证服务;自动汇总相关业务数据生成综合统计报表,提供当前生产动态和历史情况的综合信息查询。

（三）物理结构

动车组管理信息系统依托铁路计算机网构建其网络平台，其物理结构如图 5-12 所示。国铁集团、局集团公司系统部署在铁路计算机网的部级局域网中；动车基地、运用所分别建设本地局域网，通过专线通道接入铁路计算机网。配件制造工厂、配件与材料供应商以及委托修单位通过铁路局集团公司的信息安全平台接入。动车运用所广域网接入带宽以及动车基地广域网接入带宽需求均为 2 Mb/s 以上。

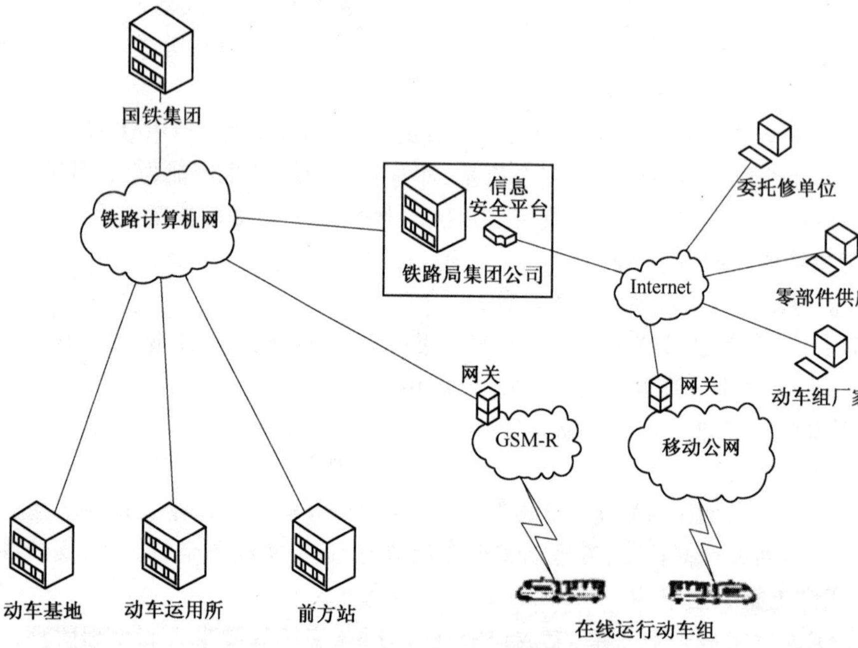

图 5-12　动车组管理信息系统物理结构

动车组车载信息系统产生的数据，借助公共移动通信网落地，通过铁路局集团公司信息安全平台转发到相关的动车基地、运用所；有条件的，直接通过铁路 GSM－R 移动通信网实现传送。

四、综合维修系统

（一）概　　述

综合维修内容包括对工务、电务、供电等方面设备的养护维修，“综合维修”的含义有三层：一是指工务、供电（含牵引供电与动力供电）、信号三类固定设备的维修作业人员，在同一个“天窗”时间内，在统一协调和调度指挥下，完成不同专业的在线维修作业；二是使用同一个维修基地完成各种维修作业，停放各类检测与维修作车辆、机械及材料运送车辆，堆放材料等；三是各级固定设备的管理机构都包含三类专业人员，即三类固定设备的管理机构合并设置在一个地点，各专业的业务关系以上下级对口管理为主，三类固定设备在同一“天窗”时间维修工作关系的协调以及行政关系以同级管理为主。

随着装备技术及维修技术的进步，传统的维修方式与观念已不适应新的经营管理理念对铁路固定设备的维修要求，尤其是不适应客运专线固定设备的“综合维修”要求。

在充分吸取、借鉴国外高速铁路公司采用信息化手段实施“预防修”为主的“状态修”经验及深入分析国内已有研究成果的基础上，结合我国即将投入运营的客运专线特点，贯彻国铁集团关于“建立固定设备维修保障体系”，落实“零误差”“零故障”“零缺陷”维修管理理念，立足引进技术、自主开发，提出我国《客运专线固定设备综合维修管理信息系统建设方案》，为构建我国数字客运专线奠定基础。

（二）功能构成

综合维修系统分为综合监控子系统、安全管理子系统、设备管理子系统、生产管理子系统、维修资源管理子系统、综合管理子系统等六大管理子系统，34 个功能模块。功能的层次结构如图 5-13 所示。

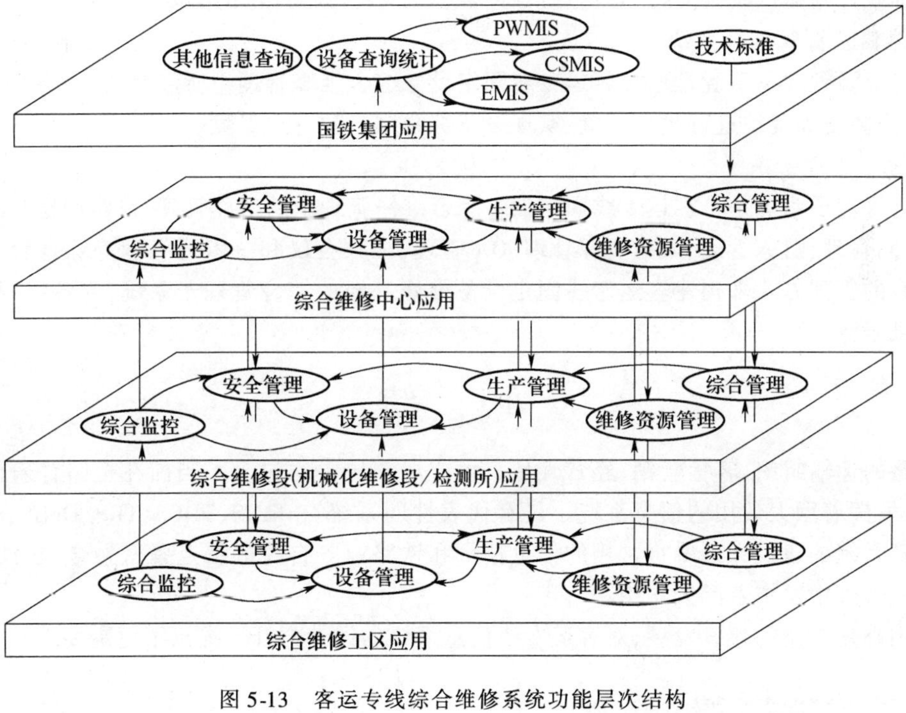

图 5-13　客运专线综合维修系统功能层次结构

1. 综合监控子系统

综合监控子系统集防灾安全监控、视频监控、微机检测接入、SCADA 接入、运行调度接入、电源和机房监控、信息系统监控于一体，主要对客运专线固定设备、网络及信息设备进行综合监控。

2. 安全管理子系统

安全管理子系统主要是掌握日常工作中的安全重点问题，对安全隐患进行及时分析、预警，对关键点进行卡控，对安全问题进行整改、追踪，消除安全隐患。在展现方式上，采用与GIS技术结合，使各级用户能够通过本系统直观、快速地了解各自管内存在的安全管理重点问题以及整改处理的实时动态信息。

3. 设备管理子系统

设备管理子系统是对客运专线固定设备的静态属性信息、设备地理信息（基础地理信息、设备设计图信息、设备照片、设备视频等）、设备动态信息（设备的运用、检测和修理等信息）进行管理，并利用GIS平台为各级用户实现设备的可视化管理，并对信息设备进行管理。

4. 生产管理子系统

生产管理子系统是针对客运专线固定设备的综合维修，按照企业资产管理理念对生产各主要环节进行数字化管理，依据工务、信号、供电设备的动态、静态数据及大中维修数据，分析工务、信号、供电设备使用状态，并把握设备状态的变化规律，为合理制定工务、信号、供电设备的综合维修计划提供决策支持，是实现设备“状态修”和“预防修”的必要手段。

5. 维修资源管理子系统

维修资源管理子系统是通过客运专线固定设备综合维修管理中所涉及的各种物料、资金、人员、维修装备等资源进行优化配置、实现设备综合维修的有力保障。

6. 综合管理子系统

综合管理子系统是将客运专线固定设备综合维修管理中的房建管理、铁路用地管理、技术管理、合同管理、财务管理、人力资源管理、OA管理、视频会议和一卡通管理等综合管理，借鉴铁路现有的管理方式来构建客运专线固定设备维修基地的综合管理子系统，为各级用户综合管理提供服务。

小　　结

铁路的运输组织、客货营销、经营管理三大应用领域中均包含了当前在全路普遍使用、运转良好、发挥着巨大效用的信息系统。具有代表性的系统有TMIS、TDCS、TRS、OMIS、SAS等。这些信息系统的建设和部署将常用的信息技术和铁路业务自身的特点紧密融合，在铁路的生产、服务、管理中发挥着巨大作用。

中国高速铁路的建设发展，对客运专线信息系统的设计与开发提出了更高要求。

复习思考题

1. 请列举铁路信息系统建设中的几个有代表性的信息系统。
2. 简述铁路运输管理信息系统组成。

3. 简述铁路列车调度指挥系统功能。
4. 客运专线信息系统中包含哪些子系统？
5. 简述铁路客票发售及预订系统的功能。
6. 客运服务系统中数据平台提供哪些服务？
7. 简述动车组管理系统通过哪些网络实现信息交互？接入带宽是多少？

第六章

铁路信息技术基础

【本章要点】 本章介绍了铁路行业信息化应用的主要信息技术基本概念，即利用计算机、网络、通信等技术对铁路信息进行搜集、存储、传输、处理和使用。主要的信息技术包括信息采集技术、信息存储技术、信息传输技术、信息处理技术、信息融合技术、系统集成技术和信息系统开发技术。通过本章学习，读者应重点掌握上述信息技术的特点、功能、分类及工作原理，并了解这些信息技术在铁路中的应用，这将为读者对信息技术的使用打下良好的基础。同时，也有利于读者加深理解第一章中有关信息、信息技术原理等知识。

第一节　信息采集技术

信息采集（也称信息获取）是信息过程的第一环节，因而也成为信息科学技术研究的重要对象。依据情况的不同，人们可以从自然界直接获取信息，也可以从各种数据库间接获取信息。本节将对信息采集技术的基本概念和几种铁路广泛应用的信息采集技术进行阐述。

一、信息采集技术的基本概念

（一）传感器电测技术

人们对工业、农业、医学、交通等各行各业中的很多“量”感兴趣，但这些量绝大多数都是非电量，如机械量（位移、尺寸、力、振动、速度等）、热工量（温度、压力、流量、物位等）、成分量（化学成分、浓度等）和状态量（颜色、透明度、磨损量、裂纹等）。需要将它们变换成电参量以便于测量，这就是非电量电测技术。

将被测的非电量变换成电量的装置称为传感器。国家标准（GB 7665—87）中关于传感器（Transducer/Sensor）的定义为：能够感受规定的被测量并按照一定规律转换成可用输出信号的器件或装置。该定义表达了以下4层含义：

（1）传感器是测量装置，能完成检测任务。

（2）输入量是某一被测量，可能是物理量，也可能是化学量、生物量等。

（3）输出量是某种物理量，便于传输、转换、处理、显示等，可以是气、光、电物理量。

(4)输出输入有对应关系,且应有一定的精确程度。

传感器相当于人的感觉器官,对于信息采集而言是至关重要的。在人类进入信息时代的今天,传感器作为信息采集与信息转换的重要手段,是实现信息化的基础技术之一。各种大的科学工程离开了传感器,就像人失去了视、听、嗅、触觉,生存难度会陡然增加一样,将难以正常工作。因此传感器技术受到了高度重视,各国都在花大力气重点发展。

1. 传感器的分类方法

传感器有多种分类方法,主要包括以下几种。

(1)按工作机理分类:物理型、化学型、生物型等。

(2)根据能量转换情况分类:能量控制型传感器和能量转换型传感器。

(3)按照物理原理分类:电参量式传感器、磁电式传感器、压电式传感器、光电式传感器、力电式传感器、热电式传感器、波式传感器、射线式传感器、半导体式传感器等。

(4)按照传感器的用途分类:位移、压力、振动、温度传感器等。

(5)根据传感器输出信号分类:模拟信号和数字信号。

(6)根据传感器使用电源与否分类:有源传感器和无源传感器。

对一个传感器而言,仅有敏感单元一般是不能完成测量的,有些传感器不能直接将非电量转换成电量,还需要一个甚至几个中间环节的变换才能转为电量输出,因此,可以将传感器细分为敏感元件、传感元件和变换元件,如图 6-1 所示。

图 6-1　传感器组成

敏感元件对被测的非电量敏感。敏感元器件品种繁多,就其感知外界信息的原理来讲,可分为物理、化学和生物三类。物理类,如基于力、热、光、电、磁和声等物理效应。化学类是基于化学反应的原理。生物类是基于酶、抗体和激素等分子识别功能。通常根据传感器的基本感知功能可分为热敏、光敏、气敏、力敏、磁敏、湿敏、声敏、色敏和味敏元件、放射线敏感元件等。

传感元件将一种非电量转换为另一种非电量。

变换元件将非电量转换为电量。

需要指出的是,对有些传感器,可能不需要传感元件;有些传感器,传感元件不止一个,要经过若干次传感转换;还有一些传感器,上述三个单元是一体的,即一个元件就可直接将被测非电量转换为电量。例如,压电传感器可以直接利用压电效应将输入传感器的压力转换成电压信号。实际上,有些传感器很简单,有些则较复杂,大多数是开环系统,也有些是带反馈的闭环系统。然而,并不一定所有的传感器都是将非电量变为电量,只要能够对被测量进行感知、表示、传输、转换、处理就行。

2. 常用的物理效应和传感原理

传感器中常用的传感原理有磁电传感、光电传感、力电传感、热电传感、电感式传感等。

(1)磁电传感。一般要利用磁场作为媒介或利用磁体的某些现象进行传感,可以用来测量磁场、位移、流量、速度、厚度等物理量。其主要原理为电磁感应定理、磁阻效应、霍耳效应、电涡流效应等。

电磁感应定理:当穿过导电回路所包围的面积的磁通量发生变化时,回路中就有感应电动势产生,感应电动势与磁通量对时间的变化率的负值成正比。

磁阻效应:若给通以电流的金属或半导体材料的薄片施加与电流垂直或平行的外磁场,其电阻值就增加。这种现象称为磁致电阻变化效应,简称为磁阻效应。其原理是在磁场中流动的载流子会受到洛仑兹力的作用而发生偏转,使电流的流动路径加长,外观反映是材料的电阻率增加。

霍耳效应:通电的导体或半导体,在垂直于电流和磁场的方向上将产生电动势的现象。这里,仍然是洛仑兹力在起作用,由于载流子的偏转,会在导体或半导体的两侧各产生不同极性电荷的积累,形成内电场,电场对载流子的作用力正好与洛仑兹力方向相反,动态平衡时形成电动势,磁场变化会引起该电动势的变化。

电涡流效应:当导体置于交变磁场或在磁场中运动时,根据电磁感应定理导体上会产生感生电流。此电流在导体内闭合,称为涡流。涡流大小与导体电阻率、磁导率、产生交变磁场的线圈与被测体之间距离以及线圈激励电流的频率有关。因此可以利用该效应制成临近传感器、材质传感器等。

(2)光电传感。物质在光的作用下,光敏物质中的电子直接吸收光子的能量并使其足以克服原子核的束缚时,电子就会从基态被激发到高能态,脱离原子核的束缚,在外电场作用下参与导电,因而产生了光电效应。根据这些原理,可以制成多种光电传感器,如数码相机、自动冲水机、路灯控制器、光电计数器、烟雾报警器等都是利用了光电传感器的原理。

光与物质的作用实质是光子与电子的作用,电子吸收光子的能量后,改变了电子的运动规律。由于物质的结构和物理性能不同,以及光和物质的作用条件不同,在光子作用下产生的载流子就有不同的规律,导致不同的光电效应。光电效应可分为外光电效应和内光电效应。外光电效应是指物质受光照时,具有能量的光电效应。内光电效应是指受光照而激发的电子在物质内部参与导电,电子并不逸出光敏物质表面,这种效应多发生于半导体内。

(3)力电传感。力电传感主要是利用敏感元件和变阻器把力学信号(位移、速度、加速度等)转化为电学信号(电压、电流等),广泛地应用于现代科技中,如安装在导弹、飞机、潜艇和宇宙飞船上的惯性导航系统及ABS防抱死制动系统等。

应变效应:当金属丝在外力作用下发生机械变形时,其电阻值将发生变化,这种现象称为金属的电阻应变效应。其原理是金属丝变形时,其长度和横截面积会发生变化,从而导致阻值会发生变化。

压阻效应:单晶硅材料在受到应力作用后,其电阻率发生明显变化,这种现象被称为压阻效应。其原理是应变引起的变形使半导体能带谷中载流子数发生相对变化，导致电阻率变化。

压电效应：由物理学知，一些离子型晶体的电介质（如石英、钛酸钡等），当沿着一定方向对其施力而使它变形时，内部就会产生极化现象，同时在它的两个表面上产生符号相反的电荷；当外力去掉后，又重新恢复到不带电状态；当作用力方向改变时，电荷极性也随着改变，这种现象称为压电效应。

电介质伸缩效应：当在电介质的极化方向施加电场，这些电介质就在一定方向上产生机械变形或机械压力，当外加电场撤去时，这些变形或应力也随之消失的现象，这也称为逆压电效应。压电传感元件是力敏感元件，所以它能测量最终能变换为力的那些物理量，如力、压力、加速度等。

(4)热电传感。热电传感器是利用热敏电阻的阻值会随温度的变化而变化的原理制成的，如各种家用电器（空调、冰箱、热水器、电饭煲等）的温度控制、火警报警器、工业过程控制等。

热电效应：两种不同的导体或半导体 A 和 B 组合成如图 6-2 所示闭合回路，若导体 A 和 B 的连接处温度不同（设 $T > T_0$），则在此闭合回路中就有电流产生，也就是说回路中有电动势存在，这种现象叫做热电效应。

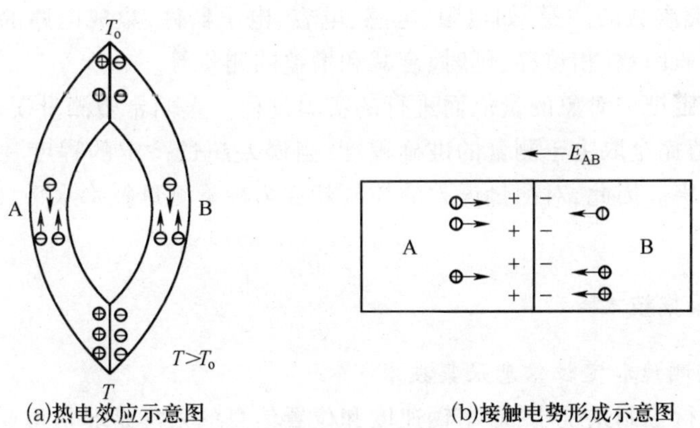

图 6-2　温差电势和接触电势

热电阻：热电阻有铂、铜、镍电阻等。主要原理是温度升高时会使导体中的分子运动加剧，载流子流动过程中会遇到更多和更剧烈的碰撞，从而使载流子运动阻力增大，导体的阻值增加。铂金属因其易于提纯，在氧化介质和高温下的物理性能极其稳定等优点，在国际实用温标中，作为 −259.34 ℃ ~630.74 ℃温度范围内的温度基准。

热敏电阻：利用某种半导体材料的电阻率随温度变化而变化的性质制成。有正、负温度系数和在某一特定温度区域内阻值突变的 3 种热敏电阻元件。电阻温度系数的绝对值比金属大 10 ~100 倍。

(5)电感式传感。电感式传感是一种利用线圈自感和互感的变化实现非电量电测的装置，可测量位移、振动、压力、应变、流量、比重等。

以上主要介绍的为物理传感器，还有化学传感器和生物传感器。化学传感器是检测由于物质的化学反应而产生的量的变化，有些气敏传感器就是利用这些原理制成的。生物传感器则是利用某些作为生物基础成分的蛋白质分子仅与某种特定物质才能起作用而制作的。

(二)信息的测量技术

信息的直接采集获取是通过测量来完成的。而测量是为确定被测对象的量值而进行的处理过程。在这个过程中常需借助专门的设备，把被测对象直接或间接地与同类已知单位量进行比较，取得用数值和单位共同表示的测量结果。

当今信息时代，电测技术已逐渐成熟，微电子与计算机技术的进步为电测技术提供了十分先进的手段，为自动检测和控制开辟了新的途径。人们可以通过传感器将各种非电量转换为电量进行测量。狭义上讲，电测量是在电子学中测量有关电的量，即使在这个范围内，内容也是相当广泛的。电测量通常包含下面几个方面：

(1)电能量的测量，即测量电流、电压、电功率等。

(2)信号的特性及所受干扰的测量，如信号的波形和失真度、频率、相位、脉冲参数、调制度、信号频谱、信噪比等。

(3)元件和电路参数的测量，如电阻、电感、电容、电子器件、集成电路的测量；电路频率响应、通频带宽度、品质因数、相位移、延时、衰减和增益的测量等。

测量是为了确定被测对象的量值而进行的实验过程。人们希望测量误差越小越好。可以说，测量工作的价值完全取决于测量的准确程度，当误差超过一定的程度，测量就会变得毫无意义甚至会带来危害。因此，对测量误差的控制就成为衡量测量技术水平，以至于科学技术水平的重要标志之一。

二、铁路信息采集技术

(一)铁路车辆测速和定位信息采集技术

在现代列车运行控制系统中，对车辆速度和位置信息的采集是非常重要的，因为该系统中列车基本处于动态过程中，只有了解到列车现在何处，以何种速度行车等信息后，才能控制它们的前进、停车、加速或缓行等，从而能有效控制行车和保证行车安全。铁路车辆的测速和定位技术在实际工程中已经应用的主要有查询应答器、交叉感应线圈、漏泄波导法、卫星定位法、光纤陀螺仪法、机车轮轴转速测定法、无线电扩频通信测距法和雷达测速法等。本节仅对常用的机车轮轴转速测定技术及测速定位应用系统进行介绍。

1. 机车轮轴转速测定技术

世界上很多国家铁路机车上的测速系统一直沿用测速电机方式，它简单，但是在测低速范围时精度较差，同时其可靠性也差。对于需要精密数字信息的列车运行控制系统（如列车超速防护、列车运行控制）而言，必须寻求其他测速方法。机车轮轴转速测定方法是在实际工程中获得广泛应用的新技术方法。它是将光电脉冲测速传感器安装在某个机车动轮上，机车运行时车轮转动，从传感器测出每秒多少轮转动数，就可测得机车的速度。在此基础上，加上与时间参数一起的处理，就可以获得相应运行里程数，或运行距离数，最终获得机车的定位值。图 6-3 是光电脉冲传感器轮轴转速测定方法示意图。

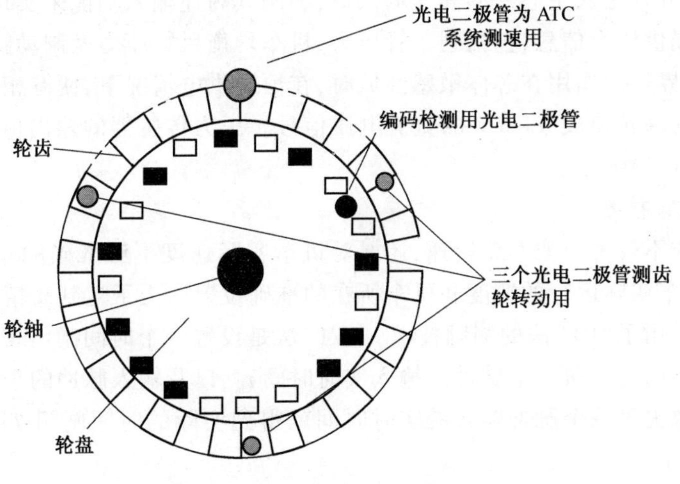

图 6-3　轮轴转速测定方法示意图

■—产生码的“0”位；□—产生码的“1”位

我国铁路测速采用的光电脉冲传感器有 DF8、DF16、TQG9 及 TQG15 等多种类型。现以 TQG9 为例予以说明，该光电脉冲传感器由支承结构、轮轴及万向联轴传动机构、光电转换电路系统三部分组成。轮盘(光栅盘)固定在轮轴轴伸端部，轮轴由轴承支承在底座上。光栅盘轴伸端转动部分采用机械横竖迷宫密封结构；静止部分采用可逆密封胶密封，轮轴为万向联轴节的单叉节。万向联轴共设有 8 个滚针轴承，保证转动的灵活性，万向联轴节输出端机械接口为弹性方榫。光敏探头(光电二极管)安置在光栅盘两侧，并安装在底座上。

该光电脉冲传感器测速的基本工作原理：用发光二极管经随车轮转动的光栅盘变为断续光，使光断续器中的光敏二极管通断运行，经放大整形后，输出与转速成比例的方波脉冲序列，因而可以测出其转速。该光电脉冲传感器还具有故障—安全型结构，方法可检测最小位移为 3 cm。

2. 列车超速防护系统中的测速测距技术

列车超速防护(ATP)系统用于实现列车的安全行车控制和提高运输效率，测速测距系统是 ATP 的核心功能，下面简要介绍其相关内容。

(1)测速测距系统的基本构成

测速测距系统由传感器部分和单片微机两大部分构成。

系统单片微机由 4 大部分组成：前向通道、主机、通信和输入与显示等。前向通道获取速度信号和压力信号，并把它们转换成标准微机频率脉冲信号；主机对速度脉冲和压力脉冲进行计算、处理、判断、通信、显示等;通信实现双机串行通信和与通信网络的通信;输入与显示部分完成对轮径的硬件修正和对主要数据和状态的实时显示。

速度传感器采用霍尔光电式轮轴转速传感器,输出的是频率信号。因为每一片 CPU 都有两路速度信号,所以速度信号的前向通道相应也有两路,通道中关键芯片是光电隔离和整形电路,两路速度脉冲分别送入主芯片的高速输入口,利用其高速输入功能来实现精确测量。

压力传感器提供压力信息,包括列车管压力、机车均衡风缸压力及制动缸压力。主要利用硅压阻效应,当外界压力作用在芯体敏感区域时,在恒压供电情况下,便有相应的电信号输出,再进行信号技术处理转换成 0 ~ 5 V 的直流电压信号。压力传感器的输出值为 0 ~ 5 V 的电压量(对应压力为 0 ~ 1 MPa)。

(2)高精度测频技术

测速测距系统不仅可获取车轮转速,还要对机车实际速度不够准确的车轮转速的测量进行计算,并判断机车实际运行的速度和机车所在的准确位置。为了达到高精度的测速要求,在测速测距系统中采用了"FT"法的测频技术。"FT"法是设置一个时间闸门 T,应用主机的高速输入功能在时间 T 内记下每一个脉冲的输入实时时间 t_m,以及输入脉冲的个数,用最后一个脉冲输入实时时间减去第一个脉冲输入的实时时间就得到实际的时间闸门 T',"FT"法示意图,如图 6-4 所示。

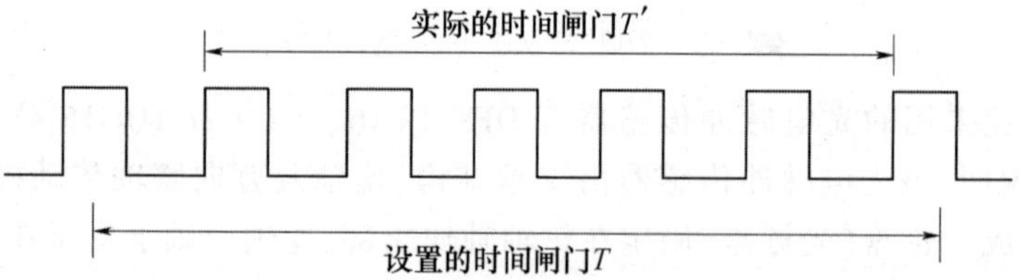

图 6-4 "FT"法示意图

(3)测速测距系统的测距方法

测速测距系统中,测距是与测速在一个系统内,获得测速数据之后,就可以转而求得测距值。在该系统中的测距,一是指调车累计距离;二是指实时测定机车距前方某固定目标之间的距离。例如,距前方信号机的距离,即实时地从闭塞分区距离中减去每 500 ms 内的子距离 S。调车累计距离的求解相对简单,只是子距离的累加计算。测距的实际精度取决于测速的精度以及给定的分区距离和过绝缘节的准确性。

(二)查询应答器信息采集技术

1. 查询应答器的功能

顾名思义,查询应答器是一种进行查询后给予相应回答的设备,因此它是一种信息采集与传输设备。不言而喻,此类设备有一套查询设备,一套应答设备,此外,一般还有收到应答信息后处理和控制用设备。

传统的做法是查询器装在机车上，而应答器装在地面轨道上，这样形成机车查询信息，地面回答所需信息，但是在个别地方也有正好相反的，即查询器装在地面轨道，而应答器装在机车上，形成地面查询运行过的机车，从后者取所需信息。具体哪个在上，哪个在下，完全根据查询应答系统应该完成的功能而定。

查询应答器信息采集技术在铁路上的应用比较广泛，例如，进行车辆的测速和定位时，在地面道床上设置应答器，列车上安装查询器，列车经过应答器时通过向地面无源应答器发射能源，通过短程无线电波，使查询器立即从应答器反馈获得数据，包括里程标数据。从此列车可以获得自身精确定位数值。假如在轨道床上按给定距离敷设多个应答器，则列车从它们可以连续定点地获得信息，在这些信息中有相应定位信息。此外，获得两个信息的间隙时间长短经过处理后，也可以进一步判断求得本列车实际运行的速度。当然也有专门一种测速用应答器，它有一定结构长度，列车从此测速应答器可以获得列车本身的更精确的运行速度。

查询应答器的用途是提供信息。对于铁路系统而言，提供的信息大致可以概括为安全用信息和非安全信息（或称一般信息）两大类。在铁路系统中应用较广泛的查询应答器能提供的信息功能如表 6-1、表 6-2 所示。

表 6-1　安全信息表

序　号	信息内容	信息功能应用归类举例
1	本点确切里程标	1. 用于 ATP 系统的计算 2. 用于简易闭塞系统等
2	本点距下一个信息机距离	1. 用于 ATP 系统的计算 2. 用于简易自动闭塞系统等
3	本闭塞分区长度	用于 ATP 系统的计算
4	本点起 × ×m 以内不能超过 × ×km/h 速度	用于防止超速的 ATP
5	下信号机点属禁止信号显示	用于限速运行的 ATP
6	进站后进 × 侧线	用于 ATP 系统限速计算
7	本区间共有 × 数闭塞分区；每个分区代号 × ×，× ×，……每个分区的长度为 × ×，× ×，……	用于 ATP 系统
8	本点后闭塞分区内坡道值和弯道值	用于 ATP 限速计算
9	本点后 ×m 以内曲线半径及距离值	用于摆式列车运行控制及 ATP 计算
10	车次号及列车级别（自上而下）	用于自动安排进路系统及 ATC/ATO 系统
11	在离道口远处一定地点告知列车接近（自上而下）	用于道口安全控制系统
12	道口尚未办好，降速（自下而上）	用于道口安全控制系统
13	进入弯道区或撤出弯道区	1. 对摆式列车控制区的入/出控制系统 2. 对无摆式车载装置的普通列车、高速列车实施降速或恢复速度的监控 3. 用于 ATP 系统

续上表

序　号	信 息 内 容	信息功能应用归类举例
14	速度标定值	用于列车控制系统中测定列车运行速度值
15	信号机显示内容	相当于闭塞分区的通过信号机作用
16	车站咽喉区长度	在 ATP 及其他列车控制系统中应用
17	各种计数系统的始点	用于 ITS－R 任何系统

表 6-2　非安全信息表

序　号	信 息 内 容	信息功能应用归类举例
1	车次号、列车级别、列车类型等	用于 TMIS
2	指出列车车门关闭	用于列车自动运行系统(ATO/ATC)
3	通知列车号及去向	为站台旅客信息系统服务，为 ATS 系统使用等
4	指出下一站各新信息(自下而上)	为列车内旅客信息系统服务
5	离隧道口某点距离	为 ATC 系统用于车门封闭控制
6	在出隧道口某点距离	为 ATC 系统用于车门可以开启控制
7	列车性质、上/下行等	为 TMIS 实现和使用
8	运行方向、日期、时间、车辆识别清单、车辆概况表(自下而上)	用于机车管理系统、守车管理
9	提供车站代号	用于各类列车控制和管理系统

2. 查询应答器的分类

查询应答器有许多种类型，可以按不同的方式来分类。

(1)按能源提供方式分类

按能源提供方式可以分为无源型查询应答器和有源型查询应答器两大类。

无源型查询应答器如图 6-5(a)所示。应答器本身不具备电源，只有查询器居于其耦合谐振位置时，从查询器送出高频信号，它作为电源给应答器，然后使应答器中事先已存储的信息被发送出来，它相当于计算机存储系统中 ROM 类型，因此其信息一旦固定在应答器后，只能原封不动地读出，不可改变。

有源型查询应答器如图 6-5(b)所示。应答器本身具备电源，所以它存储的信息是可变的，相当于计算机存储系统中 RAM 类型，因此当查询器与其耦合谐振时，立即发出了应答器内部已存储好的随机信息。

(2)按应用功能及结构分类

按应用功能及结构可分为一般型、增长型和标定型查询应答器三类。

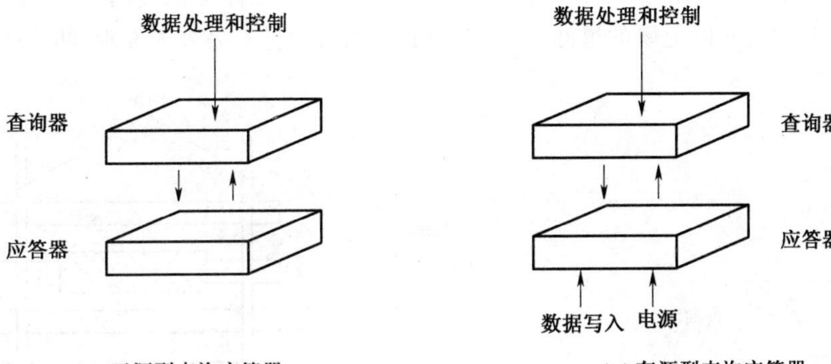

(a)无源型查询应答器　　(b)有源型查询应答器

图 6-5　普通无源及有源查询应答器

一般型查询应答器广泛应用于信息采集与传输,查询器和应答器的几何结构、大小、尺寸相同,如图 6-5 所示。

增长型查询应答器的查询器与一般型类似,但其应答器的几何结构则比查询器增长很多,有可能长达 10 倍。增长型查询应答器一般为专门用途设计,主要应用于控制列车在车辆段、机械房或机务段内的车辆定位,如图 6-6 所示。

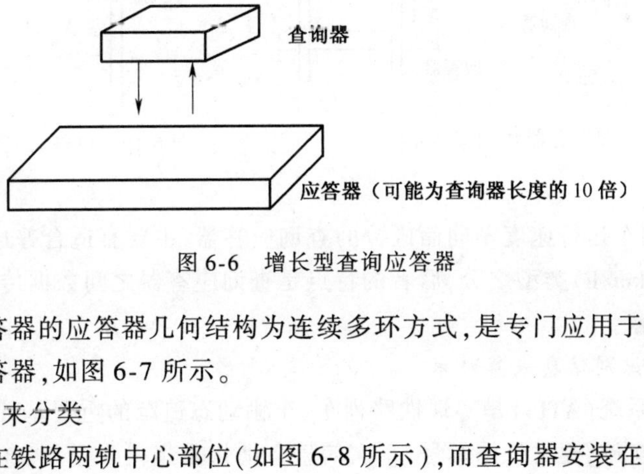

图 6-6　增长型查询应答器

标定型查询应答器的应答器几何结构为连续多环方式,是专门应用于标定铁路列车速度的速度测定查询应答器,如图 6-7 所示。

(3)按安装位置来分类

①应答器安装在铁路两轨中心部位(如图 6-8 所示),而查询器安装在机车底下的中间位置,与应答器相对应耦合。

②查询器安装在机车的侧面〔如图 6-9(a)所示〕,与之相应,应答器也安装在一根钢轨的侧面,与通过机车的查询器相对应耦合〔如图 6-9(b)所示〕。

③应答器安装路旁立杆上,其作用的无线电波可以是无方向性,也可为有方向性,当通过装有查询器移动车辆时,立即可与它起耦合作用,传递相应信息,如图 6-10 所示。

除此之外,还有以地面应答器埋藏深度来区分的分类方式,主要有普通型和一般埋藏型,即地面应答器的上表面露出在外,距钢轨面约几十毫米。还有一种是深埋型,即应答器埋在道床内,上面可覆盖近 10 cm 以上厚的道砟,深埋型应答器的目的是不易被人发现,防止丢失。

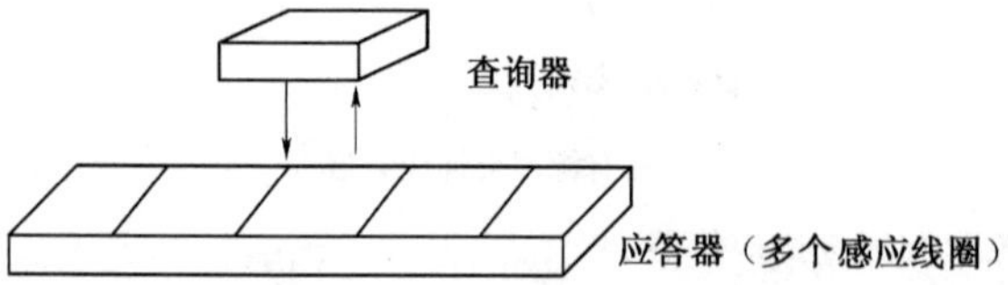

图 6-7　标定型查询应答器

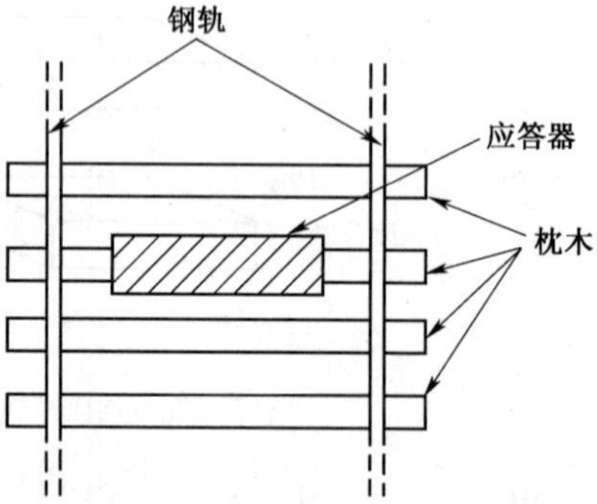

图 6-8　应答器轨间安装示意图

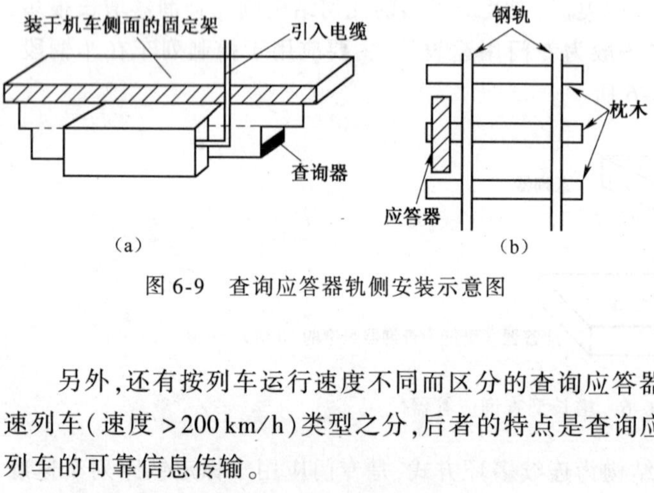

图 6-9　查询应答器轨侧安装示意图

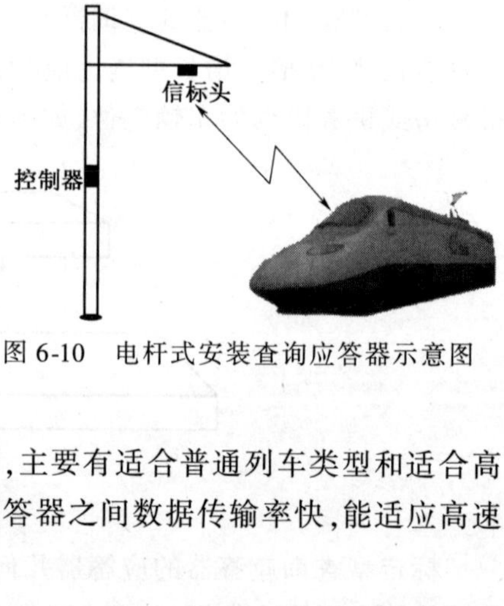

图 6-10　电杆式安装查询应答器示意图

另外,还有按列车运行速度不同而区分的查询应答器,主要有适合普通列车类型和适合高速列车(速度 > 200 km/h)类型之分,后者的特点是查询应答器之间数据传输率快,能适应高速列车的可靠信息传输。

(三)车号自动识别信息采集技术

车号自动识别系统(ATIS)是实现铁路列车、车辆动态追踪的重要基础设备。我国从 1999 年开始工程设计和实施,建立铁路车号、车次信息自动化采集报告系统;2001 年实现了利用铁路车号自动识别系统对局间分界口列车、车辆的动态追踪,并依据该动态追踪信息实现了铁路局集团公司间货车使用费的自动清算功能,改变了传统的按十八点结算的方法和运输统计规则。该系统已发展成为 TMIS、TDCS、CTC 等系统的重要信息源。

1. ATIS 的基本构成及工作原理

ATIS 采用的是查询应答器技术结构。该系统主要由安装在机车或车辆底部的电子标签装置(应答器)、设置在车站进/出站信号机附近的信息自动接收地面识别设备(Automatic

Equipment Identification,简称 AEI)和信息处理与传输设备三大部分构成。ATIS 基本构成如图 6-11 所示。

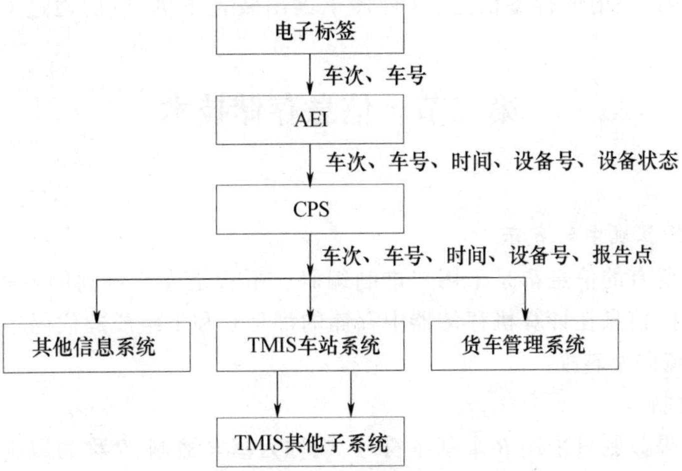

图 6-11 ATIS 基本构成

电子标签装置由标签和标签编程器构成。电子标签主要记载全路部属货车车辆、企业自备车车辆和机车的基本信息。车辆标签安装在车辆底部,为只读标签,主要记载内容有识别码、车辆型号和车号、车辆换长、制造厂代码和时间等;机车标签安装在机车底部,为可读写标签,主要记载内容有机车号、机车型号、配属段码、机车状态码和车次等,其中机车状态码和车次可由司机输入。标签编程器用于对机车电子标签进行数据读写操作。分为标准式编程器、便携式编程器和车载式编程器。车载式编程器安装在机车安全运行监控装置(TAX 箱)中,可自动定时地从 TAX 箱中获取机车状态、车次等信息,并实时写入机车电子标签。

AEI 包括读出装置主机、室外天线、磁钢装置、防雷组件、安装附件等部件。安装在铁路干线铁路局集团公司分界站、编组站及货运站的进/出站信号机外方,用于自动接收采集机车和车辆的电子标签信息,并把信息传送到车站和列检部门的地面设备。所采集的信息除电子标签记载的内容外,还包括辆序、总辆数、车辆到达时间和车辆通过时间等。

设置在车站主机房的车站控制与集中处理系统(Central Processing System,简称 CPS),主要用于实时进行 AEI 传来信息的处理与传输,把这些信息通过网络发送到铁路局集团公司和国铁集团的数据库,实现铁路机车、列车的动态信息追踪管理。同时也向列检所值班室的列检复示系统发送信息,用于复示车站 CPS 处理的过车报文,实时监视地面 AEI 设备状况。分界站的 CPS 还将向十八点统计复示(应用)系统发送信息。

2. ATIS 工作原理

ATIS 是一个无源查询应答器系统,其工作原理与查询应答器系统相同。所不同的是 ATIS 的应答器安装在车上,查询器安装在地面。其基本技术原理是靠应答器与查询器两者之间通过短距离无线电波传递信息来完成功能的。系统工作原理为：当列车通过 AEI 时，车载电子标签装置将自动接收 AEI 的能源发码并谐振发射标签记载信息，同时 AEI 将通过信息接收天线线圈自动接收谐振发射的标签信息，并存储于读出装置主机，然后通过 CPS 实现信息的处理与传输。

第二节 信息存储技术

一、信息存储

（一）信息在计算机中的表示

在计算机中，所有的信息都是采用二进制编码。不管是你能看到的各种文本、图像，还是听到的声音，所有的信息在计算机存储器中存储的都是 0 和 1 组成的代码序列。

1. 常用数制编码及转换

（1）进位计数制

一般说来，如果数制只采用 R 个基本符号，则称为基 R 数制，R 称为数制的基数，而数制中每一固定位置对应的单位值称为权。在日常生活中我们用得最多的是十进制，而在计算机世界里则是二进制。任何一种数制表示的数都可以写成按位权展开的多项式之和。例如，十进制数 256.23 可按权展开为

$$256.23=2\times10^{2}+5\times10^{1}+6\times10^{0}+2\times10^{-1}+3\times10^{-2}$$

常用的数制有二进制、八进制、十进制和十六进制。

（2）R 进制和十进制之间的相互转换

各种不同进制的数之间是可以相互转换的。基数为 R 的数，只要将各位数字按权展开后求和，即能转换为十进制数。例如，将二进制数 1 101.01 转换为十进制数。

$$(1\,101.01)_2=1\times2^{3}+1\times2^{2}+0\times2^{1}+1\times2^{0}+0\times2^{-1}+1\times2^{-2}=(13.75)_{10}$$

十进制数转换为 R 进制的方法略微复杂一些，但都遵循相同的规律。将十进制数转换为 R 进制的一般方法是：整数部分除 R 取余（自下而上读），小数部分乘 R 取整（自上而下读，按精度要求取位数）。

例如，将十进制数 23.75 转换为二进制数。

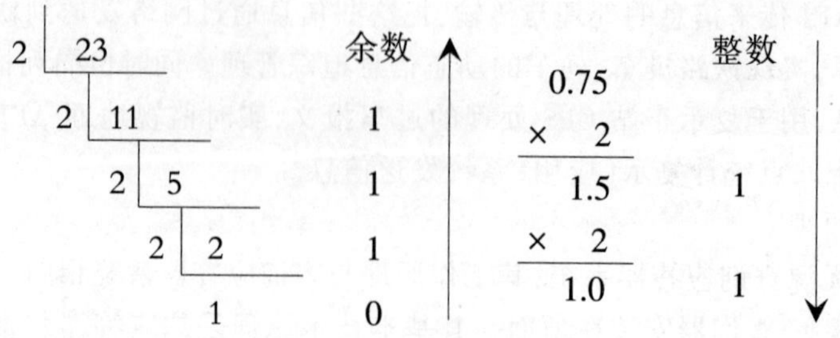

因此,十进制数 23.75 转换为二进制数 10 111.11。

2. 西文信息编码

在计算机中,除了要表示数值之外,还有各种文字、符号信息的表示问题。国际上最流行的字符信息编码是 ASCII 码(美国信息交换标准码)。ASCII 码(American Standard Code for Information Interchange,美国信息交换标准码)包括 0~9 十个数字字符、大小写英文字母及专用符号等 95 种可打印字符,还有 33 种控制字符。一个字符的 ASCII 码通常占 1 个字节,能表示 128 个不同的符号。

3. 中文信息编码

在计算机中表示和处理汉字,也要采用二进制编码。汉字编码方案通常采用我国于 1980 年颁布的国家标准 GB 2312—1980,称为国标码,也称为交换码,用 2 个字节来表示。由于汉字不能用键盘直接输入,存放在计算机中的汉字编码还有输入码、机内码和输出用的字型码等多种编码。

当前,还有一种编码 Unicode 码已成为信息编码的国际标准,这种统一编码用两个字节表示一个字符,可以表示包括中文在内的世界上几乎全部语言。

4. 多媒体信息编码

图形、图像、声音、视频等多媒体信息通过数字化后,也以某种编码形式存储在计算机中。

(二)计算机存储系统

计算机存储系统指计算机中由存放程序和数据的各种存储设备、控制部件及管理信息调度的设备(硬件)和算法(软件)所组成的系统。在计算机系统中存储层次可分为高速缓冲存储器、主存储器、辅助(外部)存储器三级。高速缓冲存储器用来改善主存储器与中央处理器的速度匹配问题。辅助存储器用于扩大存储空间。

1. 信息存储设备

一些计算机工作所需要的系统文件、应用程序、用户程序、文档和数据可以在外存储器上长期存放。通常外存包括硬盘(可移动硬盘)、光盘和移动存储器(U 盘)等。

硬盘是涂有磁性材料的磁盘组件,一个机械转轴上串有若干个硬盘,每个硬盘的上下两面各有一个读/写磁头,硬盘的容量取决于读写磁头的数量、柱面数、磁道的扇区数。

光盘存储器则是利用光学原理进行信息读写的存储器。光盘的主要特点是存储容量大、可靠性高。常用光盘有各种类型的 CD 和 DVD。

U 盘的存储介质是快闪存储器,可重复擦写达 100 万次,有便于携带、存取速度快、支持即插即用等优点。

2. 文件存储格式

信息以文件形式存储在计算机外存储器上。所谓文件,是指具有符号名的一组信息的集合,如源程序、可执行的二进制代码、一批数据、一段文本、一首歌曲或一张图片,用户可以通过文件名访问文件。文件的扩展名说明文件所属的类别,例如,.EXE 是可执行文件,

. DOC 是文档文件,. ZIP 是压缩文件,. C 是 C 源程序文件,. AVI 是视频文件,. MP3 是音频文件等。

文件的逻辑结构是从用户的角度观察到的文件的组织形式,一般分为两类:有结构的记录式文件和无结构的流式文件。有结构的记录式文件是指由若干个相关的记录构成的文件,记录通常用来描述一个实体集,由一组数据项(或称属性、字段)组成。例如,由若干个学生信息构成学生数据文件,每个学生信息包括学号、姓名、性别等属性。而源程序、库函数等属于无结构的流式文件。

文件的物理结构是从系统实现的角度看文件在外存上的存放组织形式,一般有顺序结构、链接结构、索引结构等几种。顺序结构指逻辑上相邻的数据存放的物理位置也相邻;链接结构不要求逻辑上相邻的数据存放的物理位置也相邻,而是用指针指向下一个数据的存储位置;索引结构则是为每个文件建一个索引表,采用索引结构可加快数据的查找速度。

(三)数据加密与解密

在计算机中存储数据有一个重要的问题,就是如何保证数据安全性的问题。应用数据加密是保护数据机密性的主要方法。所谓数据加密,就是按确定的加密变换方法(加密算法)对需要保护的数据(也称为明文)作处理,使其变换成为难以识读的数据(密文)。

1. 基本概念

人和机器容易读懂和理解的信息称为明文。明文既可以是文本、数字,也可以是语音、图像、视频等其他信息形式。通过加密的手段,将明文变换为晦涩难懂的信息称为密文。将明文转变为密文的过程称为加密。将密文还原为明文的过程称为解密。解密是加密的逆过程。加密和解密都是通过特定的算法来实现的,该算法称为密码体制。密钥是在明文转换为密文或将密文转换为明文的算法中输入的数据。

2. 加密技术

根据数据加密的方式,可以将加密技术分为对称加密和非对称加密。也称为密钥加密技术和公钥加密技术。

(1)密钥加密技术。密钥加密,也称为对称加密。加密和解密过程都使用同一密钥,通信双方都必须具备这个密钥,并保证该密钥不被泄漏。在使用密钥加密技术进行通信前,双方必须先约定一个密钥,这个约定密钥的过程称为“分发密钥”。然后在通信中,发送方使用这一密钥,并采用适当的加密算法将明文加密后发送。当接受方收到密文后,采用解密算法(通常是加密算法的逆算法),并把密钥作为算法中的一个运算因子,就可以将密文转化为明文。该明文与发送方的明文一致。

(2)公钥加密技术。非对称加密技术中,公开密钥密码技术是较为成熟的一种。公钥密码加密的基本思想是:在不降低保密的基础上,在采用加密技术进行通信的过程中,不仅加密算法本身可以公开,甚至加密用的密钥也可以公开。使用公钥密码体制对数据进行加密与解密时,使用一个密码对,其中一个用来加密,称为加密密钥,又称公钥;另一个用于解密,称为解密密钥,又称私钥。公钥和私钥在数学上相互关联。公钥可以对外界公开,而私钥自己保管,必须严格保密。

二、信息压缩

随着计算机网络技术和多媒体技术的发展和广泛使用,大量的多媒体信息需要在有限的硬盘上存储和在较窄的信道上传输,因此必须对其进行压缩存储和压缩传输,才能适合多媒体信息的处理。一般情况是将原始数据压缩后存放在磁盘上或是以压缩形式传输,仅当用到它时才把数据解压缩以还原。

所有的压缩系统都需要两个算法:一个用于压缩原文件中的数据(称为编码),另一个用于在目的端将数据解压缩。

(一)图像压缩方法

图像压缩方法可以分为两大类:无损压缩和有损压缩。无损压缩能够保证进行无误差的图像数据重构;有损压缩不能完整地保持信息,图像数据重构时有信息丢失,但不造成图像的明显改变。

无损压缩的主要方法有哈夫曼编码、香农—范诺(Shannon-Fannon)编码、行程编码、LZW(Lempel-Ziv&Welch)编码、算术编码、位平面编码、无损预测编码等。

行程编码比较适合于二值图像的编码,LZW 编码也称字串表编码,算术编码有两种模式:一种是基于信源概率统计特性的固定编码模式,另一种是针对未知信源概率模型的自适应模式。

有损压缩的常见方法:有损预测编码、变换编码、小波编码等。

(二)数据压缩的应用

1. JPEG 标准

JPEG(Joint Photographic Experts Group,联合图像专家小组)标准是由 ISO(International Organization for Standards,国际标准化组织)和国际电报电话咨询委员会联合制定的,适合于连续色调、多级灰度、彩色或单色静止图像数据压缩的国际标准。JPEG 采用离散余弦变换算法来进行压缩,能获得 10:1 到 80:1 的压缩比,是一种对称压缩算法,其压缩和解压缩时间大致相同。

2. MPEG 视频压缩

MPEG 是一种动态图像压缩标准,其方法是利用动态预测和差分编码去除相邻两张图像的相关性,能获得 50:1 到 100:1 的压缩比。

3. MP3 压缩

MP3 标准可以将声音以 1:12 的压缩率压缩成更小的文档,同时还能保证较高质量的音响效果。

4. LZW 压缩

LZW 压缩是使用最多的一种无损压缩方法。

第三节 信息处理技术

在计算机中存储信息的目的是为了对这些信息进行有效的处理和使用。所谓信息处理技术,主要是指利用计算机、网络、通信等技术对信息进行搜集、编码、压缩、展开等处理。从信息的开发、存储、传输到利用,由一系列的机械硬件与计算机软件相互支撑而实现,包括中文信息处理技术,多媒体信息处理技术,智能信息处理技术,文字处理、表格处理、图像处理等。下面我们只是介绍通用的信息处理技术。

一、数据组织和管理

一般来说,用计算机解决一个实际问题时,大致需要经过下列几个步骤:首先,要从具体问题抽象出一个适当的数学模型;然后,设计一个解此数学模型的算法;最后,编出程序,进行测试、调试直至得到最终解答。对于数值计算问题,可以通过列数学方程求解。例如,预报人口增长情况的数学模型为微分方程,求解桥梁结构中应力的数学模型为线性方程组。而对于一些非数值计算问题无法用数学方程来进行描述,必须建立相应的数据结构来进行描述,再分析问题中所用到的数据是如何组织的,研究数据之间的关系如何,进而设计出合适的算法。例如,一个单位要对所有职工的基本情况进行管理,包括查询职工的姓名、性别及月收入等情况,对整个单位的职工信息进行统计和汇总等,如何利用计算机来辅助管理这些信息?可以采用线性表这种结构组织数据,通过在线性表上查找、插入和删除数据就可以实现对职工信息的各种操作。又如,要建立一个全国范围内的交通信息咨询系统,回答游客提出的各种问题(如合理安排旅游线路等),此时可采用一种称之为图的结构来表示实际的交通网络,图中顶点表示城市,边表示城市间交通联系,这个交通网络图就表示一个数据结构。从上面两例可见,要描述非数值计算问题的求解模型,单靠数学方程是无法完成的,需要使用一些诸如表、图、还有树之类的数据结构来表示现实世界中的问题。

通常有以下4种基本数据结构:

(1)集合。集合中的数据元素之间除了“同属于一个集合”的关系之外,无其他关系。

(2)线性结构。线性结构中的数据元素之间存在一个对一个的关系。

(3)树形结构。树形结构中的数据元素之间存在一个对多个的关系。

(4)图状结构。图状结构(或称网状结构)中的数据元素之间存在多个对多个的关系。

对于待求解的问题首先要选择合适的数据结构来进行描述,进而设计出高效的算法。对数据进行分类、组织、编码、存储、加工和传播的一系列活动的总和,我们把其称为数据管理。在应用需求的推动下,在计算机软件和硬件发展的基础上,数据管理技术经历了人工管理、文件系统和数据库系统3个阶段。

二、数据库技术

数据库技术是数据管理的高级阶段。所谓数据库是存放数据的仓库,长期存储在计算机内有组织的、大量的、共享的数据集合,可供各种用户共享,具有最小冗余度和较高数据独立性。数据库系统中管理数据的软件系统称为数据库管理系统(DataBase Management System,简称 DBMS),DBMS 是数据库系统的核心组成部分,对数据库的一切操作都是通过 DBMS 进行的。

(一)数据库系统阶段数据管理方式的特点

前面我们提到,数据管理技术经历了人工管理、文件系统和数据库系统 3 个阶段。在人工管理阶段,数据不保存在机器中,由应用程序自己管理数据,数据和程序在一起,并只能自己使用。进入文件系统阶段后,数据可长期保存在外存的磁盘中,由文件系统负责管理数据,但数据间的联系弱,数据共享性差,也就是说可能有一组数据会存放成多个版本,由不同程序所维护,造成数据的不一致。

为解决多用户、多应用共享数据的需求,使数据为尽可能多的应用服务,数据库技术便应运而生,出现了统一管理数据的专门软件系统——DBMS。

数据库系统阶段有如下特点:

1. 整体数据结构化

数据模型不仅描述数据本身的特点,还描述数据之间的联系。

2. 数据共享性高

数据冗余度低,易扩充。数据是面向整个系统,不是面向应用的,所以多应用、多用户可共享数据,减少冗余,避免数据的不一致性。容易增加新的应用,易于扩充。

3. 数据独立性高

数据独立性包括物理独立性和逻辑独立性。指数据在磁盘上的物理存储改变和逻辑结构改变,应用程序不用变。数据独立性有 DBMS 的二级映象功能保证。数据与程序独立,把数据的定义从程序中分离,简化程序的编制、维护和修改工作。

4. 数据由 DBMS 统一管理和控制

DBMS 提供 4 个方面的数据控制功能:数据的恢复、并发控制、数据完整性和数据安全性。

(二)数据模型

现有的数据库系统均是基于某种数据模型的,数据模型是数据库系统的核心。主要的数据模型有层次模型、网状模型、关系模型和面向对象数据模型。

1. 层次模型

层次模型是数据库系统中最早出现的数据模型,层次数据库的典型代表是 IBM 公司的 IMS(Information Management System)是 1968 年 IBM 公司推出的第一个大型的商用数据库管理系统。

2. 网状模型

网状数据库系统采用网状模型作为数据的组织方式。网状数据模型的典型代表是 DBTG (Data Base Task Group)系统。

3. 关系模型

关系数据库系统采用关系模型作为数据的组织方式,关系数据库是最流行的数据库系统。数据模型以关系(表)形式组织数据。1970 年 Codd 提出了关系数据模型,由于其具有严格的数学基础,抽象级别较高,且简单清晰,便于理解应用。到了 20 世纪 70 年代末,出现了不少关系数据库系统,其中具有代表性应首推 IBM 公司推出的 SQL/DS 和 DB2 两个商品化关系数据库系统。进入 20 世纪 80 年代以后,关系数据库系统已成为数据库系统发展的主流,几乎所有新推出的数据库系统产品都是关系型的,它们中不仅有用于大型机和小型机数据库产品,而且有可用于微机的数据库产品。市场上开始出现关系数据库的系列产品,这其中发行量较大且在我国用得较多的有 Oracle、Sybase、SQL Server、Informix、FoxPro、MySQL 等。如我国铁路客票系统采用的就是 Sybase 数据库。

4. 面向对象数据模型

面向对象数据库系统支持面向对象的数据模型。它是数据库技术与面向对象程序设计方法相结合的产物。作为新一代数据库系统,已有了一些商品化系统。

(三)主要的数据库系统

除了前面提到的关系数据库系统、面向对象数据库系统之外,还有一些在不同领域应用的其他类型的数据库系统,如对象—关系数据库系统、Web 数据库、空间数据库、分布式数据库、实时数据库、移动数据库、并行数据库等。

对象—关系数据库系统将关系数据库系统与面向对象数据库系统两方面的特征相结合,增强了数据库的功能,使之具备了主动数据库和知识库的特性。

Web 数据库系统是指基于 Web 模式的 DBMS 的信息服务,充分发挥 DBMS 高效的数据存储和管理能力,以 Web 这种浏览器/服务器(B/S)模式为平台,将客户端融入统一的 Web 浏览器,为 Internet 用户提供使用简便、内容丰富的服务。

空间数据库是一种应用于地理空间数据处理与信息分析领域的具有工程性质的数据库,它所管理的对象主要是地理空间数据(包括空间数据和非空间数据)。如全国铁路地理信息系统共享与服务平台、青藏铁路地理信息系统的应用都是建立在空间数据库基础之上。

分布式数据库系统是在集中式数据库系统成熟技术的基础上发展起来的,但不是简单地把集中式数据库分散地实现,它具有自己的性质和特征。集中式数据库系统的许多概念和技术,如数据独立性、数据共享和减少冗余度、并发控制、完整性、安全性和恢复等在分布式数据库系统中都有了不同的、更加丰富的内容。

数据库技术在数据通信、电力调度、电子银行事务、电子数据交换与电子商务、证券与股票交易、交通控制等领域的应用有着与传统应用不同的特征,即其应用活动有很强的时间性,要求在规定的时刻或一定的时间内完成其处理,同时,所处理的数据也往往是"短暂"的, 即有一定的有效时间,这种应用对数据库和实时处理两者的功能及特性均有需求,称为实时数据库。

并行数据库系统是新一代高性能的数据库系统,是在大规模并行处理(Massively Parallel Processing,简称 MPP)和集群并行计算环境的基础上建立的数据库系统。并行数据库系统的目标是高性能和高可用性,通过多个处理节点并行执行数据库任务,提高整个数据库系统的性能和可用性。

三、数据仓库

随着信息技术的飞速发展和对海量数据存储、管理、分析和交换的需求,以面向事务处理为主的数据库系统已不能满足需要,信息系统开始从管理转向决策处理,数据仓库就是为满足这种新的需求而提出的信息集成方案。

(一)数据仓库的定义

数据仓库是一个面向主题的、集成的、时变、非易失的数据集合,这个集合用于支持管理决策。数据仓库为了决策支持的需要,主要具有以下几方面特征:

1. 数据仓库是面向主题的

传统的数据库系统是面向应用的,只能回答很专门、很片面的问题,它的数据只是为处理某一具体应用而组织在一起的,数据结构只对单一的工作流程是最优的,对于高层次的决策分析未必是适合的。数据仓库为了给决策支持提供服务,信息的组织应以业务工作的主题内容为主线,如"产品"、"销售商"等为主线来进行组织。数据仓库关注的是决策者的数据建模与分析,而不针对日常操作和事务的处理。因此,数据仓库提供了特定主题的简明视图,排除了对于决策无用的数据。

2. 数据仓库是集成的

数据仓库通常是结合多个异种数据源构成的,异种数据源可能包括关系数据库、面向对象数据库、文本数据库、Web 数据库、一般文件等。需要对数据进行必要的抽取、清理和变换,提取的数据在数据仓库中采用一致的命名规则、一致的编码结构,消除原始数据的矛盾之处,数据结构从面向应用转为面向主题。

3. 数据仓库是时变的

任何信息都具有相应的时间标志。为了满足趋势分析的需要,每一个数据必须具有时间的概念。数据存储从历史的角度提供信息,数据仓库中包含时间元素,它所提供的信息总是与时间相关联的。数据仓库中存储的是一个时间段的数据,而不仅仅是某一个时刻的数据。

4. 数据仓库是非易失的

数据仓库总是与操作环境下的实时应用数据物理地分离存放,因此不需要事务处理、恢复和并发控制机制。数据仓库里的数据通常只需要两种操作:初始化载入和数据访问,因此其数据相对稳定,极少或根本不更新。

(二)数据仓库的体系结构

数据仓库是储存、管理数据的一种组织形式,其物理实质仍是计算机存储数据的系统,只是由于使用目的不同,其存储的数据在量和质以及前端分析工具上与传统管理信息系统(Management Information System,简称 MIS)有所不同。数据仓库按照功能分为以下几部分:

1. 源数据

数据仓库为了支持高层次的决策分析需要大量的数据。这些数据可能分布在不同的已有的应用中,存储在不同的平台和数据库中。

2. 数据变换工具

为了优化数据仓库的分析性能,源数据必须经过变换以最适于的方式进入数据仓库。变换主要包括提炼、转换。数据提炼主要指数据的抽取,如数据项的重构、删去不需要的运行信息、字段值的解码和翻译、补充缺漏的信息、检查数据的完整性和相容性等;数据转换主要指统一数据编码和数据结构、给数据加上时间标志、根据需要对数据集进行各种运算以及语义转换等。数据变换工具在数据库和数据仓库之间架起了一座桥梁,使源数据得到了增值和统一,最大限度地满足了数据仓库高层次决策分析的需要。

3. 数据仓库

源数据经过变换进入数据仓库。数据仓库以多维方式来组织数据和显示数据。维是人们观察现实世界的角度,但多维数据库中的维并不是随意定义的,它是一种高层次的类型划分。为了获得较高的系统性能,维屏蔽掉了许多原始数据,决策分析所需的综合数据预先已被统计出来放在其中。数据仓库的数据组织方式可分为基于关系表的存储方式和多维数据库存储方式。基于关系表的数据模型主要有星形和雪花模型;多维数据库数据模型主要是立方体结构模型。

4. 客户端分析工具

数据仓库的目标是提供决策支持,它不仅需要一般的 MIS 查询和分析工具,更需要功能强大的分析工具,它是数据仓库的重要组成部分。客户端分析工具按照功能可以划分为查询型、验证型、挖掘型,主要采用旋转、嵌套、切片、钻取和高维可视化分析技术,以多维视图的形式展现给用户,使用户能直观地理解、分析数据,进行决策支持。

对数据仓库中的数据进行复杂查询和多维分析处理的技术称为联机分析处理(On - Line Analytical Processing,简称 OLAP)技术。按照多维数据模型的不同实现方式,OLAP 服务器有 MOLAP(Muiltdimension OLAP,多维联机分析处理)和 ROLAP(Relational OLAP,关系联机分析处理)多种结构。MOLAP 结构以多维立方体组织数据,也就是在关系的二维表格基础上加上了时间维,用多维数组来存储数据。ROLAP 结构将多维数据结构分成两类表:一类是事实表,另一类是维表。事实表和维表仍然用关系的二维表来表示,事实表和维表之间通过星形模式或雪花模式联系起来,这样的结构下对多维立方体的操作可以映射成标准的关系操作。通过 OLAP 的切片、切块、旋转、上钻、下钻等操作,可以使用户从多个角度、多侧面观察和剖析数据。

(三)数据仓库在铁路信息系统中的应用

我国铁路在全国范围内成功实施了大量的信息系统。这些系统在铁路运营管理中发挥了重大作用,并且积累了大量数据。为了使这些分散的信息系统得到充分利用,使信息能共享,并能提供全局的、历史的以及趋势的数据分析供高层管理和决策使用,铁路部门已建立了多个数据仓库系统。

铁路客票数据仓库系统是其中较为完善的一个数据仓库系统。铁路客票数据仓库利用客票系统数据作为主要数据源,通过分布式数据库环境下客票发售数据的广域网采集,并补充必要的外部数据,通过操作数据库实现数据暂存和预处理,经过数据转换将数据加载到数据仓库中,并建立面向应用的数据集市,借助业务智能软件工具访问数据仓库,完成不同层次的数据分析工作,最终通过多维引擎和 Web 引擎实现联机分析和决策支持。

对铁路系统来说,与其他非交通系统的最大区别是铁路系统内几乎所有的对象和数据都具有空间属性,用传统的仅仅基于时间的分析方法显然不能反映铁路系统的特点,也不可能得到适用于铁路的科学的结果。因此,通过研究海量、多源、多维和异构的空间数据的存储、管理和应用,建立基于铁路基础空间信息的数据仓库的体系结构,以及研究空间信息的分布式信息存储、分析和提取技术是一项很有意义的工作。

四、数据挖掘

随着信息技术特别是网络技术飞速发展,人们收集、存贮、传输数据能力不断提高。数据出现了爆炸性增长,与此形成鲜明对比的是,对决策有价值的知识却非常匮乏。数据挖掘技术正是在这一背景下诞生的一门新技术。数据挖掘就是从大量数据中获取有效的、新颖的、潜在有用的、最终可理解的模式的非平凡过程。

(一)数据挖掘的定义

数据挖掘又称为数据库知识发现(Knowledge Discovery in Database, 简称 KDD), 也有人把数据挖掘视为数据库中知识发现过程的一个基本步骤。知识发现过程由以下步骤组成:

1. 数据清理

数据清理的日的是消除噪声和不　致数据。

2. 数据集成

数据集成指将多种数据源组合在一起。

3. 数据选择

数据选择是从数据库中提取与分析任务相关的数据。

4. 数据变换

通过汇总或聚集操作将数据变换或统一成适合挖掘的形式。

5. 数据挖掘

数据挖掘是数据发现的基本步骤,使用智能方法提取数据模式。

6. 模式评估

模式评估根据某种兴趣度度量,识别表示知识的真正有趣的模式。

7. 知识表示

使用可视化和知识表示技术,向用户提供挖掘的知识。

步骤1~4是数据预处理的不同形式,为挖掘准备数据。数据挖掘可以与用户或知识库交互。典型数据挖掘系统结构如图6-12所示。

数据挖掘涉及多学科技术的集成,包括数据库和数据仓库技术、统计学、机器学习、高性能计算、模式识别、神经网络、数据可视化、信息检索、图像与信号处理以及空间或时间数据分析。通过数据挖掘,可以从数据库提取有趣的知识、规律或高层信息,并可以从不同角度观察或浏览它们。发现的知识可以用于做决策、过程控制、信息管理和查询处理。因此,数据挖掘在信息和数据库系统方面是最重要的前沿之一,是信息技术最有发展前途的交叉学科之一。

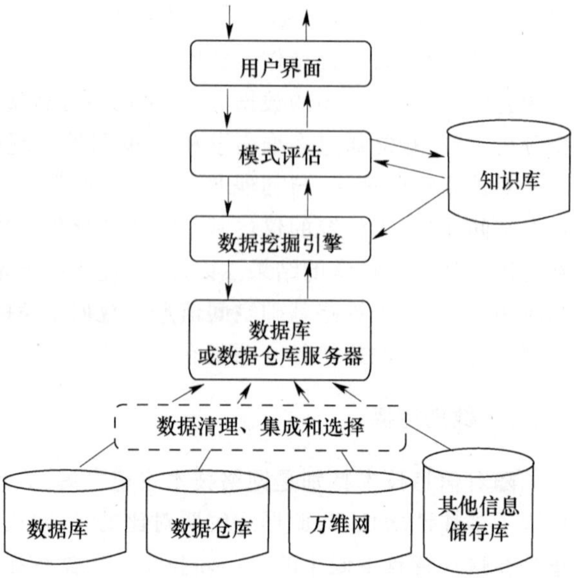

图6-12 数据挖掘系统结构

(二)数据挖掘的任务

数据挖掘功能用于指定数据挖掘任务要找的模式类型。一般而言,数据挖掘任务可以分两类:描述和预测。描述性挖掘任务描述数据库中数据的一般性质。预测性挖掘任务对当前数据进行推断,以做出预测。数据挖掘功能以及它们可以发现的模式类型如下:

1. 特 征 化

数据特征化是数据的一般特性或特征的汇总。例如,为研究上一年销售增加10%的软件产品的特征。可以使用一些有效的方法,如基于统计度量和图的简单数据汇总,基于数据立方体的OLAP上卷操作,面向属性的归纳技术等,结果可能是获得产品的一般轮廓,如销售增加10%的软件产品都是价格在1 000元以下的游戏类产品。

2. 挖掘频繁模式和关联规则

频繁模式是在数据中频繁出现的模式。例如,顾客倾向于先购买个人电脑,再购买数码相机,然后再购买内存卡,这样的模式是一个(频繁)序列模式。关联规则能够表示出记录属性值之间的概率依赖信息，它可形式化表达为 $X \rightarrow Y$(C% ,S%) 这种形式，意思是在一条记录中出现 X 就出现 Y 的置信度是 C% ，所有记录中至少有 S% 的记录支持这一规则。如 20～29 岁、年收入为 20 000～29 000 元的顾客购买 CD 机的概率为 60% 就是一个关联规则。

3. 分类和预测

分类是这样的过程，它找出描述和区分数据类或概念的模型(或函数)，以便能够使用模型预测类标号未知的对象类。导出模型是基于对训练数据集(即类标号已知的数据对象)的分析。导出的模型可以用多种形式表示，如分类规则、决策树、数学公式或神经网络。预测可以指数值预测和类标号预测，回归分析是一种最常使用的数值预测的统计学方法。

4. 聚类分析

聚类分析和分类的区别是数据对象不考虑已知的类标号。例如，对顾客数据进行聚类分析，识别顾客的同类子簇。这些簇可以表示每个购物目标群。

5. 离群点分析

数据库中可能包含一些数据对象，它们与数据的一般行为或模型不一致，这些数据对象称为离群点。大部分数据挖掘方法将离群点视为噪声或异常而丢弃。然而，在一些应用中，罕见的事件可能比正常出现的事件更令人感兴趣。离群点数据分析称作离群点挖掘。

6. 演变分析

数据演变分析描述行为随时间变化的对象的规律或趋势，并对其建模。演变分析包括时间序列数据分析、序列或周期模式匹配和基于相似性的数据分析等。

(三) 数据挖掘在铁路信息系统中的应用

在铁路车辆管理信息系统、工务管理信息系统、建设管理系统、行车安全监控系统、货物运输管理系统、客票发售与预订系统和决策支持系统中运用数据挖掘技术，能够发现隐藏在铁路数据中的知识和关联规则，预测未来的发展趋势，进行智能的数据分析，为铁路管理信息系统提供科学的、适合铁路特点的分析、预测和决策支持。

通过数据挖掘可以找出影响列车运行速度的主要因素；找出平常日票价与最大收益的关系，以合理制定票价；找出节假日临客开行时间、数量与客流量的关系，合理安排临客开行时间和临客数量等关联规则。

通过数据挖掘可以找出铁路车站或线路在某一时刻或时段的交通拥挤特征；找出乘客乘坐普通列车和特快列车的特征描述；找出春运期间旅客的出行特征，找出民工流和学生流的出行特征等。

通过数据挖掘可以对车站按发车时间进行分类；对列车按列车类型进行分类；对旅客按城市居民经济水平进行分类。

通过数据挖掘可以对平常日及节假日进行客流预测；对事故进行仿真模拟，分析列车提速后客流的变化趋势。

通过数据挖掘可以对旅客旅行提供路线安排和信息服务；提供各站换乘其他车次或其他

运输方式的信息，为旅客安排合适的旅行计划；发现目标之间的最短路径、最优路径，服务旅客出行。

通过铁路沿线辐射范围内的地形、地质、地方人文、经济、资源、地理指标信息，找出这些外部信息与铁路路线之间的关系，为新建或优化铁路提供方案；通过新兴工业城市的人口、经济、交通等信息，找出新兴工业城市的发展与客流的关系，为及时调整运营方案适应变化提供信息，通过事故多发地的人文、地理条件，找出影响事故发生的原因。

在铁路信息化建设中应充分利用数据挖掘这种智能技术，以找出隐藏在海量铁路数据中的知识，从而使铁路信息系统成为能够提供复杂分析和决策支持的智能信息系统。

第四节　信息传输技术

一、通信系统模型

通信是指通过某种媒介进行的信息传递。信息可以是声音、文字、符号、图像、图片等。信息传递可以采用无线电、固定电话、移动电话、互联网甚至可视电话等各种通信方式进行，但各种通信方式具有很多的共性，都符合通信系统的一般模型（如图 6-13 所示）。

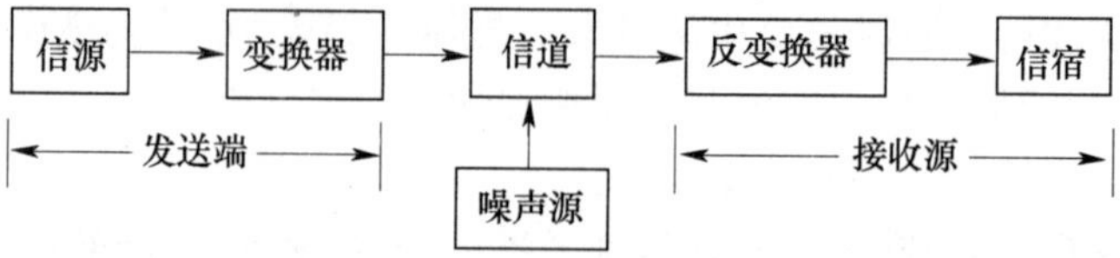

图 6-13　通信系统一般模型

（1）信源。信源是指发出信息的源，其作用是把各种可能消息转换成原始电信号。信源可分为模拟信源和数字信源。模拟信源（如电话机、电视摄像机）输出连续幅度的模拟信号；数字信源（如电传机、计算机等各种数字终端设备）输出离散的数字信号。

（2）变换器。因语声、图像等原始的消息不能以电磁波来传送，所以需要通过变换器将原始的非电消息变换成电信号，并再对这种电信号进一步转换，使其变换成适合某种具体信道传输的电信号。这种电信号同样载有原有的信息。例如，电话机的送话器就是将语声变换成幅度连续变化的电话信号，再进一步转换后送到信道上去。在数据通信中，变换器还具有压缩编码及差错控制编码的功能。

（3）信道。信道是指传输信号的通道，分为有线和无线，有线和无线均有多种传输介质。信道既给信号以通路，也对信号产生各种干扰和噪声。

（4）反变换器。反变换器基本功能是完成变换器的反变换。它的任务是从带有干扰的接收信号中正确恢复出相应的原始信号。

（5）信宿。信宿是传输信息的归宿，其作用是将复原的原始信号转换成相应的消息。

(6)噪声源。噪声源是信道中的噪声以及分散在通信系统其他各处的噪声的集中表示。

(一)传输介质

传输介质是指可以传播信号的物质。在通信中,通过传输介质连接通信设备,并提供信息传输的物理通道(信道)。

传输介质一般分为有线传输介质和无线传输介质。有线传输介质主要有双绞线、同轴电缆和光纤。无线传输介质主要包括无线电波、微波、红外线。

(二)通信带宽

通信带宽(bandwidth)有以下两种不同的意义:

带宽可以表示信号具有的频带宽度,即该信号所包含的各种不同频率成分所占据的频率范围。

带宽还可以表示计算机网络的通信能力,即单位时间内可以在通信线路上传送的数据量,可使用比特速率表示。比特速率是指每个单位时间传输比特的量度标准,度量单位为 b/s(bit percent second)。

(三)传输模式

1. 按数字信号码元排列方法不同分类

数字通信中,按照数字信号码元排列方法不同,通信方式可分为并行传输及串行传输,如图 6-14 所示。

并行传输可以同时传输一组比特,每个比特使用单独一条线路。

串行传输使用一条线路,逐个地传送所有的比特。串行传输便宜、速度较慢,适于远程传输。

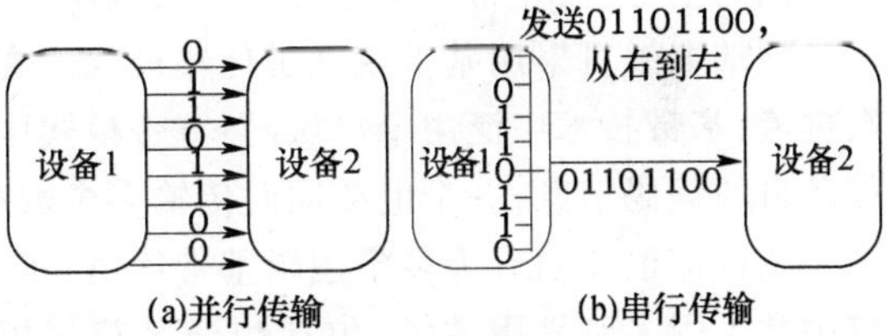

(a)并行传输　(b)串行传输

图 6-14　并行传输和串行传输

2. 根据数据传输组织的方式不同分类

根据数据传输组织的方式不同,串行传输模式又分为异步传输和同步传输。异步传输是将比特划分成小组独立传送,每次异步传输以一个开始位开头,以一个停止位表示结束,常用于低速设备。同步传输是将若干字符组合起来构成数据帧一起发送,在每帧的开头和结尾开始或结束加标记,如图 6-15 所示。

对于点到点之间的通信,按消息传送的方向与时间的关系,通信方式可分为单工、半双工和全双工通信,如图 6-16 所示。

3. 根据传输信号种类不同分类

根据传输信号种类的不同,可以分为基带传输及宽带传输。

基带传输又叫数字传输,是指把要传输的数据转换为数字信号,使用固定的频率在信道上传输数字信号,这种数字信号需要独占链路的容量。基带系统中每个设备都共享相同的信道。

宽带传输将信道分成多个子信道,分别传送音频、视频和数字信号。宽带使用比音频带宽

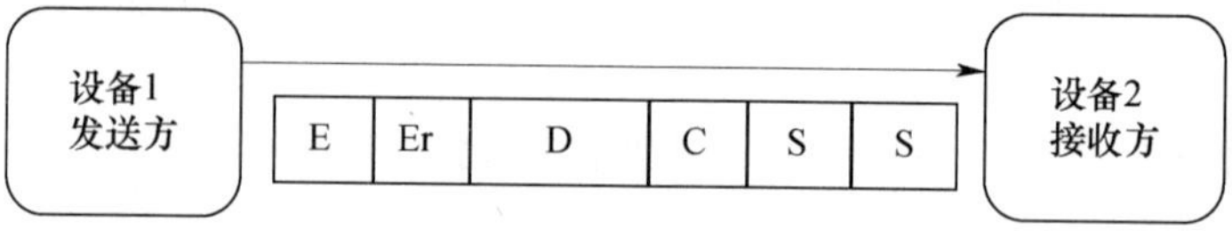

数据帧

S—syn 同步位;C—control 控制位;D—data 数据位;Er—error 错误检测位;E—end 帧结束位。

图 6-15　同步传输

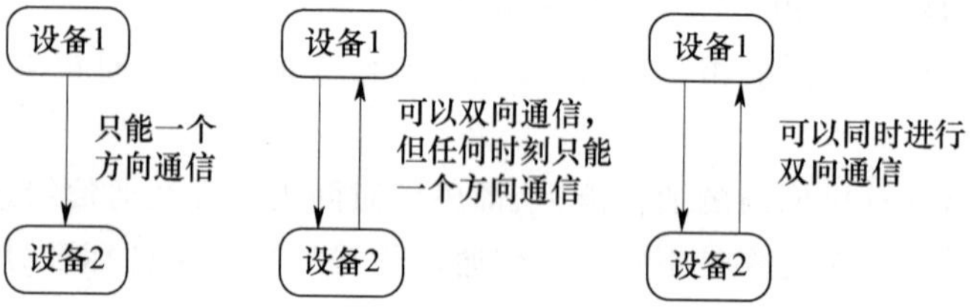

(a)单工通信　(b)半双工通信　(c)全双工通信

图 6-16　单工、半双工和全双工通信

更宽的频带,称为宽带传输系统。可以将链路容量分解成两个或更多的信道,每个信道可以携带不同的信号,故宽带传输信号可以被调制到不同的频率范围进行发送。

同轴电缆可采用基带或宽带传输模式。在基带模式中,电缆的带宽完全用于单一的一个数据流,基带技术广泛用于局域网;宽带模式中,带宽被划分为几个范围,通常各频率范围都携带各自的编码信息,一个电缆同时传输多个数据流,为了合并和分离信号,需要安装相应设备。

宽带信道能划分为多条逻辑基带信道,实现多路复用,因此信道的容量大大增加。宽带系统中常采用多路复用技术,包括频分多路复用(Frequency-Division Multiplexing,简称 FDM,用于模拟信号)、时分多路复用(Time Division Multiplex and Multiplexer,简称 TDM,用于数字信号)、码分多路接入(Code Division Multiple Access,简称 CDMA,用于无线通信)和波分多路复用(Wavelength Division Multiplexing,简称 WDM,用于光通信)。

二、计算机网络

计算机网络首先是一个通信网络,各计算机之间采用传输介质和通信设备进行数字通信,在此基础上各计算机可以通过网络软件共享其他计算机上的硬件资源、软件资源和数据资源。

从计算机网络各组成部件的功能来看,各部件主要完成两种功能,即网络通信和资源共享。计算机网络中实现全网中的信息传输的网络通信功能的设备及其软件的集合称为网络的通信子网;而网络中实现信息处理及资源共享功能的设备及其软件的集合称为资源子网。

(一)计算机网络分类

计算机网络按照覆盖范围的大小,分为局域网、城域网、广域网和互联网。

1. 局域网

局域网(Local Area Network,简称 LAN)是指连接范围在几百米到十几公里之内的计算机网络,它所覆盖的地区范围较小。局域网具有高传输率(一般可达 10 Mb/s/100 Mb/s/1 000 Mb/s 甚至更高),低延迟、低误码的特点,通常用于企业、事业、大专院校等内部网络。

2. 城域网

城域网(Metropolitan Area Network,简称 MAN)一般来说是在一个城市,但不在同一地理小区范围内的计算机互联。这种网络的连接距离可以在 10 ~ 100 km。MAN 与 LAN 相比扩展的距离更长,连接的计算机数量更多,在地理范围上可以说是 LAN 网络的延伸。

3. 广域网

广域网(Wide Area Network,简称 WAN)所覆盖的范围比 MAN 更广,它一般是在不同城市之间的 LAN 或者 MAN 网络互联,地理范围可从几百公里到几千公里。因为距离较远,信息衰减比较严重,所以这种网络一般是要租用专线,通过接口协议和线路连接起来,构成网状结构。WAN 因为所连接的用户多,总出口带宽有限,所以用户的终端连接速率一般较低,通常为 9.6 kb/s ~ 45 Mb/s,如邮电部的 CHINANET、CHINAPAC 和 CHINADDN 网。

4. 互联网

简单地说,互联网是一个由各种不同类型和规模的、独立运行和管理的计算机网络组成的全球性计算机网络。网上的计算机通过全球性的唯一地址逻辑地链接在一起,并通过“传输控制协议”和“互联网协议”(TCP/IP)协议来进行通信。

(二)通信子网

通信子网是由节点计算机和通信线路组成的数据通信系统,承担全网的数据传输、交换、加工和变换等通信处理工作。就局域网而言,通信子网由网卡、线缆、集线器、中继器、网桥、路由器、交换机等设备和相关软件组成。在广域网中,通信子网由一些专用的通信处理机(即节点交换机)及其运行的软件、集中器等设备和连接这些节点的通信链路组成。

(三)资源子网

资源子网包括主计算机、终端、通信子网接口设备及软件等,负责全网的数据处理和向网络用户提供资源及网络服务。就局域网而言,资源子网由联网的服务器、工作站、共享的打印机和其他设备及相关软件所组成。在广域网中,资源子网由上网的所有主机及其外部设备组成。

(四)通信协议

通信协议是指网络中的不同设备为进行数据交换而预先建立的一整套通信双方都了解和共同遵守的规则、格式、标准或约定等。这种约定还包括对同步方式、传送速度、传送步骤及检验纠错方式定义等问题都做出统一规定。在计算机通信系统中,规定消息的格式以及每条消息相关动作的一套规则即网络(通信)协议。

1. 网络通信协议

(1)协议分层概念

为了减少协议设计和调试过程的复杂性,通常网络协议都按照结构化的层次方式来进行组织,每层完成一定的功能,同时每层都建立在它的下层之上,层间按协议进行信息交互。

(2)OSI 模型

OSI(Open System Interconnect Reference,开放系统互联)模型是国际标准化组织提出的7层网络模型,称为开放系统互联参考模型,如图6-17所示。

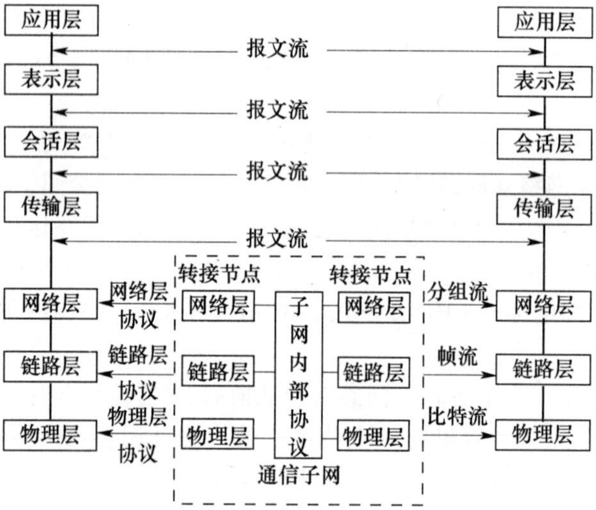

图6-17 OSI网络参考模型结构示意图

OSI模型各层的主要功能如下:

①物理层。物理层利用物理传输介质为数据链路层提供物理连接,以便透明地传送比特流。它建立在传输媒介基础上,实现设备之间的物理接口,它只接收和发送一串比特流,不考虑信息的意义和信息的结构。

②数据链接层。在物理层提供比特流传输服务的基础上,在通信的实体之间建立数据链路连接,传送以帧为单位的数据,采用差错控制以保障数据可靠传输。

③网络层。网络层也称通信子网层,是高层协议与低层协议之间的界面层,用于控制通信子网的操作,是通信子网与资源子网的接口。网络层的主要任务是提供路由选择,为信息包的传送选择一条最佳路径。它还具有拥塞控制,信息包顺序控制及网络记账等功能。网络层向传输层提供服务,同时接受来自数据链接层的服务,实现整个网络系统内的连接,为传输层提供整个网络范围内两个终端用户之间数据传输的通路。

④传输层。传输层主要任务是向用户提供可靠的端到端服务,透明地传送报文。它向高层屏蔽了下层数据通信的细节,因而是计算机通信体系结构中最关键的一层。它从会话层接

受数据,根据需要把数据切成较小的数据片,并把数据传送给网络层,确保数据片正确到达网络层,从而实现两层间数据的透明传送。

⑤会话层。会话层主要任务是组织两个会话进程之间的通信,并管理数据的交换。会话层为传输层提供服务,同时接受传输层的服务,为实现在表示层实体之间传送数据,会话连接必须被映射到传输连接上。会话层功能包括会话层连接到传输层的映射、会话连接的流量控制、数据传输、会话连接恢复和释放、会话连接管理和差错控制。会话层提供给表示层的服务包括数据交换、隔离服务、交互管理、会话连接同步和异常报告。每个会话分为建立链路、数据交换和释放链路 3 个阶段。

⑥表示层。表示层主要解决用户信息的语法表示问题。它将欲交换的数据从适合于某一用户的抽象语法,转换为适合于 OSI 系统内部使用的传送语法,即提供格式化的表示和转换数据服务。数据的压缩和解压缩、加密和解密等工作都由表示层负责。例如,图像格式的显示,就是由位于表示层的协议来支持。

⑦应用层。应用层确定进程之间通信的性质,以满足用户的需要。它是通信用户之间的窗口,为用户提供网络管理、文件传输、事务处理等服务。它为网络用户之间的通信提供专用的程序。

(3)TCP/IP 通信协议

由于 ISO 制定的 OSI 参考模型的过于庞大、繁杂,技术人员自己开发的 TCP/IP 协议栈获得了更为广泛的应用。TCP/IP 的协议栈是美国国防部高级研究计划局计算机网和其后继因特网使用的参考模型。它侧重于互联设备的数据传输,比 OSI 模型更灵活,使跨平台(异构)网络的互联成为可能,其具有良好的恢复机制,高效的错误处理率,可在不中断服务情况下加入网络,低数据开销,平台无关性等。

TCP/IP 体系结构包括链路层、网络层、传输层及应用层四层。每一层都呼叫它的下一层所提供的网络来完成自己的需求。而 TCP 协议和 IP 协议是保证数据完整传输的两个基本的重要协议。TCP/IP 网络协议栈结构如图 6-18 所示。

(4)IP 地址

在 Internet 上有千百万台主机,为了区分这些主机,需要给每台主机都分配一个专门的地址,称为 IP 地址。IP 地址由网络标识(NetID)和主机标识(HostID)两部分组成,网络标识用来区分 Internet 上互联的各个网络,主机标识用来区分同一网络上的不同计算机(即主机)。

(5)域名系统

域名系统(Domain Name System,简称 DNS)允许用户用层次的、友好的名字很方便地定位 IP 网络中的计算机和其他资源。该系统用于命名组织到域层次结构中的计算机和网络服务。DNS 命名用于 Internet 等 TCP/IP 网络中,通过用户友好的名称查找计算机和服务。当用户在应用程序中输入 DNS 名称时,DNS 服务可以将此名称解析为与之相关的其他信息(如 IP 地址)。因为,在上网时输入的网址,是通过域名解析系统解析找到相对应的 IP 地址,这样才能上网。其实,域名的最终指向是 IP。DNS 域名命名规则示意图如图 6-19 所示。

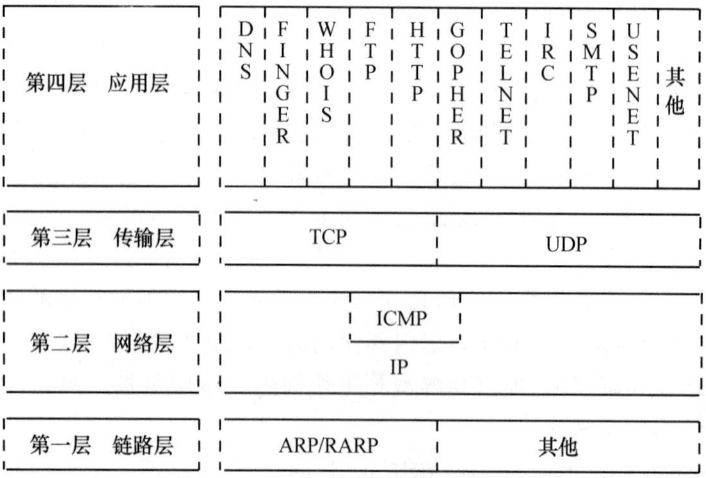

图 6-18 TCP/IP 网络协议栈结构

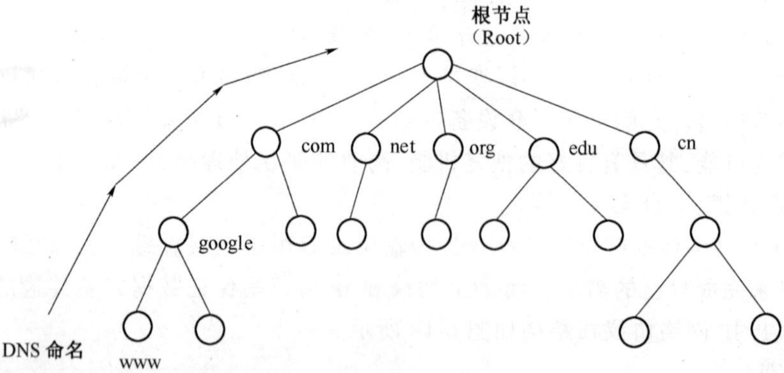

图 6-19 DNS 域名命名规则示意图

2. 串口通信协议

串口是计算机上一种非常通用的设备通信协议(不要与通用串行总线 Universal Serial Bus 或者 USB 混淆)。大多数计算机包含两个基于 RS232 的串口。串口是仪器仪表设备通用的通信协议,可以用于获取远程采集设备的数据。

串口是按位(bit)发送和接收字节,串口可以在使用一根线发送数据的同时用另一根线接收数据,其通信线路长度可达 1 200 m。

主要的串口通信协议包括 RS－232、RS－422 和 RS－485 等。

(1)RS－232

RS－232(ANSI/EIA－232 标准)是 IBM－PC 及其兼容机上的串行连接标准。可用于连接鼠标、打印机或者 Modem，同时也可以接工业仪器仪表等。RS－232 只限于 PC 串口和设备间点对点的通信。RS－232 串口通信最远距离是 15 m，而且速率低。

(2)RS－422

RS－422(EIA RS－422－A Standard)是 Apple 的 Macintosh 计算机的串口连接标准。RS－422 使用差分信号，RS－232 使用非平衡参考地的信号。差分传输使用两根线发送和接收信号，对比 RS－232，它能提供高速抗噪声和有更远的传输距离。

(3)RS－485

RS－485(EIA－485 标准)是 RS－422 的改进提高到多点通信，设备的个数可从 10 个增加到 32 个，同时定义了在最大设备个数情况下的电气特性，以保证足够的信号电压。基于支持多个设备的特点，利用单个串口建立设备网络。RS485 的出色抗噪和多设备能力，使得在工业应用中建立连向 PC 机的分布式设备网络、其他数据收集控制器、HMI 或者其他操作时，串行连接会选择 RS－485。RS－485 是 RS－422 的超集，因此所有的 RS－422 设备可以被 RS－485 控制。RS－485 可以支持超过 1.2 km 距离的串行通信。

(五)网络硬件

1. 网络接口卡(适配器)

网络连接设备，使工作站、服务器、打印机等通过传输介质接收并发送数据。

网卡必须与它的总线相匹配。常见总线主要有以下几种：

(1)外设组件互连标准接口(Peripheral Component Interconnect，简称 PCI)。PCI 网卡包括 RJ45 有线网络接口卡、光纤网络接口卡及无线网络接口卡，如图 6-20 所示。

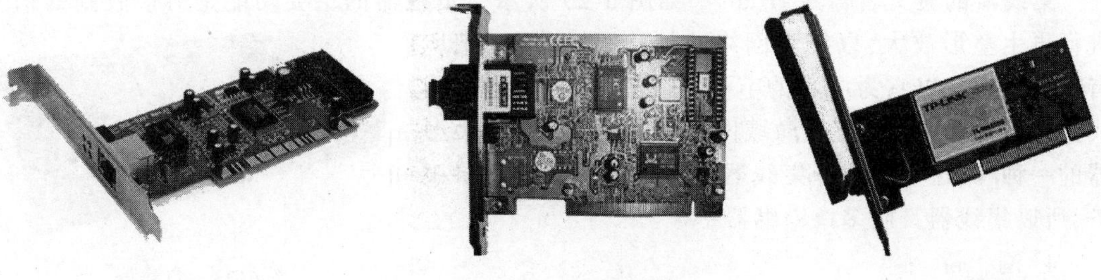

(a) RJ45接口网卡　　(b) 光纤接口网卡　　(c) 无线网卡

图 6-20　PCI 网卡

(2)通用串行总线标准(Universal Serial BUS，简称 USB)。USB 1.0 的传输速率为 1.5 M，而 USB 2.0 的传输速率为 480 Mb/s。USB 网络接口卡如图 6-21 所示。

2. 中继器

中继器是一种放大模拟或数字信号的网络连接设备，如图 6-22。中继器是网络物理层的连接设备，用于连接两个(或多个)网段，主要功能是通过对数据信号的重新发送或者转发，对信号起中继放大作用来扩大网络传输的距离。

(a) USB接口网卡　　(b) USB接口无线网卡

图 6-21　USB 接口网卡

(a) 光纤中继器　　(b) RJ45中继器

图 6-22　中继器

3. 集线器

集线器的英文名称为“Hub”，如图 6-23 所示。集线器的主要功能是对接收到的信号进行再生整形放大，以扩大网络的传输距离，同时把所有节点集中在以它为中心的节点上。集线器与网卡、网线等传输介质一样，属于局域网中的基础设备，是中继器的一种，其区别仅在于集线器能够提供更多的端口服务，所以集线器又叫多口中继器。

图 6-23　集线器

4. 网　桥

网桥工作在数据链路层，将两个局域网连起来，根据介质访问控制(Media Access Control，简称 MAC)地址来转发帧。网桥可以有效地连接两个局域网，解析它所收发的数据，这是网桥与中继器的差别所在。网桥通常用于连接数量不多的、同一类型的网段。网桥产品形态如图 6-24。

5. 交换机

交换机是一种基于 MAC 地址识别，能完成封装、转发数据包功能的网络设备。交换机可以“学习”MAC 地址，并把其存放在内部地址表中，通过在数据帧的原始发送者和目标接收者之间建立临时的交换路径，使数据帧直接由源地址到达目的地址。交换机属于 OSI 模型中的链路层,交换机的每个端口相当于一个网桥。交换机产品形态如图 6-25。

图 6-24　网桥

图 6-25　交换机

6. 路由器

路由器是一种多端口设备,可以连接不同传输速率并运行于各种环境的局域网和广域网间,可采用不同协议,它属于 OSI 模型网络层。路由器的主要工作就是为每个数据帧寻找一条最佳传输路径,并将该数据有效地传送到目的站点。由此可见,选择最佳路径的策略(路由算法)是路由器的关键所在。为了完成这项工作,在路由器中保存着各种传输路径的相关数据——路径表(Routing Table),供路由选择时使用。路径表中保存着子网的标志信息、网上路由器的个数和下一个路由器的名字等内容。插槽式路由器的产品形态如图 6-26 所示。

图 6-26　插槽式路由器

7. 网　关

网关(Gateway)又称网间连接器或协议转换器。网关在传输层上以实现网络互连,是最复杂的网络互联设备,可用于两个高层协议不同的网络互连。网关是一种充当转换重任的计算机系统或设备。在使用不同的通信协议、数据格式或语言,甚至体系结构完全不同的两种系统之间,网关作为互联互通的协议翻译器。与网桥只是简单地传达信息不同,网关对收到的信息要重新打包,以适应目的系统的需求。同时,网关也可以提供过滤和安全功能。

第五节　信息安全技术

铁路各类信息系统是铁路生产的重要组成部分,必须具备严格的安全防范机制。信息安全技术在保障铁路信息系统安全、正常运行发挥着非常重要的作用。本节主要介绍铁路信息系统中常用的信息安全技术。

一、信息安全基本知识

(一)信息安全含义

信息安全还没有权威性的标准定义。1994 年我国颁布了“中华人民共和国计算机信息系统安全保护条例”提出:保障计算机及相关配套设备(含网络)安全,运行环境安全,信息安全,计算机功能正常发挥,以维护计算机信息系统的安全运行。

信息的可靠性:网络信息系统能够在规定的时间内完成规定的功能的特性。可靠性是系统安全的最基本要求之一,是所有网络信息系统面向用户的安全性能。

信息的可用性:即网络信息服务在需要时允许授权用户或实体使用的特性,或者是网络部分受损或需要降级使用时,仍能为授权的用户提供有效的服务的特性。可用性是网络通信系统面向用户的安全性能。

信息的保密性:信息的保密性是指网络信息不被泄漏给非授权的用户及实体的特性。保密性是在可靠性和可用性基础上,保障网络信息安全的重要手段。

信息的完整性:信息的完整性是指网络信息未经授权不能进行改变的特性。即网络信息在存储、传输等过程中,不会因偶然或故意的因素发生修改、删除、伪造、插入等破坏,它要求在信息存储和传输的过程中保持信息的原样。

信息的不可抵赖性(或不可否认性):信息的不可抵赖性是指在网络信息的交互过程中,确信参与者的真实同一性。即参与者都不可否认或抵赖曾经完成的操作和承诺。利用信息源证据可以防止发信方不真实地否认已发送的信息,利用递交接收证据防止接收方事后否认已经接收到信息。

信息的可控性:信息的可控性是指对信息传播的内容具有监控的能力。

此外,信息安全的内容还包括鉴别、审计跟踪、身份认证、授权和访问控制、安全协议、密钥管理以及各种管理措施。

信息安全的内涵随着技术和需求的变化而不断演变和发展。安全具有相对性,不同应用要求、不同的网络环境、不同的时间安全的范畴、安全的特点和重要性是会发生变化的。因此,要用动态的、变化的观点认识安全问题。

(二)信息安全保障

随着计算机和网络技术的普及,黑客攻击及信息战的升级,人们越来越感受到仅有安全防护手段是很难满足信息安全的需要。因此,出现了信息安全新概念,不仅从信息安全保护,还从检测、反应和恢复等多个方面,提出信息安全保障体系。

1. 保　护

保障信息的保密性、完整性、可控性和不可否认性。

2. 检　测

利用技术手段检测系统存在的可能提供黑客攻击、计算机犯罪和病毒泛滥的脆弱性(漏洞),以及系统运行各种非正常行为。如来自内部或外部的恶意攻击行为。

3. 反　应

对危及系统信息安全的事件、行为和过程等及时做出阻断、清除、屏蔽等处理,以避免危害的进一步扩大,尽量保证系统正常地运行。

4. 恢　复

系统一旦被破坏，应尽快恢复系统，使系统正常运行。

信息安全保障体系提出了主动防护的思想，考虑了在防护手段不足以保障安全时，通过检测和评估技术，对系统进行静态分析和动态检测，一方面减少自身的缺陷，减少被攻击的可能性；另一方面及时发现外来的攻击，并立即做出合理的反应，采取适当措施，防止危害扩大。同时，在破坏已经发生时，能够采取适当的手段，恢复系统运行。

（三）信息系统安全保护等级

信息安全等级保护是指对国家秘密信息及公民、法人和其他组织的专有信息以及公开信息和存储、传输、处理这些信息的信息系统分等级实施安全保护，对信息系统中使用的信息安全产品实行按等级管理，对信息系统中发生的信息安全事件分等级响应、处理。信息系统保护等级分为五级。

第一级为自主保护级，适用于一般的信息系统，在系统受到破坏后，会对公民、法人和其他组织的合法权益产生损害，但不损害国家安全、社会秩序和公共利益。

第二级为指导保护级，适用于一般信息系统，在系统受到破坏后，会对社会秩序和公共利益造成轻微损害，但不损害国家安全。

第三级为监督保护级，适用于涉及国家安全、社会秩序和公共利益的重要信息系统，在系统受到破坏后，会对国家安全、社会秩序和公共利益造成损害。

第四级为强制保护级，适用于涉及国家安全、社会秩序和公共利益的重要信息系统，在系统受到破坏后，会对国家安全、社会秩序和公共利益造成严重损害。

第五级为专控保护级，适用于涉及国家安全、社会秩序和公共利益的重要信息系统的核心子系统，在系统受到破坏后，会对国家安全、社会秩序和公共利益造成特别严重损害。

（四）信息安全研究主要内容

1. 信息系统自身安全

信息系统自身安全主要指系统采用的硬件（如中央处理单元）、软件（操作系统）存在的缺陷和漏洞，使系统存在安全隐患。我国正积极开展处理器芯片和安全操作系统的自主研发工作。

2. 网络安全技术

随着基于网络的应用系统越来越多，来自网络的安全问题越来越严重，网络安全已成为研究的热点。网络安全技术主要包括防火墙技术、密码技术、数字签名技术及电子认证技术等。

3. 数据安全技术

信息系统中的数据是现实世界的抽象化体现，一旦遭到破坏往往可产生不可估量的损失。主要的技术包括防破坏和非法利用技术（如加密、认证、识别等）、灾害备份技术（如异地备份存储、分布式备份存储技术等）。

二、信息安全技术

(一)安全隔离网闸

安全隔离指导思想是在保证安全的前提下,尽可能互联互通。国家相关部门对安全隔离网闸最基本的技术要求有两点:一点是硬件架构为“2 +1”结构,即由两个拥有独立操作系统的主机系统和一个专有的隔离交换模块组成;另一点是对流经的数据处理方式,对数据包全部在应用层进行重组、深度内容检测之后在网间进行信息“摆渡”。安全隔离网闸工作原理示意图如图 6-27 所示。

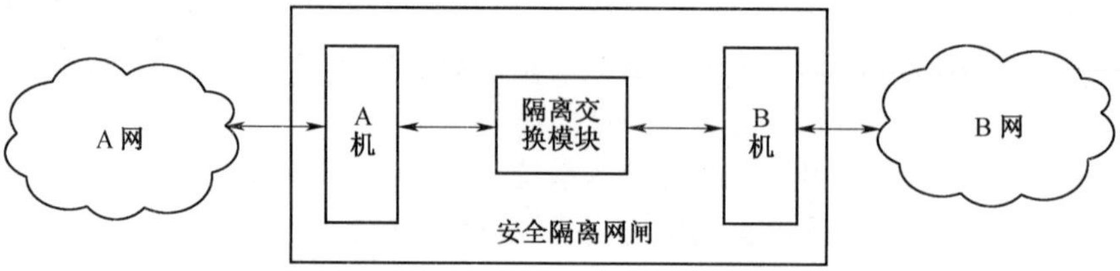

图 6-27　安全隔离网闸工作原理示意图

1. 基本功能

(1)网络隔离。在互联网中,所有来自网络的攻击基本上都是针对 TCP/IP 的 OSI 数据通讯模型的某一或某些层进行的,为防止这些攻击,最直接的办法就是断开 OSI 模型定义的所有七层,从而彻底消除基于 TCP/IP 的攻击。这就是网络隔离的技术原理,如图 6-28 所示。

(2)信息摆渡。网闸支持的应用通常包括数据库的同步和访问、文件交换、邮件交换和访问、HTTP 访问、FTP 访问以及定制服务等。

(3)应用层的细粒度检查。应用层的细粒度检查可以检测扫描攻击、SMTP(Simple Mail Transfer Protocol,简单邮件传输协议)攻击、HTTP(Hyper Text Transfer Protocol,超文本传输协议)攻击、FTP(File Transfer Protocol,文件传输协议)攻击等多类攻击,可以检测到网络中的绝大多数入侵行为,可以实时设置阻断规则,将入侵及时阻断。对于各种应用的控制强度和在应用层的检查力度是检验网闸产品的安全防护能力的试金石。

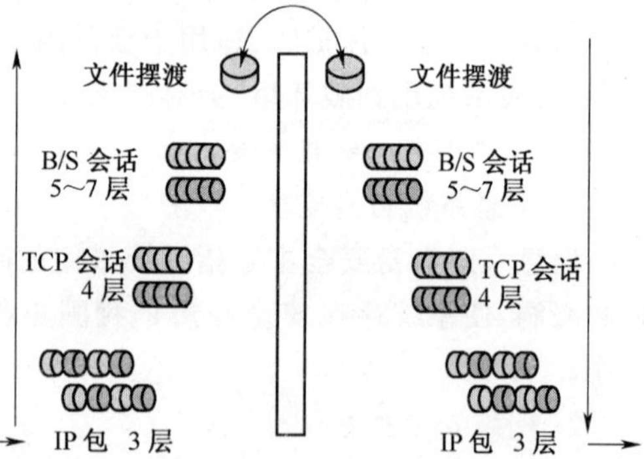

图 6-28　网络隔离原理

2. 关键技术

(1)物理层断开技术。网闸必须保证在任何时候内外网主机都是断开的,为保证网络的连通性,通常需要一个固态的存储介质,内外网主机均可以与之相连,但不能同时相连。因此,在外部主机与存储介质以及内部主机与存储介质之间都需要有一个“开关”。控制电路必须保证这两个开关不会同时闭合,从而保证 OSI 模型上物理层断开机制。物理隔离原理如图6-29所示。

(2)链路层断开技术。链路层断开必须消除所有的通信链路协议,数据交换只能通过对固态存储介质的读或写来实现。链路层断开技术可分为:

①TCP/IP 连接断开技术。断开 TCP/IP 连接的具体方法有多种,但基本思想是将一个TCP/IP 连接转换为两个 TCP/IP 连接。两个连接的源 IP 地址不同,会话完全独立。断开后的两个 TCP/IP 连接不能运行在一个主机上,否则未实现两个 TCP/IP 的隔离。TCP/IP 连接断开技术如图 6-30 所示。

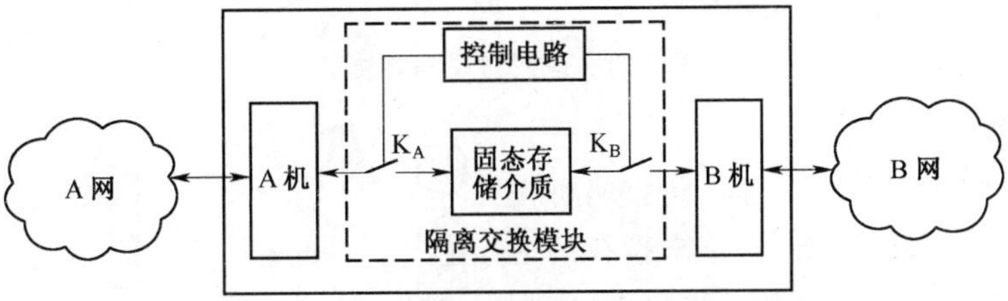

图 6-29　物理隔离原理

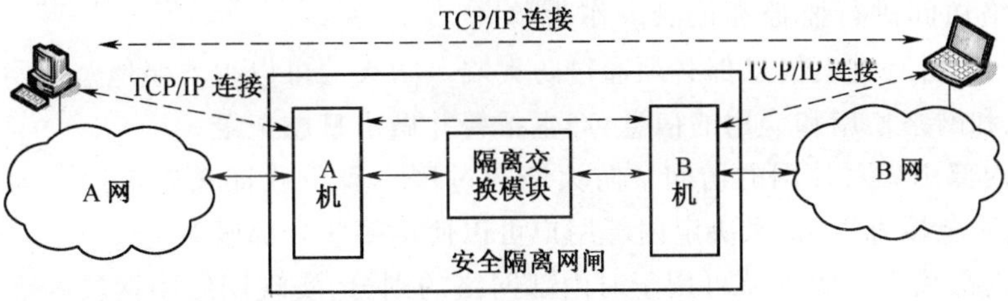

图 6-30　TCP/IP 连接断开技术

②应用连接的断开技术。通过应用代理把一个应用连接转换为两个连接。两个连接的发起方不同,应用会话完全独立。同样,断开后的两个应用连接也不能运行在一台主机上,以保证应用的隔离。应用协议隔离技术如图 6-31 所示。

(二)防 火 墙

防火墙是在本地网络与外界网络之间的一道执行控制策略的防御系统。它对网络之间传输的数据包依照一定的安全策略进行检查,以决定通信是否被允许,对外屏蔽内部网的信息、结构和运行状况,并提供单一的安全和审计的安装控制点,从而达到保护内部网络的信息不被外部非授权用户访问和过滤不良信息,从而实现在不安全的网络环境下构造一种相对安全的内部网络环境的目的。防火墙可以是纯硬件的,也可以是纯软件的,还可以是软、硬件兼而有之,如图 6-32 所示。

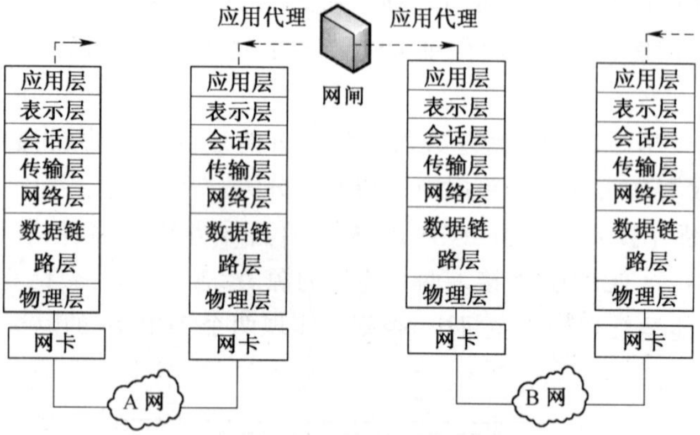

图 6-31 应用协议隔离技术

1. 基本功能

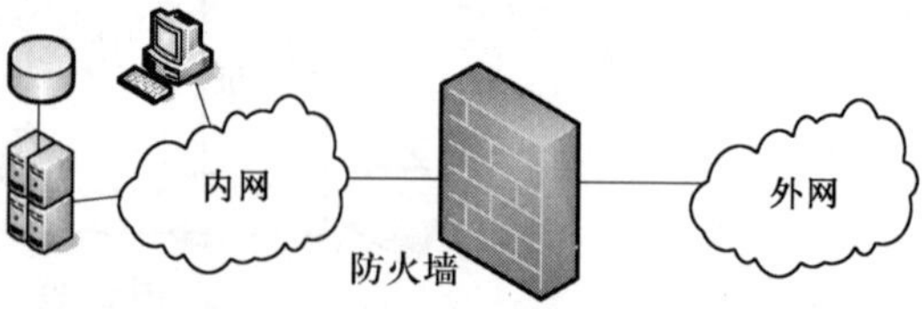

图 6-32 防火墙应用图

(1)加强内部网络的安全性。防火墙可以限制非法用户进入内部网络,禁止未授权的通信进出网络,并抗击来自外部的各种攻击(类型已知)。

(2)对网络访问进行监控和记录。作为单一的网络接入点,所有进出信息都必须通过防火墙。防火墙可以很方便地监视网络的安全性、收集关于系统和网络使用和误用的信息,产生报警并做出日志记录。

(3)限定内部用户对外网的访问。防火墙通过用户身份认证来确定用户的合法性,并通过事先确定的完全检查策略,来决定内部用户可以使用哪些外部服务。

(4)防止内部攻击。防火墙可用于对内部网络的划分,实现网络中网段的隔离,防止某一个网段的问题传播到整个网络,从而限制了局部网络安全问题对全局网络造成的影响,同时,也可保护某一个网段不受来自网络内部其他网段的攻击。

(5)网络地址转换(Network Address Translation,简称 NAT)。防火墙可以作为部署 NAT 的逻辑地址,因此,防火墙可以用来缓解地址空间短缺的问题,并消除机构在变换 ISP 时带来的重新编址的麻烦。

(6)虚拟专用网(Virtual Private Network,简称 VPN)。防火墙还支持具有 Internet 服务特性的企业内部网络技术体系 VPN。通过 VPN 将企事业单位分布在地域的分支机构的子网有机地联成一个整体。不仅省去了专用通信线路,而且为信息安全共享提供了技术保障。

2. 关键技术

(1)包过滤(Packet Filtering)技术。包过滤模块工作在链路层与网络层之间。在链路层向 IP 层返回 IP 报文时,该模块于协议栈之前截获 IP 包,检查每个报文的源地址、目的地址、传输协议、端口号及 Internet 控制报文协议(Internet Control Message Protocol,简称 ICMP)的消息类型等信息,与预先配置的安全策略(过滤逻辑规则)进行匹配,来决定是否允许该报文通过。

(2)代理(Proxy)技术。为了保证内网的安全,不允许内网的主机直接访问外网的服务器,通常要求防火墙具有服务代理功能。其工作原理为:内网主机将服务请求首先发给服务代理,服务代理再向真正的外网服务器发出服务请求,再把服务器提供的服务信息转发给内网主机。服务代理实际是设置在防火墙上有特殊功能的应用层代码,网络管理员可以通过设置,可允许或拒绝特定的应用程序或者特定服务,还可应用于实施数据流监控、过滤、记录和报告等功能。

(3)Socks5 技术。Socks 是 NEC(美国)公司 1998 年提出的一种服务代理协议。与一般的应用代理不同,Socks 支持基于 TCP/IP 的任何应用(如 HTTP、FTP 等),因此应用十分广泛。Socks5 可用于防火墙的服务代理,主要由一个运行于防火墙系统上的代理服务器软件包和一个连接到各种网络应用程序的库文件包组成,可以中继基于 TCP 和 UDP(User Datagram Protocol,用户数据包协议)。使用时用户只需根据安全和应用需求,进行适当的配置,且在内网主机上安装 Socks5 客户端程序,即可实现相应的代理服务。这样的结构使得用户能根据自己的需要定制代理软件,从而有利于增添新的应用。

(4)状态检测(State lnspection)技术。状态检测又称动态包过滤,是在静态包过滤基础上的功能扩展。它通过建立动态安全规则,使其在不降低安全性的情况下,更好地适应不断改变的网络业务。它采用了一个在网关上执行网络安全策略的软件引擎(称为检测模块)抽取经过过滤的网络数据包的状态信息,并动态地保存起来形成连接状态表,该表记录和维护了通过防火墙的每个合法连接的状态信息,以及合法连接引发的相关连接的信息。在过滤数据包时,首先查询连接状态表,如果能找到相关表项,就认为是合法连接的后续或相关包,于是不再进行过滤,直接放行。如果找不到,就认为是新建连接,这种情况下才进行简单包过滤。因此状态检测技术可以大大提高过滤性能,有效降低过滤策略的数量,并可以很容易地实现应用和服务的扩充。

(5)网络地址转换技术。NAT 技术的主要功能就是通过将内网中主机的 IP 地址(通常是为注册过的内部地址)转换成一个已注册过的合法对外 IP 地址,使整个内部网络上的所有主机都可以访问 Internet。NAT 技术主要是为了解决 IP 地址资源不足的问题。同时,又可隐藏内部网络真正的 IP,使黑客无法直接攻击内部网络,加强了内部网的安全性。NAT 技术有 3 种类型:静态 NAT(Static NAT)、NAT 池(Pooled NAT)和端口级 NAT(Port - Level NAT)。

(6)虚拟专用网技术。VPN 被定义为通过一个公用网络(通常是因特网)建立一个临时的、安全的连接,是一条公用网络的具有授权检查和加密安全、稳定的隧道。VPN 可以帮助远程用户(其他铁路局集团公司、国铁集团,甚至商业伙伴及供应商等)同本铁路局集团公司的内部网建立可信的安全连接,并保证数据的安全传输。VPN 具有以下主要功能:

①加密数据,保证通过公网传输的信息即使被他人截获也不会泄露。

②信息认证和身份认证,保证信息的完整性、合法性,并能鉴别用户的身份。

③访问控制,不同的用户有不同的访问权限。

VPN 技术的关键在于隧道的建立,数据包经过加密后,按隧道协议进行封装、传送以保证安全性。一般,在数据链路层实现数据封装的协议叫第二层隧道协议,常用的有 PPTP(Point to Point Tunneling Protocol,点对点隧道协议)、L2TP(Layer 2 Tunneling Protocol,第二层隧道协议)等;在网络层实现数据封装的协议叫第三层隧道协议,如 IPSec;另外,SOCKS v5 协议则在 TCP 层实现数据安全。

基于防火墙的 VPN 为了保证安全性,通常采用国际标准 IPSec 作为加密、认证的协议,加强对通信双方身份的认证,保证数据在加密、传输过程中的完整性。基于 Internet 建立的 VPN,可以保护网络免受病毒感染,防止欺骗,防商业间谍,增强访问控制,增强系统管理,加强认证等。

(三)入侵检测系统

入侵是指任何企图破坏资源的完整性、保密性和有效性的行为。入侵行为包括来自外部的攻击及内部攻击。

入侵检测是指通过从计算机网络或计算机系统中的若干关键点收集信息并对其进行分析,从中发现网络或系统中是否有违反安全策略的行为和遭到袭击的迹象的一种安全技术。

入侵检测系统(Intrusion Detection System,简称 IDS)就是对网络或操作系统上的可疑行为做出策略反应,及时切断资料入侵源、记录,并通过各种途径通知网络管理员,最大幅度地保障系统安全。IDS 是防火墙的合理补充,帮助系统对付网络攻击,扩展系统管理员的安全管理能力(包括安全审计、监视、进攻识别和响应),提高信息安全基础结构的完整性,被认为是防火墙之后的第二道安全闸门。IDS 在不影响网络性能的情况下能对网络进行监测,从而提供对内部攻击、外部攻击和误操作的实时保护,最大幅度地保障系统安全。IDS 在网络安全技术中起到了不可替代的作用,是安全防御体系的一个重要组成部分。

1. 基本功能

入侵检测系统的主要功能如下:

(1)监视和分析用户及系统活动,查找非法用户和合法用户的越权操作。

(2)检测系统配置的正确性和安全漏洞,并提示管理员修补漏洞。

(3)识别已知攻击的活动模式并向相关人员报警。

(4)异常行为模式的统计分析。

(5)评估重要系统和文件的完整性。

(6)对操作系统的审计跟踪管理,并识别用户违反安全策略的行为。

2. 入侵检测信息来源

入侵检测的过程分为两步:一是信息收集;二是信息分析。信息收集的主要内容包括网络系统、数据及用户活动的状态和行为。这就需要在计算机网络系统中的若干不同关键点(多网段和多主机)收集信息,尽可能扩大检测范围。入侵检测可利用的信息如下:

(1)网络和系统日志文件中的记录信息。

(2)目录和文件中不期望的改变。

(3)程序执行中不期望的行为。

(4)物理形式的入侵信息,包括两个方面的内容:一是未授权的对网络硬件连接;二是对物理资源的未授权访问。

(5)统计分析。

(6)完整性分析。

3. 常用的入侵检测方法

(1)基于用户行为概率统计模型的入侵检测方法。这种入侵检测方法是基于对用户历史行为建模,在早期的证据或模型的基础上,审计系统实时的检测用户对系统的使用情况,当发现有可疑的用户行为发生时,保持跟踪并监测记录该用户的行为。系统要根据每个用户以前的历史行为,生成每个用户的历史行为记录库,当用户改变他们的行为习惯时,这种异常就会被检测出来。

(2)基于神经网络的入侵检测方法。这种方法是利用神经网络技术来进行入侵检测。因此,这种方法对用户行为具有学习和自适应功能,能够根据实际检测到的信息有效地加以处理并作出入侵可能性的判断。

(3)基于专家系统的入侵检测技术。该技术根据安全专家对可疑行为进行分析的经验来形成一套推理规则,然后在此基础上建立相应的专家系统,由此专家系统自动对所涉及的入侵行为进行分析。该系统应当能够随着经验的积累,并利用其自学习能力进行规则的扩充和修正。

(4)基于模型推理的入侵检测技术。该技术根据入侵者在进行入侵时所执行程序的某些行为特征建立一种入侵行为模型,根据这种行为模型所代表的入侵意图的行为特征,来判断用户执行的操作是否属于入侵行为。这种方法需建立在对当前入侵行为已知的基础之上,对未知的入侵方法所执行的行为程序的模型识别需要进一步地学习和扩展。

4. 入侵防护系统

入侵防护系统(Intrusion Prevention System,简称 IPS)是一种主动的智能的入侵检测系统,能预先对入侵行为和攻击性网络流量进行拦截,避免其造成任何损失,它不是简单的在恶意数据包传送后才发出警报信号。IPS 通常部署在网络的进出口处,当它检测到攻击企图后,就会自动地将攻击包丢掉或者采取措施将攻击源阻断。

IPS 首先由信息采集模块实现信息收集,与 IDS 相同。但是它与 IDS 有两个不同:自动拦截和在线运行,两者缺一不可。

IPS 使用的关键技术主要有主动防御技术、防火墙和 IPS 联动技术、综合多种检测技术、硬件加速系统等。

IPS 根据其部署方式也可分为基于主机、基于网络、基于应用三类入侵防护系统。

IPS 面临的三个主要问题是单点实效问题、性能瓶颈问题、高误报率和漏报问题。这些都需要从体系结构和软件上来解决。

(四)计算机病毒防治

1. 计算机病毒

计算机病毒是随着计算机技术和网络技术发展而发展起来的技术。《中华人民共和国安全保护条例》对计算机病毒做了如下定义:"计算机病毒是指编制或者在计算机程序中插入的破坏计算机功能或者毁坏数据,影响计算机使用,并具有自我复制的一组计算机指令或者程序代码"。

计算机病毒具有以下特征:

(1)传染性。传染性是指病毒具有把自身复制到其他程序中的特性。病毒代码一旦进入计算机并得以执行,就会搜索符合条件的其他程序和介质,将自身复制到选定的目标中,达到传染的目的。被感染的程序中病毒代码会以同样的方式传染其他的目标。如果不及时处理,病毒就会迅速扩散。传染性是判别一个程序是否为计算机病毒的最重要条件。

(2)非授权性。病毒具有正常程序的一切特征,并隐藏在正常程序中,在用户启动正常程序时它会窃取系统控制权,先于正常程序执行,病毒的动作、目的对用户是未知的、未经允许的。

(3)隐蔽性。病毒通常是短小的一段程序,并常常隐藏在其他正常程序或存储介质中,一般方法很难发现。正是因为其隐蔽性,计算机病毒也可在用户难以发觉的情况下传播和扩散。

(4)潜伏性。许多病毒并不是感染系统后立即发作,可以长期隐藏于计算机系统中,当条件成熟时,会自动启动进行破坏。

(5)破坏性。病毒入侵系统,都会对系统造成不同程度的影响。轻者系统的资源被占用,使得系统运行速度降低,甚至崩溃;重者破坏数据、删除文件造成无法挽回的损失。

现在危害较大的计算机病毒往往采用智能化、自动化、综合网络攻击和密码学等多项技术,常常不需要计算机使用者干预即可运行的攻击程序或代码,且会扫描和攻击网络上存在系统漏洞的节点主机,通过局域网或者国际互联网从一个节点传播到另外一个节点。

2. 计算机病毒工作机制

计算机运行的所有程序都是在内存中运行的,病毒的传染也是通过内存进行。首先,病毒须将自身复制到内存中,获取系统最高控制权,监督系统运行选择传染机会,一旦条件满足,传染模块被激活,通过适当的方式把病毒写入磁盘或向网络传播。同时,还不破坏原来程序的正常运行条件。

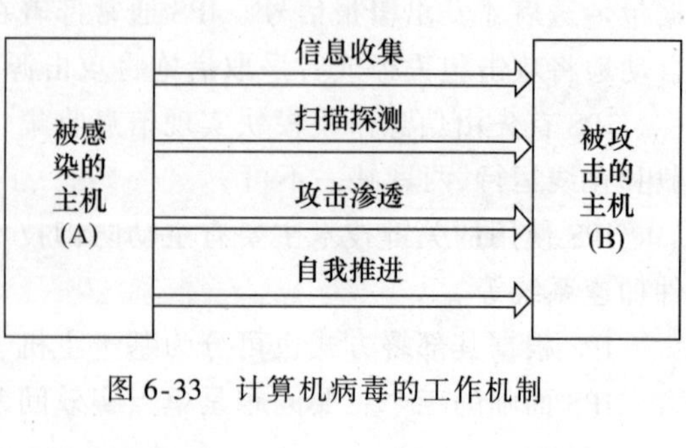

图 6-33　计算机病毒的工作机制

典型网络传播的计算机病毒的工作机制如图 6-33 所示。从图中可以看出,病毒的攻击行为常可分为 4 个阶段:信息收集、扫描探测、攻击渗透和自我推进。信息收集主要完成对本地和目标节点主机的信息汇集，扫描探测主要完成对具体目标主机服务漏洞的检测，攻击渗透利用已发现的服务漏洞实施攻击，自我推进完成对目标节点的感染。

3. 病毒的防御

网络病毒的防范需要多种技术综合应用，包括网络病毒监测与预警、网络病毒传播抑制、网络病毒漏洞自动修复、网络病毒阻断等。下面主要介绍近几年网络病毒防护技术和办法。

(1)防病毒软件。对于普通计算机用户，为了避免自己的计算机受到病毒感染，可采取在个人计算机上安装杀毒软件的办法。对于单位(系统)的计算机用户，常采用配置网络杀毒软件的专用病毒服务器的方法。专业的杀毒软件公司有很多，如Norton、Kaspersky、瑞星等。杀毒软件往往是根据病毒的特征去检测和消除病毒，不具备预防新病毒的功能。因此，安装了杀毒软件的计算机或计算机系统，一般可抵御病毒的侵害，但如不及时更新病毒库，其防护作用将大打折扣。

(2)网络隔离。采用网络隔离技术是一种有效的病毒防护手段，网络隔离设备可以很好的阻断病毒的传播途径，使病毒不至于感染到整个计算机网络，便于控制和消除病毒对计算机应用系统的影响。

(3)加强系统维护与管理。严格的管理制度是防止计算机病毒感染的重要的非技术措施。如及时的资料备份、避免使用不安全的移动存储设备、及时更新杀毒软件的病毒库等，均是在实践中被证实为行之有效的方法。

(五)数据加密技术

加密就是把数据和信息转换为密文的过程，使不应了解该数据和信息的人不能够识别。解密即是将密文的内容转换成明文的过程。数据加密技术起源于军事通信，它是集数学、计算机科学、电子通信等诸多学科于一身的交叉学科。它不仅能够保证机密性信息的加密，还能够实现数字签名、身份认证等功能。加密系统组成如图6-34所示。

在图6-34中，加密系统具有加解密功能。明文可通过加密系统按一定的加密算法进行加密形成密文；反过来，密文经过加密系统解密后，转换为明文。

在密码系统中，用于加密和解密的工具成为密钥。在信息系统中常用的密码体制有对称密钥密码系统和公开密钥密码系统两种。

1. 对称密钥密码系统

在对称密钥密码体制中，其加解密运算使用的是同样的密钥，即信息的发送者和信息的接收者在进行信息交换时，必须持有同样的密码。

对称密钥密码系统适合于一组用户之间的信息交互，但必须注意密码的安全传递(分发)和安全管理等问题。

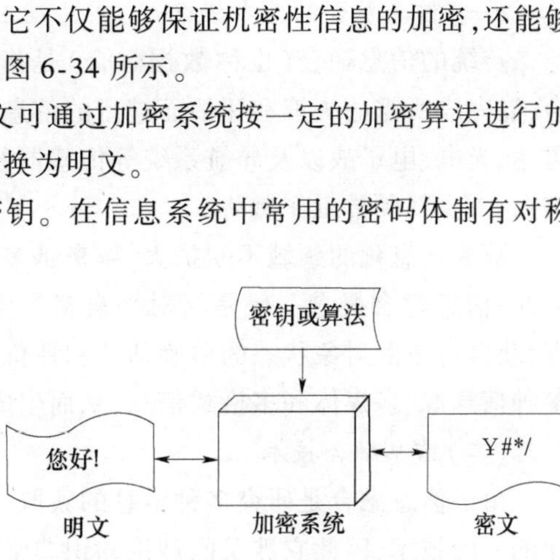

图6-34　加密系统组成

2. 公开密钥密码系统

与对称密钥密码系统不同,公开密钥密码系统加、解密使用的是不同的密钥。这两个密钥存在相互依存的关系,即用其中的一把密钥加密的文件,只能用另一把密钥解密。

公开密钥密码系统工作思路如下:信息接收者使用两个密钥,其中一个自己保留,称为私钥,另一个公开分发到发信者手中,称为公钥。发信者通过公钥进行文件加密,并发送给接收者。加密后的文件只有接收者的私钥可以解密,因此可以保证文件的安全。

公开密钥密码系统的一对密钥,可以形象地比喻成一把钥匙和无数把锁,只有这把钥匙可以打开这些锁。私钥相当于钥匙,公钥相当于那些锁。信息发送者可以很方便的获取这些锁(公钥),用这把锁把准备发送给信息接收者的箱子(文件)锁上(加密),在箱子(文件)传输的过程中,其他人是无法打开这箱子的(即使是接收者也无法打开这个箱子),只有接收人拥有打开这个箱子的钥匙(私钥)才能开锁,从而保证文件在传输过程中的安全。

第六节　信息融合与系统集成技术

一、信息融合

在当今信息化社会里,一方面信息空间的结构越来越复杂,信息源覆盖的空间越来越大,信息的种类越来越繁多,信息源的频率范围越来越宽,也就是我们的研究对象变得越来越复杂;另一方面随着信息科学与技术的发展,获取信息的手段与方法越来越多样化。那么,如何处理这些复杂的信息,正是信息融合技术的研究对象和目标。为了综合应用各种信息,需要对各方面的信息技术进行围绕因特网或信息高速公路的融合。

(一)信息融合的基本概念

传统的信息融合(也称数据融合)是指多传感器的数据在一定准则下加以自动分析、综合,以完成所需的决策和评估而进行的信息处理过程。信息融合最早用于军事领域,如将来自雷达、光电、电子战以及导航系统等传感器的多个实时信息消化处理成对驾驶员有用的单一的信息,减少驾驶员工作负荷。

随着信息化的领域不断扩大,越来越多的民用系统都采用信息融合来进行信息综合处理。因此,信息融合概念一般是指对来自多个信息源的数据进行检测、关联、相关、估计和综合处理,获得对被测对象状态的精确估计和评价,从而获得更高质量的信息。融合是指采集并集成各种信息源、多媒体和多格式信息,从而生成完整、准确、及时和有效的综合信息。

(二)信息融合技术

由于信息融合是研究多种信息的获取、传输与处理的基本方法,信息间内在联系和运动规律的一门技术,因此它涉及的理论知识非常广泛,包括估计技术、不确定理论、聚类分析、专家系统、熵法、人机结合技术、分布式数据库技术和多媒体技术等。

1. 估计技术

估计技术包括最大似然估值、卡尔曼滤波、加权最小二乘法和贝叶斯估计法。这一技术在经济预测领域得到广泛应用,通过将历史数据拟合为线性或非线性方程,进而用来推算未来的经济发展状况。进行估计的计算机程序能依据几千次观测,估计出由几百个变量构成的一个状态矢量。在铁路客流预测问题也可以采用该技术。

2. 不确定理论

应用广义的集合论来确定指定集合所具有的隶属关系。模糊集理论对模糊集及其元素提供了一个集合变换代数算法(如并集、逻辑或等)。模糊集理论已开始用于含有不确定事件判断的分析中。模糊集理论可以用于铁路客流预测、铁路建设对环境影响的评价等应用。

3. 聚类分析

采用若干方法,根据预先指定的相似标准,把观测对象分为一些自然组。聚类分析技术对指纹照片或部队单位识别很有用。聚类方法基本上不使用统计理论,它把数据分类成特定的分类表。当找不到对观测对象进行属性指派或分类处理的理论方法时,聚类分析对属性说明和分析观测数据很有用。聚类分析技术广泛用于铁路信息系统中,如通过对来自多数据源的铁路货票数据的融合和挖掘,根据客户类型、运距对公司收入进行聚类分析,从而提高客户营销管理水平。

4. 专家系统

专家系统是一组计算机程序,试图模拟专家对专业进行决策和推理的能力。知识库包含事实、经验规则和启发性信息,使用观测数据,再根据知识库进行推理。专家系统或知识库系统适于实现较高水平的推理。例如,基于专家系统建立铁路机车故障诊断系统,可以为铁路机车的安全运行提供更可靠的技术保障。

5. 熵法

它是用于融合系统的一种新技术,用于计算与假设有联系的信息内容度量值。它在采用经验或主观概率进行备选假设估计的系统中,有潜在的用途。例如,采用最大熵法对高速铁路无缝线路动力稳定性进行分析,可以保证高速列车安全、平稳地运行。

6. 多媒体技术

多媒体技术是信息融合中的一项重要技术,它使不同形式的信息有机结合在统一的界面中。例如,对某些信息检索要求,既存在一些数据形式的信息,也存在一些图像形式的信息,多媒体技术能使二者很好地结合在单个界面中,使其信息量相互补充。

7. 人机结合技术

在信息融合的过程中,存在许多需要判定的情况,如信息的最终取舍、信息集合的划分和确定。这些问题仅凭软件和上述各类信息处理技术是难以解决的,必须充分利用人的判断能力,将人的知识融合在信息融合系统中。

8. 分布式数据库技术

用分布式数据库管理系统(DBMS),把数据库内容表示成网络型数据单元。在DBMS中,对象的查询和组合可分成四种点到点的连接类型,包括单源对单目、单源对多目、多源对单目和多源对多目。

在铁路信息共享平台中可以采用基于元数据的分布式数据共享技术。分散在网络上各个节点的数据首先通过元数据服务器在元数据库中登记自己的元数据;然后应用系统通过元数据服务器搜索元数据库,找到需要的元数据后,通过元数据提供的物理位置等信息到该物理位置标识的网络节点上取回数据。

信息融合技术是解决信息爆炸时代信息量剧增的一种手段。利用信息融合技术对多信息源、多媒体、多格式信息进行综合处理,以便给分析模型、领域专家、决策人员提供及时、可靠、高效的信息。

(三)信息融合技术在铁路信息系统中的应用

实现信息融合和多格式数据共享的方式大致有三种:数据格式转换模式、数据互操作模式和直接数据访问模式。

在全国铁路地理信息系统(Railway Geographic Information System,简称RGIS)共享与服务平台项目中,信息融合是以直接数据访问为基础,参考关系数据库系统运用开放数据库互联(Open Data Base Connection,简称ODBC)实现数据共享的思路,采用面向对象的思想,利用C++纯虚函数、动态联编的机制,模拟ODBC提出GIS数据融合与共享新的方案,即实现空间数据的ODBC。它依据OGC的标准,在标准的空间数据格式基础上定义一个包含纯虚函数、不可实例化的抽象基类,这个基类具备GIS空间数据读写的基本接口。在定义好面向抽象GIS数据格式的抽象基类和统一接口的基础上,由各GIS软件厂商完成存取自己格式数据的子类的动态连接库(类似于ODBC中各数据库系统的驱动程序)。实现厂商一次编程,其他开发者拿来就用,省却大量的重复劳动,加快开发进程。

采用信息融合技术的RGIS平台实现了多源空间数据无缝集成框架,支持对异构数据源的集成,实现3种以上异构数据源向标准数据表示的转换。同时,在数据格式交换方面支持DXF(AutoCAD)、E00(Arc/Info)、MIF(MapInfo)等8种以上矢量数据格式和TIFF、BMP、JPEG等7种以上影像数据格式能力;除此之外,还支持地球空间数据交换格式(GB/T 17798－1999);支持GML国际通用空间信息网络交互规范;另外,还实现了矢量、影像、格网、数字高程模型(Digital Elevation Model,简称DEM)数据的互动与融合。

二、系统集成

(一)信息系统集成的基本概念

所谓信息系统集成,是按照用户的需求,对众多的技术和产品进行合理选择,最佳配置各种软件和硬件产品与资源,组合成完整的、能够解决客户具体应用需求的集成方案,使系统的整体性能最优,在技术上具有先进性,实现上具有可能性,使用上具有灵活性,发展上具有可扩展性，投资上具有收益性。

简单说，信息系统集成是根据应用的需求，将硬件平台、网络设备、系统软件、工具软件及相应的应用软件等集成为具有良好性能价格比的系统的全过程。

（二）信息系统集成的任务

信息系统集成以综合性、全局最优、开放性和先进性为主要原则，集成主要解决跨平台问题、跨语言问题、跨操作系统问题、跨协议问题和跨版本问题。一般来说，信息系统的集成包括以下几个方面：

1. 支撑系统的集成

支撑系统的集成，即平台集成，通常由网络平台、操作系统平台、数据库平台和服务器平台共同构建的基础支撑平台，用于实现数据处理、数据传输和数据存储组织；由开发工具平台等组成的应用软件开发平台；支撑系统的集成使不同的平台之间能够协调一致地工作，达到系统整体性能的良好满意度。

2. 信息集成

信息集成是将分布在信息系统环境中的自治和异构的局部数据中的信息有效的集成，实现各信息子系统之间的信息共享。同时，解决数据、信息和知识之间的有效转换问题。

3. 应用功能的集成

应用功能的集成指在集成系统的整体功能目标的统一框架下将各应用系统的功能按特定的开放协议、标准或规范集合在一起，成为一种一体化的多功能系统，以便互为调用、互相通信。

4. 技术集成

技术集成分为硬技术集成、软技术集成和工具集成。硬技术集成包括计算机技术、通信网络技术、数据库技术、软件重用技术等信息技术以及模拟预测技术、分析技术等管理技术。软技术集成包括系统开发方法和管理方法的集成。工具集成是由多个工具集合在一起的模块集，主要用于将硬技术和软技术集成为一个整体，服务于组织的管理功能。

5. 人的集成

信息系统的集成包括人和技术的集成，是人—机协同系统，即集成化的信息系统实际上是一个以人为主的智能化的人机综合系统。

（三）信息系统集成技术

一般来说，信息系统集成通过网络集成、数据集成和应用集成三个层次实现。

1. 网络集成

网络集成的主要任务是根据应用的需要，将硬件设备、网络基础设施、网络设备、网络系统软件、网络基础服务系统和应用软件等组织成能够满足设计目标、具有优良性价比的计算机网络系统的全过程。

网络集成主要解决异构和分布环境下，网内和网间的设备互连、传输介质互用、网络软件互操作和数据互通信等问题。网络集成的体系结构如图 6-35 所示。

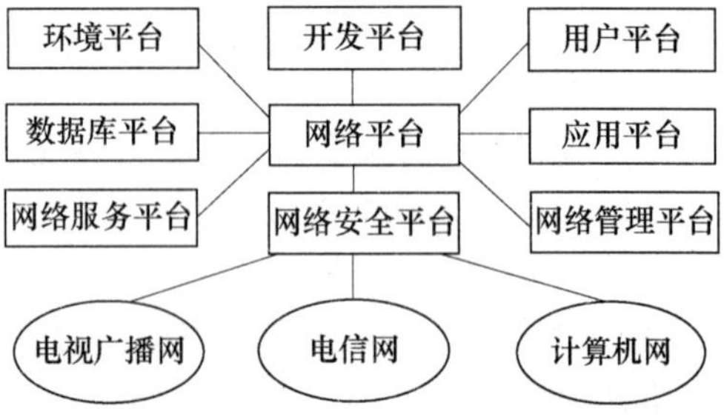

图 6-35　网络集成的体系框架

其中,网络平台包括网络传输基础设施、网络通信设备、网络服务器硬件和操作系统、网络协议、外部信息基础设施的互联和互通。网络服务平台主要指网络服务,网络服务是网络应用最核心的问题,包括信息点播、信息广播、Internet 服务、远程计算与事务处理及其他服务。应用平台是指在网络上开展的各种应用,如电子商务、计算机集成制造系统和多媒体监控系统等。开发平台是指开发网络应用程序所使用的工具。数据库平台是支持网络应用的核心,主要由 RDBMS、SQL 服务程序和数据库工具三部分组成。网络管理平台提供对网络系统的活动及资源进行监控和规划。网络安全平台主要提供网络安全解决方案和安全防范措施,如防火墙技术、数据加密技术和访问限制等。用户平台主要指为网络用户提供的用户界面,如 Web 平台界面、图形用户界面等。环境平台是指为保障网络安全、可靠、正常运行所必须采取的环境保障措施,如机房、电源等。

2. 数据集成

数据集成是系统集成的核心、难点。其中一个关键技术是如何屏蔽数据的平台、系统环境、内部结构等方面的异构性,实现无缝连接。

一般来讲,对于同一系统平台上实现数据集成没有太多困难。但是在分布式系统中进行数据集成时更多的是要面对异构数据问题,这大多是由于信息化过程中新系统对遗留系统的集成所带来的,当然,整体上在分布式系统中异构也是必然的。异构数据集成方法主要有以下几种:

(1)数据的迁移和转换。为了集成不同类型的数据,必须将一些非传统的数据类型(如类与对象)转化成新的数据类型。许多关系数据库厂商提供了类似的数据移植功能,如抽取、转换和加载工具。

(2)传统模式集成。将数据库中的信息在逻辑上用相同的概念模式表示以形成一个统一的异构数据库,达到数据共享的目的。传统模式集成可分两个步骤完成,首先将各异构的局部数据库通过翻译器映射成局部集成模式,然后用集成器将多个局部集成模式集成为一个统一的全局概念模式。

(3)使用中间件技术。中间件位于异构数据库系统(数据层)和应用程序(应用层)之间,向下协调各数据库系统,向上为访问集成数据的应用提供统一的数据模式和数据库访问的通用接口。微软的 ODBC 技术就是这种优秀的中间件技术。

ODBC 是一种用来在数据库系统之间存取数据的标准应用程序接口。ODBC 分为 4 个层次:用户应用程序、驱动程序管理器、驱动程序和数据源。

(4)基于 XML 的数据交换。XML（eXtensible Markup Language,可扩展标记语言)由万维网协会(World Wild Web Consortium,简称 W3C)设计,是一套定义语义标记的规则,这些标记将文档分成许多部件并对该部件加以标识。它也是标记语言,能够用来定义与特定领域有关的、具有语义信息的、结构化的标记语言的句法,从而有利于信息的表达和结构化组织,数据检索和处理更加有效。

XML 采用将结构、内容和表现相分离的办法,同一个 XML 文档只写一次,就可以用不同的方法表现出来,不仅在网络上可生成数据集成,而且利用 XML 进行数据集成的方法也对相应的领域都适用,完全可以利用它对更多类型的信息进行高级集成。随着 XML 及相关技术和应用的发展,XML 不仅已经成为应用系统之间交换数据的一种标准,而且已经成为 Internet 重要的信息交换标准和表示的技术之一。

数据集成主要为了解决不同应用和系统间的数据共享和交换需求,为平台上运行的各种应用、系统或服务,提供具有完整性、一致性和安全性的数据访问、信息查询及决策支持服务。在数据库和数据源级别上进行数据集成的实现模式有三种,分别是数据联邦、数据复制和基于接口的数据集成,它们分别描述了对多个异构数据源透明、一致访问的三种实现方法。

3. 应用集成

应用集成属于高层集成,通过应用集成能实现应用间的互操作性、分布式环境中应用的可移植性以及应用分布的透明性。

随着应用集成技术的发展,大量的支持系统互操作的技术不断涌现,如 DCOM(Distributed Component Object Model,分布式组件对象模型)、RMI(Remote Message Invocation,远程方法调用)、CORBA(Common Object Request Broker Architecture,公共对象请求代理体系结构)等。这些技术有力地推动了应用集成的广泛应用。下面我们主要介绍企业应用集成。

企业内很多应用信息系统开发的初始目的只是为了实现相应的业务功能计算机化,在实施这些功能系统的早期阶段并没有考虑到不同应用之间的数据交换与互操作。而随着企业内各种应用软件的增加,企业开始意识到实现这些具有不同业务功能的应用之间集成的必要性。企业应用集成(Enterprise Application Integration, 简称 EAI)就是指两个或多个应用系统根据业务逻辑的需要而进行的功能之间的相互调用和互操作。应用集成需要在数据集成的基础上完成。对于一个企业来讲,如果网络集成和数据集成分别解决了企业集成化运行所需的异构系统间语法互连和语义互通问题,应用集成则在它们的基础上实现异构应用系统之间语用层次上的互操作。

从广度上讲,EAI 经历了部门内集成、部门间集成、企业范围的集成以及企业间集成。而从 EAI 集成的内容来看,主要包括业务数据层次上的数据集成、业务功能层次上的应用集成以及业务过程层次上的业务流程的集成三个层次。具体地,可以将企业应用集成分为表示集成、数据集成、应用程序集成、业务流程集成和企业间服务集成几类。

（四）铁路信息系统集成范例

全国铁路地理信息系统（RGIS）共享与服务平台的建设，改变了我国铁路的许多 GIS 系统往往只局限于某一专业领域，如设备管理、工务管理等的局面，以先进的计算机和网络通信技术为基础，借助先进的网络 GIS 和元数据技术，建设高质量、高效率、可视化、全路统一的开放性 GIS 综合共享平台，各业务信息系统在统一平台上实现互通互连，最大限度地实现信息资源共享和信息系统集成，为各级领导和管理人员指挥运输生产提供大量直观、形象的信息和辅助决策支持，全面提高铁路信息化的水平，推进了铁路的改革与发展。

RGIS 平台主要由空间数据管理平台和空间数据服务平台两部分组成。其中，空间数据管理平台通过分布式多源数据信息集成的方法，整合各种数据，提高数据的综合度和深度；空间数据服务平台是 RGIS 平台面向客户的服务平台，它提供了数据提供、数据分析、数据表现、元数据服务，应用集成五项功能。

第七节　信息系统设计与开发技术

信息系统是与信息加工、信息传递、信息存贮以及信息利用等有关的系统。由于当前各种信息系统已经离不开现代通信与计算机技术，所以现代信息系统一般均指人、机共存的系统，它由人、硬件、软件和数据资源组成，目的是及时、正确地收集、加工、存储、传递和提供信息，实现组织中各项活动的管理、调节和控制。

一、信息系统概述

信息系统包括信息处理系统和信息传输系统两个方面。信息处理系统对数据进行处理，使它获得新的结构与形态或者产生新的数据。例如，计算机系统就是一种信息处理系统，通过它对输入数据的处理可获得不同形态的新的数据。信息传输系统不改变信息本身的内容，作用是把信息从一处传到另一处。由于信息的作用只有在广泛交流中才能充分发挥出来，因此，通信技术的进步极大地促进了信息系统的发展。广义的信息系统概念已经延伸到与通信系统相等同。

信息系统有多种分类方法。按照处理的对象，可把信息系统分为作业信息系统和管理信息系统两大类。作业信息系统的任务是处理组织的业务、控制生产过程和支持办公事务，并更新有关的数据库。作业信息系统包括业务处理信息系统、过程控制信息系统和办公自动化系统。管理信息系统是一个组织进行全面管理的人和计算机结合的系统，它综合运用计算机技术、信息技术、管理技术和决策技术，辅助管理人员进行管理和决策。

信息系统经历了由单机到网络，由低级到高级，由电子数据处理到管理信息系统、再到决策支持系统，由数据处理到智能处理的过程。这个发展过程大致经历了电子数据处理系统、管理信息系统和决策支持系统三个阶段。

电子数据处理系统(Electronic Data Processing Systems,简称 EDPS)的特点是数据处理的计算机化,目的是提高数据处理的效率。从发展阶段来看,它可分为单项数据处理(20 世纪 50 年代中期到 20 世纪 60 年代中期)和综合数据处理(20 世纪 60 年代中期到 20 世纪 70 年代初期)两个阶段。EDPS 是面向业务的信息系统。

20 世纪 70 年代随着数据库技术、网络技术和科学管理方法的发展,计算机在管理上的应用日益广泛,MIS 逐渐成熟起来。MIS 最大的特点是高度集中,能将组织中的数据和信息集中起来,进行快速处理,统一使用。MIS 是面向管理的信息系统。

决策支持系统(DSS)是 MIS 的一项重要内容,DSS 在人和计算机交互的过程中帮助决策者探索可能的方案,为管理者提供决策所需的信息。DSS 是面向决策的信息系统,DSS 在组织中可能是一个独立的系统,也可能作为 MIS 的一个高层子系统而存在。

二、信息系统的设计和开发方法

设计和开发信息系统通常采用两种策略,即“自下而上”的开发策略和“自上而下”的开发策略。

“自下而上”的开发策略是从现行系统的业务状况出发,先实现一个个具体的功能,逐步地由低级到高级建立系统。一些组织在各种条件(设备、资金、人力)尚不完备时,常常采用这种开发策略。其优点是可以避免大规模系统可能出现运行不协调的危险,但缺点是缺乏从整个系统出发考虑问题,随着系统的进展,往往要做许多重大修改,甚至重新规划、设计。

通常,“自下而上”的策略用于小型系统的设计,适用于对开发工作缺乏经验的情况。在实践中,对于大型系统往往把这两种方法结合起来使用,即先自上而下地作好信息系统的战略规划,再自下而上地逐步实现各系统的应用开发。

具体来说,信息系统的设计和开发方法包括结构化的系统开发方法、原型法、面向对象方法和计算机辅助软件工程法等。

(一)结构化的系统开发方法

所谓结构化系统开发方法是采用结构化思想、系统化的观点和工程化的方法,按照用户至上的原则,先将整个系统作为一个大模块,自顶向下,以模块化结构设计技术进行模块分解;然后,自下而上按照系统的结构,将各个模块进行组合,最终实现系统的开发。

1. 结构化开发方法的一般步骤

结构化开发方法将整个信息系统按照生命周期划分为系统规划、系统分析、系统设计、系统实施、系统运行与维护 5 个相对独立的开发阶段。

(1)系统规划。在系统规划阶段,要制定出系统的长远发展方案,决定系统在整个生命周期中的发展方向、规模和发展进程。

(2)系统分析。在系统分析阶段,完成初步系统调研,进行可行性论证,提交报告;报告获得批准,进行详细调查(业务流、数据流)和系统化分析,提出新系统逻辑方案。

(3)系统设计。系统设计阶段是在逻辑方案基础上进行系统物理模型设计,包括:总体结构设计、代码设计、数据库(文件)设计、输入输出设计、模块结构与功能设计。

(4)系统实施。系统实施阶段包括程序设计和人员培训,以及数据准备,然后投入试运行。

(5)系统运行与维护。系统运行与维护阶段的任务是进行系统的日常运行管理、维护工作。出现不可调和的大问题时提出开发新系统的请求。

2. 结构化开发方法的特点

(1)结构化开发方法具有如下优点:

①严格区分系统开发阶段。

②自顶向下的分析与设计和自底向上逐步实施相结合。

③用户至上。

④符合实际。

⑤充分预料可能的变化。

⑥开发过程工程化、文档资料标准化。

(2)结构化开发方法具有如下缺点:

①开发周期过长。

②过于理想化。

总的来说,结构化开发方法适合大型、复杂的信息系统开发。

(二)原 型 法

原型法是在20世纪80年代中期为了快速开发系统而推出的一种开发模式,旨在改进传统的结构化开发方法的不足,缩短开发周期,减少开发风险。原型法的理念是:在获取一组基本需求之后,快速地构造出一个能够反映用户需求的初始系统原型,让用户看到未来系统概貌,以便判断哪些功能是符合要求的,哪些方面还需要改进,不断地对这些需求进一步补充、细化和修改,依此类推,反复进行,直到用户满意为止,并由此开发出完整的系统。也可以说,原型法就是不断地运行系统“原型”来进行启发、揭示、判断、修改和完善的系统开发方法。

1. 原型法开发过程

原型系统应具备切实可行,具有最终系统构造方便、快速、造价低的基本特征。一般来说,原型法开发过程如图6-36所示,开发步骤如下:

(1)确定系统的基本要求和功能。由开发人员与用户共同确定系统的基本要求和主要功能。

(2)构造初始原型。开发人员利用软件工具,快

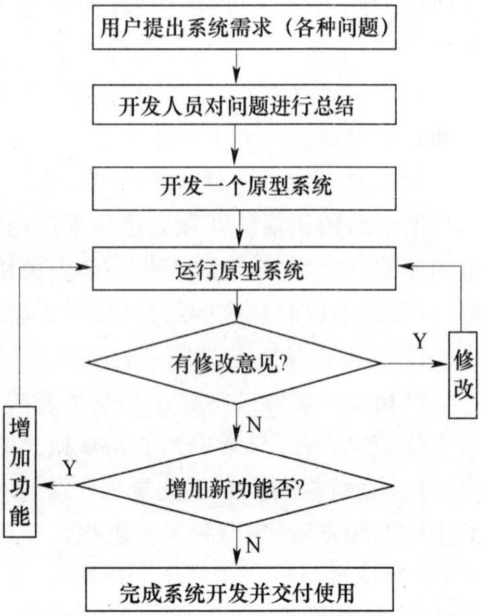

图6-36 原型法开发过程

速开发出一个满足要求的初始原型并运行。

(3)运行、评价和修改原型。开发人员与用户共同针对原型系统的运行情况反复协商修改。

(4)确定最终信息系统。最后形成满足用户需求的系统。

2. 原型法的优缺点

(1)原型法的主要优点如下：

①有利于对问题的认识。

②便于用户与开发人员之间的沟通。

③降低了系统开发风险。

④能够启发用户需求。

⑤提高了系统开发效率。

(2)原型法的缺点如下：

①与结构化方法比,不够成熟,不利于控制和管理,依赖开发工具。

②由于缺乏对系统的全面分析,可能导致系统质量不高,增加维护成本。

一般来说,原型法适合处理过程明确、简单的小型系统。

原型法和结构化开发方法作为信息系统分析与设计的方法有着各自的优势、劣势和不同的适用范围。在实际工作中,这两种方法常常互为渗透、互为补充。

(三)面向对象方法

总的来看,面向对象方法既不是自顶向下方法,也不是自底向上方法。一方面,面向对象方法鼓励人们从问题的基本的、简单的方面入手,用对象来考虑如何描述问题的解决,然后抽象并确定类,得到具有一般性的解决问题的方法,这正是自底向上的本质;而另一方面,面向对象的方法又要求人们面向目标,考虑为达到这一目标如何建立这些基本的对象,这正体现了自顶向下的思想。

1. 基本概念

(1)对象。对象是行动或思考时作为目标的人和事物。每个对象都有各自的内部状态和运动规律,不同对象之间的相互作用和联系构成不同的系统。对象的基本特征如下。

①封装性:对象是被严格模块化,一个个独立存在的实体。

②抽象性:从具有共同性质的实体中抽象出的事物本质特征一类,对象是类的一个事例。

③继承性:继承性是类的特有性质,类可以派生子类。

④多态性:对象的多态性表现在各对象之间的操作、消息传递等方面。不同对象可进行相同的操作,不同的对象发送相同的消息。

(2)消息。对象通过对外提供服务发挥自身作用,对象之间的相互服务是通过消息来连接实现的。消息是为了实现某一功能而要求某个对象执行其中某个功能操作的规格说明。对象接收消息,根据消息及消息参数调用自己的服务,处理并予以响应,从而实现系统功能。

(3)方法。方法对应于对象的能力,它是实现对象所具有的功能操作代码段,是响应消息的方法。在C++中,方法即是类中定义的成员函数,它只不过是该类对象所能执行操作的算法实现。

(4)类。在面向对象的软件技术中,类可以定义为由数据结构及相关操作所形成的集合,或所有相似对象的状态变量和行为构成的模板。类是对一组对象的抽象归纳与概括,更确切地说,类是对一组具有相同数据成员和相同操作成员的对象的定义或说明。而每个对象都是某个类的一个具体实例。

2. 面向对象方法的开发过程

面向对象方法包括面向对象分析(Object-Oriented Analysis,简称OOA)方法、面向对象设计(Object-Oriented Design,简称OOD)方法和面向对象程序实现(Object-Oriented Programming,简称OOP)方法。

OOA方法是利用面向对象的方法进行系统分析,即在明确的用户需求的基础上,通过对问题空间的分析,把空间分解成一些类或对象,找出这些对象的特点(即属性和服务),以及对象间的关系(一般/特殊、整体/部分关系),并由此产生一个规格说明,建立以对象为单元的信息系统逻辑模型,为OOD和OOP提供指导。

OOD方法是对OOA产生的逻辑结果进行设计,从OOA转到OOD是一个累进的模型扩充过程。OOA的各个层次(如对象、结构、主题、属性和服务)是对"问题空间"进行了模型化,而OOD则需要对一个特定的"实现空间"进行模型化,通过抽象、封装、继承性、消息通信、通用的组织法则、粒度和行为分类等途径控制设计的复杂性。OOD的基本目标是改进设计、增进软件生产效率、提高软件质量以及加强可维护性。

OOP方法指的是利用面向对象程序设计语言将OOD中得到的模型设计实现。由于面向对象技术日趋成熟,支持这种技术的语言已成为程序设计语言的主流,选用面向对象语言能够更容易、安全和有效地利用面向对象机制,更好地实现OOD阶段所选的模型。

简单说,面向对象方法的开发过程包括以下四个步骤:

①系统调查和需求分析。明确系统的目标和功能。

②问题分析与求解。从繁杂难懂的问题域中抽象地识别出对象及其行为、结构、属性、方法等(OOA阶段)。

③整理问题。对分析的结果进一步抽象、归类、整理,并最终以范式的形式将他们确定下来(OOD阶段)。

④程序实现。将整理的范式直接映射为应用软件(OOP阶段)。

3. 面向对象方法的特点

面向对象方法与传统的结构化设计思想比起来,有着明显的优点。

(1)代码的可重用性好。随着开发平台以及应用要求越来越复杂,应用程序的规模变得越来越庞大,代码重用成了提高程序设计效率的关键。采用传统的结构化设计模式,程序员每次进行一个新系统的开发,几乎都要从零开始,如果要进行代码重用,就只能采用复制这一比较笨的方式。

(2)可维护性和可扩充性好。用传统的面向过程语言开发出来的软件很难维护,是长期困扰人们的一个严重问题,也是软件危机的突出表现。面向对象软件技术特有的继承机制,使得对软件的修改和扩充比较容易实现。面向对象软件技术的多态性机制,使得扩充软件功能时对原有的代码所需做的修改进一步减少,需要增加的新代码也比较少。

(3)稳定性好。面向对象模式是以对象和数据为中心,以数据和方法的封装体"对象"为程序设计单位,程序模块之间的交互存在于对象一级,当把它作为一个组件构成程序时,程序逻辑的稳定性的优点就充分体现出来了。

当然,面向对象方法也有其不足的地方,比如需要软件基础支持,是一种自下而上的系统开发方法,对大型系统可能造成系统结构不合理、各部分关系失调等问题。

(四)计算机辅助软件工程方法

计算机辅助软件工程方法(Computer Aided Software Engineering,简称 CASE)是支持 MIS 开发的各种计算机辅助软件和工具组成的大型综合软件开发环境。

CASE 是一种自动化或半自动化的方法,能够全面支持除系统调研外的每一个开发步骤。同时 CASE 是发展中概念,没有统一模式和标准,必须结合一种具体的开发方法。CASE 方法只是为具体的开发方法提供支持每一过程的专门工具。

CASE 方法的优点很多,例如,它解决了从客观对象到软件系统的映射问题,提高了软件质量和软件重用性,加快了软件开发速度,简化了软件开发的管理与维护,自动生成开发过程中的各种软件文档。

小　　结

铁路信息技术不仅涵盖了信息处理过程的各主要环节的所有内容(如采集、传输、加工、存储、维护和使用等),而且还包括系统集成与开发、信息融合、信息安全等关键技术。

铁路信息技术是融合了计算机、通信、控制等技术的综合技术。

铁路信息系统的建设与发展,对信息融合、信息安全等提出了新的要求。同时,也对信息系统设计与开发技术提出了更高要求。

复习思考题

1. 传感器按用途可分为哪几类? 简述其功能。
2. 简述通信系统的通用模型,并对其模型中主要元素做出解释。
3. 根据通信系统模型,列举两个通信系统的例子。

4. 简要概括通信带宽的内涵。
5. 简述 OSI 网络参考模型的层次结构及各层的功能。
6. 对比 TCP、UDP 协议的特点及应用领域。
7. 简述信息安全的内涵。
8. 简述信息安全技术的最新发展。
9. 简述数据库技术的特点。
10. 简述结构化开发方法和原型法的优缺点。
11. 简述查询应答器工作原理。

第七章

数据处理技术应用

【本章要点】 本章以TMIS为案例，介绍了数据处理技术中数据采集、组织与管理、存储、交换与接口、信息维护、信息应用等在TMIS中的应用。详细阐述了TMIS信息采集内容、方式与上报过程；TMIS中的数据源分类、数据库设计和典型数据库；TMIS中数据交换方式与接口；基础数据维护方式与内容；铁路运输信息应用与互联网服务。通过对TMIS的案例分析，使学生加深理解第六章所介绍的数据处理相关技术，并进一步深入了解铁路运输调度指挥系统。

第一节　数据处理技术在TMIS中的应用

从20世纪50年代开始，计算机应用由科学研究部门扩展到企业、行政部门，至20世纪60年代，数据处理已成为计算机的主要应用。数据处理是指对数据进行收集、存储、加工和传播的一系列活动的总和，是从某些已知的数据出发，推导加工出一些新的数据。

TMIS是一个跨部门、跨系统的综合性应用系统，其涉及的数据处理技术较多，涵盖数据采集、组织、存储、交换、维护与利用等整个数据处理流程。

TMIS负责实时收集列车、机车、车辆、集装箱以及所运货物的动态信息，对列车、车辆、集装箱和货物进行节点式追踪管理，实现货票、确报、编组站、区段站、货运站、货运营销及调度系统的计算机管理，为全国铁路各级运输管理人员提供及时、准确和完整的运输信息和辅助决策方案，实现紧密运输、均衡运输，提高运输生产效率，改善客户服务质量。

TMIS对列车动态信息、技术站信息、分界口信息、装卸车信息、现在车信息、货票信息、机车信息、车辆信息、集装箱信息、特种车信息、车流推算等动态状况及时掌握，从而提高铁路客货运输质量。

TMIS的系统结构可从纵、横两种不同的角度来描述其子系统。为描述方便，本文以横向的方式来划分，可以将TMIS各纵向子系统在国铁集团机关一级的所有功能模块总称为“国铁集团系统”，相应的在铁路局集团公司一级可以称为“铁路局集团公司系统”。

以下各节将从信息采集、组织管理、数据交换、数据维护和应用多个角度阐述数据处理技术在TMIS中的应用。

第二节　铁路运输管理信息系统信息采集

一、TMIS 中的信息采集概况

TMIS 是利用信息技术改造传统产业的重要手段之一。它能够实时地反映全路列车、机车、货车和集装箱运用状态和所处位置的变化，改变运输管理方式的落后面貌，增强运输组织工作的预见性，提高铁路运输效率和服务质量。

为使 TMIS 系统发挥功能效益，有关列车、机车、货车、集装箱的位置和状态信息必须及时地从基层站段采集，全路各站（段）的主要作业信息都要进入 TMIS 系统。

此外，机车、车辆、集装箱维修工厂也需要向 TMIS 系统输入有关设备维修信息。确保原始信息完整、及时、准确地上报是实现 TMIS 系统功能的基本要求。

为了降低投资和节省人力资源，TMIS 系统设计将 6 000 多个站（段）划为两类，并采用不同的信息采集方式。其中，以覆盖全路 70% 运量为主要原则，选取 1 800 个车站作为联网信息报告点，建立车站综合管理信息系统，实时采集和上报信息；其余站（段）则作为非联网报告点，通过车务段信息报告系统，集中采集和上报信息。原始信息从站（段）直接上报国铁集团。

二、原始信息内容分类

TMIS 原始信息反映了运输作业过程及其结果。通常按其描述的主要对象加以分类，如表 7-1 所示。

表 7-1　TMIS 原始信息分类

数据分类	内容描述
货运需求信息	运输合同、订单、日请求车
运输凭证信息	货票、运单
列车动态信息	列车组成、到/发、解/编、正/晚点、保留/解除
机车动态信息	出厂/报废、运/非、出/入库
货车动态信息	出厂/报废、运/非、甩/挂、装/卸、空/重出/入路
集装箱动态信息	箱态变更报告、出厂/报废、出/入路运/非、建立/撤销货票报告、事故报告

三、原始信息采集基层报告点

TMIS 系统原始信息采集基层报告点经过不断调整和扩充，现确定为 2 040 个。如表 7-2

所示,信息采集点可以按照以下标准进行分类。

表7-2　信息采集点

分类标准	采　集　点
按站(段)类型划分	大型车站(包括编组站、大型区段站、大型货运站),中型车站(包括中型区段站、中型货运站),小型车站(包括小型区段站、小型货运站),车务段,机务段,车辆段,车辆工厂,纯集装箱报告站,纯自动抄车号报告站
按报告类型划分	确报(含车站和路局集团公司调度确报点),货运制票(包括货运站、车务段,不含计划外制票点),编组站系统、区段站现车系统、货运站货运系统,集装箱报告(包括车站系统报告点和纯集装箱报告点),自动抄车号报告(包括车站系统报告点和纯自动抄车号报告点),大节点追踪,货运营销(包括货运站和车务段)

四、原始信息采集方式

原始信息的采集应遵循“数出一门,信息共享;分工协作,归口管理”的基本原则。

1. 系统生成

通过基层信息系统内部作业信息生成原始信息报告是最基本的原始信息采集方式。

例如,在车站系统进行列车编组作业后,产生列车编组信息,生成确报。又如,在车站系统进行集装箱装(卸)车作业后,生成集装箱装(卸)车报告。

在车站系统整合时,应充分考虑将车站报告与车站作业结合起来,形成简便、准确、及时地报告机制。

2. 自动采集

通过专用设备或自动化系统,直接采集原始数据,并将其进行一定转换后送入管理信息系统。原始数据的自动采集可以避免人为因素的影响,保证采集数据的实时性和准确性。

原始信息的自动采集主要用于实时报告列车到/发及通过时间,报告列车组成。原始信息的自动采集涉及的主要技术手段包括车号自动识别系统,调度集中和调度监督、轨道检测技术,机车信息记录系统等。

3. 人工采集

人工采集方式是工作人员进行作业处理时将原始信息录入信息系统。对作业人员来说,录入数据不是主要目的,而是进行作业处理的需要。人工采集实现了原始信息发生地与采集地的完全统一,对数据采集的及时性和准确性也就有了充分的保障。如车站人工录入运统2与车站行车日志相结合。

4. 汇总采集

汇总采集方式是在原始数据产生后,经由工作人员收集、整理、汇总后,报送指定地点,由专人将数据集中录入系统。例如,小站货票人工制票后在车务段录入。由于作业处理已经完成,这种方式录入的数据可能引入较多的人为因素,影响到信息收集的准确性和及时性。

五、原始信息上报

1. 实时上报

对于配置车站管理信息系统的 TMIS 联网报告点,原始信息经由车站系统根据业务需要及时上报。原始信息的上报途径由原来的直接报送国铁集团中央系统改为经由铁路局集团公司逐级上报。

2. 集中上报

对于未配备车站管理信息系统的非联网报告点,原始信息经由车务段报告系统集中上报。

第三节　铁路运输管理信息系统数据组织

一、TMIS 中数据源分类

TMIS 系统主要数据源如表 7-3 所示。

表 7-3　TMIS 系统主要数据源

信息类别	内容描述
公用基础编码信息	路网描述信息,管界描述信息,车站属性描述信息,货物属性描述信息
运力资源配置信息	车辆管理机构描述信息〔如车辆段(厂)、列检所等〕,机务管理机构描述信息(如机务段、折返段等),部属车辆技术履历,机车技术履历,部属集装箱技术履历,列车运行时刻表,主要技术站解/编能力,主要货运站装/卸能力,工务桥、隧界限,承载、限速规定
运输生产作业信息	列车编/解、到/发时间信息以及"运统 1"信息等,机车出/入库、整备/检修、运/非状态信息以及乘务组人员信息,车辆出厂/报废、装/卸、空/重、运/非转换等信息,集装箱出厂/报废、到/发、运/非转换、空/重等信息,货物属性、货票、货运订单等信息

二、TMIS 数据库设计

按 TMIS 调整方案总体设计原则,在国铁集团、铁路局集团公司、基层站(段)三级建立 TMIS 信息的原始信息库、动态信息库。

TMIS 数据库设计原则如下:

(1)坚持采用集中与分散相结合的总体结构,加强各系统应用的横向整合,强化铁路局集团公司、基层站(段)范围内各系统间的统一协调。在国铁集团建中央数据库和中央数据处理系统,铁路局集团公司、基层站(段)系统与中央系统共享原始数据。实现主要原始数据和动态数据在三级分别建库。

(2)系统必须采用统一的硬件平台、开放的操作系统和通用的数据库管理平台、标准的数据接口和统一的网络传输格式,基础数据编码应标准化,实现统一维护。

(3)满足铁路局集团公司、基层站(段)处理能力和存储容量的当前需要,并兼顾未来发展的原则,合理进行设备配置与选型。

(4)调整全路的网络结构,以适应三级建库的网络环境要求。

(5)整个系统构建符合铁路管理信息化的整体技术战略,通过对系统硬件平台的调整,提高系统性能,为国铁集团、铁路局集团公司、基层站(段)应用系统提供良好的工作环境,充分满足三级建库应用的要求。

TMIS 在国铁集团和铁路局集团公司系统中设置的主要数据库如表 7-4 所示。

表 7-4 TMIS 设置的主要数据库

数据库类别	数据库名称
基础编码库	站名,品名,车型/车种,铁路局集团公司代码等统一编码
原始数据库	货运订单库,确报库,货票库/装载清单库,自动抄车号报告库,集装箱库
动态数据库	货源动态库,列车动态库,机车动态库,车辆动态库,集装箱动态库等,营销计划完成实绩库
批处理数据库	列车轨迹库,货车轨迹库,货票库
历史数据库	长时间、大容量的数据,供运输统计、指标分析和决策支持使用

以上各类数据库之间的相互关系以及主要的信息来源如图 7-1 所示。

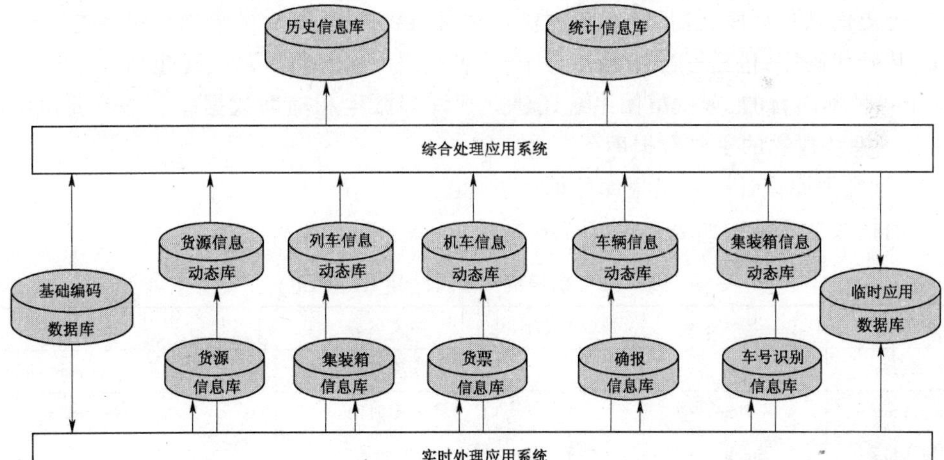

图 7-1 数据库相互关系及主要信息来源

三、数据组织与管理

下面以 TMIS 中的国铁集团系统为例，介绍其数据组织与管理。

1. 国铁集团系统数据库设置

国铁集团级数据库或称为中央数据库是国铁集团级应用共享的数据库，许多还是全路共享的数据库。按其性质中央数据库可分为以下几类：

(1)原始信息数据库，如确报库、货票库、集装箱报告库、车号自动识别信息报告库（车号库）、货运订单库等。原始信息数据库直接收集原始信息，是唯一的、共享的。

(2)动态信息数据库，如货车追踪系统的专用数据库或文件系统，包括列车库、机车库、货车库、集装箱库等；又如运输信息综合应用系统的列车和车辆动态库。两种动态库并行是过渡方案，逐步走向统一。

(3)批处理信息数据库，如运输信息综合应用系统的列车和货车运行轨迹库，是由动态信息分段积累而成。

(4)应用信息数据库，包括支持各应用系统建立的多种多样的数据库，其内容多为以上各种数据库内容的组合。

(5)历史信息数据库，包括所有超过在线时间的数据库，其大部分内容将会进入磁带库。

(6)基础代码库，包括标准站名代码库、品名代码库、货主代码库，还包括列车时刻表等。

基于各种不同目的，国铁集团系统还建立了许多派生和辅助数据库。本节要说明的数据库是指各子系统建立的主要数据库。

2. 典型数据库设计——确报库数据库设计

(1)确报数据库结构如表 7-5、表 7-6 所示。

表 7-5　确报报头基表(QB_HEADER)

列　名	类　型	是否关键字	中文名称	备　注
Qh_rkdate	Date	Y	入库日期	10 位(yyyy - mm - dd)
Qh_rktime	Time	Y	入库时间	8 位(hh. mm. ss)
Qh_lsh	Smallint	Y	流水号	
Qh_swbz	Char(1)		首尾标志位	
Qh_bzzlm	Char(3)		编组站略码	铁路统一电报略码
Qh_jtzlm	Char(3)		解体站略码	铁路统一电报略码
Qh_fcdate	Date		发车日期	
Qh_fctime	Time		发车时间	
Qh_bzcc	Varchar(15)		编组车次	
Qh_yxcc	Varchar(15)		运行车次	

续上表

列　名	类　型	是否关键字	中文名称	备　注
Qh_lcls	Smallint		编成辆数	
Qh_lczz	Smallint		列车自重	
Qh_lczaz1	Int		列车载重 1	
Qh_lczaz2	Int		列车载重 2	
Qh_lczoz	Int		列车总重	
Qh_lchc	Dec(7,1)		列车换长	
Qh_pbhj	Smallint		篷布合计	
Qh_zwts	Smallint		正文条数	
Qh_fbzlm	Char(3)		发报站略码	
Qh_jyzlm	Char(3)		经由站略码	
Qh_blcbz	Char(1)		是否保留车标记	N - 不是,Y - 是
Qh_sxbz	Char(1)		列车上下行标记	
Qh_trainid			列车 ID	与车号识别系统相关的关键字

表 7-6　确报正文基表(QB_CONTENT)

列　名	类　型	是否关键字	中文名称	备　注
Qh_rkdate	Date	Y	入库日期	10 位(yyyy - mm - dd)
Qh_rktime	Time	Y	入库时间	8 位(hh. mm. ss)
Qh_lsh	Smallint	Y	流水号	
Qc_sxh	Smallint		顺序号	
Qc_ckind	Char(5)		车种代码	
Qc_gcyz	Char(1)		罐车油种	
Qc_carid	Char(7)	Y	车号	
Qc_zz	Dec(4,1)		自重	
Qc_hc	Dec(2,1)		换长	
Qc_zbz	Char(1)		载重标志	
Qc_zaiz	Smallint		载重	
Qc_fdzlm	Char(3)		第一到站略码	
Qc_ldzlm	Char(3)		最终到站略码	
Qc_hwmc	Varchar(30)		货物名称	
Qc_shr	Varchar(40)		收货人	

续上表

列　名	类　型	是否关键字	中文名称	备　注
Qc_fzlm	Char(3)		发站略码	
Qc_pbs	Smallint		篷布数	
Qc_js	Varchar(40)		记事	

(2)数据库容量。每张确报的存储容量约6 KB。全路每天按开行列车1.2万对、平均每趟列车经过6个确报站计算,每天的存储容量约为0.9 GB。联机数据库保存60天的数据,约需70 GB磁盘空间(包括派生数据库)。

(3)数据库平台。数据库平台为ES/9000,DB2。

第四节　铁路运输管理信息系统数据交换

一、国铁集团系统数据交换与接口

国铁集团系统的总体目标是通过收集来自基层站(段)的各种原始信息,建立相应的数据库,进而开发各种应用系统,为部运输调度、组织管理部门及其他有关部门服务,也为广大货主提供服务。

国铁集团系统具有为全路服务的功能,也对铁路局集团公司、基层站(段)信息系统的某些数据库具有备份作用,这就要求其具有良好的数据交换与共享功能。

(一)国铁集团级系统数据交换方式

国铁集团系统中各应用子系统之间属于横向并列关系,其目的是为了更好地统一分配系统资源,统一考虑软、硬件平台和用户界面,更好地实现数据交换与共享。

国铁集团级系统内部各应用系统之间信息交换和数据共享的方式主要有以下四种:

(1)进程间通信。基于操作系统提供的进程间通信(Inter-Process Communication,简称IPC)机制或通过消息队列(MQ)。

(2)共享文件。

(3)共享数据库。在访问权限管理机制约束下,通过数据库共享交换信息。

(4)MQ多点分发。国铁集团级的MQ系统将接收到的信息分别发送到相关的应用系统。

(二)国铁集团级系统与各级系统间的数据交换

国铁集团系统与TMIS各级信息系统间频繁地交换信息,应合理地设计数据流向和信息交换格式。

1. 确报系统

接收经铁路局集团公司转发来的确报,并转发跨铁路局集团公司运行列车的确报。数据交换格式采用国铁集团制定的统一确报信息交换格式,如表7-7所示。

(1)确报交换格式(表头记录)。确报交换(表头记录)格式如表 7-7 所示。

表 7-7 确报交换(表头记录)格式

字 段	字段长度	说 明
标志位	1	0 表示表的顺位与列车顺位一致,1 表示相反
编组站	3	列车始发站电报略码
解体站	3	列车终到站电报略码
日期	2	计划发车日期。右对齐,需要时左边补零
发车时分	4	计划发车时(2 位)分(2 位)。时和分各自右对齐,需要时左边补零
发报时分	4	发报时(2 位)分(2 位)。由计算机自动生成
编组车次	15	列车的编组车次,列车编成后该字段内始终不变,左对齐,右补空格
运行车次	15	列车运行车次,若列车运行中变更车次,则更新本字段内容
经由站	4	标志位“*”,车站电报略码 3 位,本项内容包含在“运行车次”中,不单独计算位数
编成辆数	3	列车总辆数。右对齐,左补空格
列车自重	4	列车总自重(t),整数。右对齐,左补空格
列车载重 1	5	列车运营运输总载重,整数。右对齐,左补空格
列车载重 2	4	列车非运营运输总载重,整数。右对齐,左补空格
列车总重	5	列车总重(前三项之和),整数。右对齐
列车换长	7	全列车加总后的换长,一位小数。无小数时补零
铁路篷布合计	3	右对齐,左补空格
正文条数	3	正文记录的记录数。右对齐,左补空格
发报站	3	发报站电报略码
制表者	8	制表人姓名。左对齐,右补空格
检查者	8	检查人姓名。左对齐,右补空格

字段长度:总合计 104 bit。

字段内容:字段内容包含标志位、编组站、解体站、日期、发车时分、发报时分、编组车次、运行车次、经由站、列车编成辆数、列车自重、列车载重 1、列车载重 2、列车总重、列车换长、铁路篷布合计、正文条数等。

(2)确报交换格式(正文记录)。确报交换(正文记录)格式如表 7-8 所示。

正文记录因有若干变长字段组成,长度不定。字段长度最大总合计 148 bit。

字段内容包含顺序号、吨位车型、罐车油种、车号、自重、换长、载重、第一到站、最终到站、货物名称、收货人或卸线、发站、篷布数、记事等。

表 7-8 确报交换(正文记录)格式

字　段	字段长度	说　明
顺序号	3	车辆在表中的顺位。右对齐,左补空格
车种车型	5	左对齐,右补空格
罐车油种	1	对不填油种的车辆,填空格
车号	7	左对齐,右补空格
自重	4	一位小数,无小数时添零。左对齐,右补空格
换长	2	一位小数,无小数时添零。左对齐,右补空格
载重	5	第一位为标志位:空格—无内容;0—营业载重;1——票多车时的第一个车,合计重量放在此车中;2——票多车时的最后一车;3—非营业载重。载重数右对齐,左补空格,单位 t,无小数
第一到站	3	电报略码
最终到站	3	电报略码
货物名称	不定(Max. =30)	汉字品名或军用号码,用逗号隔开
收货人或卸线	不定(Max. =40)	汉字或货主代码,用逗号隔开
发站	3	电报略码
篷布数	3	右对齐,左补空格
记事	不定(Max. =40)	两项记事间用空格符隔开

收到的确报经校验和整理后形成唯一的供国铁集团级各应用系统共享的确报库。

2. 货票系统

接收经铁路局集团公司转发的货票等信息,经加工和处理后建立数据库。对到达外局的货票信息进行分类整理,按照到达路局集团公司生成文件。对于零担、集装箱货票,国铁集团将跨局集团公司中转的货票按照中转路局集团公司组织中转货票文件。

国铁集团级各应用系统所需的货票信息,由货票系统生成相关文件发送到有关系统,或通知相关系统选取。

3. 集装箱追踪系统

当前,集装箱追踪系统从车站收集集装箱装车清单、集装箱卸车清单和铁路箱回送清单。数据经加工处理后装入 TMIS 货车追踪中央数据库。为了扩充功能,将 TMIS 货车追踪中央数据库中的集装箱数据转入 DB2 数据库做进一步开发。

条件成熟时,从车站收集的集装箱装车清单、卸车清单和铁路箱回送清单信息经路局集团公司落地后直接送入国铁集团 DB2 集装箱数据库,实现集装箱追踪和管理。

4. 车号自动识别信息报告系统

当前,国铁集团接收局集团公司间分界站车号自动识别报告信息,加工处理后建立车号库,并将局集团公司间分界站的车号信息转发给相邻路局集团公司和国铁集团车辆管理部门的服务器。收到的车号自动识别报告信息,经校验和整理后形成唯一的供国铁集团级各应用系统共享的车号信息库。

将来,局间分界站和其他车站的车号自动识别设备采集的信息均需经铁路局集团公司逐级落地和上传至国铁集团系统。

5. 货运营销与生产管理系统

该系统任务是接收全路货运订单信息,下发需国铁集团审批权限的核准信息和卸车信息。

6. 国铁集团运输日常调度系统

该系统主要负责与路局集团公司调度系统间交换数据,如轮廓计划、日班计划、调度命令等。

7. 大节点货车追踪系统

TMIS 大节点货车追踪系统直接从车站收集列车编组、列车出发、列车到达、摘要货票和集装箱作业等报告。系统对收到的报告进行处理后,给相应的车站返回应答信息。

因为 TMIS 大节点货车追踪系统使用的 80 列数据输入格式不同于国铁集团的确报信息交换格式,所以,车站产生的确报内容要向国铁集团传送二次。为了减少信息的重复传输,作了如下调整:原始信息从车站综合管理信息系统逐级上报至国铁集团,研究开发一个数据预处理软件,该软件利用国铁集团级的数据共享手段获取所需的原始信息,在经过格式和内容加工后产生大节点货车追踪系统所需的报告,并代替车站系统接收和处理由大节点货车追踪系统返回的各种应答信息。

8. 运输信息综合应用系统

该系统利用车号识别信息数据库、确报数据库、货票数据库以及其他有关数据库中的信息,经加工处理后建立必要的动态和批处理数据库,进而实现运输信息的综合应用。

(三)国铁集团系统的用户界面

用户界面是信息系统与最终用户之间的接口。国铁集团系统提供两种模式的用户界面,一种是 C/S 模式,即客户机/服务器模式;另一种是 B/S 模式,即浏览器/服务器模式。前者功能较强,适合频繁使用系统的生产组织及指挥人员使用。其缺点是用户界面不统一,即不同人员开发的子系统,其用户界面一般是不相同的,不适合于一般用户使用。后者在功能上有一些限制,但界面统一,使用浏览器即可进行查询。

大多数子系统均提供上述两种模式,供不同用户使用,但个别子系统(如国铁集团运输日常调度系统)只提供 C/S 模式,不允许一般用户访问。

二、铁路局集团公司系统数据交换与接口

(一)铁路局集团公司系统简介

TMIS 系统在铁路局集团公司的主要功能为通过管内铁路联网点(车站、车务段、车辆段、机务段或铁路公司)以及与铁路联网的运输客户(厂矿企业、运输代办点)联机收集如下信息:

(1)管内货运市场需求信息。

(2)管内承运货物运输动态信息。

(3)列车动态信息。

(4)管内集装箱分布动态信息。

(5)管内现在车分布动态信息。

(6)管内机车分布动态信息。

(7)管内篷布分布动态信息。

(8)货车运用/非运用转换信息。

(9)生产作业信息和管理信息。

(10)来自上级系统的交换信息。

铁路局集团公司系统收集到上述信息后,建立本级管内完整的动态信息资源库,并为车、机、工、电、辆等各业务职能部门和综合管理部门建立专业应用数据库,进而为各部门的日常管理、调度指挥、查询、统计、生产经营、决策分析等活动提供基于共享的、统一的信息资源。铁路局集团公司系统还需完成向上级系统的信息报告和对下级系统的信息转发。

根据运输业务的职能分工及 TMIS 建设的系统划分,铁路局集团公司级系统包含如下应用子系统:

(1)列车确报管理信息系统。

(2)货票信息综合应用系统。

(3)集装箱管理信息系统。

(4)车号自动识别信息报告系统。

(5)货运营销与生产管理信息系统。

(6)路局集团公司调度管理信息系统。

(7)货车动态信息管理系统。

(8)路局集团公司货车有偿使用费清算系统。

(二)典型铁路局集团公司系统数据交换

下面以调度管理信息系统为例,介绍其数据交换与接口。

铁路局集团公司调度管理信息系统是运用计算机网络实现以铁路局集团公司调度工作为中心,运输计划为依据,以列车工作、货运工作、机车工作、轮廓计划及日班计划调整、调度命令管理为主要内容的应用系统。

铁路局集团公司调度管理信息系统采用 C/S 体系结构,如图 7-2 所示。

1. 数据交换方式

与国铁集团系统相似,调度管理信息系统与其他系统之间数据交换的方式主要包括进程间通信、文件共享、共享数据库、基于 MQ 的消息四种。

本系统所需原始信息需逐级采集和上报,辅助信息则从同级其他信息系统中通过信息共享获取。

2. 信息交换流程

铁路局集团公司调度信息系统与基层站(段)调度、国铁集团运输日常调度以及十八点统计、确报、货运营销与生产管理等系统间的信息交换流程如图7-3所示。

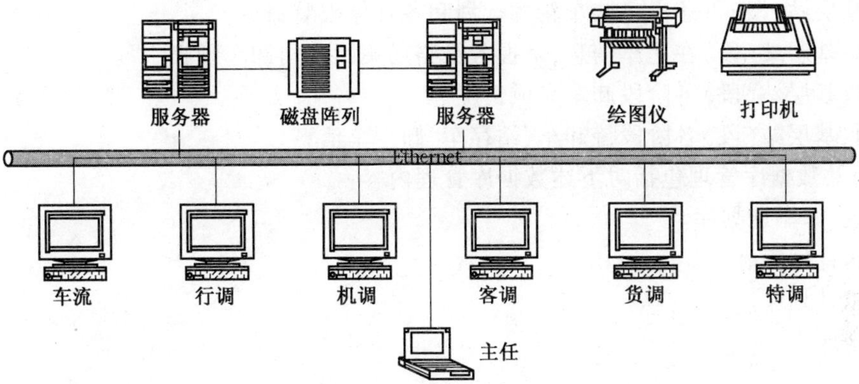

图7-2　铁路局集团公司调度管理信息系统结构

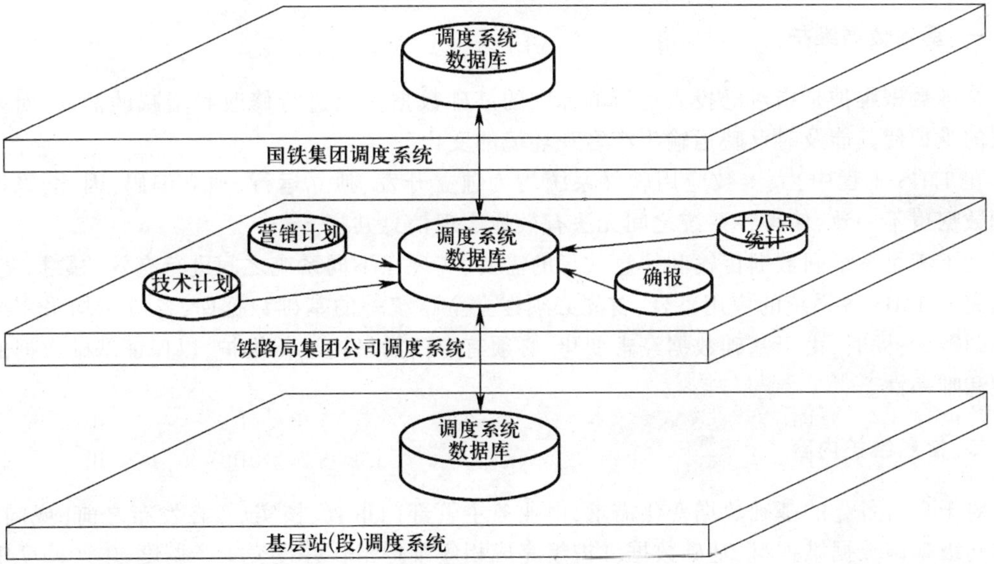

图7-3　铁路局集团公司调度系统信息流程

3. 交换信息内容

(1)不同系统之间基于消息的信息交换包括下列内容:

①接收基层站(段)上报和国铁集团下达的数据。

②发送下达基层站(段)和上报国铁集团的数据。

③获取十八点运输统计、月度技术计划等系统的数据。

④下达和接收调度命令。

⑤收集基层站(段)货运日班计划系统传来的次日请求车信息。

⑥向基层站(段)下达次日装车轮廓计划和各种停限装命令。

⑦收集基层站(段)在途车信息,掌握各铁路局集团公司卸车预报。

⑧接收基层站(段)各阶段卸车完成情况。

⑨接收基层站(段)各阶段待卸车、站存车、卸空车信息。

(2)公共数据库管理包括对下述数据库管理内容:

①日装、卸车计划库。

②货运计划库。

③技术计划库。

④确报库。

第五节　铁路运输管理信息系统基础信息维护

一、基础数据维护

基础数据维护是指对已投入运行的标准的基础数据代码进行修改和增减的活动,对基础数据的维护使其能及时反映运输生产客观环境的变化。

在 TMIS 工程中,大多数应用软件系统均为独立开发、独立运行、独立编码,因此,采用的基础数据也不一致,使得各系统之间无法有效地实现信息共享。

为了满足系统间数据传输和信息共享的需要,实现在不同系统之间进行有效的数据交换,进而完成 TMIS 各系统的应用整合,首先必须建立全路统一的基础数据库,各应用均采用统一的基础数据;同时,由于基础数据经常变化,必须有专门的机构进行维护,以保证基础数据的正确性和唯一性。

二、信息维护内容

对于来自各方的基础数据变化需求,由业务主管部门审查、核实后,在发布之前(或同时)通知同级基础数据维护组,基础数据维护组完成相应维护工作并提交生产调度,生产调度根据业务主管部门的要求和其他因素决定并公布新的基础数据正式启用时间,组织基础代码信息维护组按时完成基础代码信息升级工作。

全路统一的基础数据维护所涉及的数据主要为国铁集团信息技术中心开发的各个应用系统中使用较为频繁的铁路行业基础数据,如车站信息、车种信息、品类信息等。

三、基础数据维护的组织机构

在国铁集团、铁路局集团公司分别成立基础数据维护组,负责各级基础数据信息维护与升级工作。

凡要求全路统一的基础数据信息，由国铁集团基础数据维护组集中收集、统一维护；要求全局统一的基础数据信息，由铁路局集团公司组织维护；各基层站（段）可以自行定义的基础数据信息，由基层站（段）自行维护。

第六节 铁路运输管理信息应用

一、TMIS 运输信息综合应用系统

国铁集团系统接收基层站（段）、铁路局集团公司等各级信息系统上报的各种运输信息，并建立了相应的数据库。将这些信息加以综合利用，更好地满足铁路内部管理和货主的需要，这是 TMIS 运输信息综合应用系统要达到的目标。该系统利用车号识别信息数据库、确报数据库、货票数据库以及其他有关数据库中的信息，经加工处理后建立必要的动态和批处理数据库，进而实现运输信息的综合应用。

1. 数据库

（1）货运信息综合应用数据库。基于车号库、确报库、货票库信息和其他有关运输信息建立。

（2）全路货车、列车等的运用批处理数据库。记载全路货车和列车的动态变化，进行阶段性的运输生产和经营指标的统计和分析，为运输生产组织和管理，为市场营销和投资计划提供可靠的信息服务和决策支持。

2. 应用

（1）为铁路局集团公司货车使用费的清算提供可靠的数据。利用车号自动识别系统采集的局间分界口通过的列车、车辆信息，建立分界口出入列车、车辆数据库，并结合十八点统计报告系统收集的各铁路局集团公司的昨日结存车、检修车和国铁集团下达的港口口岸备用车基数等信息，计算出每个铁路局集团公司的使用车数和有偿占用车数及费用，为货车使用费清算提供尽可能准确的数据。

（2）掌握分界口实际重车去向。

（3）掌握重点物资、鲜活易腐物资等重要物资的车流。

（4）进行货车运用成绩统计，包括运用车辆公里、货车全周转距离、重车全周转距离、货车中转距离、货车周转时间、货车日产量、货车运用率、空车走行率等。

（5）计算线路使用情况、线路区段货物通过量、运输密度等，为线路改造和新线建设投资计划提供决策信息。

（6）进行更有效的车辆运用管理（按车种的车辆分布、车辆运用状况、车辆走行公里、按车辆运用情况和走行公里安排检修等）。

二、互联网服务

铁路各级、各业务部门的TMIS用户可以用终端方式或客户机方式利用生产网进入各自的专用业务系统，在系统上完成其业务操作。

对于国铁集团级各应用系统面向全路内部的服务，则以互联网方式提供。广大客户使用浏览器方式，通过互联网内部服务网访问互联网内部应用服务器。这种方式最为简单，也利于系统安全保障。

对于国铁集团级各应用系统的铁路外部用户，则是以浏览器方式，通过互联网外部服务网访问互联网外部应用服务器实现的。由于内外网隔离，易于实现安全控制。

小　　结

作为中国铁路信息化发展历程中的首次全国性大型实时运输管理系统，TMIS系统从20世纪90年代初国外引进技术的基础上消化吸收再创新，到最终验收，历时十多年。该系统总体处于国际先进水平行列。其应用系统多、实时性强、数据处理庞大等特点，以及计算机、网络通信等IT基础设施先进技术特征，使得TMIS成为IT人员构建大型铁路信息系统的学习典范。

复习思考题

1. TMIS中的原始信息采集方式有哪些？
2. TMIS中的数据源包括哪些类别？
3. 简述数据交换在TMIS中的应用。
4. 以一种典型应用为例描述铁路运输管理信息的应用。

第八章

网络技术应用

【本章要点】 本章以TDCS、CTC为例,重点介绍网络结构、组网要求,进而介绍铁路通信网的组成、广域网组网技术、无线网组网技术、计算机网组网技术的应用。通过案例分析,使学生掌握网络技术的相关知识,并了解铁路应用场景。通过本章学习,学生应重点掌握我国铁路现行计算机网的网络结构、网络协议、组网技术、传输要求以及网络集成技术。

第一节 铁路列车调度指挥及调度集中系统

一、系统构成

1. 列车调度指挥系统

TDCS是覆盖全路的调度指挥管理系统,是实现铁路各级运输调度,对列车运行实行透明指挥、实时调整、集中控制的现代化信息系统。TDCS以现代计算机技术、计算机网络技术、通信技术、多媒体技术、数据库技术为基本技术手段,实现对列车在车站和区间运行的实时监视,动态调整、自动生成列车运行三小时阶段计划,实现列车调度命令的自动下达和实际运行图的自动描绘;实现分界口交接列车数、列车运行正点率、行车密度、早晚点原因、重点列车跟踪等实时宏观统计分析并形成相关统计报表;为各级调度人员提供列车的动态运行情况,便于机车合理调配,提高运输能力和安全程度;显示铁路路网、沿线线路、车站、重要列车和救援列车分布等主要信息,为铁路事故救援、灾害抢险、防洪等提供决策参考。

TDCS由调度指挥中心和车站子系统组成。其中,调度指挥中心系统设置数据库服务器、应用服务器、通信前置服务器、GSM－R通信服务器、大屏幕投影系统(或表示墙系统)、网络维护工作站、调度员工作站等;车站子系统主要包括车站分机、车务终端、网络设备、电源设备、防雷设备、联锁系统接口设备和无线系统接口设备等。

2. 调度集中系统

CTC也称为分散自律调度集中系统。调度集中是调度中心(调度员)对某一区段内的信号设备进行集中控制、对列车运行直接指挥、管理的技术装备。CTC综合了计算机技术、网络通信技术和现代控制技术，采用智能化分散自律设计原则，以列车运行调整计划控制为中心，兼顾列车与调车作业的高度自动化的调度指挥系统。

CTC 包含了 TDCS 的所有功能，如列车运行监视，车次号自动跟踪，到发点自动采集，实际运行图自动生成、阶段计划的自动调整，调度命令的网络下达，车站行车日志自动生成等，在此基础上进一步实现了车站信号设备的集中控制，列车进路的按图排路和调车控制。可以说，CTC 是 TDCS 系统的演进产品，其自动化水平更高。

CTC 由调度集中指挥中心和车站调度集中分机子系统组成。其中，调度集中指挥中心在 TDCS 中心系统平台上，增设相应的服务器和工作站、网络设备、维修终端、电务维护终端等；调度集中分机子系统主要包括车站机（自律机）、车务终端、综合维修终端、电务维护终端、网络设备、电源设备、防雷设备、联锁系统接口设备等。

二、系统网络结构与网络协议

列车调度指挥及调度集中系统所用网络由国铁集团、铁路局集团公司调度指挥中心局域网及车站基层网组成，是一个从现代运输管理的角度构造、覆盖全路的全新的现代化调度指挥系统。

TDCS 和 CTC 直接涉及行车安全，其网络包括公用网及专用网必须自成体系，单独组网，独立运行，严禁与其他系统直接联网。联网时采取物理隔离方式，与其他信息系统连接，采用专用的接口及协议，并在严格可控的条件下进行数据交换。系统应设有防火墙、入侵监测、病毒防护、身份认证等安全设施。网络中各网络节点应采用统一的时钟并自动校核。系统还应具备双套冗余，局部故障不能影响整个系统。系统设备故障时，不影响车站联锁设备和区间闭塞设备的正常工作，不能导致车站联锁设备和区间闭塞设备的错误动作。

CTC 车站系统还采用带光电隔离的 RS－232、RS－422、RS－485 接口等通信方式与其他系统相连，为了保证网络安全，不允许采用 TCP/IP 协议与其他系统联网。

CTC 中心、车站的网络系统采用双网冗余结构，关键设备采用双机热备。

CTC、TDCS系统信息传输通道应符合下列要求：

（1）CTC 的网络应由网络通信设备和传输通道构成双自愈网络，采用迂回环接、冗余等方式提高其可靠性。数字通道速率应不小于 2 Mb/s。

（2）TDCS 基层网站间和基层网到铁路局集团公司调度指挥中心，应使用速率不小于 2 Mb/s 的数字通道，协议转换接口为 V.35 等。基层网通常按环形方式组网，每 8 ~ 15 个车站抽 1 个头回调度中心机房。电务、机务、站调等终端设备通道为实回线时，长度应小于 5 km，采用宽带调制解调器（EDSL 等）数字用户环路传输方式接入最近车站的 TDCS 网络设备上。

TDCS 及 CTC 涉及的网络及通信技术有广域网组网技术、局域网组网技术、串口通信技术等。

第二节　系统网络结构

一、系统网络结构

我国铁路调度指挥管理是以行车调度为核心，站、段为基础，实行国铁集团和铁路局集团公司两级调度指挥管理的体制。为适应现行的调度管理体制，并考虑到将来的铁路机构改革，TDCS/CTC 的设计分为三层网络体系结构，对此三层结构的描述如图 8-1 所示。

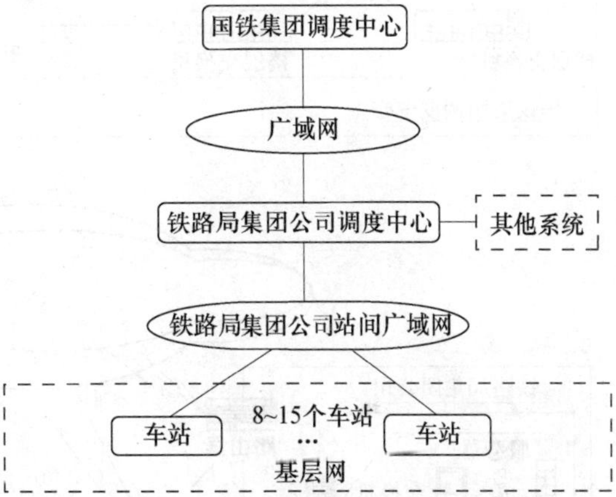

图 8-1　TDCS 网络总体结构图

国铁集团调度指挥中心 TDCS/CTC 处于最高层，是核心部分，是现代化铁路运输调度指挥的心脏。国铁集团调度指挥中心 TDCS/CTC 以国铁集团调度指挥中心大楼为主体，构成一个为调度指挥服务的局域网；通过专线通道、数据网链路、路由器与各铁路局集团公司调度指挥中心远程连接，进行信息交换，并建立全路有关专业技术资料库。国铁集团调度指挥中心能获得各铁路局集团公司分界口、重要铁路枢纽、主要干线等的运输状况和 TDCS 基层网等实时信息。

铁路局集团公司调度指挥中心 TDCS/CTC 处于第二层，在各铁路局集团公司所在地建有铁路局集团公司调度指挥中心局域网。铁路局集团公司调度指挥中心通过专线通道、数据网链路、路由器与国铁集团、相邻铁路局集团公司调度指挥中心远程连接，进行信息交换。铁路局集团公司调度指挥中心 TDCS/CTC 不仅是一个管理层，同时也是直接调度指挥行车的指挥层，不仅要完成基层网信息的汇总、处理和标准化，给铁路局集团公司各级调度提供监视的同时，并按要求将基层信息通过专线通道、数据网链路传送到上层国铁集团调度指挥中心。

最下层是 TDCS/CTC 基层网，主要包括车站行车调度指挥或调度集中系统等。

另外，已有的各类信息系统，如 TMIS、CTCS 等，需要向各级调度指挥中心设置查询终端，并进行网间互联，实现信息共享。

二、铁路局集团公司调度指挥中心 TDCS 构成

铁路局集团公司调度指挥中心 TDCS（简称铁路局集团公司 TDCS）由中心机房设备、调度所设备和远程工作站设备三大部分组成。铁路局集团公司 TDCS 通过路由器，经 2 M 通道与

所管辖的车站基层网、相邻局集团公司 TDCS 以及国铁集团中心 TDCS 连接,互相交换信息。铁路局集团公司 TDCS 各设备通过交换机与路由器相连,构成主、备冗余星状连接局域网实现信息交换与共享。铁路局集团公司 TDCS 网络结构如图 8-2 所示。

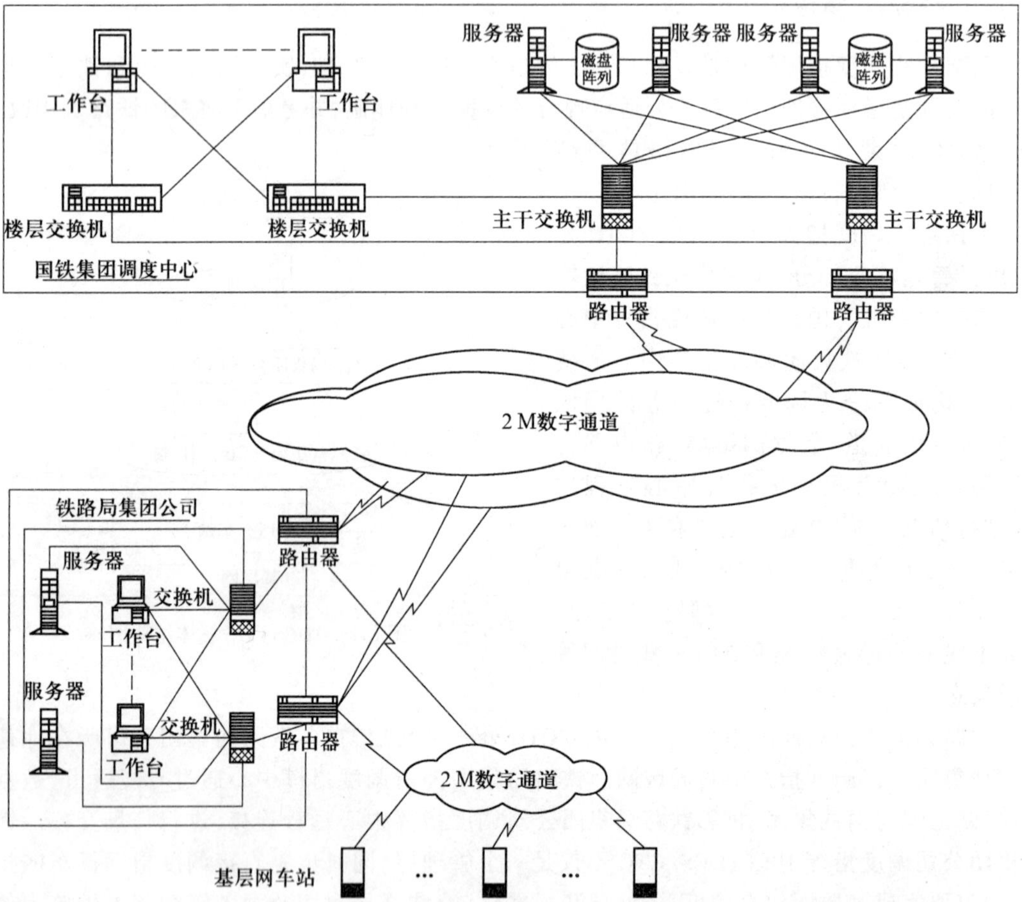

图 8-2 铁路局集团公司 TDCS 网络结构图

中心机房设备包括数据库服务器、应用服务器、通信服务器、网络交换机、网络管理工作站、系统维护工作站、电源屏设备、防雷设备和远程通信设备。调度所设备包括行车调度台工作站、基本图维护工作站、调度主任工作站、主任助理工作站、值班主任工作站、分析室工作站、机调、货调、局长等工作站和大屏幕系统。远程工作站设备包括机务段(折返段)、车务段调度命令工作站和电务段调度工作站。

铁路局集团公司 TDCS 局域网采用双网系统,对系统重要设备,如服务器、交换机和路由器等的软硬件均为双套冗余如图 8-3 所示。

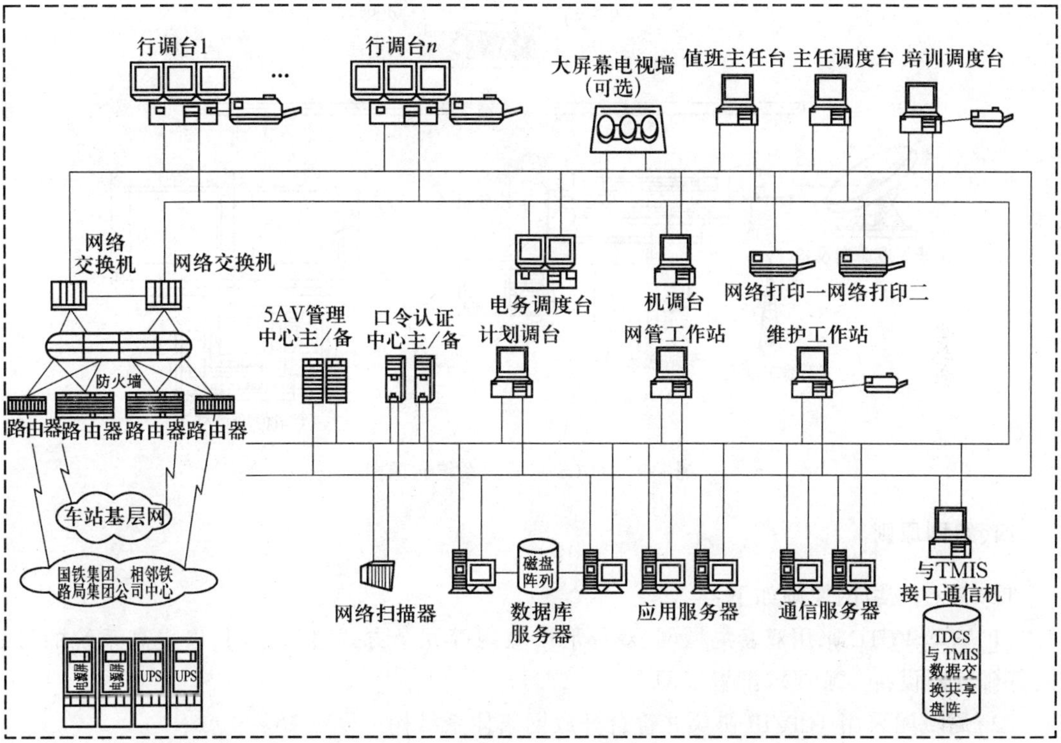

图 8-3　铁路局集团公司调度指挥中心 TDCS 局域网网络结构图

三、TDCS 基层网构成

TDCS 基层网主要由车站计算机局域网络设备、车站分机采集及控制设备、车站值班员终端三部分组成。TDCS 基层网系统构成见图 8-4。

1. 车站系统内部局域网网络连接

车站计算机网络设备主要由网络集线器、路由器、协议转换器等设备构成。车站由网络集线器构成了车站局域网。车站同 TDCS 中心的连接一般通过调制解调器接入 2 M 的数字通道，并采用环状、星状或星环状相结合的结构，构成广域网。

2. 车站分机与其他系统的网络连接

在继电联锁车站，车站分机从分线盘上直接采集信号联锁设备的状态信息；在计算机联锁车站，车站分机通过串行通信接口，接收车站计算机联锁送来的站场表示信息。车站分机通过 RS－422 串行通信接口同无线车次号设备相连，接收车站无线车次号信息，同时安装 450 M 无线调度命令传输设备的车站，分机可通过 RS－422 串行通信接口同无线调度命令发送装置相连，发送无线调度命令。

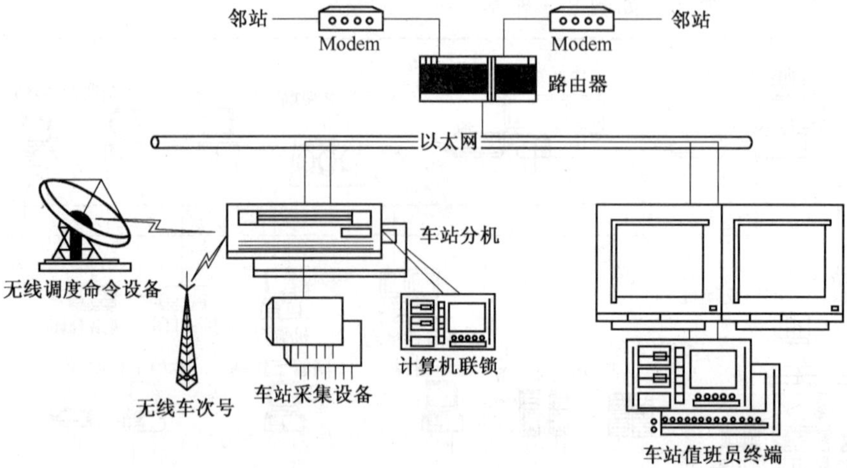

图 8-4　TDCS 基层网系统构成图

四、组网原则

TDCS/CTC 组网原则如下：

(1) TDCS/CTC 采用双套局域网、双环形广域网等冗余方式进行组网，以提高系统的可靠性，每台联网设备一般要求配置双网卡。

(2) 局域网采用 TCP/IP 协议并符合开放网络体系结构。

(3) 系统采用防火墙及入侵检测系统、动态身份认证系统、访问控制、安全漏洞评估系统、PKI/CA 公共密钥体系、防病毒系统等信息安全措施。

(4) 系统一般采用带光电隔离的 RS－232、RS－422、RS－485 等串口通信方式与计算机联锁、车站列控中心、450 MHz 列车无线通信、信号集中监测系统等系统设备相连；如必须采用 TCP/IP 协议与其他系统（如 GSM－R）联网时，则在 TDCS/CTC 一侧安装防火墙及访问控制以保障网络安全；如需与地方铁路进行信息交换时，则采用串口方式进行连接。

第三节　广域网组网技术应用

在 TDCS、CTC 中涉及的广域网，其组网技术主要采用光通信技术，如采用 SDH、WDM、MSTP（Multi-Service Transfer Platform，多业务传输平台）等，由光纤构成铁路广域网通信平台——光传送网。

一、铁路通信网的特点

铁路通信网不仅要承载铁路信息化的业务应用系统，还要承载各种通信业务系统。根据各应用信息系统和铁路专用通信业务的使用情况及未来发展的要求，铁路通信网的主要功能要求如下：

1. 服务内容及对象多元化

铁路通信网除了为铁路信息化提供服务，为铁路运输提供基本的话音、数据、会议电视系统，还应提供图像等多种媒体的通信手段，将来还应作为统一的通信平台为信号、综合调度系统等提供不同层次、不同要求的通信网络服务。

2. 具备高安全可靠性

由于有线通信平台将为信号、综合调度、信息化等专业服务，已成为与铁路行车安全密切相关的不可或缺的基础设施，其安全可靠性要求较高。

3. 专 用 性

有线通信平台是专为铁路运输服务的，应构成独立、封闭的专用网络或系统。

4. 满足信息突发性要求

由于铁路运输管理的需要，有许多突发性信息需要及时传送，如安全监控和应急抢险等。铁路通信网要适应突发业务实时传输的需要。

二、应用系统对广域网的需求

CTC 的特点是直接参与行车调度指挥和列车控制，实时性、安全性、可靠性要求相对最高，一般需要在铁路两侧能够形成物理径路保护的双光纤通道构成物埋层。对网络通道的需求如下：

1. 列车调度指挥系统

信息流向：国铁集团、铁路局集团公司、车站之间，双向信息流。

接入接口：G. 703 ，V. 35

需求特点：属于运输调度指挥中的信息化，要求独立通道透传，并要求不同物理路由的主用、备用通道，实时性、安全性、可靠性要求高，独立组网。

2. 调度集中系统

信息流向：国铁集团、路局集团公司、站段之间，双向信息流。

接入接口：G. 703 ，V. 35

需求特点：与 TDCS 要求相同。

三、广域网的组网

铁路光传送网的建设已具备相当规模，长途干线的传送带宽达到 2. 5 Gb/s 以上，实现全网传送通道的配置、性能监视及统一调度，全网重要节点均实现了多路由、快速自动保护和恢复，满足各种通信业务和信息化网络承载的需求。

铁路光传送网建设原则上沿铁路线建设，考虑到传送网的可靠性，主要基于通道和复用段的保护方式，以环状网络结构为主，尽量避免链形结构，有条件的区域以网状网络结构来增强网络的可靠性。

铁路广域网的组网示意图如图 8-5 所示,网络拓扑图如图 8-6 所示。

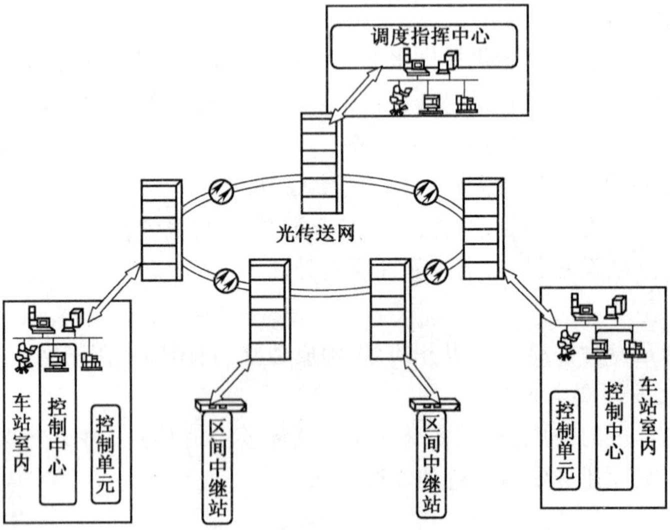

图 8-5　铁路广域网组网示意图

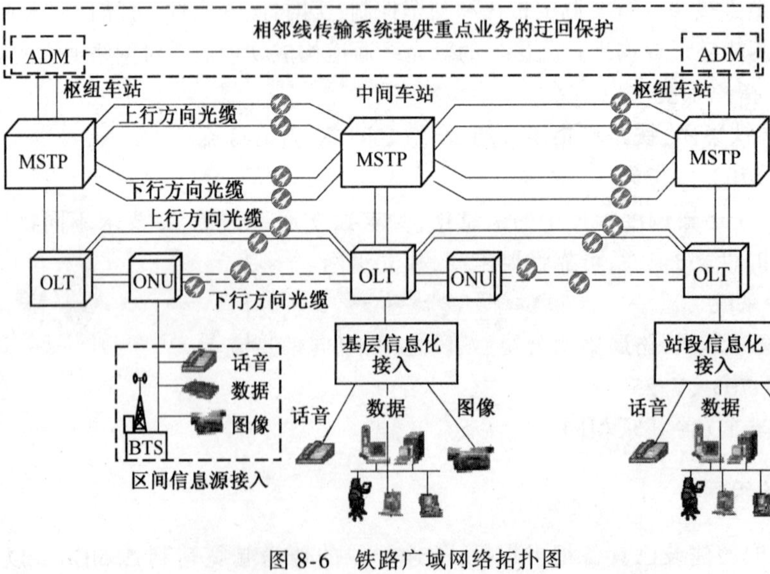

图 8-6　铁路广域网络拓扑图

第四节　无线网组网技术应用

铁路无线通信系统包括 GSM－R 铁路专用移动通信系统、列车无线调度通信系统(即无线列调)、站场平面调车无线通信系统、各专业(部门)对讲设备等。无线列调和站场平面调车无线通信系统已在全路普及,各种无线通信技术也已广泛应用于车辆编组站、驼峰、客货场作业、公安保卫、防护报警、战备应急等各个运输生产环节。铁路无线通信系统除了语音通信外,还承载了列车车次号校核、列车尾部风压、调度命令信息等数据信息传输,在铁路运输安全生产中发挥着重要作用。

一、铁路无线通信网的网络组成

根据铁路发展要求和铁路运输指挥、铁路信息化的需要,在全国铁路建设 GSM－R 数字移动通信网络,为运输调度指挥提供移动话音通信,为调度集中、列车控制等提供移动安全信息传输通道,为铁路运营管理提供移动通用数据通信及话音通信服务。根据需要建设 800 MHz 数据传输系统和宽带无线通信接入系统,提供实时数据传输业务和宽带数据接入业务,作为 GSM－R 系统的补充和有线通信网络的延伸。

铁路专用移动通信网以铁路 GSM－R 数字移动通信系统为主体,以 800 MHz 数据传输系统、宽带无线通信接入系统作为补充,以 450 MHz 列车无线调度通信系统作为过渡。

二、GSM－R 组网

1. GSM－R 系统构成

GSM－R 系统由交换子系统(Network Sub-System,简称 NSS)、基站子系统(Base Station Subsystem,简称 BSS)、通用分组无线业务系统(General Packet Radio Service,简称 GPRS)、智能网(Intelligent Network,简称 IN)系统、固定用户接入交换(Fixed user Access Switching,简称 FAS)系统、运行与维护中心(Operations & Maintenance Center,简称 OMC)系统及终端组成。GSM－R 网络结构如图 8-7 所示。

GSM－R 终端子系统包括移动终端和调度终端。移动终端包括机车台、运营台和通用电台。在列车上,机车台用于支持驾驶员与调度员、车站值班员、助理值班员之间的语音通信和数据通信。运营手持台则提供给维护人员、调车作业人员使用。通用电台提供给一般公务人员使用。

2. 铁路 GSM－R 网络结构

采用 GSM－R 系统形成高速铁路数字综合移动通信系统。满足列控系统车/地信息传输、无线列调、区间移动、尾部风压检测反馈、旅客移动信息服务、应急移动通信以及其他移动或固定无线接入等话音和数据业务的需要。

移动交换中心与调度中心、列车控制方式之间的关系密切,由调度中心统一指挥、车站分散控制列车运行。

移动通信系统的组网一般分为三层,第一层为移动交换中心(Mobile Switching Center,简称 MSC),第二层为基站控制中心(Base Station Controller,简称 BSC),第三层为沿线基站收发台(Base Transceiver Station,简称 BTS)。GSM－R 网络一般采用双网冗余覆盖,图 8-8 给出了一个典型的 GSM－R 组网方案。

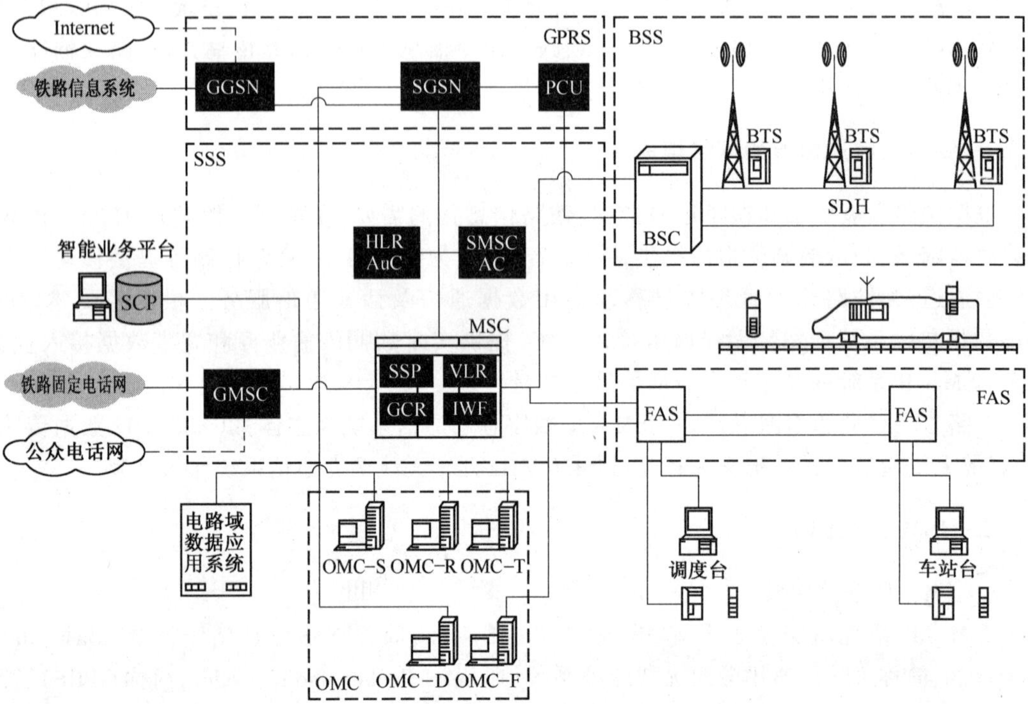

图 8-7　GSM－R 网络结构图

3. GSM－R 业务应用

(1)话音业务应用。采用 GSM－R 系统的功能寻址、基于位置寻址、组呼叫、广播呼叫、紧急呼叫等功能,实现铁路运输指挥话音通信,如列车、货运、牵引变电等调度通信,也可实现站场、应急、施工养护和道口等专用通信。其中,调度通信业务实现了传统的有线调度和无线调度"两网合一",优化了网络,提高了性能,方便了使用。

(2)数据业务应用。利用 GSM－R 电路域或 GPRS 分组域的数据传输链路,可以为铁路运输指挥提供实时及非实时数据通信业务。

①电路域数据传输业务包括列车控制信息、机车同步控制信息、调车无线机车信号和监控等实时信息传送。

②分组域数据传输业务包括列尾信息、地车间调度命令信息、无线车次号校核信息、进站停稳及接车进路预告等信息传送。

③根据需求还可以逐步增加旅客列车服务信息、车站/编组场综合移动信息系统、机车工况信息传输、牵引工况信息传输、线路监测状态传输和 GSM－R 场强监视等数据通信业务。

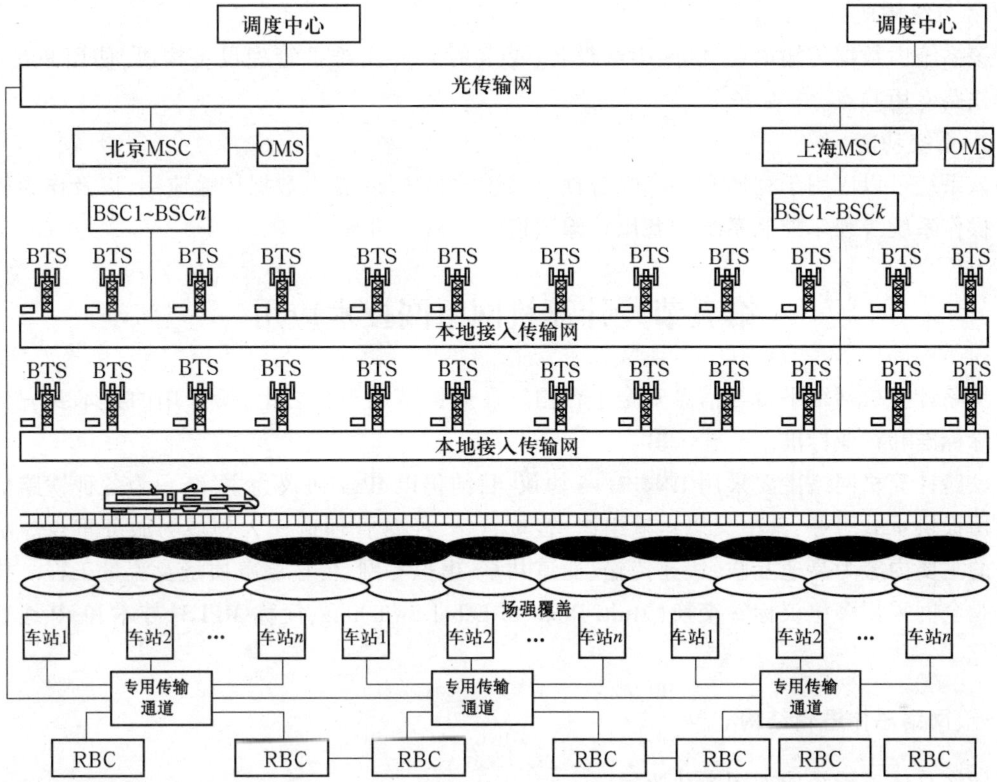

图 8-8　GSM－R 网络组网图

三、450 MHz 列车无线调度通信系统

根据组网方式和设备功能，铁路列车无线调度通信系统分为 A、B、C 三种制式。

1. 系统构成

该系统由调度台、车站台、机车台、便携台、区间中继设备和专用维护管理设备构成。采用有线、无线相结合的组网方式。车站台、机车台、便携台之间的通信采用无线方式；调度台至车站台之间的通信采用有线方式，有线通道由数字电路或四线/二线制音频话路构成。

2. 系统功能

该系统满足调度员、司机、车站值班员、助理值班员、运转车长之间的通话功能。根据系统制式不同，在通话功能实现的方式上有些差异。

四、800 MHz 数据传输系统

该系统采用 800 MHz 各种规格型号的数据传输电台，实现点对点、点对多点数据传输功能，根据电波传播环境的不同，还可以采用中继器、漏泄同轴电缆等设备解决弱场问题。

1. 系统构成

该系统由数据传输电台、区间中继设备(必要时)、专用维护管理设备构成,使用 800 MHz 频段铁路专用频点。

2. 系统功能

该系统可以应用于列尾和列车综合预警系统数据传输,各类数据传输应用,以及作为机车同步操作系统等列车控制系统的备用传输通道。

第五节　计算机网组网技术应用

铁路计算机网络平台与信息安全平台构筑在通信基础平台之上,所采用的技术要完全遵循国际标准和行业标准。

铁路计算机网络主要采用 IPv4/IPv6 协议,目前仍以 IPv4 协议为主,统一为各种铁路信息化应用提供承载服务,其中又以运输组织、客货营销、经营管理这三大领域为服务重点。承载服务的主要内容为高速互联、快速传输、通道共享、虚拟专网、传输服务质量及流量工程。技术依托是全网采用多协议标签交换(Multi-Protocol Label Switching,简称 MPLS)技术和 IP 地址的规范化。

一、网络总体逻辑结构

网络总体逻辑结构如图 8-9 所示。

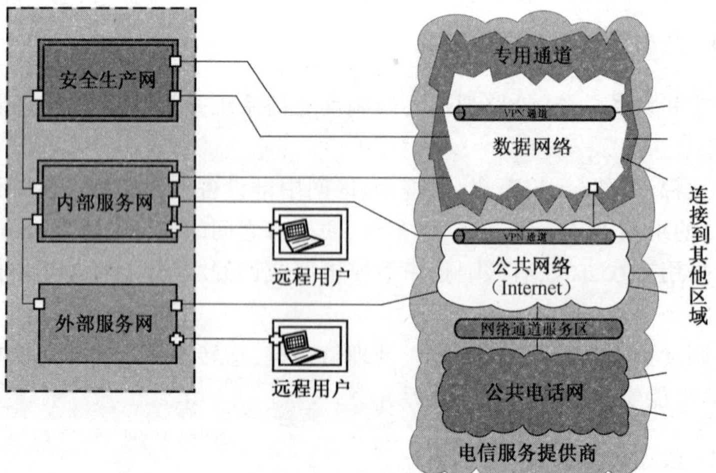

图 8-9　网络总体逻辑结构

□边界保护;✪远程保护

铁路计算机网络按照安全等级,通过动态物理隔离技术和防火墙技术构建面向服务的具有层次结构的网络,形成外部服务网、内部服务网、安全生产网三个逻辑安全区域,并根据安全等级的不同,实施不同等级的安全策略。外层网络对内层网络提供保护,形成纵深的网络防御体系,为各应用系统构建不同安全级别的虚拟专用网络环境。

铁路计算机网络各逻辑安全区域之间通过对边界的保护来实现信息的安全交换。

二、网络需求

铁路各个应用系统按照其组网特点,分为单独组网类、单独 VPN 类、公共 VPN 类共 3 大类,VPN 即虚拟专用网。

1. 单独组网类应用系统

单独组网类应用系统是指运行调度控制类系统,主要包括 TDCS、CTC、电力远控系统等,是安全生产网的重要组成部分。这类系统由于直接涉及行车指挥、行车信号控制或电网控制,具有明显的控制类系统特点,适宜单独利用物理通道和网络设备进行组网。采用防火墙与物理隔离系统等安全系统在国铁集团和铁路局集团公司两级与其他铁路信息系统进行安全数据交换。

2. 单独 VPN 类应用系统

单独 VPN 类应用系统是指不再单独利用物理通道和网络设备进行组网,而是与其他信息系统共享物理通道和网络设备。但由于这类应用系统在网络结构、数据流向上具有很强的逻辑独立性,因此为每个应用系统单独划分 VPN 以保障网络结构、路由结构和数据流的相对独立性。这类应用系统主要包括 TRS、公安管理信息系统。采用统一的信息安全系统在国铁集团和铁路局集团公司两级与其他铁路信息系统进行安全数据交换。

3. 公共 VPN 类应用系统

公共 VPN 类应用系统是指不再单独利用物理通道和网络设备进行组网,而是与其他信息系统共享物理通道和网络设备,并同属于一个或多个 VPN。这类应用系统之间需要多方位的进行数据交换,采用公共 VPN 的方式便于各个应用系统之间进行横向交流,实现信息共享和网络资源共享。除单独组网类应用系统和单独 VPN 类应用系统外,其他应用系统均属于公共 VPN 类,此外还包括视频应用和 VOIP 应用。

三、铁路计算机网的组网

全路计算机网络的主干网主要采用 MPLS 技术及 VPN 技术进行组网,全路计算机网络结构如图 8-10 所示。

铁路计算机网络是以核心网、骨干网、基层网构成的三级网络结构。

核心节点采用网状高速双链路互联形成核心网,从根本上解决网络可靠性问题。核心网的形成利于今后铁路信息系统多数据中心架构,并对本大区内的信息流进行转发。

按照地理分布,各路局集团公司节点采用高速双链路接入向上接入核心网,构成骨干网。

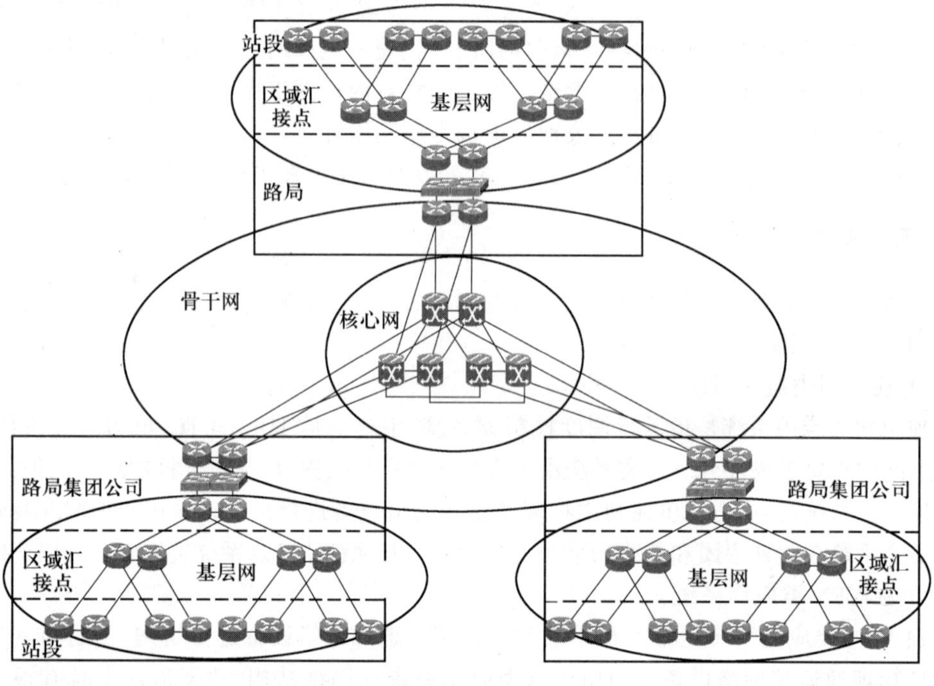

图 8-10　全路计算机网络结构

路局集团公司节点向下通过高速通道连接局管内各区域汇接点，区域汇接点负责完成本地区范围内各基层接入点的网络接入，实现网络通道本地化。路局集团公司节点以下为基层网，网络结构以星状为主。

全路各应用系统网络需求不同、业务上独立。建设一个网络系统，为各个应用提供统一的网络平台和 VPN 专网接入，各个分支应用可以在网络系统上建设各自的子系统。同时能保障各子系统之间的相互独立和安全性，而且方便各个子系统的接入和扩展。采用 MPLS/VPN 技术，通过在 IP/MPLS VPN 的高速基础网络平台上划分 VPN 来区分应用，实现多业务统一承载、安全隔离、带宽资源动态分配的多业务统一网络承载平台。在骨干网、各基层网形成多自治区域。

MPLS/VPN 建成后，铁路计算机网络系统具备以下特点：

(1)标记交换提高骨干网的传输效率。

(2)保证各种业务的安全隔离，相互之间互不干扰。

(3)能够实现对各种业务的 VPN 给予不同的 QoS 服务质量的保证。

(4)网络的扩展性提高，各个 VPN 的 IP 地址可以重叠，节约地址空间。

(5)根据业务种类的增加，可以灵活地增加新的 VPN。

(6)所有业务集中在一个网络平台中运行，便于网络和数据备份方案的实施。

1. 核 心 网

北京、武汉、西安三大核心节点之间高速互联,双通道,双网络设备,构成核心网的双三角形结构核心网结构,如图 8-11 所示。

核心网的主要功能是从根本上解决全网单点失效问题,实现整网的高等级冗余。核心网在大区间进行高速信息转发,并为本大区内的信息交换提供高速转发服务。核心节点之间互联采用两台高性能路由器,两条高速独立通信线路,分属于不同的电信运营商,以达到不同物理网链路的冗余互备和物理设备的冗余互备。

核心网关键是需要提高网络可用性。网络可用性是衡量网络质量的最重要的指标。提高网络可用性的关键技术包括路由快速收敛技术、快速重路由技术、软硬件在线升级技术、协议平稳重启技术、设备自身可靠性技术,另外还与传输网的可用性有关。

路由器的可用性是 IP 网络可用性的基础。路由器硬件可靠性的主要改进措施包括从单平面交换向多平面交换演变;关键部件采取冗余设计;控制平面与数据转发平面分离等。软件可靠性的主要改进措施包括采用轻型核心软件;软件功能模块化设计,每个软件模块在不同的空间中运行不同的协议。

国际互联网工程任务组(Internet Engineering Task Force,简称 IETF)提出了针对 ISIS(Intermediate System to Intermediate System,中间系统到中间系统协议)、OSPF(Open Shortest Path First,开放式最短路径优先协议)、BGP(Border Gateway Protocol,边界网关协议)、LDP(Label Distribution Protocol,标签分发协议)、RSVP(Resource ReSerVation Protocol,资源预留协议)等协议的平稳重启协议。平稳重启就是在路由器控制平面故障重启、软件升级、主备切换等情况下,数据转发平面正常工作,尽量不影响业务的正常提供。平稳重启技术是在网络稳定也就是拓扑没有变化的情况下,尽量保证业务提供。

影响快速路由收敛和快速重路由切换时间的关键因素是故障检测和判断技术。主流路由器厂家已经支持 IETF 提出的双向故障检测(Bi-directional Fault Detection,简称 BFD)协议。BFD 协议通过在点对点的链路之间定期(以 10 ms 为单位)发送故障检测包,不但可以检测和判断传输链路、光接口和设备端口等硬故障,还可以检测和判断传输层、链路层、IP 层和应用层由于误码造成的丢包等软故障,弥补了基于 SDH 故障检测,只能实现传输层故障检测的不足。采用 BFD 后故障检测时间在 30 ms 左右。BFD 技术已经是新一代路由器端口故障检测的基本必备功能,不依赖于任何其他协议或者应用,由于采用硬件实现,不影响设备性能。采用 BFD 后,结合其他技术的进步,大型网络路由收敛时间可小于 500 ms,快速重路由时间可小于 50 ms。

2. 骨 干 网

骨干网结构如图 8-12 所示。

各路局集团公司节点设置两台路由器,4 条高速通道。其中两条高速通道直连北京核心节点。另外两条高速通道根据地理位置以就近原则接入武汉节点或西安节点。两组高速通道采用不同电信运营商的通信基础设施资源，并采用两组高速通道负载均衡技术。路局集团公司节点以上构成骨干网。

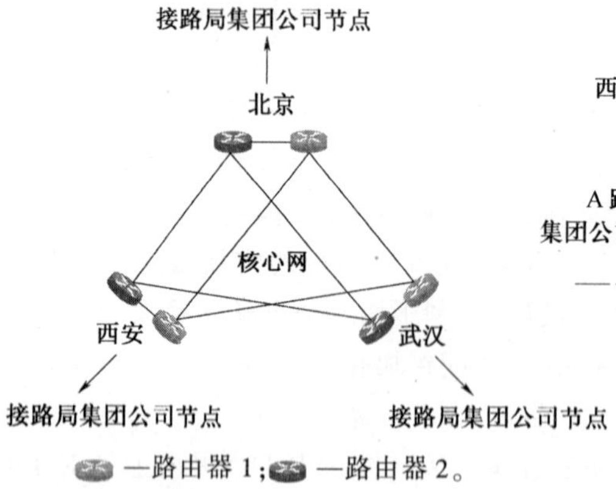

图 8-11　核心网结构

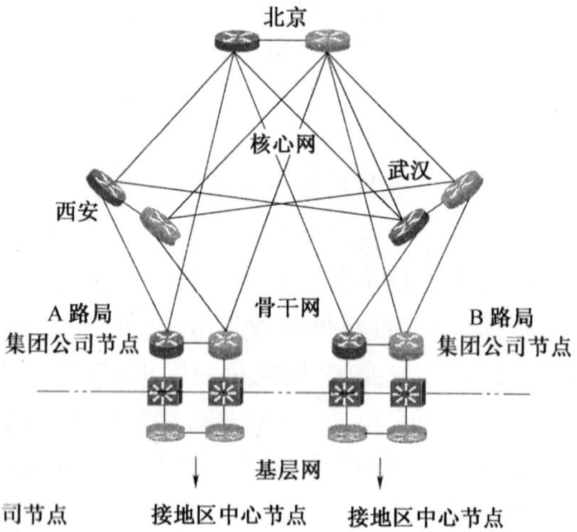

图 8-12　骨干网结构

3. 基 层 网

基层网结构如图 8-13 所示。

路局集团公司设置两组路由器，分属于路局集团公司上联节点和路局集团公司下联节点。路局集团公司上联节点接入核心网，构成骨干网。路局集团公司下联节点连接路局集团公司所属范围内各个区域汇接点，各个区域汇接点负责本地区范围内的基层站段的接入，从而构成基层网。路局集团公司上联节点和路局集团公司下联节点之间通过交换机进行分隔。

局管内区域汇接点的选取主要参照铁通在通信方面的区内、区间和长途的划分方法，在路局集团公司范围内合理规划出若干区域汇接点，作为本地区各基层单位网络通道汇接点，以高速或中速通道双链路接入路局集团公司下联节点。区域汇接点的主要功能是将基层单位的长途通道区内化或区间化，减少后期网络运行成本，同时大幅度提高基层网冗余度。

基层单位接入区域汇接点方式：

（1）所有直属站段直接接入本区域汇接点，采用星形网络架构，以及冗余保护双链路。

（2）对于路网性编组站、区段站，在条件许可的情况下可再度提高网络冗余度，采用双路由器、双链路分别接入两个区域汇接点。对于中间站，尽量采用星形架构直接接入区域汇接点。

（3）同城的单位（如区域汇接点附近的车站和段）原则上以局域网/城域网的方式接入区域汇接点路由器；通道条件不具备的，采用同城广域网的方式接入。

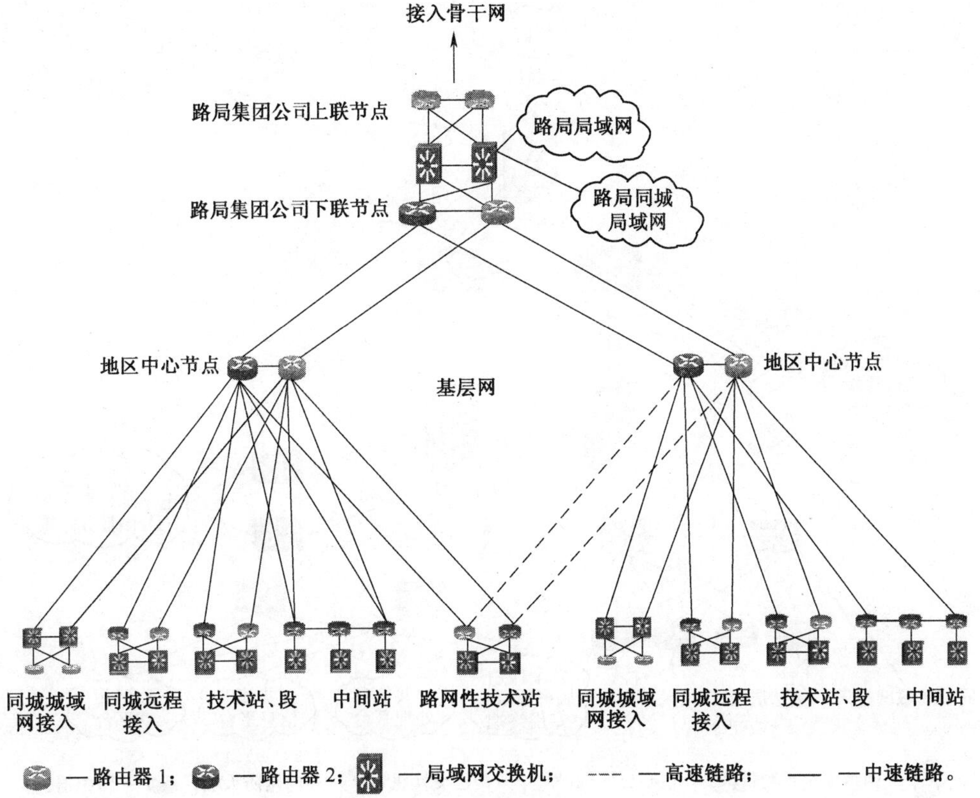

图 8-13 基层网结构

(4) 直属站段的异地下属机构(如分段、车间、领工区、工区)根据实际情况可采用直接接入本区域汇接点的方式,也可采用就近接入直属站段的方式。

(5) 铁路沿线所有信息监测点应就近接入联网站段。

(6) 基层单位需要选取经济适用的接入技术,实现多元化宽带接入。基层单位接入通道以中速专线为主,充分利用数字用户环技术做补充,并积极向城域网和光纤接入网发展。

4. 路局集团公司级局域网

路局集团公司级局域网结构如图 8-14 所示。

路局集团公司级局域网设置内部服务网、安全生产网、外部服务网等逻辑安全区域,并设置公网出口以及与之相关的网络安全平台。安全生产网是一个局域子网,由各个应用服务器群及专用终端、公共信息处理平台、公共基础信息平台、数据共享平台等组成;内部服务网是一个局域子网,由办公自动化系统服务器、内部电子邮件服务器、内部 DNS、防病毒服务器以及提供生产数据查询和录入服务的计算机等组成;外部服务网是一个局域子网,由对社会用户提供

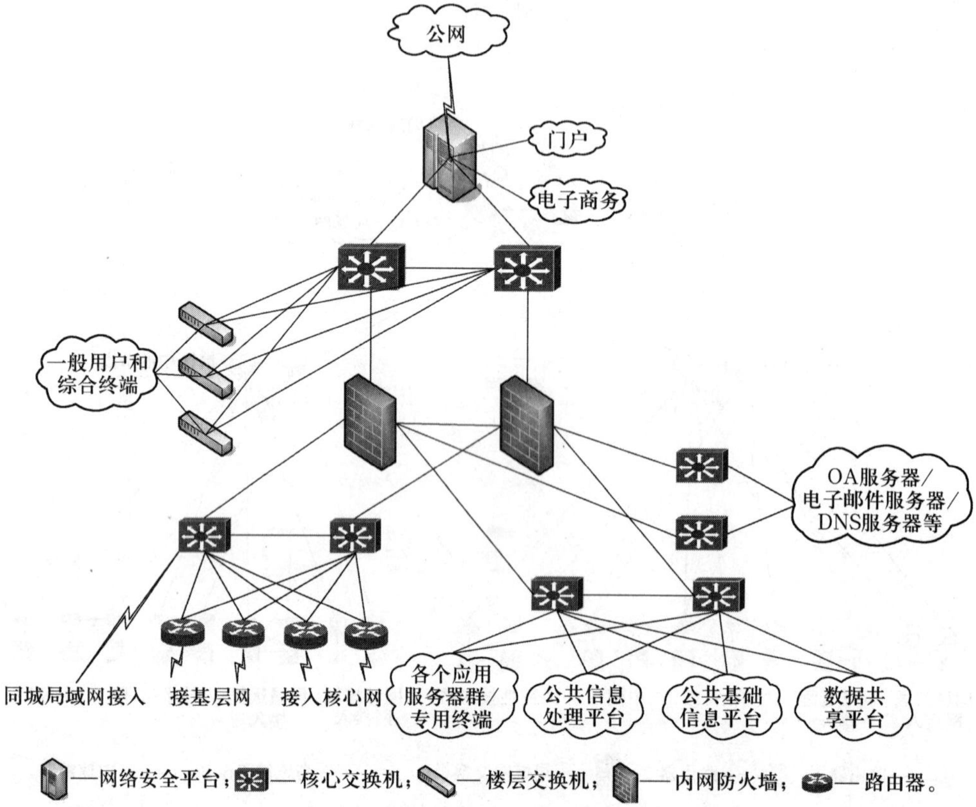

图 8-14　路局集团公司级局域网结构

信息服务的计算机组成，对外发布信息、提供电子商务服务等。

路局集团公司级局域网双网：双核心交换机，接入交换机双上联，服务器双上联。网络主干选用万兆或千兆以太网技术，交换到桌面。

交换技术：核心采用高性能的三层交换；为应用服务器提供多层交换；重点在边缘接入实现网络层访问控制和网络准入控制。

网络服务质量的实现：使网络能区分不同的应用，保护关键业务。

网络可扩展性和可管理性的实现：包括软件功能、端口容量的可扩展和整个网络系统的管理。

网络协议的选择：使用 IP 协议。

5. 站段级局域网

站段级局域网结构如图 8-15 所示。

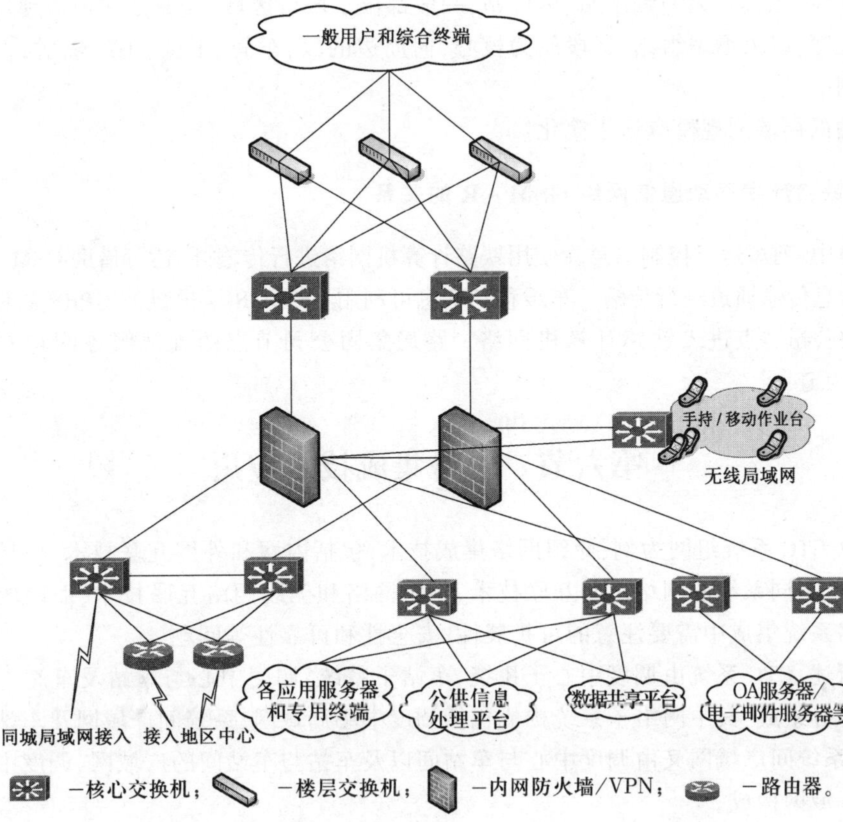

图 8-15　站段级局域网结构

站段级局域网设置内部服务网和安全生产网，不再设置公网出口和网络安全平台。安全生产网是一个局域子网，由各个应用服务器群及专用终端、公共信息处理平台、数据共享平台等组成；内部服务网是一个局域子网，由办公自动化系统服务器、内部电子邮件服务器以及提供生产数据查询和录入服务的计算机等组成。

站段级局域网双网：双核心交换机，接入交换机双上联，服务器双上联。网络主干选用千兆以太网技术，交换到桌面，条件成熟时可逐步采用万兆以太网。

交换技术：核心采用高性能的三层交换，配置多个虚拟局域网（Virtual Local Area Network，简称 VLAN）。重点在边缘接入实现网络层访问控制和网络准入控制，以保证网络安全。

网络服务质量的实现：使网络能区分不同的应用，保护关键业务。

网络可扩展性和可管理性的实现：包括软件功能、端口容量的可扩展和整个网络系统的管理。

直属站段按照站段级局域网进行规划和建设。其中，对于大型站场，作业点地理位置分散，或存在大量移动作业点，可采用无线局域网技术实现分散作业点和移动作业点的网络接入。

直属站段,尤其是大型编组站、区段站,一般都位于城市区域,应充分利用地理位置优势和通信资源优势,以大型编组站、区段站为核心,向周边的段、车间、工区、小站辐射,大力建设地区性局域网。

中小站的局域网规模应适当简化。

四、与铁路数字移动通信网络 GSM－R 的关系

调度集中、列车运行控制信息除使用铁路计算机网络进行传输外,还可借助 GSM－R 提供的移动安全信息传输通道进行传输。车载移动信息可利用 GSM－R 所提供的 GPRS 数据传输服务由路局集团公司节点进入铁路计算机网络。路局集团公司节点的外部服务网与 GSM－R 的 GGSN 进行互连。

第六节　网络集成技术应用

本节以 CTC 系统组网为例,介绍网络集成技术,包括内网和外网互联技术、广域网和局域网互联技术、不同系统的网络之间互联技术、固定网络和无线网络互联技术、旧网改造扩容技术以及网络系统集成中需要注意的可扩展性、安全性和可靠性等问题。

如前所述,CTC 系统由调度中心子系统、车站子系统、调度中心与车站及车站与车站网络子系统三部分组成,其中网络子系统构成包括调度中心局域网、系统间广域网及车站局域网三部分构成,系统间广域网又由调度中心与车站间以及车站与车站间的广域网、调度中心与调度中心间的广域网构成。

在进行网络系统集成时,应当遵循统一规划、统一标准、合理布局的原则,在满足现阶段需求的同时,留有发展余地。

一、局域网与广域网互联技术

局域网和广域网的互联通过协议转换器,有多种方式实现,比如拨号方式、DSL(Digital Subscriber Loop,数字用户环路)方式、ISDN 方式,较大的网络采用租用专线的方式。在 CTC 网络中,各调度中心和车站都有自己的局域网,调度中心之间、调度中心和车站之间、同一调度中心的车站之间都是通过广域网连接在一起,如图 8-16 所示。

在上图可以看出,CTC 组网中,广域网和局域网主要由路由器连接在一起,另外,还需要协议转换器将 2 Mb/s(E1)电路和以太网进行链接,通过防火墙保护局域网内部设备,经交换机把局域网连接到路由器。

二、系统间的网络互联技术

不同系统间的网络连接有不同的技术要求,比如有些系统可以通过以太网路由器采用

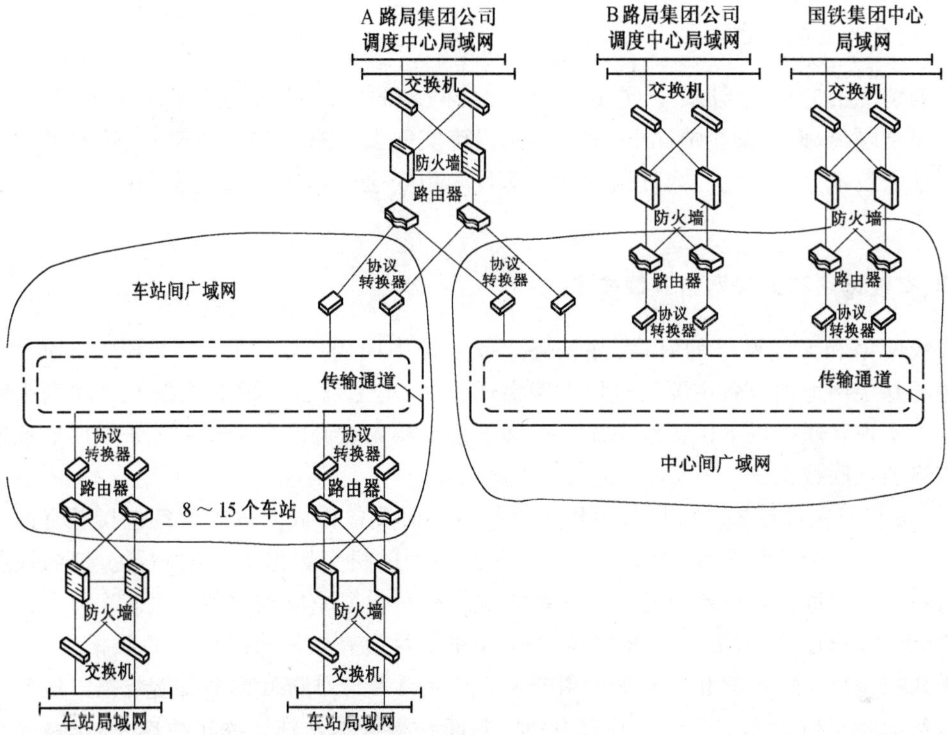

图 8-16 局域网与广域网互联

TCP/IP 协议连接在一起，另外一些系统为了安全考虑，需要采用专有协议进行互联。CTC 系统和计算机联锁系统的互联比较具有典型性，下面简单对此进行介绍。

计算机联锁系统自己独立构成一个封闭的控制局域网，如图 8-17 所示。依据计算机联锁技术条件的有关要求，为不影响计算机联锁系统的正常工作，列车调度系统车站自律机与计算机联锁上位机间应采用 RS－232 方式通信，通信介质采用光纤，以免系统间因雷电或高电压的引入造成相互影响。

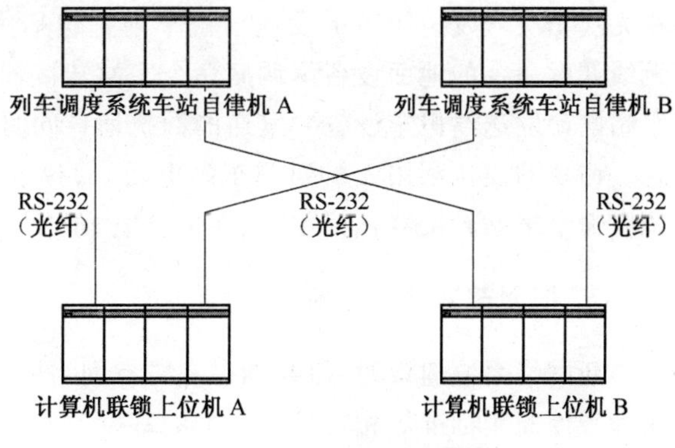

图 8-17 计算机联锁系统

除此以外，CTC 系统和车站列控系统、450 MHz 列车无线通信、微机监测系统等互连也是采用光电隔离的 RS－232、RS－422、RS－485 等串口通信进行连接。如果必须采用 TCP/IP 协议与其他系统（如 GSM－R）联网时，则在 CTC 系统一侧安装防火墙。如果需要与地方铁路进行信息交互时，也应采用串行通信方式进行连接。

三、内外网互联技术

一般情况下,为了保证安全,铁路生产网(内网)和办公网等非生产网(外网)需要从物理上进行完全隔离,但是某些情况下,这两种网络确实需要进行一些信息交互,这时就需要借助内外网互联技术。最常见的内外网互联技术是采用安全隔离网闸保证安全的前提下,尽可能互联互通。

四、有线网络和无线网络互联技术

有线网络和无线网络的互联,在铁路业务系统中应用广泛,典型的系统如 TDCS。TDCS 系统中的基层网地面设备主要通过以太网实现互联,车上设备与地面设备的互联则采用无线网络技术实现互联。以下以无线车次号校核子系统和无线调度命令子系统来说明有线网络和无线网络的互联技术。

(1)无线车次号校核系统设备由机车设备和地面设备构成。机车设备包括既有的设备有机车安全信息综合监测装置、无线列调机车台并新增的机车数据采集编码器。地面设备由车站分机和车站数据接收解码器构成。无线车次号机车数据采集编码器采集车次号、机车号、列车种类、编组、速度、位置等信息并根据信号机种类判为有效时,按约定的数据格式和协议,利用无线列调机车电台改变原有的发射频率,以部颁无线列调组频率发射数据。地面车站数据接收解码器接收机车上传来的信息数据,判断是否为本站辖区列车数据,向车站采集控制分机传送数据并以比或的方式显示接收信息数据。

(2)无线调度命令系统也是由机车设备和地面设备构成,机车装置从机车安全信息综合监测装置获取机车号、车次号信息,设备接收调度命令后将命令显示、打印输出并发出语音提示,并具有发送自动回执、人工回执的功能。回执利用无线列调机车电台改变原有发射频率,在无线车次号发送频道上发送。机车装置包括主机、操作显示终端、打印终端、连接电缆等。无线调度命令的地面设备由调度命令车站转接器构成,接收车站设备发送的调度命令并通过车站电台发送给机车设备。发送的回执信息同时转发给车站设备,机车设备显示工作状态信息。命令的发送利用无线列调车站电台,回执的接收通过无线车次号车站数据接收解码器。调度命令车站转接器包括主机、连接电缆等。

五、旧网改造扩容技术

新网络系统建设时,需要考虑和既有网络的关系问题,在满足新建网络技术条件、组网要求和硬件配置标准等相关技术标准的基础上,对相关既有网络设备进行升级改造,可根据实际情况进行利旧、改造和扩容。

在 CTC 网络建设过程中,存在一些需要从原有的 TDCS 网络基础上进行扩建的情况。其扩建升级过程一般都是根据 CTC 网络建设的需要增加接口模块或新增路由器,同时增加协议转换器，可以根据需要和端口预留情况扩充交换机端口。TDCS网络系统设备利旧、改造、扩容如表8-1所示。

表8-1　TDCS网络扩容设备利用表

CTC网络系统设备	TDCS网络系统设备	CTC网络系统设备	TDCS网络系统设备
调度中心路由器	扩容	通信质量监督	新增
调度中心交换机	扩容	车站路由器	扩容
调度中心协议转换器	新增	车站交换机	扩容
网络安全系统	利旧	车站协议转换器	新增

六、网络集成中的一些原则

网络集成中需要考虑扩展性、安全性和可靠性等问题。

1. 扩 展 性

在CTC网络建设中，采用开放式网络体系结构TCP/IP协议，IP地址国铁集团统一发放，在地址分配过程中预留一定的地址段，以满足新建CTC系统和网络调整时的需要。在局域网中，还需预留IP地址，调度中心至少预留200个IP地址，每个车站至少预留10个IP地址。

在网络设备方面，尽量采用通用、可替换的网络设备，如路由器、交换机、集线器等。系统工作站、终端也尽量具有一定的通用性，以减少备品、备件的数量。

由于计算机技术、网络技术发展迅速，硬件设备升级较快，同时考虑电子类产品的寿命、可维修年限等因素，因此，对未来发展不应有过多的预留，建议按照满足系统开通后3~5年的发展需求考虑预留，远期可按新增设备考虑。

2. 安 全 性

CTC网络系统集成过程中，采用防火墙技术、入侵检测技术、身份认证技术、防病毒系统等措施保证网络互联的安全。

(1) CTC系统网络使用防火墙及入侵检测技术，实施信息过滤及认证安全检测和扫描，保证网络安全。

(2) 用于远程维护的路由器应经过防火墙接入CTC系统网络。

(3) CTC系统网络应通过动态身份认证系统，保证用户身份的合法性。

(4) 调试系统接入CTC系统网络，需采用专门分配的IP地址，并经过调度中心杀毒软件检查方可接入。

3. 可 靠 性

CTC网络集成组网时，采用多种措施确保系统的可靠性。

(1) 在组网方面，CTC系统采用双套局域网、双环形广域网等冗余方式提高系统的可靠性，每台联网设备配置两个网络接口。

(2)数据库服务器、应用服务器和通信前置服务器均为双机热备系统。

(3)路由器、交换机、终端设备、以太网适配器及网络线路等关键网络设备或部件均应采用冗余配置。选用高可靠的网络硬件设备或部件,以提高网络设备的单套可靠性。系统广域网结构采用冗余路由方式,包括传输通道的冗余和拓扑结构的冗余。

(4)系统广域网在选择传输通道时,按照以下优先顺序选择。

方案一:不同物理路径的单独光纤通道。

方案二:不同物理路径,采用不同传输系统的 2 M 通道。

方案三:相同物理路径,采用不同传输系统的 2 M 通道。

(5)在满足当前应用需求的基础上,系统配置应在存储容量、处理能力方面留有一定的余量,以防突发性数据流量过载和服务请求引起系统响应速度明显降低。

小　　结

铁路调度指挥集中化和智能化的发展,以及对列车运行直接指挥、管理和控制的技术发展趋势,使得铁路信息系统对网络技术提出了更高要求。

铁路通信网络技术主要包括光通信、移动通信等内容,且随着业务的开展,已在向无线宽带通信技术应用方向发展。

铁路通信网络集成应用中,应重点考虑扩展性、安全性、可靠性、高速移动性等因素。

复习思考题

1. 简述 TDCS 的网络结构和组网要求。
2. 铁路计算机网络支撑了哪些应用?应用的分类原则是什么?
3. GSM - R 由哪几个子系统构成?
4. TDCS 系统在可靠性上采取了哪些措施?
5. 为了保证网络安全,可采用哪些技术?
6. 简述铁路站段级局域网结构。
7. 网络集成的原则是什么?

第九章

软件技术及应用

【本章要点】 本章重点介绍了铁路信息系统所涉及的常用软件技术，如中间件、面向服务的体系结构、工作流、软件开发等，这些技术中，一些是有代表性的企业级软件技术，一些是系统集成架构方法，都是在设计和研发铁路信息系统中曾用到的关键技术。本章针对具体的软件技术分别从概念、主要的组成部分、技术特点、技术优势等方面进行了详细的描述，并且结合本书第六章、第七章、第八章相关的技术及应用，以铁路动车组检修管理信息系统为例，将这些软件技术、架构方法和动车组检修的业务流程结合起来，构建一个高效实用的信息系统。通过本章的学习，学生应重点了解常用软件技术的特点、功能、组成及应用；同时应通过动车组检修管理信息系统实例更深入理解软件技术及其设计思想在铁路信息系统的设计中发挥的实际作用。最后，针对虚拟化和云计算技术，给出基本概念和平台开发技术及其铁路应用研究动态。

第一节　中间件技术

一、中间件技术概述

中间件(Middleware)，正如它的名字一样，是一种"连接"两个或多个软件系统的软件，通常用在分布式系统中。中间件的主要目的是使软件系统或部件通过其连接交换数据，完成软件系统或部件的整合，使软件系统或部件可以运行在完全不同的平台和被不同厂商开发。

"中间件"一词最初出现在1968年著名的北约软件工程会议，20世纪80年代中间件开始流行起来，因为它提供了连接新应用和旧系统的解决方案。一般来说，中间件常由第三方开发，软件开发公司购买它的功能。中间件的发展趋势是结合使用XML和Web服务来确保方便的信息交流、可扩展性和可移植性。

微软的ODBC是一种常见的中间件，它能以统一的方式处理所有的数据库，所有的数据库操作都有对应的DBMS的ODBC驱动程序完成。如图9-1所示，应用A通过ODBC驱动程序访问DB 1(Oracle 10 g下的数据库)和DB 2(SQL Server 2005下的数据库)；同时，应用B通过ODBC驱动程序来访问DB 3(SQL Server 2005下的数据库)。使用ODBC的主要优点是可以独立于 DBMS 的数据存储来开发应用程序，换而言之，可以使应用程序和数据库管理系统之间的集成相对容易。

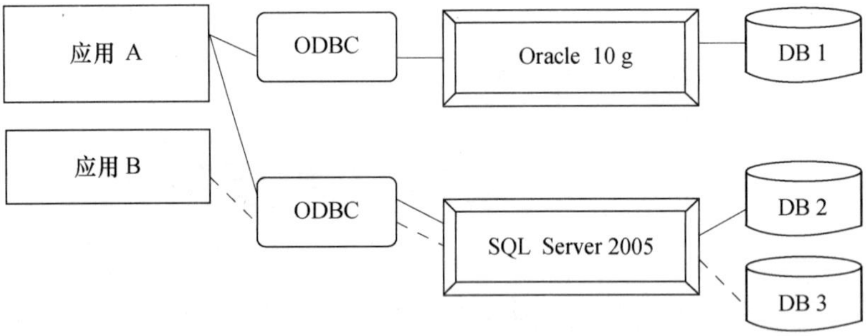

图 9-1 ODBC 用作中间件的例子

中间件产品功能如下：

(1)提供抽象层，如 ODBC，使应用程序开发人员可以集中精力解决问题，较少或根本不注意操作环境。

(2)管理分布环境，如应用程序需要很多分布式组件的互联，中间件处理这些分布式组件的整合。

(3)用冗余和握手协议改进可靠性，利用检错和纠错技术，包括自诊断功能，以提高系统效能及可靠性。

(4)管理不同系统间差异，可以通过诸如平台、使不同厂商软件和硬件、不同版本的操作系统及其他软件系统，经通信协议相互交换信息及数据。

中间件提供的底层接口是一些标准接口，以促进应用集成，避免重复工作，通过分层降低系统的复杂性，并促进应用程序之间的合作。因此，中间件使应用程序开发任务更加容易。

从应用程序来说，中间件的优点在于：利用中间件，应用程序可以透明地同其他应用程序交互；中间件可以解决不同网络协议之间的转换，应用程序可以不必关心下层网络协议可能出现的差异；中间件可以提供相应的措施来确保应用通信的可靠性及安全性；中间件还提供相应的技术来增强系统的容错性，保障应用的可用性；同时，使应用程序具有良好的可扩展性。

从应用企业来说，中间件的优点在于：利用中间件，企业缩短了应用开发周期，减少了项目开发风险，提高了应用系统的质量和可维护性，增加了产品吸引力。

现在的操作系统中也包含了很多中间件的功能。例如，早期的操作系统不支持执行 TCP/IP 协议，需要使用第三方供应商提供的中间件，才能够将 TCP/IP 引入到开发者的应用程序中。如今，TCP/IP 协议是一个标准的服务，被包括在市场上几乎所有的操作系统中。

许多厂商(如 IBM、Microsoft、SAP 公司、SUN 和 Oracle 公司等)生产大量的中间件，TIBCO、Mercator 软件、Vitria 和 WebMethods 主要提出了面向 Web 的中间件工具。在开源方面，Apache

软件基金会和 Object Web 联盟极大地促进了开源中间件的发展。

还有有一些组织，它们致力于中间件的推进，如对象管理组织（Object Management Group，简称 OMG）、电信信息网络体系结构联盟、中间件协会和开放应用程序组。

二、中间件技术在动车组检修信息系统中的应用

中间件技术已经广泛地应用于各个领域，特别是在推进行业信息化的过程中起到了关键作用，在系统结构的整合和重构方面具有不可替代的优势，下面简要介绍一下动车组检修信息化设计过程的应用。

基于传统的设计方法的种种不足和中间件技术的优越性，可以将中间件技术在动车组检修信息化过程中一些共性的应用（如通信功能、消息转换、业务逻辑、数据采集等）进行抽象，并在此基础上设计一个中间件平台，通过这个平台对原有的系统结构重新进行重构和调整，如图 9-2 所示。

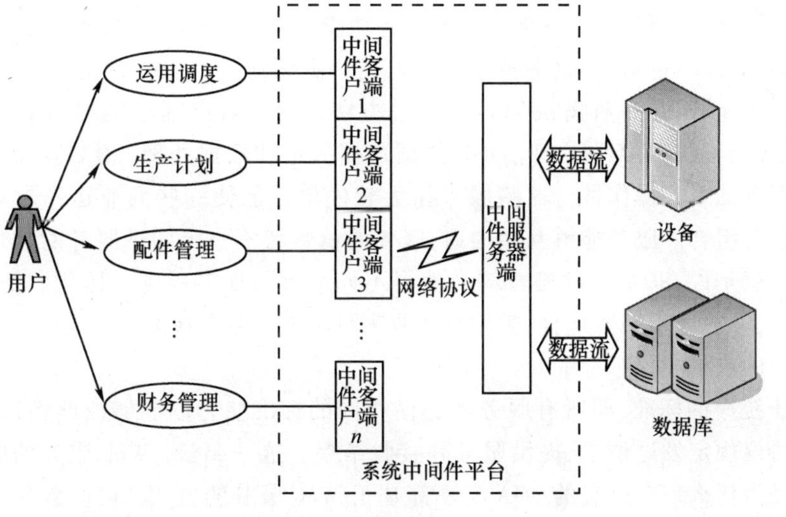

图 9-2　基于中间件的动车组检修信息系统结构

该系统中间件处于操作系统、网络和数据库之上，应用系统之下，作为三层结构的中间层出现，在其上完成了系统的业务逻辑、消息处理、通信管理等工作。动车组检修的业务应用是以业务组件的方式布置在系统中间件平台之上的，而对于其业务逻辑的修改也将只会在该中间件平台中进行，通过它提供一个公共的应用通信机制和数据接口，用来解决应用之间的互连性问题，而其余两层分别进行动车组检修业务的表现和数据处理。动车组检修信息系统采用基于中间件的体系结构能够将异常风险进行分散，较好地满足了实际的应用需求，还能与其他相关系统或模块有较好的兼容性，使得整个软件系统的健壮性得到增强。

第二节 面向服务的体系结构技术

一、面向服务的体系结构概述

面向服务的体系结构(Service-Oriented Architecture,简称 SOA)是一种架构模型,它可以根据需求通过网络对松散耦合的粗粒度应用组件进行分布式部署、组合和使用。服务层是 SOA 的基础,可以直接被应用调用,从而有效控制系统中与软件代理交互的人为依赖性。SOA 本质上是服务的集合,服务间彼此通信,这种通信可能是简单的数据传送,也可能是两个或更多的服务协调进行某些活动。结构化信息标准发展组织(Organization for the Advancement of Structured Information Standards,简称 OASIS)对 SOA 的定义如下:

SOA 是一个组织和利用各种分布式功能的模式,这些功能可能分别处于不同的管理域控制下。它提供一个统一的方式实现信息转换与交互,且预期能力与实测能力一致。

SOA 是一种架构和组织 IT 基础结构及业务功能的方法。SOA 是一种在计算环境中设计、开发、部署和管理离散逻辑单元(服务)的模型,这一定义阐明了 SOA 的范围。

SOA 是一种范式,是一种解决问题的一般方法。面向对象程序实现(OOP)也是一个范式。不过,SOA 与 OOP 的不同在于,OOP 强调数据绑定和数据处理,SOA 强调灵活性和利用松散耦合的服务的可互操作性。这些服务作为软件单元能使一些商业运作自动化。SOA 还可以与其他服务组合。服务能够互相沟通,服务的消费者不一定知道服务的物理位置和其他实施细则。也就是说,SOA 通过松散耦合使得不同平台的许多服务一体化。例如,一个社区内的餐饮企业,一般属于松散耦合,餐厅可接收来自本地的多个蔬菜供应农场主的蔬菜而不是依赖一个单一的农场主。

SOA 基于统一的标准,即所有服务都遵循相同的标准使它们能够彼此沟通。同样,服务遵循相同的协议规定发送请求,提供服务并接收结果。这一要求, Web 服务的能力完全可以实现。这就是为什么现在所有的 SOA 实现都基于 Web 服务的使用。Web 服务是用来使基本的功能模块通过标准的互联网协议具有访问性,正如前面提到的,与平台和编程语言无关。以社区内有关业务为例,他们使用同样的货币制度以支付对方的服务,使用相同的语言互相沟通,使用相同的测量系统,并按照同一套规则管理其业务运作。

SOA 要求开发人员将应用设计成服务的集合,跳出应用本身进行思考,考虑现有服务的重用,或如何能够被其他项目重用,使单独的、独立的、封装完善的服务组合成较大型的服务,由此来实现重用。

SOA 提供了一种独立的、互操作性强的、可扩展的灵活服务,来支持企业的许多业务流程,具有快速适应业务流程变化的能力。由于 SOA 是在现有的 IT 基础设施之上进行集成和重用的,所以 SOA 还可以为企业的业务运营提供强大的 IT 支持,并且不影响企业现有的复杂技术。同时,采用 SOA 将简化软件系统开发过程,并对不断变化的业务提供可靠且迅速的支持。

SOA 不仅是一种开发方法,还具有管理上的优点。例如,管理员可直接管理开发人员所构建的相同服务,这远胜于以往管理单个应用的方式。通过分析服务间的交互,SOA 可以帮助企业了解何时哪些业务逻辑被切实执行了,这使管理员或分析师能够有针对性的优化业务流程。

实施 SOA 的关键目标是实现企业 IT 资产的最大化重用。要实现这一目标,就要在实施 SOA 的过程中牢记以下几个鲜明的基本特征:

(1)可从企业外部访问。

(2)随时可用。

(3)粗粒度的服务接口。

(4)分级。

(5)松散耦合。

(6)可重用的服务及服务接口设计管理。

(7)标准化的服务接口。

(8)支持各种消息模式。

(9)精确定义的服务契约。

SOA 可以看做是 B/S 模型、XML/Web Service 技术之后的自然延伸,SOA 架构如图 9-3 所示,其中 XML 的使用在很大程度上解决了系统集成的信息交流的问题。通过 XML 的应用,Web 服务在有关软件工程的许多领域取得突破,如支持平台独立的分布式业务解决方案、采用国际标准接口和 Web 服务描述语言(Web Services Description Language,简称 WSDL)描述的机器可读的应用服务系统的服务发现机制。因此,许多业务逻辑单位和服务被实现为 Web 服务。软件系统开发可以依赖 Web 服务而不依赖大量的编码工作。尽管如此,仍然存在一个问题:软件解决方案并没有随着业务流程的变化调整其能力。SOA 推动了 IT 服务,更灵活地处理业务流程变化,SOA 将能够帮助我们站在一个新的高度理解企业级架构中的各种组件的开发、部署形式。它将帮助企业系统架构者以更迅速、更可靠、更具重用性架构整个业务系统。较之以往,以 SOA 架构的系统能够更加从容地面对业务的急剧变化。

图 9-4 表示服务重新配置过程,图 9-4(a)显示了两个应用程序收到来自现有服务的数据。应用程序的通信路径显示使用不同类型的服务。这些应用都有自己的代码以指定处理过程(不是由现有的服务指定),或以服务需要的形式和顺序格式化数据。图中两个应用程序共享一些服务。

图 9-4(b)显示了应用调用的服务可以被"重新配置",处理新增的功能。图中通过增加服务更新应用 B,在应用程序 B 的一个更新过程中,只需一个由服务 5 和服务 6 两个现有服务组成的新服务 7,在 SOA 中这个过程是很容易被实现的。其中需要注意的是,虽然服务 5 和服务 6 形成了服务 7,但它们仍然是单独的服务应用程序或服务。

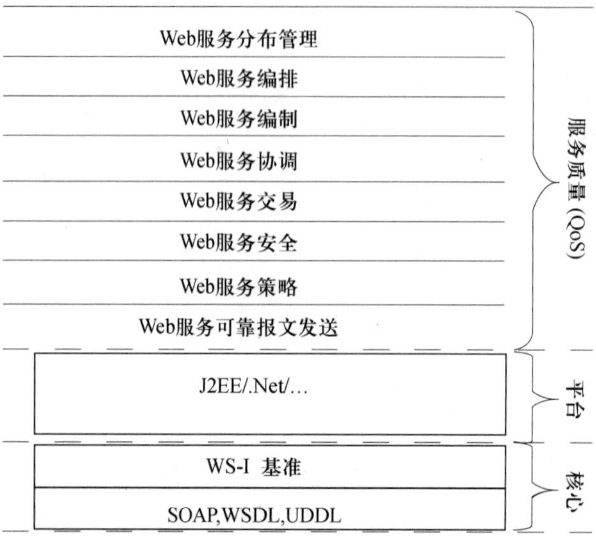

图 9-3　SOA 基本技术架构

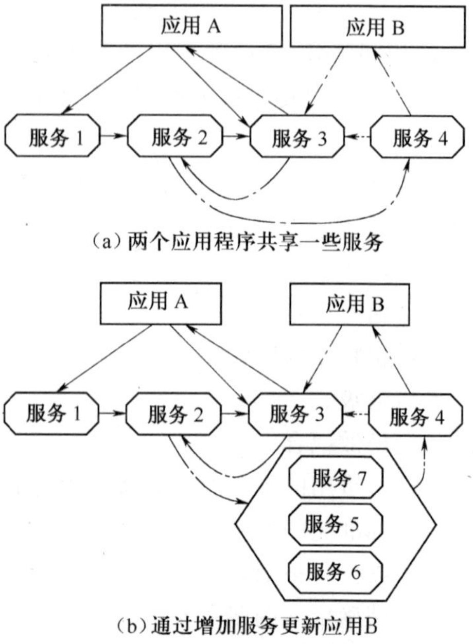

图 9-4　服务重新配置过程

SOA 设计原则如下：

(1)松耦合。松耦合使服务的依赖关系最小化 。

(2)抽象。服务是自包含及服务的消费者并不要充分认识该项服务的细节。

(3)无状态。服务不保留其所要求需要的信息，如果下一次由同一个消费者调用服务，也不会显示上一次的信息。

(4)服务合同。服务描述使用一组预定义的标准和服务之间的通信也遵照预定义的标准。

(5)重用。同样的服务，可以用于许多其他服务和应用。

(6)组合性。新的服务可以通过组合其他服务完成。

(7)自治。服务的业务逻辑的需要，不影响其他服务。

(8)优化。高品质服务。

(9)发现性。服务的功能是使用描述语言和其他服务理解的格式，通过发现机制可以找到和评估。

SOA 作为一种成熟的模式，正引起 IT 行业广泛关注。与 SOA 相关的组织有 W3C、OASIS WS－I(Web Services Interoperability Organization，Web 服务互操性组织)及公开组等，它们制定了许多标准来指导 SOA 的发展方向，同时也推进了 SOA 的应用。主要的软件厂商，如 Microsoft、IBM、Sun Microsystems、Oracle、Tibco、惠普、佳能、富士通、北电、VeriSign 以及 WebMehtods 等都研发了 SOA 的相关产品，为 SOA 运用作出了贡献。

二、基于 SOA 的系统平台构建

在多年铁路信息化建设的实践中，已经探索出了多种思路和方法，也总结出了几种较为典型的方式。但由于铁路行业迅速发展，企业内业务的不断拓展和管理模式的更新，如动车组检修管理对于我国来说就是一个比较新的管理范畴，其管理流程和业务模式从无到有，要不断改进趋向成熟，对于开发部门和动车组检修基地这样的应用部门都会面临着不断产生的新的系统变革需求，如果单纯从增加或改变系统功能流程出发对已经开发的系统进行更新，通常会导致系统底层的数据模型在最初设计的基础上变得更加纷杂，甚至产生重叠。所以，使用 SOA 可以满足铁路信息化建设中的系统变革需求。

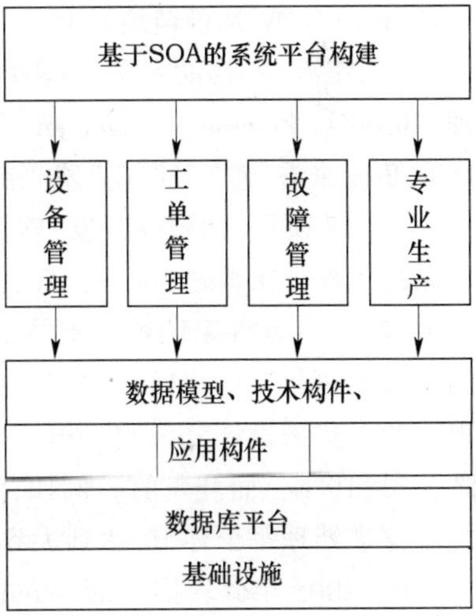

图 9-5　基于 SOA 的系统平台构建

SOA 系统平台按层次划分，如图 9-5 所示，每个层次的结构和功能相对独立，下一层为上一层提供支持和服务，各层次相互依存，缺一不可。

在通用的技术支撑平台上，采用统一的数据模型和通用构件，预置基础的应用架构，采用细粒度模块化设计，积木式拼装，组件应用，成熟的部分（如设备管理、财务、物资和零备件供应链、人力资源等）采用成熟软件作为核心系统，对行业及企业特殊需求（如动车组的运用和维修生产管理等）做定制开发，这种方法既融合了基于 SOA 平台方法的适应性，又引进了管理和技术的先进性，支持分阶段、分功能实施，方便与其他系统集成，并根据业务需求将数据逻辑模块和用户接口模块按规则灵活拼装，形成个性化的信息管理平台。并且，由于只对定制部分开发，且接口标准统一，所以开发迅速，系统间集成开发的周期也大大缩短。

第三节　工作流技术

一、工作流技术概述

工作流（Workflow）就是工作流程的计算模型，即将工作流程中的工作逻辑和规则在计算机中以恰当的模型进行表示并对其实施计算。工作流要解决的主要问题是为实现某个业务目标，在多个参与者之间，利用计算机，按某种预定规则自动传递文档、信息或者任务。简单的

说,工作流就是一系列相互链接、自动进行的业务活动或任务。

工作流管理(Workflow Management, 简称 WfM)是人与电脑共同工作的自动化协调、控制和通信。在电脑化的业务过程上,通过在网络上运行软件,使所有命令的执行都处于受控状态。在工作流管理下,工作量可以被监督,分派到不同的用户达成平衡。

工作流管理系统(Workflow Management System, 简称 WfMS)的主要功能是通过计算机技术的支持去定义、执行和管理工作流,协调工作流执行过程中工作之间以及群体成员之间的信息交互。工作流需要依靠工作流管理系统来实现工作流管理。

工作流属于计算机支持的协同工作(Computer Supported Cooperative Work,简称 CSCW)的一部分。CSCW 是普遍地研究一个群体如何在计算机的帮助下实现协同工作的。

"工作流"一词的定义,对不同的背景和行业的意义差别很大。这个词可以从业务流程管理(Business Process Management,简称 BPM)、建模、生物信息学和人机交互的研究中找到。从 IT 的角度来看,对"工作流"感兴趣有以下三个原因:

(1)IT 项目(如软件开发、软件采购、网络基础设施的规划以及软件或系统聘用工程师等)可以用工作流来描述,进行管理,提高效率。

(2)有些软件系统可以支持工作流程自动化,允许公司定义工作流模型,然后,该产品监测和强制执行工作流模型定义的规则来保证结果的一致性。通常,这些软件能够让用户以可视化的形式来设计复杂的工作流模型。一般来说,这些软件产品是专门为特定的行业(如保险公司和医院)而开发的。例如,汽车保险业,代理可以依靠软件使用相同的支撑数据和相同的步骤来处理每个环节,达到大致相同的结果。

(3)2005 年微软推出的 Windows Workflow Foundation(WF)。WF 是一个可扩展框架,用于在 Windows 平台上开发工作流解决方案,如显示基于用户输入的 UI 控件,或大型企业所遇到的复杂情况(如订单处理和库存控制)。它包括命名空间、进程工作流程引擎以及 Visual Studio 2005 的设计器。WF 附带了一个编程模型和定制工作流引擎以及一系列在 Windows 下迅速建立工作流程应用程序的工具。

二、工作流系统的主要组成部分

1. 过程定义工具

过程定义工具被用来创建计算机可处理的业务过程描述。它可以是形式化的过程定义语言或对象关系模型,也可以是简单地规定用户间信息传输的一组路由命令。

2. 过程定义

过程定义(数据)包含了所有使业务过程能被工作流执行子系统执行的必要信息。这些信息包括起始和终止条件、各个组成活动、活动调度规则、各业务的参与者需要做的工作、相关应用程序和数据的调用信息等。

3. 工作流执行子系统和工作流引擎

工作流执行子系统(Workflow Enactment Service,简称 WES)也称为(业务)过程执行环境,包括一个或多个工作流引擎。工作流引擎是 WfMS 的核心软件组元。它的功能包括解释过程定义、创建过程实例并控制其执行、调度各项活动、为用户工作表添加工作项、通过应用程序接口(Application Programming Interface,简称 API)调用应用程序、提供监督和管理功能等。工作流执行子系统可以包括多个工作流引擎,不同工作流引擎通过协作共同执行工作流。

工作流参考模型确定了工作流管理系统的基本架构。该架构是开发工作流软件时应当采纳的系统模型,当然,一个工作流管理系统也可以不遵循这个模型标准,或只实现这个模型的一部分,但事实证明,这个模型结构是最为合理的。

系统的核心部分是工作流引擎,引擎是驱动流程的主要部件,它负责解释工作流流程定义,创建并初始化流程实例,控制流程流动的路径,记录流程运行状态,挂起或唤醒流程,终止正在运行的流程,与其他引擎之间通信等工作。工作流管理联盟(Workflow Management Coalition,简称 WfMC)没有针对引擎的实现提供具体的标准,因为对引擎做过多的约束并没有多大的现实意义。

一个工作流管理系统可以包含一个或多个引擎,并通过 API 向外部提供五个方面的功能服务,这些功能分别为:

(1)接口 1——流程定义的导入导出。

(2)接口 2——同客户端应用程序和工作列表处理程序之间的交互。

(3)接口 3——软件工具和应用程序的调用。

(4)接口 4——不同工作流管理系统之间的协同工作。

(5)接口 5——管理和监视功能。

通过这五个接口,工作流管理系统可以同外部的软件工具进行交互;这些工具可以由同一厂商提供,也可以由不同的厂商提供,但前提是这些工具都必须遵循 WfMC 的规范。用户也可以有充分的选择空间来决定哪一厂商的产品,或者自己开发属于哪一个接口的工具。

这五个接口一般通过 API 的形式提供给用户或软件开发商,这些 API 称为 WAPI(Workflow API),也有厂商将 API 封装成组件形式提供,以简化开发难度、降低成本并提高效率。这五个接口的工作流参考模型如图 9-6 所示。

4. 工作流控制数据

工作流控制数据是指被 WES 和工作流引擎所管理的系统数据,如工作流实例的状态信息、每一活动的状态信息等。

5. 工作流相关数据

工作流相关数据是指与业务过程流相关的数据。WfMS 使用这些数据确定工作流实例的状态转移,如过程调度决策数据、活动间的传输数据等。工作流相关数据既可以被工作流引擎使用,也可以被应用程序调用。

6. 工作表和工作表处理程序

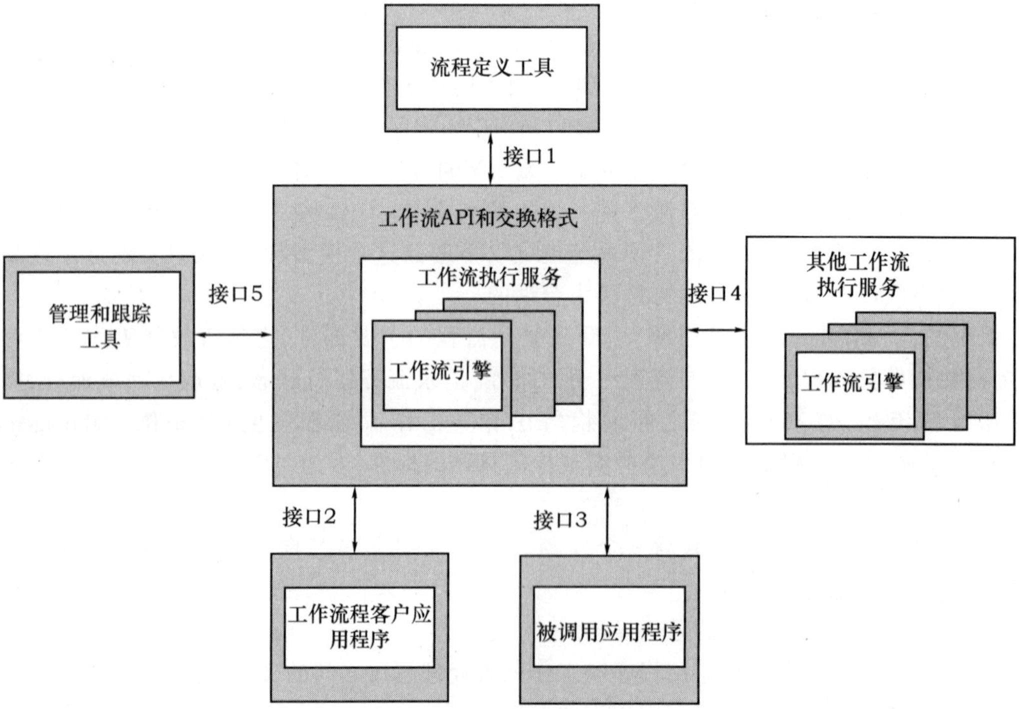

图 9-6　工作流参考模型

工作表列出了与业务过程的参与者相关的一系列工作项，工作表处理程序则对用户和工作表之间的交互进行管理。工作表处理程序完成的功能有支持用户在工作表中选取一个工作项、重新分配工作项、通报工作项的完成、在工作项被处理的过程中调用相应的应用程序等。

7. 应用程序和应用数据

应用程序可以直接被 WfMS 调用或通过应用程序代理被间接调用。通过应用程序调用，WfMS 部分或完全自动地完成一个活动，或者对业务参与者的工作提供支持。与工作流控制数据和相关数据不同，应用数据对应用程序来讲是局部数据，对 WfMS 的其他部件来说是不可见的。

三、工作流技术在动车组检修信息系统中的应用

随着信息系统建设的不断深入，工作流技术的应用，有效地提高了信息系统的灵活性，使信息系统更能适应业务流程的不断变化，使业务系统能够更好地发挥服务职能、提高工作效率。而传统的系统设计方式将业务流程以编码的方式固化在应用系统中，在业务流程和组织结构发生改变的情况下，需要将系统进行重大修改，甚至重新设计。实际上，业务流程的改变是导致许多应用系统失败的最主要的原因。

以动车组检修系统的作业流程为例,工作流在系统应用中的情况如图 9-7 所示。

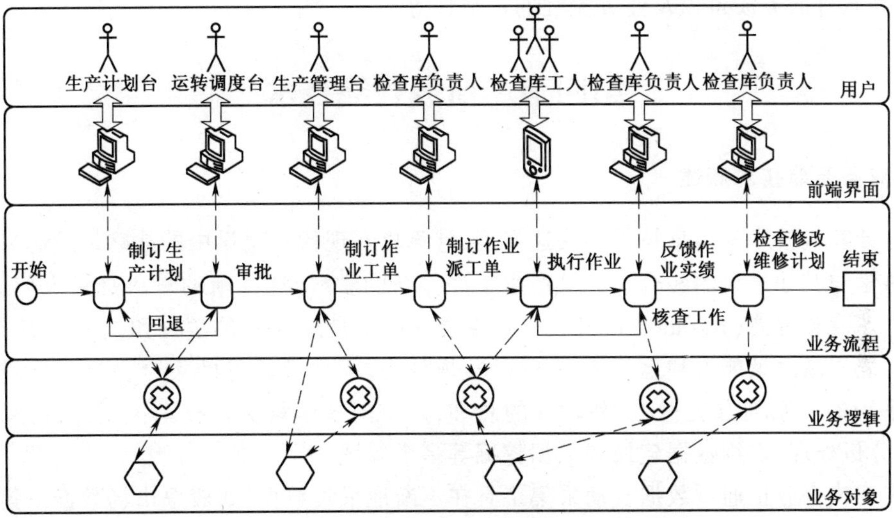

图 9-7 工作流在动车组检修作业流程中的应用

在动车组检修基地内,动车组检修信息系统负责基地内与动车组调度、检修有关的各工作人员,根据其工作职责,针对动车组的运用和检修生产作业全过程进行管理和控制。例如,图 9-7 所示的业务流程里,包括接收动车组运用、检修计划、乘务组等各类作业计划以及调度命令;审批动车组检修计划并下达;执行作业,对生产作业过程进行管理、控制和记录;反馈作业完成实绩并统计、分析和更新动车组履历等。

当上述管理模式和作业流程变化时,在工作流技术支撑的信息系统平台上,动车组检修作业流程在不同岗位之间的流转运行,程序开发人员通过可视化的方式分析和设计业务流程,并将各个应用模块连接在一起,在组织结构和业务流程发生变化的时候,能够在很少修改甚至不修改原来应用逻辑的情况下,仅仅通过适当调整或重新定义工作流程就能适应变化的情况。应用工作流技术具体的优势如下:

(1)通过配置各岗位的员工权限,使员工之间信息流转、员工各自的工作任务及其权责变得清晰明确。

(2)可有效地把完成一项业务所涉及的所有人员有序的组织在一起,协同工作,提高效率,并避免了传统人工干预导致的人为错误。

(3)可以利用工作流提供的监控管理功能对运行中或已结束的流程进行监督查询,查看员工工作情况,为岗位的工作考核提供依据,并可通过流程各节点流量的分析和统计,为进一步重组业务、优化流程、精简人员、提高生产效率打下基础。另外通过流程自动化与数据库集成,以及各类表单统计查询功能,有效提高决策能力。

(4)充分发挥现有计算机网络资源的作用,提高企业运营效率、改善企业资源利用、改进和优化业务流程，提高业务工作效率，提高企业运作的灵活性和适应性，实现更好的业务过程控制，提高软件服务质量以及业务流程的灵活性等。

第四节　商务智能技术

一、商务智能技术概述

随着计算机技术和信息技术的快速发展，计算机在现代化建设中的战略地位越来越显著，计算机科学与其他学科的融合交叉又产生了许多新的学科，这些新的学科总是人们研究的重点和热点。商务智能（Business Intelligence，简称 BI）正是这样一种学科和技术。BI 是帮助行业信息系统提高决策能力和运营能力的概念、方法、过程以及软件的集合，它代表着提高运营性能而采用的一系列方法、技术和软件的总和，是一门多学科交叉技术，涉及数据库、数据仓库、联机分析处理、多维数据建模和数据挖掘等多个领域。

许多现代企业正通过数据自动采集工具在不断地采集数据，如股票市场数据采集。其次，还有数据库支持交易系统的操作，如收银台的收银机或其他存货控制系统，也在产生大量的数据。同时，电脑化的社会，如公司的博客站点，也会产生数据。BI 就是要从这些海量的数据中分析出隐藏着的大量重要信息。

BI 是一种从大量数据源提取有用信息为重点的软件技术。其最终目标是支持管理人员作出最佳决定。BI 可以指技术，也可以是应用程序和进程，其中包括数据采集、数据清理、数据集成、数据仓库、数据挖掘、分析和报告活动的工具，其最后的结果支持决策者的决策。BI 主要应用在一些企业级的 DBMS 的工作中，如 Oracle 11g 和 SQL Server 2008 等。

一个完整的 BI 系统，至少要包含抽取、转换和加载（Extract，Transform，Load，简称 ETL），联机分析处理（OLAP），数据挖掘和企业报告等信息技术。

（1）抽取、转换和加载是对数据进行清理和格式化。例如，在美国 10/1/2008 代表 2008 年 10 月 1 日，而在欧洲许多国家，同一天被写为 1/10/2008。如果之后要对这些不同形式的数据进行聚合，那么用同样的形式来重新格式化数据是十分重要的。

（2）联机分析处理是一种进行预处理多维数据方法，能迅速完成对这些数据的分析查询。一般来说，这里的数据表示成某些汇总的形式。

（3）数据挖掘，也就是数据的知识发现（KDD），即从大量的数据提取感兴趣的模式或知识的技术。数据挖掘涉及多种学科，且具有利用历史数据来预测未来的优点。因此在今天的 BI 系统中，数据挖掘是一个必须具备的重要组成部分。

（4）企业报告，它可以以一种定量的形式展示商业智能系统分析的结果，如企业经营的历史、目前的状态、对未来趋势的预测等。

已有许多公司致力于 BI 市场的不同部门，如 Microsoft、Oracle、SAP、SPPS、IBM 和 NCR 等

公司。

BI 作为一个新兴领域,是在国外企业界和软件开发界广泛关注的一个研究方向,其主要原因如下:

(1)信息技术的高速发展带来了企业利用信息技术提高本身竞争力的巨大空间。信息技术不但使企业获取需要的信息,而且促进企业对信息的再利用,以此营造企业的竞争优势。

(2)IT 界许多以提供软件平台和工具平台的大公司通过多年与企业的交流,已经认识到企业对商业智能的迫切需求,纷纷加入到商业智能的研究与开发上来。

二、商务智能技术在铁路动车组故障管理中的应用

将计算机技术、信息科学与商务智能技术相结合,设计基于 BI 的动车组故障管理系统,实现动车组的故障分析、故障跟踪、故障预测、状态维修,运用 BI 技术充分利用动车检修基地所掌握的信息进行检修决策,提高决策的效率和准确性,从而提高动车组的使用寿命,降低动车组事故发生率。基于 BI 的动车组故障管理系统设计方法如图 9-8 所示。

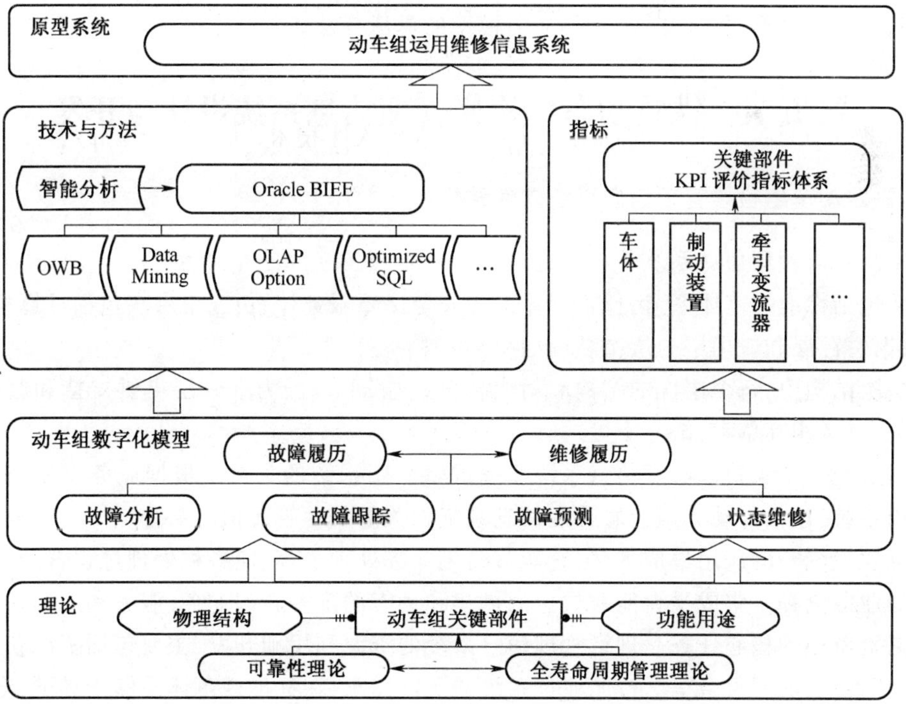

图 9-8　基于 BI 的动车组故障管理系统设计方法

动车组故障管理和维修是在动车组检修基地中的两个重要的工作,是动车组安全、可靠运

行的重要保证，也是动车组全生命周期管理的重要组成部分。以全生命周期管理理论为指导，动车组数字模型为中心，建立动车组故障履历和维修履历，在此基础上，构建故障数据仓库和维修数据仓库，借助于商务智能技术，完成动车组关键部件的故障分析、故障跟踪、故障预测，实现动车组的维修决策安全运营，具有重大的现实意义。

下面以 Oracle BI 为例，简单介绍开发一个基于 BI 的应用实例。

在应用中 BI 的开发步骤是这样的。首先需要设计和规划一个 Oracle BI 数据仓库，然后需要创建一个新的 BI 数据仓库文件，设置物理层对象和业务数据模型映射，接着就可以创建和维护表示层的实例了，当然在系统部署和运营时还需要对 BI 数据仓库文件进行部署和管理。

通过 BI 技术，系统可以实现“故障处理效果——绩效”、“故障统计分析——统计”、“故障趋势分析——预测”、“故障明细——跟踪”等功能，实现了全方位的动车组故障管理，为段内维修方式向以可靠性为中心的状态维修奠定良好的基础，进而支持维修决策，这也是动车组全生命周期管理的重要组成部分。

同时，通过 BI 技术也使系统更有特色。系统的界面简单直观（通过仪表盘、驾驶舱、记分卡、地图等形式，直观地表达业务含义），支持动态的多维分析、多层次钻取、故障预警，且与 Word、Excel、Html 能良好地集成，支持业务模型的灵活变化。

第五节　铁路动车组检修管理信息系统设计与开发

一、铁路动车组检修管理信息系统软件结构

动车组检修管理信息系统软件的总体体系架构主要由“三个体系”和“三个层次”构成。三个体系包括标准规范体系、运行管理体系和安全保障服务体系；三个层次包括计算机网络平台层、数据资源层和应用层。层次结构如图 9-9 所示。

在层次结构中，每个层次的结构和功能相对独立，下一层为上一层提供支持和服务；在体系结构中，三者相互依存，缺一不可。

应用层是动车组检修管理信息系统业务逻辑应用系统的集合。根据业务需要，整合构建各类应用系统，包括与动车组检修管理信息系统相关的其他管理信息系统。

系统建设统一的应用集成平台，它能够简化业务处理过程、使各种处理过程自动化以及优化现有的业务流程。集成平台能够快速的创建和动态的部署新的业务、服务和应用。

数据资源层的核心任务是进行管理信息系统的资源利用和开发，主要包括资源获取、资源分类、资源管理、资源整合等。按照业务系统的实际需求，在标准规范体系的指导下，合理的利用数据资源，主要有基础数据、业务数据、决策支持数据等。

计算机网络平台层主要是系统运行所需的软硬件平台。根据应用和业务的需求，主要包括网络通信平台、服务器及存储平台、系统软件/数据库/数据仓库平台。

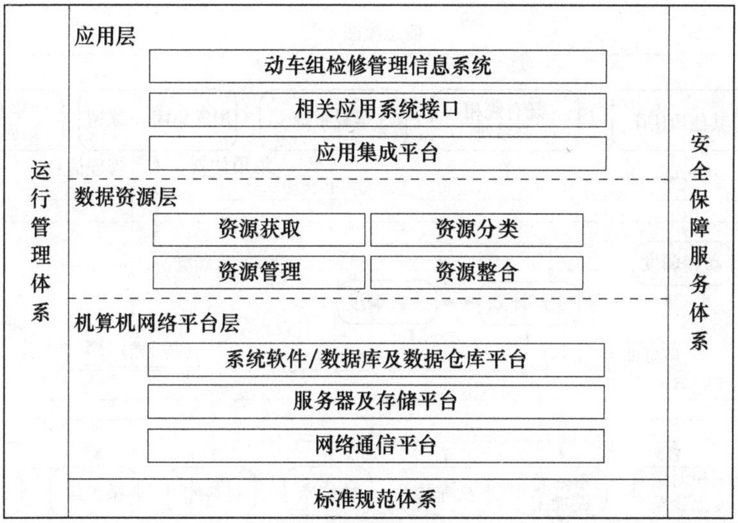

图 9-9　系统软件结构图

标准规范体系、运行管理体系和安全保障服务体系提供了工程建设的标准和依据，包括各种标准规范保障、组织与管理保障、安全措施与安全技术保障等。“三个体系”将科学管理和先进技术有机的结合在一起，使动车基地信息化系统工程建设和长久发展有扎实的基础和坚实的保障。

二、铁路动车组检修管理信息系统功能结构

根据业务功能需求，动车组检修管理信息系统包括运用调度管理、生产计划与控制、作业过程管理与控制、动车组技术支持、配件管理和配送支持、设备设施管理、财务与办公管理、系统管理与维护 8 个应用子系统。其中，前 7 个子系统完成主要业务功能，最后 1 个子系统完成系统自身管理，并为其他业务功能提供支撑平台。其系统功能层次结构如图 9-10 所示。

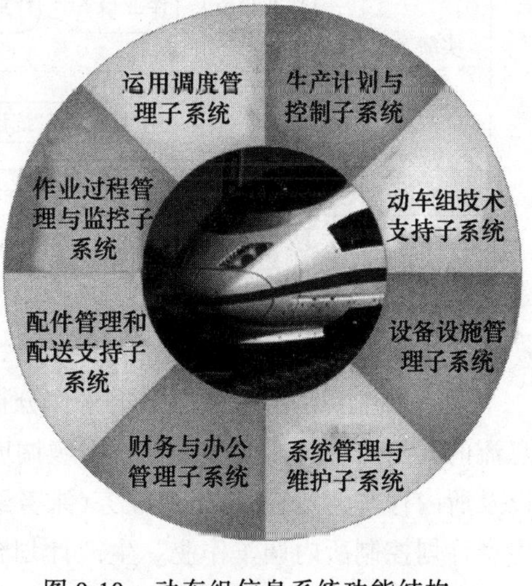

图 9-10　动车组信息系统功能结构

三、铁路动车组检修管理信息系统信息流程

动车组检修管理信息流程如图 9-11 所示。

1. 外　部

外部的信息是动车组检修管理信息系统的数据来源。它们不属于系统管理，但是有相关接口向系统提供一些实时的数据，供系统分析判断，来生成生产任务、生产计划等信息。

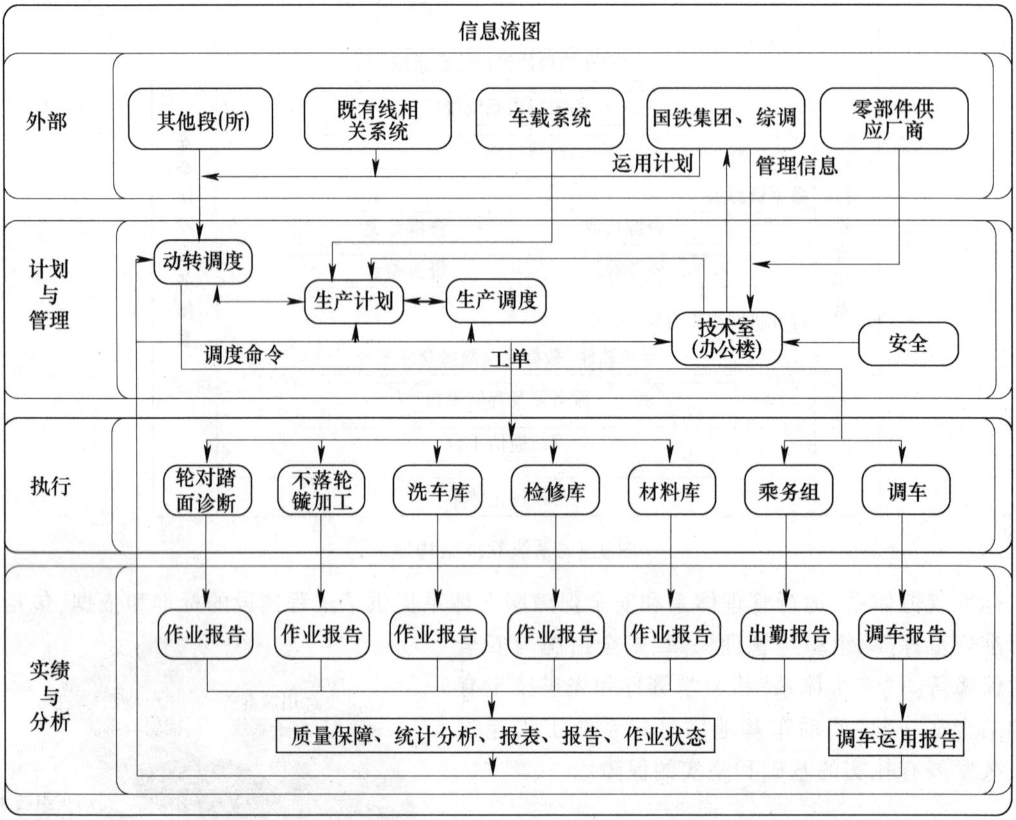

图 9-11　铁路动车组检修管理信息流程

2. 计划与管理层

这一层主要是根据外部数据来作分析判断,完成对下面层次的管理计划,是整个系统管理信息流的起始点。运转调度台根据上级调度部门下达的动车组、乘务组运用计划和有关调度命令,以及所内存车情况,制定生产任务(乘务组组织和派班计划),并下发到生产计划台,同时还根据生产计划控制所内调车作业。生产计划台根据生产任务、车载信息、相关分析报告和记录,以及所内设备使用情况,决定动车组修程,制定相应的生产计划,经运转调度台核准后,下发到生产调度台,生产调度台根据人员、设备和材料信息,编制作业工单,在经计划台核准后,下发到各作业现场,并监督和指挥生产过程。所技术室根据车载数据、检测数据和各种报告、记录,对动车组工作状态、维修设备状态以及生产过程进行分析和评估,提出建议,供生产指挥人员参考。

3. 执行层

这一层主要执行相应的生产任务和出乘调车任务。生产任务主要是踏面诊断、不落轮加工、洗车和领取材料。出乘调车任务主要是乘务员根据派班计划执行出乘任务,所内调车司机和调车员根据调度命令执行调车任务。

4. 业绩与分析层

现场各作业点在执行生产任务时和完成任务后均向生产调度台返回确认信息,形成相应的报告、报表和记录,系统将对这些报告和记录进行统计和分析,并将结果返回各调度台和技术室,作为其作下一步决策的依据。

四、动车组检修管理信息系统数据组织

(一)数据信息从内容上划分

1. 基础数据

(1)标准规范:国际和国内相关标准、规范和法律法规,国铁集团相关的行业标准、规范和政策。

(2)空间地理信息:空间地理信息可分为铁路基础图及铁路各专业专题图两大类。同时供各段、所信息系统使用的铁路基础空间数据主要包括全国铁路基础图和各种专题图。其中,全国铁路基础图主要提供铁路分布和铁路局集团公司、动车段、运用所驻地以及各自的管辖范围信息,用于动车组定位导航;专题图主要是各种平面图,如动车段(所)站场布局图、存车线、检查库及边跨作业车间平面图等,主要用于作业现场管理等。

(3)通用基础数据:全路各业务信息系统共用的基础信息,主要包括各类数据字典,如动车段字典、运用所字典、局名字典、车站字典、线名字典、区段名字典、分界口字典、调度机构字典、动车基地字典、台位字典、厂家字典、部门字典、车型及故障字典、股道字典等。

(4)业务基础数据:业务基础数据指动车组信息化系统内各子系统共用的基础信息,主要包括各类编码和分类信息,如修程修制编码、人员组织类编码(部门、车间、工区、工位、工种等)、设施设备类编码、动车组类(动车组编码、车种车型编码、动车组制造厂编码)、故障分类、状态分类及安全等级编码、配件分类编码、关键零部件和材料编码、零部件生产单位编码等。

2. 业务数据

(1)动车组运行数据:动车组运行基本信息是指动车组运营生产过程中产生的初步的、原始的数据的集合,是整个运行生产正常运转的基础,是动车组各管理信息系统的信息源之一。

(2)应用系统业务数据:应用系统业务数据指由各业务管理部门的信息处理系统产生的各种对动车组运营管理的业务信息,它们大都来源于动车组运行基本信息层的基础信息,即动车组运行的基础信息经过各个业务应用系统加工后形成的业务应用系统信息,主要包括各类工单、计划和实绩等相关信息。

(3)决策支持数据:根据大量的历史业务数据,还包括涉及的基础数据加工后得到的,能够满足国铁集团、动车段(所)等各业务管理部门的管理和决策的需要。

(二)从来源上划分

1. 段(所)内部数据

(1)应用系统业务数据。

(2)段(所)内自动检测设施数据。

(3)安全监控系统数据。

(4)段(所)内调车控制数据。

2. 外来数据

(1)国铁集团动车组管理系统。

(2)上级运营调度系统。

(3)动车组车载系统。

(4)动车组制造厂商和配件供应商。

五、动车组检修管理信息系统技术平台

在物理结构上,动车组检修管理信息系统分别在4个动车段建立了业务系统及计算机网络系统平台(包括网络系统、服务器系统、存储备份系统、容灾系统及安全系统),同时在铁路计算机网络上实现了动车段与运用所、乘务基地/所、车载系统等其他系统的数据通信和共享。系统技术平台的多层体系架构,如图9-12所示。

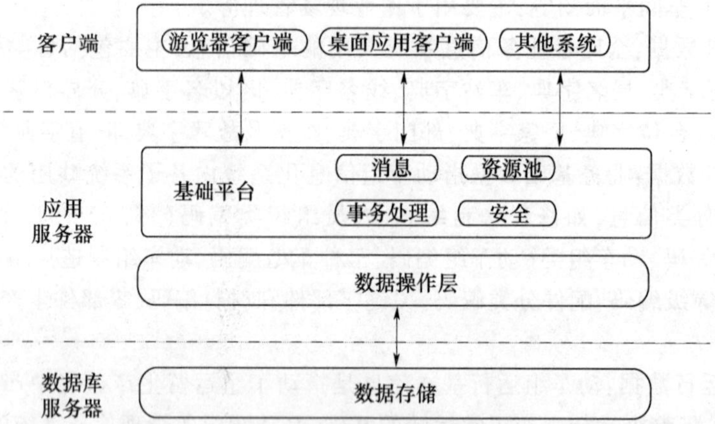

图9-12 动车组检修管理信息系统技术平台

动车组检修管理信息系统运行环境包括服务器操作系统、应用中间件、应用服务器、数据库管理系统等运行环境,为动车段信息化系统提供了系统级的技术支持。

客户端—应用服务器—数据库服务器模式,应用服务器起到了连接作用,客户端体积小,改动少,方便使用。

基于系统运行环境的支持,构建统一应用集成平台。由统一应用集成平台来提供统一的人员组织体系、信息分类体系、信息授权体系,统一的身份认证,统一的前端应用接口与管理接口,统一的应用开发标准与开发环境。

第六节　虚拟化与云计算技术

一、云计算概述

云计算(Cloud Computing)是一种新兴的共享基础架构的方法,可以将巨大的系统池连接在一起以提供各种 IT 服务。很多因素推动了对这类环境的需求,其中包括连接设备、实时数据流、SOA 的采用以及搜索、开放协作、社会网络和移动商务等,从而造成 Web 2.0 应用的急剧增长。另外,数字元器件性能的提升也使 IT 环境的规模大幅度提高,从而进一步加强了对一个由统一的云进行管理的需求。云计算被视为"革命性的计算模型",因为它使得超级计算能力通过互联网自由流通成为可能。企业与个人用户无需再投入昂贵的硬件购置成本,只需要通过互联网来购买租赁计算力。

作为要将计算变成公用设施的长期梦想,具有使 IT 产业发生巨变的潜能:使软件变成更具吸引力的软件服务,并塑造设计和购买 IT 硬件的新方式。人们在开发互联网创新服务时,不再需要一开始就花费大量的投资来购买部署服务的硬件设备和聘用维护技术人员;他们不必担心因为高估服务受欢迎的程度而过度部署造成昂贵资源的浪费,或由于对一个广受欢迎的服务部署不足而错失潜在的客户和收入。此外,需要处理大量成批任务的公司的程序执行规模能够扩展多少倍,得到结果的时间也就能缩短多少倍,因为 1 000 台服务器用 1 小时的成本与 1 台服务器用 1 000 小时没什么两样。这种不需要额外代价就能获得的资源使用上的弹性,在 IT 历史上是前所未有的。

Intel、Google、Microsoft、IBM、SUN、YAHOO 等大公司均展开了云计算在商业模式上发展,同时各个行业(计算机业、制造业、教育及铁路等)都展开了对云计算技术应用前景的探索和规划。国内外的高校及研究机构也开展了大量关于云计算的研究工作,北京交通大学与 Intel 公司成立了"云计算在铁路行业应用"的联合研究中心,就致力于铁路行业的云计算技术的研究与开发。

云计算既指在互联网上以服务方式提供的应用系统程序,又指在数据中心用来提供这些服务的硬件和系统软件。数据中心的硬件和软件就是我们说的"云"。

二、云计算定义

云计算是当前新的 IT 信息架构模型,其是网格计算、服务计算及并行计算发展的新的阶段。美国国家标准技术研究院(NIST)给出了当前云计算的定义,它指出"云计算是一个新的模型,可以通过便利、按需访问大量可共享的、可配置的计算资源,包括网络、服务器、存储、应用和服务,而这个资源访问过程可以快速提供和释放,而不需要更多的管理努力和与服务提供商的交互"。其包括 5 个本质的特征、3 个服务模型和 4 个部署模型,如图 9-13 所示。云计算的本质特征包括按需自助服务(On-Demand Self-Service)、多类型网络访问(Broad Network Access)、透明资源池使用(Resource Pooling)、快速而动态的扩展性(Rapid Elasticity)、高效而可控的服务提供(Measured Service)。三个服务模型是指云软件作为服务(SaaS)、云平台作为服务(PaaS)及云基础设施作为服务(IaaS),其从云计算需要支持动态可配置的整合软、硬件等资源来完成用户的应用。四个部署模型包括私有云(Private Cloud)、区域云(Community Cloud)、公有云(Public Cloud)及混合云(Hybrid Cloud),强调在云部署的实现规模上的需求。可见对于云软件的需求更加强调无状态性、低耦合、模块性及高度的语义互操作性的需求。

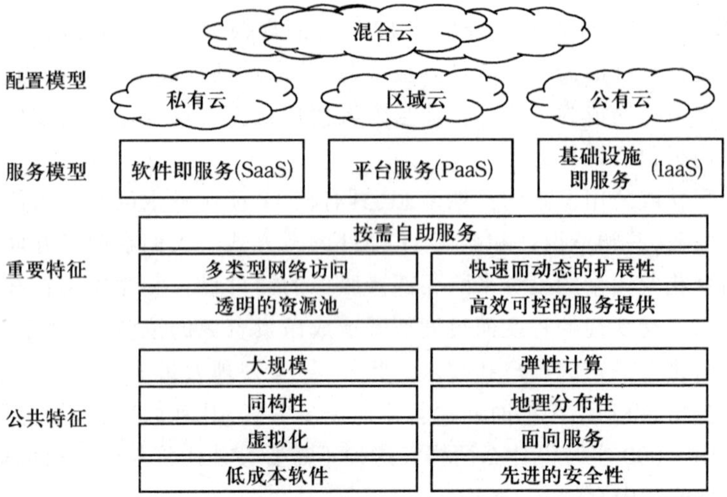

图 9－13　云计算定义框架

三、云计算发展

云计算是IT技术综合演化的结果,基于网格计算(Grid Computing)、效用计算(Utility Computing)、服务计算(Service Computing)等技术的发展,云计算在大规模计算、资源使用度量及系统扩展技术方面得到了很多的基础技术的支持,为云计算的研究和应用提供了可行性的前期验证。

云计算技术提出SaaS、PaaS、IaaS的技术特点,以实现对于软件服务、开发平台及资源管理的服务化要求,从而扩展了云计算系统的应用性和可伸缩性。

云计算技术是多种技术混合演进的结果,Amazon、Google、IBM、微软和Yahoo等知名企业是云计算的先行者。云计算领域的众多成功公司还包括Salesforce、Facebook、Youtube、Myspace等。

其中,Amazon使用弹性计算云(EC2)和简单存储服务(S3)为企业提供计算和存储服务。其收费的服务项目包括存储服务器、带宽、CPU资源以及月租费。云计算是Amazon增长最快的业务之一。Amazon也在推进医疗领域云计算,在哈佛医学院,个体化医疗实验室已经在使用一些云服务,包括Amazon简单存储服务(S3)和Amazon弹性计算云(EC2),用于转化医学和仿真研究工作。借助这个平台,研究人员可以通过"临床角色"或病人的仿真体对临床和基因数据进行非常强大的分析。

Google 是当前最大的云计算使用者。Google 搜索引擎建立在分布于 200 多个地点、超过 100 万台服务器的支撑之上,这些设施的数量还在迅速增长。Google 地球、地图、Gmail、Docs 等也同样使用了这些基础设施。采用 Google Docs 之类的应用,用户数据会保存在互联网上的某个位置,通过任何一个与互联网相连的系统可以十分便利地访问这些数据。Google 已经允许第三方在 Google 的云计算中通过 Google App Engine 运行大型并行应用程序。Google 提出了云计算实现技术:分布式文件系统(GFS)、分布式编程模型(MapReduce)和 BigTable,能有效地支持云计算的开发。

IBM 在 2007 年 11 月推出了"改变游戏规则"的"蓝云"计算平台,为客户带来即买即用的云计算平台。它包括一系列的自动化、自我管理和自我修复的虚拟化云计算软件,使来自全球的应用可以访问分布式的大型服务器池,使得数据中心在类似于互联网的环境下运行计算。IBM 正在与 17 个欧洲组织合作开展云计算项目。

在云计算方面,微软于 2008 年 10 月推出了 Windows Azure 云操作系统。Azure 的底层是微软全球基础服务系统,由遍布全球的第四代数据中心构成。

Citrix 的 Citrix Delivery Center 产品,提供"云集式"应用程序及桌面系统。其最新的 C3 方案正好把同级性能、安全性和可靠性带给云计算服务供应商。该方案融合了业界最先进技术,由足可驱动数以百计全球最大型云计算供货商的 Xen 虚拟机器监察器,实现世界级的工作流程编制及数据中心优化效能。

从全球桌面到数据中心虚拟化解决方案的领袖厂商 VMware 公司在 VMworld 2008 大会上公布了其 vCloud 计划,该计划通过集中虚拟数据中心和云服务提供商之间的按需计算容量,来支持现有的和新应用程序的加载,实现企业级云计算。VMware vCloud 计划联合,包括英国电信(BT)、Rackspace、塞维斯通信公司(SAVVIS)、Sungard、T - Systems 和 Verizon Business 在内的 100 多家业界合作伙伴,实现各种规模的企业安全利用防火墙内外的计算容量,确保企业内部或作为服务运行的各项应用程序的服务质量。

四、云计算虚拟化及开发平台技术

(一)虚拟化技术

1. 英特尔虚拟化技术

VT(Virtualization Technology)即虚拟化技术,Intel 已经发布了七款支持 VT 的处理器。Intel VT 可以让一个 CPU 工作起来就像多个 CPU 并行运行,从而使得在一部电脑内同时运行多个操作系统成为可能。

这种 VT 技术并不是一个新鲜事物,市面上已经有一些软件可以达到虚拟多系统的目的,如 VMware workstation、Virtual PC 等,使用这种技术就可以用单 CPU 模拟多 CPU 并行,可以实现单机同时运行多操作系统。

Intel VT 是 Intel 平台上硬件虚拟化技术的总称,包含了对 CPU、内存和 IO 设备等方面的虚拟化支持。在 CPU 虚拟化方面, Intel VT 提供了 VT－x(Intel Virtualization technology for x86)技术;在内存虚拟化方面, Intel VT 提供了 EPT(Extended Page Table)技术;在 I/O 设备虚拟化方面, Intel VT 提供了 VTD(Intel Virtualization Technology for Direct I/O)等技术。

2. 虚拟机软件技术

虚拟机软件技术的种类很多,微软的 HyperV、剑桥大学和 Intel、AMD 公司联合支持的 Xen、VMware 公司的 VMware 系列技术、KVM 开源技术等,其通过软、硬件划分,分时服务及模拟与仿真执行等技术,允许同一个硬件平台上虚拟出多个互相独立的硬件执行环境,这样的虚拟环境称为虚拟机(Virtual Machine,简称 VM)。在底层硬件环境与运行于虚拟机中的操作系统及软件之间存在一个软件层,称为虚拟机监控器(Virtual Machine Monitor, 简称 VMM),其用于管理底层硬件资源的分配和交互。

(二)云计算开发平台技术

1. Hadoop 平台概述

Hadoop 是 Apache 开源组织的一个分布式计算开源框架,在很多大型网站上都已经得到了应用,如亚马逊、Facebook 和 Yahoo 等。

Hadoop 框架中最核心的设计就是 Map/Reduce 和 HDFS。Map/Reduce 是将任务进行分解交给各个节点进行并行处理并将结果汇总并返回的一种机制。HDFS(Hadoop Distributed File System,Hadoop 分布式文件系统)为分布式计算存储提供了底层支持。

2. Map/Reduce 框架

Map/Reduce 是一个使用简易的软件框架,基于它写出来的应用程序能够运行在由上千个商用机器组成的大型集群上,并以一种可靠容错的方式并行处理上 T 级别的数据集。

一个 Map/Reduce 作业通常会把输入的数据集切分为若干独立的数据块,由 map 任务以完全并行的方式处理它们。框架会对 map 的输出先进行排序, 然后把结果输入给 reduce 任务。通常作业的输入和输出都会被存储在文件系统中。整个框架负责任务的调度和监控,以及重新执行已经失败的任务。

通常,Map/Reduce 框架和分布式文件系统是运行在一组相同的节点上的,也就是说,计算节点和存储节点通常在一起。这种配置允许框架在那些已经存好数据的节点上高效地调度任务,这可以使整个集群的网络带宽被非常高效地利用。

Map/Reduce 框架由一个单独的 master JobTracker 和每个集群节点一个 slave TaskTracker 共同组成。master 负责调度构成一个作业的所有任务,这些任务分布在不同的 slave 上,master 监控它们的执行,重新执行已经失败的任务。而 slave 仅负责执行由 master 指派的任务。

Map/Reduce 应用程序至少应该指明输入/输出的位置(路径),并通过实现合适的接口或抽象类提供 map 和 reduce 函数。再加上其他作业的参数,就构成了作业配置(job configuration)。然后,Hadoop 的 job client 提交作业(jar 包、可执行程序等)和配置信息给 JobTracker,后者负责分发这些软件和配置信息给 slave、调度任务并监控它们的执行,同时提供状态和诊断信息给 job client。

3. HDFS 分布式文件系统

HDFS 被设计成适合运行在通用硬件(commodity hardware)上的分布式文件系统。它和现有的分布式文件系统有很多共同点。但同时,它和其他的分布式文件系统的区别也是很明显的。HDFS 是一个高度容错性的系统,适合部署在廉价的机器上。HDFS 能提供高吞吐量的数据访问,非常适合大规模数据集上的应用。HDFS 放宽了一部分 POSIX 约束,来实现流式读取文件系统数据的目的。HDFS 在最开始是作为 Apache Nutch 搜索引擎项目的基础架构而开发的。HDFS 是 Apache Hadoop Core 项目的一部分。

HDFS 采用 master/slave 架构。一个 HDFS 集群是由一个 Namenode 和一定数目的 Datanodes 组成。Namenode 是一个中心服务器,负责管理文件系统的名字空间(namespace)以及客户端对文件的访问。集群中的 Datanode 一般是每个节点一个,负责管理它所在节点上的存储。HDFS 暴露了文件系统的名字空间,用户能够以文件的形式在上面存储数据。从内部看,一个文件其实被分成一个或多个数据块(Block),这些块存储在一组 Datanode 上。Namenode 执行文件系统的名字空间操作,如打开、关闭、重命名文件或目录。它也负责确定数据块到具体 Datanode 节点的映射。Datanode 负责处理文件系统客户端的读写请求。在 Namenode 的统一调度下进行数据块的创建、删除和复制。

Namenode 和 Datanode 被设计成可以在普通的商用机器上运行。这些机器一般运行着 GNU/Linux 操作系统(OS)。HDFS 采用 Java 语言开发,因此任何支持 Java 的机器都可以部署 Namenode 或 Datanode。由于采用了可移植性极强的 Java 语言,使得 HDFS 可以部署到多种类型的机器上。一个典型的部署场景是一台机器上只运行一个 Namenode 实例,而集群中的其他机器分别运行一个 Datanode 实例。这种架构并不排斥在一台机器上运行多个 Datanode,只不过这样的情况比较少见。

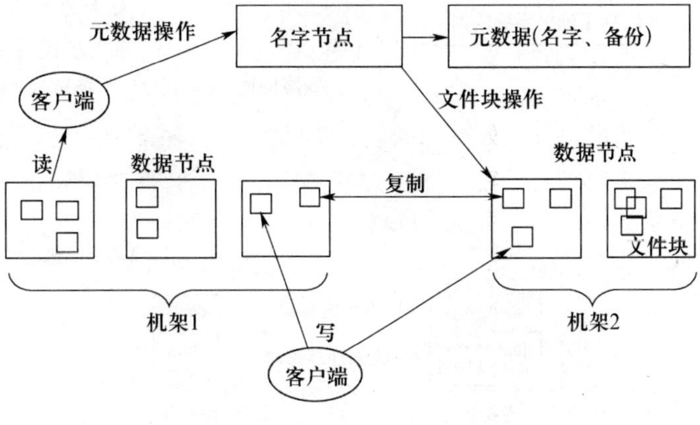

图 9-14 HDFS 架构图

集群中单一 Namenode 的结构大大简化了系统的架构。Namenode 是所有 HDFS 元数据的仲裁者和管理者,这样,用户数据永远不会流过 Namenode。HDFS 的架构图如图 9-14 所示。

五、基于云计算技术的铁路货票应用范例

铁路货运信息是铁路运输行业的重要基础信息,涵盖了完整的货源、流向、收入、车流、运量等货运信息,是一个庞大的、海量的信息资源,分布在各级节点上不同的服务器中。每份信息平均需要在 4 ~6 个相关铁路局集团公司保存副本,全国铁路每日产生十几万批次的货票信息,每一批次包含 4 kB 的数据,信息量巨大。基于云计算技术的铁路货票处理示意图如图 9-15 所示。

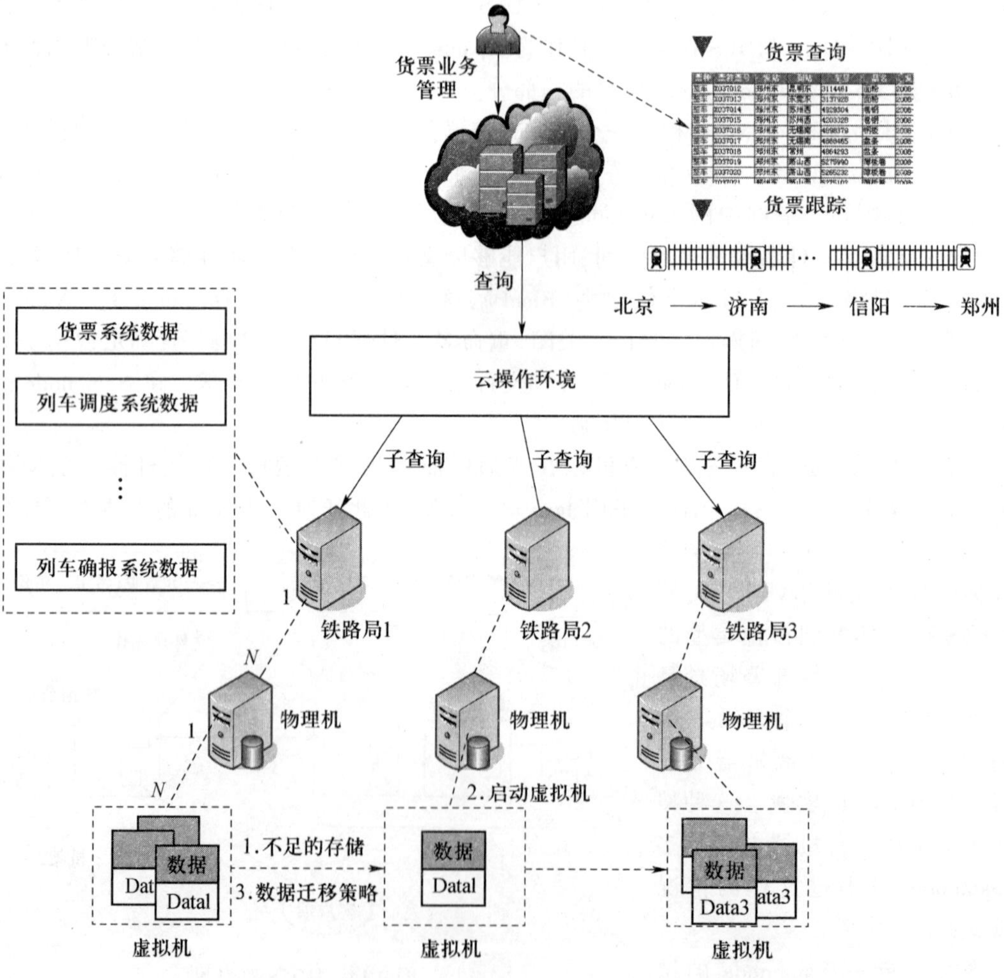

图 9-15　基于云计算技术的铁路货票处理示意图

铁路货物运输实时查询系统针对铁路货运的查询需求和各类货物的运输状况(如货物运

输实时路径、货物装卸状况等),货运相关信息保存在不同的物理存储介质中。查询效率的提高,应用配置的便利,数据存储的有效、安全的利用是铁路应用的紧迫需要解决的问题,而云计算技术为问题的解决提供了强大的支持。

针对当前铁路局集团公司分布式信息架构,对于统计数据的查询需要进行长达数月的时间开发系统,而通过云计算技术,可有效的实现货运系统的数据管理及动态自配置的查询,减少不必要的开发过程,通过云计算平台,可以实现动态自配置的分析及查询任务。基于虚拟化技术和 Hadoop 平台技术,对融合铁路货票系统、列车调度系统、确报系统等系统的数据进行并行的云计算的数据处理,实现货票系统统计分析、货票查询及货物跟踪的铁路应用,同时,在此云平台中还融合了先进的集群管理技术、电源管理及优化技术等。

小 结

铁路信息系统涉及运输组织、客货营销、经营管理三大应用领域,在软件技术上则吸收和采用了当前国际上流行的诸多软件工具或平台,如 SOA、工作流技术、商务智能技术等,并正在开展虚拟化技术和云计算等新技术的开发和应用。

软件新技术的采用,为铁路信息系统的构建和改进提供了强有力的手段。

复习思考题

1. 应用中间件的目的是什么?
2. 中间件产品可提供哪些功能?
3. 简述 SOA 技术特点。
4. 工作流系统由哪几部分组成?五类接口各提供哪些功能?
5. BI 主要包含哪些信息技术?其目标是什么?

参考文献

[1] 鄂大伟．信息技术导论．北京:高等教育出版社,2007.

[2] 教育部高等学校计算机科学与技术教学指导委员会．高等学校计算机科学与技术专业战略研究报告暨专业规范(试行)．北京:高等教育出版社, 2006.

[3] 钟义信．信息科学与技术导论．北京: 北京邮电大学出版社, 2007.

[4] 铁道部信息中心．中国铁路 TMIS 工程．北京:中国铁道出版社, 2005.

[5] 关振东．信息化与铁路运输．北京:中国铁道出版社,2004.

[6] 铁道概论编委会．铁道概论．北京:中国铁道出版社 ,2004.

[7] 钱仲侯．高速铁道概论．北京:中国铁道出版社, 2005.

[8] 蒋笑冰,卢燕飞,吴昊．现代铁路通信新技术．北京:中国铁道出版社,2006.

[9] 张全寿,张仲义,刘峰,刘晓锐．编组站货车实时信息系统．北京:中国铁道出版社, 1997.

[10] 周平．铁道概论．北京:中国铁道出版社,2007.

[11] 李骏．现代交通运输载运工具．成都:西南交通大学出版社, 2006.

[12] 杨浩．铁路运输组织学．北京:中国铁道出版社, 2006.

[13] 王甦男．旅客运输．北京:中国铁道出版社, 2003.

[14] 陈宜吉．铁路货运组织．北京:中国铁道出版社 ,2001.

[15] 本书编委会．中国铁道百科全书－通信与信号．北京:中国铁道出版社, 2003.

[16] 本书编委会．中国铁道百科全书－运输与经济．北京:中国铁道出版社 ,2001.

[17] 本书编委会．中国铁道百科全书－工程与工务．北京:中国铁道出版社, 2004.

[18] 耿志修．大秦铁路重载运输技术．北京:中国铁道出版社, 2009.

[19] 铁道部鉴定中心, 中国铁道学会．铁路客运专线建设技术交流论文集．武汉:长江出版社,2005.

[20] 本书编委会．中国铁道百科全书－机车车辆与电气化．北京:中国铁道出版社, 2006.

[21] 贾利民．铁路智能运输系统:体系框架与标准体系．北京:中国铁道出版社,2007

[22] 王珊,萨师煊．数据库系统概论．4 版．北京:高等教育出版社,2006.

[23] HAN J．数据挖掘概念与技术．范明,孟小峰,译．北京:机械工业出版社,2007.

[24] 安淑芝．数据仓库与数据挖掘．北京:清华大学出版社,2005.

[25] 杨露菁,余华．多源信息融合理论与应用．北京:北京邮电大学出版社 ,2006.

[26] 中国软件评测中心编著．计算机信息系统集成项目管理实践．北京:电子工业出版社,2004.

[27] 张云勇,张智江．中间件技术原理与应用．北京:清华大学出版社,2004.

[28] CHANDLER A D,CORTADA J W. 信息改变了美国:驱动国家转型的力量．万岩,译．上海:上海远东出版社,2008.

英文缩写词对照索引

A

AEI	Automatic Equipment Identification	自动接收地面识别设备	第六章第一节
AFC	Automatic Fare Collection	自动售检票	第五章第七节
API	Application Programming Interface	应用程序接口	第九章第三节
ASCII	American Standard Code for Information Interchange	美国信息交换标准码	第六章第二节
ATCS	Automatic Train Control System	列车自动控制系统	第二章第三节
ATIS	Automatic Train Identification System	车号自动识别系统	第三章第二节
ATM	Asynchronous Transfer Mode	异步转移模式	第一章第四节
ATO	Automatic Train Operation	列车自动运行	第二章第三节
ATP	Automatic Train Protection	列车自动防护	第二章第三节
ATS	Automatic Train Supervision	列车自动监控	第二章第三节

B

BFD	Bi - directional Fault Detection	双向故障检测	第八章第五节
BGP	Border Gateway Protocol	边界网关协议	第八章第五节
BI	Business Intelligence	商务智能	第九章第四节
BPM	Business Process Management	业务流程管理	第九章第三节
BSC	Base Station Controller	基站控制中心	第八章第四节
BSS	Base Station Subsystem	基站子系统	第八章第四节
BTS	Base Transceiver Station	基站收发台	第八章第四节

C

CASE	Computer Aided Software Engineering	计算机辅助软件工程方法	第六章第七节
CATV	Cable Television	有线电视	第二章第四节
CBTC	Communication-Based Train Control	基于无线通信的列车自动运行控制	第三章第三节

CDMA	Code Division Multiple Access	码分多路接入	第六章第四节
CFCRS	Car Flow Calculating & Regulation System	车流推算与调整系统	第四章第三节
CMIS	Car Management Information System	车辆管理信息系统	第四章第三节
CMS	Construction Management System	建设管理系统	第四章第三节
COMTRAC	Computer aided Traffic Control System	计算机辅助运输控制系统	第一章第四节
CORBA	Common Object Request Broker Architecture	公共对象请求代理体系结构	第六章第六节
COSMOS	Computerized Safety Maintenance and Operation Systems of Shinkansen	新干线计算机辅助安全运营维护系统	第三章第三节
CPS	Central Processing System	车站控制与集中处理系统	第六章第一节
CRM	Customer Relationship Management	客户关系管理	第五章第七节
CSCW	Computer Supported Cooperative Work	计算机支持的协同工作	第九章第三节
CSMIS	Communication & Signal Management Information System	电务管理信息系统	第四章第三节
CTC	Centralized Train Control	调度集中系统	第二章第三节
CTCS	Chinese Train Control System	中国列车运行控制系统	第三章第二节

D

DBMS	DataBase Management System	数据库管理系统	第六章第三节
DBTG	Data Base Task Group	一种网状数据库管理系统名	第六章第三节
DCOM	Distributed Component Object Model	分布式组件对象模型	第六章第六节
DDCMP	Digital Data Communications Message Protocol	数字数据通信报文规程	第三章第二节
DEM	Digital Elevation Model	数字高程模型	第六章第六节
DMIS	Dispatching Management Information System	调度指挥管理信息系统	第三章第二节
DNS	Domain Name System	域名系统	第六章第四节
DSL	Digital Subscriber Loop	数字用户环路	第八章第六节
DSP	Digital Signal Processor	数字信号处理器	第一章第二节
DSS	Decision Support Systems	决策支持系统	第四章第三节
DWDM	Dense Wavelength Division Multiplexing	密集型光波复用	第二章第四节

E

EAI	Enterprise Application Integration	企业应用集成	第六章第六节
EDPS	Electronic Data Processing Systems	电子数据处理系统	第六章第七节
EGS	Electronic Government Systems	电子政务系统	第四章第三节

ERTMS	European Rail Traffic Management System	欧洲铁路运输管理系统	第一章第四节
ETCS	European Train Control System	欧洲列车控制系统	第三章第三节
ETL	Extract, Transform, Lood	抽取、转换、加载	第九章第四节

F

FAMIS	Finance and Accounting Management Information System	财务会计管理信息系统	第三章第二节
FAS	Fixed user Access Switching	固定用户接入交换	第八章第四节
FDM	Frequency-Division Multiplexing	频分多路复用	第六章第四节
FMCOS	Freight transport Marketing & Capacity Optimization System	货运营销及运力配置系统	第四章第三节
FMDS	Freight transport Marketing aided Decision System	货运营销辅助决策系统	第四章第三节
FR	Frame Relay	帧中继	第一章第四节
FTMS	Freight Transport Management System	货物运输管理系统	第三章第二节
FTP	File Transfer Protocol	文件传输协议	第六章第五节
FTSS	Freight Transport Service System	货运服务系统	第四章第三节

G

GIS	Geographic Information System	地理信息系统	第四章第四节
GPRS	General Packet Radio Service	通用分组无线业务系统	第八章第四节
GPS	Global Positioning System	全球定位系统	第四章第四节

H

HDFS	Hadoop Distributed File System	Hadoop 分布式文件系统	第九章第六节
HRMS	Human Resource Management System	人力资源管理系统	第四章第三节
HSTP	High Signal Transfer Point	高级信令传送点	第二章第四节
HTTP	Hyper Text Transfer Protocol	超文本传输协议	第六章第五节

I

IC	Integrated Circuit	集成电路	第一章第二节
ICMP	Internet Control Message Protocol	Internet 控制报文协议	第六章第五节
IDS	Intrusion Detection System	入侵检测系统	第六章第五节
IETF	Internet Engineering Task Force	国际互联网工程任务组	第八章第五节
IMS	Information Management System	一种层次数据库管理系统名	第六章第三节

IN	Intelligent Network	智能网	第八章第四节
IPC	Inter - Process Communication	进程间通信	第七章第四节
IPS	Intrusion Prevention System	入侵防御系统	第六章第五节
ISDN	Integrated Services Digital Network	综合业务数字网	第二章第四节
ISIS	Intermediate System to Intermediate System	中间系统到中间系统协议	第八章第五节
ISO	International Organization for Standards	国际标准化组织	第六章第二节
IT	Information Technology	信息技术	第一章第一节
ITMS	Information Technology Management System	信息化管理系统	第四章第三节

J

JPEG	Joint Photographic Experts Group	联合图像专家小组	第六章第二节

K

KDD	Knowledge Discovery in Database	数据库知识发现	第六章第三节

L

L2TP	Layer 2 Tunneling Protocol	第二层隧道协议	第六章第五节
LAN	Local Area Network	局域网	第六章第四节
LBS	Locomotive Based Signaling	主体化机车信号系统	第四章第三节
LDP	Label Distribution Protocol	标签分发协议	第八章第五节
LMIS	Locomotive Management Information System	机务管理信息系统	第四章第三节
LSTP	Low Signal Transfer Point	低级信令传送点	第二章第四节

M

MAC	Media Access Control	介质访问控制	第六章第四节
MAN	Metropolitan Area Network	城域网	第六章第四节
MCS	Management Control System	管理控制系统	第三章第三节
MCU	Multipoint Control Units	多点控制单元	第二章第四节
MIS	Management Information System	管理信息系统	第六章第三节
MOLAP	Muiltdimension OLAP	多维联机分析处理	第六章第三节
MPLS	Multi - Protocol Label Switching	多协议标签交换	第八章第五节
MPP	Massively Parallel Processing	大规模并行处理	第六章第三节

R

RCS	Rescue Command System	救援指挥系统	第四章第三节
RGIS	Railway Geographic Information System	铁路地理信息系统	第六章第六节
RITS	Railway Intelligent Transport Information System	铁路智能运输信息系统	第一章第四节
RLMIS	Railway Land Management Information System	铁路用地管理信息系统	第四章第三节
RMI	Remote Message Invocation	远程方法调用	第六章第六节
ROLAP	Relational OLAP	关系联机分析处理	第六章第三节
RSVP	Resource ReSerVation Protocol	资源预留协议	第八章第五节

S

SAS	Statistical Analysis System	统计分析系统	第四章第三节
SDH	Synchronous Digital Hierarchy	同步数字系列	第一章第四节
SMIS	Safety Management Information System	安全管理信息系统	第四章第三节
SMTP	Simple Mail Transfer Protocol	简单邮件传输协议	第六章第五节
SOA	Service-Oriented Architecture	面向服务的体系结构	第九章第二节
SOC	System On Chip	片上系统	第一章第二节
SP	Signaling Point	信令点	第二章第四节
STMS	Specialized Transport Management System	专业运输管理系统	第四章第三节

T

TCP/IP	Transmission Control Protocol/Internet Protocol	传输控制协议/因特网互联协议	第二章第四节
TDCS	Train Operation Dispatching Command System	列车调度指挥系统	第二章第三节
TDM	Time Division Multiplex and Multiplexer	时分多路复用	第六章第四节
TETRA	Trans European Trunked Radio	泛欧集群无线电	第二章第四节
TMIS	Transportation Management Information System	运输管理信息系统	第一章第四节
TOPS	Total Operations Processing System	综合运营管理信息系统	第一章第四节
TOSMS	Train Operation Safety Monitoring System	行车安全监控系统	第四章第三节
TRACS	Traffic Reporting And Control System	运输报告和管理系统	第一章第四节
TRAIN	Freight Management Automation Information Network	铁路货车管理自动化信息网	第一章第四节

TRS	Ticketing & Reservation System	客票发售与预订系统	第三章第二节

U

UDP	User Datagram Protocol	用户数据包协议	第六章第五节
USB	Universal Serial BUS	通用串行总线标准	第六章第四节

V

VLAN	Virtual Local Area Network	虚拟局域网	第八章第五节
VPN	Virtual Private Network	虚拟专用网	第六章第五节
VT	Virtualization Technology	虚拟化技术	第九章第六节
VM	Virtual Machine	虚拟机	第九章第六节
VMW	Virtual Machine Monitor	虚拟机监控器	第九章第六节

W

W3C	World Wide Web Consortium	万维网协会	第六章第六节
WAN	Wide Area Network	广域网	第六章第四节
WDM	Wavelength Division Multiplexing	波分多路复用	第六章第四节
WES	Workflow Enactment Service	工作流执行子系统	第九章第三节
WfM	Workflow Management	工作流管理	第九章第三节
WfMC	Workflow Management Coalition	工作流管理联盟	第九章第三节
WfMS	Workflow Management System	工作流管理系统	第九章第三节
WSDL	Web Services Description Language	Web 服务描述语言	第九章第二节
WS - I	Web Services Interoperability Organization	Web 服务互操作性组织	第九章第二节

X

XML	eXtensible Markup Language	可扩展标记语言	第六章第六节

Y

YACS	Yard Automatic Control System	编组站综合自动化系统	第二章第五节
YIS	Yard Information System	编组站货车管理信息系统	第二章第五节

V

[illegible]

Virtualization Technology 虚拟化技术

[illegible]

W

[illegible]

WDM Wavelength Division Multiplexing 波分复用

WFMS Workflow Management System 工作流管理系统

WFM Workflow Management 工作流管理

WfMC Workflow Management Coalition 工作流管理联盟

[illegible]

WSDL Web Services Description Language Web服务描述语言

WS-I Web Services Interoperability Organization Web服务互操作性组织

X

XML eXtensible Markup Language 可扩展标记语言

Y

YACS Yard Automatic Control System 编组站综合自动化系统

[illegible]